1만
1천 권의
조선

1만 1천 권의 조선

타인의 시선으로 기록한 조선, 그 너머의 이야기

김인숙 지음

은행나무

차례

2장

오래된 책, 아름다운 몸

3장

역사의 지문

4장

미지의 땅, 최초의 기억

이 책에 실린 모든 고서들의 보고寶庫
명지-LG한국학자료관에 감사의 마음을 전하며

일러두기

1 도서는《 》, 잡지·미술작품·영화·오페라 등은〈 〉, 기사·논문은「 」, 시·노래는 ' '로 표기했습니다.

2 고서의 출간연도는 초판 발행일을 기준으로 해당 언어를 함께 명기했습니다.

3 고서가 국내에 번역·출간된 경우에는 번역서의 제목을 우선적으로 표기했습니다.

4 국내 출간 도서의 번역을 인용하는 경우 원문의 맥락을 훼손하지 않는 수준에서 수정·윤문했습니다.

들어가는 말

타인의 시선이 담긴 몸

어제 계단 위에서
나는 거기에 없는 남자를 만났네
그는 오늘도 거기에 없네

—윌리엄 휴즈 먼스, '안티고니시'

거기에 없는 남자를 나는 거기에서 어떻게 만날 수 있었을까. 이 시는 캐나다 안티고니시라는 도시의 흉가를 무대로 하고 있다. 매일 밤 흉가의 계단 위에서 서성이는 유령. 거기에 없으나 거기에 있는, 그러므로, 유령.

이 유령의 집은 실제로 존재했고, 이 시와는 상관없이, 혹은 이 시 덕분으로 유명세를 탔다. 1922년 2월 25일자 〈보스턴 글로브〉에서는 이 집을 연구, 조사하려고 나서는 과학자들에 관한 기사를 싣기도 했다. 이유를 알 수 없이 발생하는 화재, 어디에서 들리는지 알 수 없는 음산한 울음소리 그리고 허공에서 불쑥불쑥 나타나는 차갑고 하얀 손. 유령은 집의 주인을 쫓아냈을 뿐만 아니라 경찰과 탐정과 기자도 도망치게 했다. 그래서 이제 과학자들이 나서려는 참이라고 신문은 보도하고 있는 것이다.

> 일군의 과학자들이 노바스코샤 소재 유령의 집을 조사할 예정. 집주인 일가족이 도망쳐 나온 후 안티고니시 유령이 누리던 고요한 정적도 끝이 날듯.

100년 전의 기사가 얼마나 객관적인 사실을 담고 있는지는 알 수 없다. 어쩔 수 없이 진위 여부를 따져보며 또 어쩔 수 없이 미심쩍어할 수밖에 없는 기사와는 달리 1899년에 쓰인 먼스의 시는 훨씬 더 풍부한 감각으로 다가온다. 풍부한 상상은 때로 사실보다 훨씬 더 사실적으로 여겨진다.

내 세계에는 있지 않은 존재, 그러나 분명히 거기에 있는 존재, 그 존재는 공간과 공간 사이에 있을 뿐만 아니라 시간과 시간 사이에 있기도 할 것이다. 마치 영화 〈인터스텔라〉의 서재에서 흔들리는 책들처럼. 그 책과 함께 내려앉던 시공간의, 혹은 웜홀의 먼지처럼.

내가 이제부터 소개하려는 책들도 그러하다. 거기에 있으나 거기에 없는 책들. 희귀한데도 희귀본이지 않고, 고서가 아닌데도 몇백 년씩이나 오래되었고, 외국어 책인데 우리나라 얘기를 담고 있는. 그런 책들 중의 어떤 책이 아니라 그런 책들 모두에 대해서 얘기하고자 한다. 그 책들이 담고 있는 공간과 공간 사이, 시간과 시간 사이의 '이야기'에 대해서.

이야기의 시작은 이러하다. 오래전 아주 우연히 1884년 우리나라에서 일어났던 역사적 사건에 관한 기록을 읽었다. 맞다. 갑신정변이다. 그날 그 현장에 관한 묘사가 너무나 생생해서 놀랐고, 그 저자가 외국인이어서 다시 놀랐다. 저자는 갑신정변이 일어났을 때 서울에 있었고, 역사책을 뚫고 튀어나오는 현장감으로 그 순간을 묘사했다.

> 보초를 보고 있던 사람들이 우리에게 와서 일본인들이 공사관의 깃발을 내렸다는 소식을 전해주었다. 얼마 후 우리는 '와' 하는 함성과 일제히 사격을 가하는 소총 소리를 들었다. 비로 그때 일본인들은 그들의 공사관을 버리고 서울을 빠져나가기 위해 길을 떠났던 것이다. 그들은 2열 종대로 길게 늘어서 걸어갔다. 군인들이 각 대열을 인솔하고 있었다. 무장한 민간인들이 열의 끝에 따라붙었고, 열 사이에는 일본 공사, 부대를 지휘하는 장교, 공사관 관리 그리고 약간의 일본 여인 들이 걸어갔다. 또 열 사이에는 석 대의 가마가 있었다. 가마가 넉 대라고 말한 이도 있었지만, 나는 석 대밖에는 보지 못했다. 각각의 가마에는 김옥균, 박영효, 서광범이 타고 있었다.
>
> 일본인들이 도시를 벗어난 지 약 30분이 지나 조선 군인들이 두 정의 개틀링 기관총을 질질 끌며, 미친 듯이 그들 뒤를 쫓아 달려왔다. 두 정의 개틀링 기관총의 상태는 노후해 내가 아침에 점검했던 화기들과 다를 바가 없었다. 하나는 총을 작동하게 하는 손잡이가 없었고 둘 다 탄약통이 비어 있었다. 일본 공사관을 관찰했던 보람이 곧 나타났다. 1층 창문에서 연기가 새어 나오기 시작했다. 조선인들 중 누구도 안으로 들어가려는 시도를 하지 않았던 걸로 미루어 보아 일본인들 스스로 불을 놓은 것 같았다. 불은 건물 위쪽으로 타올라갔다. 5시경 건물 전체가 불길에 휩싸였으며, 모든 창문에서 화염이 쏟아져 나왔다. 어둠이 깔리면서 눈이 오기 시작했고, 이

모든 것이 어울려 결코 잊을 수 없을 장관을 연출하였다. 폭풍, 도시를 뒤덮은 어둠, 화염에 휩싸인 건물 그리고 사람들 어깨 위로 내리 덮인 죽음 같은 침묵. 그 침묵은 오직 건물 내부의 탄약통 터지는 소리에 의해서만 깨졌다.

이토록 생생한 목격담을 쓴 사람은 독일인 뫼르젤이다. 당시 인천 해관에서 근무하던 그는 정변이 일어났다는 소식을 듣자마자 상사인 묄렌도르프의 신변을 보호하기 위해 급히 서울로 갔다. 그리고 위와 같은 장면들을 목격하게 된 것이다.

몇 년 후, 위의 글을 인용할 일이 생겨 다시 찾아보았는데, 도무지 찾을 수가 없었다. 몇 페이지 분량으로 학술지에 실렸던 걸 기억했는데, 내 기억이 맞다면 제목이 「갑신정변 회상기」였다. 나중에야 그 제목이 편집 혹은 인쇄 과정의 실수로 인해 「갑신정변 '화'상기」가 되었다는 것을 알게 되었다. 구글링 몇 번만 하면 순식간에 발견할 수 있었을 자료를 그토록 힘들게 찾아야 했던 이유이다. 그러니까 여러분도 위의 글 전문을 읽고 싶다면 인터넷에서 「갑신정변 회상기」가 아니라 「갑신정변 '화'상기」를 검색해야 하는 것이다.

세월과 함께 혹은 역사와 함께 남은 오류는 사실의 기록과 해석의 문제만이 아니라 이렇듯 활자와 책의 오류로도 남을 수 있다. 그렇다면 더 사소하고 더 뜻밖인 오류도 있을 것이고, 그 오류들은 그 자체로 책과 기록의 역사가 될 수 있을 것이다. 흥미롭지 않을 수 없는 일이다.

뫼르젤뿐만 아니라 수많은 외국인이 우리나라에 대한 기록을 남겼다. 그리고 이 기록들로 인하여 우리나라의 역사적 순간들에 드리워져 있던 장막이 또 다른 쪽에서 열린다. 어느 쪽의 장막을 열고 들여다보느냐에 따라 타오르는 불길의 방향이 달라진다. 그 열기도 달라지고 그을음도 달라진다.

무엇보다도, 누군가에게는 역사를 통으로 뒤집는 순간이 이들에게는 타인의 일일 뿐이다. 그들과 약간의 이해관계를 갖고 있는, 그러나 남의 나라, 다른 나라 사람들의 일. 그래서 냉정하고, 그래서 냉담하고, 또 반면 그래서 연민을 보이기도 하는 이들의 시선이 나는 흥미로웠다.

19세기 말, 20세기 초는 유령의 시대다. 모든 것이 남김없이 기록되지 못했다는 의미에서, 제한된 기록이 남긴 오해와 편견으로 인해서, 곳곳에 유령이 떠돈다. 그 유령은 '어제도 거기 없었는데, 오늘도 거기에 없다.' 그러나 나는 그를 안다. 그를 만나기까지 했다. 독자 여러분도 곧 '그를 안다'는 말의 의미를 알게 될 것이다.

우리나라가 서구권에 알려지기 시작한 것은 16세기 무렵부터이다. 물론 그 이전에 신라 시대까지 거슬러 올라가서 아랍과의 교역에 대한 기록을 찾아볼 수도 있다. 그러나 본격적으로 소개가 되는 시기를 찾아보면 그 기점은 16세기이다. 가톨릭 선교사들의 도움이 컸다. 우리나라에는 들어오지 못하니 일본에서, 그리고 중국에서 이웃 나라 조선에 대한 기록을 남겼다.

그리고 하멜이 있다. 하멜은 일본 나가사키로 가던 중 제주도에 표착했고, 그 후 13년 동안이나 우리나라에 억류되어 있다가 1666년에 탈출에 성공했다. 그 표류기가 네덜란드에서 최초로 출판된 것이 1668년이다. 하멜의 책은 흔히 서구 사회에 조선을 '최초'로 알린 기록으로 소개된다.

《하멜 표류기》가 의미 있는 것은 하멜이 13년 동안이나 조선에서 살았고, 그동안 그가 몸소 겪은 일을 기록으로 남겼다는 점에 있다. 이전까지의 모든 기록은 전해 들은 이야기들을 옮겨 적은 것에 불과했다. 그 정보가 얼마나 정확하고, 또 구체적이었든 간에 어쨌든 그 저자들은 조선 땅을 밟아본 적이 없다. 물론 그렇다고 해서 그 기록들의 의미가 축소된다는 것은 아니다. 그 기록들은 그것들이 존재하는 자리에서 역사적 의미를 입증한다. 예컨대 조선을 '야만인의 나라'라고 하거나 혹은 조선은 젊은이들이 자유연애를 할 정도로 개방적인 나라라고 하거나 또 혹은 조선 사람들이 게르만 민족에 속한다고 언급한 기록들은 단지 오해 때문에 의미가 있는 게 아니라 조선과 유럽의 거리를 짐작하게 한다는 점에서 흥미롭다. 더 거슬러 올라가면 몽골에서 고려 사람들을 만나고 그 기록을 남긴 저자들도 있다. '카울레Caule', '솔랑가Solanga', '코레Corée' 등등 온갖 이름으로 불리던 고려는 그때, '저 멀리 멀고 먼 나라'에 불과했다.

그러나 조선 개항기에 이르면 서양인들이 쏟아져 들어온다. 가톨릭 신부와 개신교 선교사가 가장 먼저, 그리고 외교관과 정치인이 뒤를 이어 그리고 상인과 관광객과 무뢰배가 들어온다. 그리고 기록을 쏟아낸다. 그 모든 기록은 '그들이 본 조선'이다. 여기에서 중요한 것은 '그들'이지 '조선'이 아니다. 그러나, 바로 그래서, 그들의 시선은 유의미하다.

내가 지금부터 소개하려고 하는 책들은 개항기의 책들만은 아니다. 개항기의 책들 중 일반 독자들이 읽어볼 만한 책들은 거의 다 번역본으로 출간되었다. 윌리엄 그리피스의 《은자의 나라 한국》, 이사벨라 비숍의 《조선과 그 이웃 나라들》, 드라마 〈미스터 선샤인〉의

'항일의병' 사진으로 갑자기 명성을 얻은 영국의 종군기자 프레더릭 매켄지의 서적 《자유를 위한 한국인의 투쟁》, 《대한제국의 비극/한국의 독립운동》 등 아주아주 많은 책이 번역, 출간되었다. 그러나 그 시기에 조선을 주제로 한 책들이 그 이외에도 얼마나 많은지 독자 여러분들이 모두 알기는 어렵다. 또한 그런 책들이 번역, 소개되지 못하는 이유가 또 얼마나 다양한지도 알기 어려울 것이다.

더불어, 하멜 이전에 얼마나 많은 유의미한 기록들, 그리고 그 기록을 담은 책들이 있는지 또한 알지 못할 것이다. 그런 책들은 영원히 번역본으로는 출간되지 못할 터인데, 그 기록의 길이 탓이 크다. 조선이 기록된 단 한 줄을 번역하여 출간하기 위해 어마어마한 분량의 책을 통째로 출간할 출판업자는 없다. 기록의 길이 때문에, 내용의 중요도 때문에, 심각한 편견과 내용의 오류 때문에, 심지어는 인쇄나 인용 과정의 오류 때문에 번역서로는 접할 수 없는 책들이 숱하게 많다. 다행히 고서들의 온라인 아카이빙이 활발해서 상당수의 서적을 원문 그대로 접할 수 있기는 하다. 그러나 이 경우에 기록은 몸으로 오지 않고 내용으로만 온다.

책은 몸이다. 이야기를 담은 몸이다. 재미있고 흥미진진한, 때로는 지루하고 끔찍한 이야기들을 담은, 그러나 한결같이 아름다운 몸. 그 몸에 묻은 얼룩, 문신같이 새겨진 낙서, 찢기고 갈라진 흉터, 그 모든 것이 한데 어우러질 때 책은 몸과 정신으로 완성된다. 그리고 빛이 난다. 은은히 빛나다가 마침내 찬란히.

그 모든 책들의 이야기를 잘 전하고 싶은 것이 지금부터 나의 소망이다.

ENG
577

/ 1장 /

오해와 편견의 역사

오래된 책, 유명한 책, 한 줄의 책

키르허의 《중국도설》

Athanasius Kircher, 《China Monumentis》(1667, 라틴어)

ATHANASII KIRCHERI
E SOC. JESU
CHINA
MONUMENTIS
QUA
Sacris quà Profanis,
Nec non variis
NATURÆ & ARTIS
SPECTACULIS,
Aliarumque rerum memorabilium
Argumentis
ILLUSTRATA,
AUSPICIIS
LEOPOLDI PRIMI
ROMAN. IMPER. SEMPER AUGUSTI
Munificentissimi Mecænatis.

A Solis Ortu
Laudabile
IHS
usque ad Occasu
Nomen Dni.

AMSTELODAMI,
Apud Joannem Janssonium à Waesberge & Elizeum Weyerstraet,
ANNO CIƆ IƆC LXVII. Cum Privilegiis.

조선에 대한 키르허의 기록은 당시 조선에 대한 서구의 관심 때문이 아니라 키르허가 유명했기 때문에 남았다.

《중국도설》의 권두삽화

왼쪽의 아담 샬과 오른쪽의
마테오 리치가 중국 지도를 들고 있다.
우리나라는 제주도까지
뚜렷한 형태로 그려져 있다.

IHS
TARTARIÆ PARS
Peking
Cinan
Sigansu
JAPAN
CHI:
NA.
INDIA.
OCEANUS CHINENSIS
ATHANASII KIRCHERI SOC. IES.
CHINA
ILLVS
AMSTELODAMI,
Apud Johannem Jansſonium à Waesberge et Elizeum Weyerſtraet

《중국도설》의 표지
직접 보지 못하고 정보로만 접한 후 집필한 이 책은
불행히도 온갖 군데에서 편견과 오류가 넘친다.

태초의 장미는 이름으로 아직 존재한다.

그러나 그것은 헛된 이름뿐Stat rosa pristina nomine, nomina nuda tenemus.[3]

움베르트 에코의 《장미의 이름》은 저자의 서문이, 소설 속 화자의 회고로 시작된다.

1968년 8월 16일, 나는 발레라는 수도원장이 펴낸 한 권의 책을 손에 넣었다. 1842년 파리의 라 수르스 수도원 출판부가 펴낸, 바비용 수도사의 편집본을 바탕으로 불역한 멜크 수도원 출신의 수도사 《아드소의 수기》였다.

이 서문에는 실재했던 사건, 실존했던 인물들이 등장하고 제목까지도 '움베르토 에코의 서문'이다. 그래서 흔히 실화라고 생각하기 쉬운 그리고 실재하는 것으로 여기기 쉬운 위의 책 《아드소의 수기》

는 실은 소설 속에만 존재하는 책이다.

그러나 이 가상의 책은 역사 속의 사건들, 또 그렇게 유추되는 일들과 얽히면서 사실보다 더 생생한 소설적 생명력을 얻는다. 에코 즉, 서문에 '에코'로 등장하는 화자는《아드소의 수기》의 원본을 찾는 과정을 아래와 같이 묘사한다.

> 정말 내가 그 책을 번역했던 것인지, 아니면 꿈을 꾸었던 것인지 의심스러워지기 시작했다. 이 세상에는 쓰인 적이 없는 책에 관한 환상도 존재한다. 만일에 새로운 전기가 될 만한 그 희한한 일이 일어나지 않았더라면 나는 아직도 멜크의 수도사 아드소 이야기의 출처를 찾아 헤매고 있었을 것이다.

그 희한한 일이란 몇 년 후 그가 부에노스아이레스의 고서점에서《아드소의 수기》가 인용된 고서 한 권을 발견하게 되는 것을 말한다. 그 고서의 발견으로 인해 '에코'는《아드소의 수기》가 실재한다는 확신을 갖게 된다.

> 더욱 놀라운 것은 인용문의 출처가 아타나시우스 키르허 신부로 되어 있다는 것이었다. 후일 어느 학자는 아타나시우스 키르허 신부의 저작 목록을 줄줄 외면서 이 위대한 예수회 신부가 멜크의 수도사 아드소의 이름을 입에 올렸을 리가 없다고 단언했다. 그러나 책은 분명히 내 앞에 있었고, 그가 인용한 일화는 발레 수도사가 불역한 수기와 정확하게 일치하고 있었다.

《장미의 이름》이 키르허로부터 시작되는 이유가 있다. 에코는 아타나시우스 키르허에 관해서는 일종의 팬이었다고 말해도 무방할 듯싶다. 그는《장미의 이름》이외에도 다른 문학 작품과 연구서 등에서 기회가 있을 때마다 키르허에 대해 언급했는데, 그중에서도 가장 흥미로운 것은 아래와 같다.

> 우리의 조상들 중에서 가장 현대적이었던 사람, 그리고 그의 동시대인들 중에서는 가장 시대에 뒤떨어졌던 사람.

키르허에 관한 에코의 흥미는 그야말로 '흥미진진'했던 것 같다. 왜냐하면 키르허라는 이분은 관심을 두지 않는 분야가 거의 없었는데, 그 방식 역시 매우 흥미로웠기 때문이다. 예수회 신부였고 르네상스 시대의 학자였고 발명가였고 음악가였으며 또 놀라운 실험정신의 소유자이기도 했던 이 인물은 이집트학의 선구자였고, 중국학의 전문가였으며, 대수학과 화학과 연금술에 정통한 학자였다. 그는 미생물의 존재를 세상에 최초로 알린, 적어도 최초로 주목하게 한 자연과학자였다고도 평가받는다. 그런가 하면 자동 오르간, 환등기, 해시계 등 온갖 신기한 것들을 발명했다. 그는 화산에 대해서도 연구를 했는데, 그 연구를 위해 베수비오 화산 분화구 안으로 직접 들어가보기까지 했다. 제자들이 그를 바구니에 담아 도르레를 이용해 분화구 안으로 들여보내주었다고 한다. 캣 피아노 혹은 캣 오르간이라는 것도 있다. 살아 있는 고양이들을 피아노 건반으로 자극하여 다양한 음역대의 울음소리를 내게 하는 도구다.

이 박식한 신부는 우리에게도 꽤 흥미거리다. '후일 어느 학자가 아타나시우스 키르허 신부의 저작 목록을 줄줄 외울 때' 언급되는 책 중 하나에서 우리나라가 등장하기 때문이다. 1667년 암스테르담에서 출간된 이 책의 원제는《China Monumentis qua Sacris qua Profanis, Nec non variis, Naturae & Artis Spectaculis, Aliarumque rerum memorabilium Argumentis Illustrata, Auspiciis Leopoldi Primi》, 우리에게는《중국도설》로 알려진 책이다. 라틴어 저작인 이 책의 제목을 대충 해석하면 '레오폴드 5세의 후원하에 중국과 기타 인접국의 자연과 예술, 철학, 종교 그 외의 것들에 관해 다루었으며 삽화가 수록되어 있다'이다. 18세기 이전 책들의 제목은 대개 이처럼 책의 내용을 요약적으로 말하는 것이 보통이었는데, 그 요약이 길다 보니 제목이 표지 전체를 가득 채울 지경이었다.

《중국도설》은 원제가 말해주는 것처럼 '중국에 관한 모든 것'을 말하는 책이다. 세상의 모든 것에 관심을 가졌던 이 박식한 신부가 중국에 대해 호기심을 갖지 않았을 리가 없다. 그는 중국 선교에 몸소 임할 것을 요망하기도 했는데, 어쩌면 선교 열정보다도 지적 욕구가 더 컸을지 모른다. 안타깝게도 그 뜻을 이루지는 못했다. 대신 그는 현지 선교사들로부터 정보를 얻었다. 워낙 명망이 높은 신부다 보니 얻을 수 있는 정보량도 광범위했다.

그러나 직접 보지 못하고 정보로만 접한 후 집필한 이 책은 불행히도 온갖 군데에서 편견과 오류가 넘친다. 그는 중국에 기독교가 전파된 역사를 네스토리아니즘[4]으로부터 찾으면서 이를 강조하다 못해 공자를 모세의 후예라고 한다던가 중국인들을 햄족의 후손이라고까지 했다. 중국인들을 야만족이라고 하지는 않았지만 하나님의 품으로 돌아가야 할 탕자쯤으로 묘사하기도 했다. 중국의 언어는 그 자신의 특기 종목인 이집트어를 끌어와 그로부터 파생한 상형문자라고 주장했다. 우리나라는 이 대목에서 등장한다. 주변국인 조선이 그 상형문자를 같이 쓰고 있다고 설명하는 부분에서다.

조선에 대한 유의미한 언급은 그 정도에 지나지 않는다. 있다 한들 전부 다른 책에서 받아온 정보들이다. 그래도 이 책에는 조선의 지도가 실려 있다. 정확히 반도로 그려진 지도다. 그때까지도 종종 조선은 섬나라로 인식되었다. 실은 인식하려는 시도조차 별로 없었다. 조선은 그때까지 서구의 관심사가 '거의' 아니었다.

키르허는 당대에도 상당한 영향력을 가졌던 학자였지만, 근대에 이르러 갑자기 그 인기가 폭발했다. 그의 연구를 다시 집적하여 해석하고 분석하려는 붐이 일었다. 동시에 그의 업적이 얼마나 기이하고 괴상한 것이었던지도 속속 밝혀졌다. 그의 이집트어 해석은 종종 틀린 정도가 아니라 전혀 맥락이 닿지 않는 것이 많았고, 중국 역사에 대한 그의 연구도 그러했다. 그토록 '실증적인' 그의 연구 태도가 실은 전혀 실증적이지 못하다는 비판이 이미 동시대에 일었는데, 그런 비판을 받았던 데에는 그가 예수회 신부였던 까닭이 컸다. 그는 신의 영역을 침범할 수 없었고, 그럴 생각도 전혀 없었기 때문에 항상 신과 우주의 원리 사이에서 머뭇거릴 수밖에 없었던 것이다. 그러나 또 동시에 '그가 성공한 신부였던 까닭에', 말하자면 돌보고 부양해야 할 가족에 대한 의무가 없었던 까닭에, 그리고 성공하지 못한 신부들이 부역해야 할 의무로부터도 자유로웠던 까닭에, 말하자면 그토록 시간이 많았던 까닭에, 그렇게 많은 연구를 해낼 수 있었다고도 한다.

에우제니오 로 사르도 등이 쓰고 파울라 핀들렌이 엮은 키르허의 평전 제목은《모든 것을 알았던 마지막 사람 The Last Man Who Knew Everything》이다. 그런가 하면 존 글래시의《A Man of Misconceptions》라는 제목의 키르허 평전도 있다. 이때 'Misconceptions'는 오인, 오해, 착오쯤으로 해석할 수 있는 단어다. 재미있는 것은 이 책의 표지이다. 키르허 신부의 유명한 초상화가 아래위로 거꾸로 된 채 실려 있다.

조선에 대한 키르허의 기록은 당시 조선에 대한 서구의 관심 때문이 아니라 키르허가 유명했기 때문에 남았다. 그는 그냥 유명한 게 아니라 괴짜로 유명했고, 그 엉뚱한 열정이 후대의 학도들에게 깊은 영향을 미쳤기 때문에, 그의 글자 하나하나가 다 남음과 동시에 조선에 대한 기록도 함께 남았다.

키르허의 거의 모든 책들은 당대에 이미 베스트셀러였다. 키르허는 책을 팔아서 많은 돈을 벌었던, 말하자면 상업적인 성공을 거둔 최초의 작가로도 평가받는다. 그러니 그의 책이 팔려나가는 속도로 조선이라는 나라 역시 독자들에게 전파되었을 터인데, 400여 년 전 유럽의 누군가가 '코레아Corea'라는 글자를 들여다보며 그 지도를 보고 있는 상상을 해보는 것도 흥미로운 일이 아닐 수 없다.

키르허의《중국도설》은 세로 길이 36센티미터, 237페이지의 라틴어 책이다. 몇 년 뒤《China Illustrata》라는 제목의 영어 번역본이 나왔고, 네덜란드어, 프랑스어로도 번역되었다. 표지는 양피지이고, 내지는 펄프지이다. 17세기의 거의 모든 책들이 그런 것처럼 종이는 두툼하고, s를 f와 비슷한 모양으로 쓴 활자체는 그 시기의 전형적인 자형을 보여준다. 미적 가치를 최우선으로 둔 활자체와 편집이다.

《중국도설》이라는 제목처럼 삽화가 많이 실려 있다. 권두삽화는 아담 샬과 마테오 리치가 양쪽에서 중국지도를 들고 있는 것인데, 여기에서 우리나라는 제주도까지 또렷한 형태로 그려져 있다.

책은 그 전의 이야기와 그 후의 이야기로 연결된다. 연결되며 이어진다. 책과 책 사이에서 이야기가 파동처럼 흐르며 시간과 시대 사이의 통로를 만든다. 키르허를 궁금해하는 것은 중국에서 직접 선교활동을 했던 아담 샬을 궁금해하는 것이고, 또 마테오 리치를 궁금해하는 것이기도 하다. 적어도 우리나라와 관련해서라면 그 기록의 역사는 그렇게 올라간다. 그렇게 올라가다가 마르코 폴로를 지나 아랍의 지도학자들에게까지 간다.

그러나 우선은 키르허에게 가장 직접적인 영향을 미친 사람을 봐야 할 것이다. 바로 마르티노 마르티니다. 연구를 위해 화산 분화구 안까지 들어갈 수 있었던 키르허에게 마르티니는 그를 분화구 안으로 내려주기 위해 두레박의 도르레 줄을 잡아주는 정도가 아니라 아예 화산 속으로 그를 불러들인 사람이었다. 중국과 조선에 관한 한은 이론의 여지없이 그러했다.

17세기 유럽에는 중국 관련 서적들이 쏟아져 나왔다. 그럴수록 독자들은 더 정확한 정보, 더 최신의 정보들을 원했는데, 마르티노 마르티니의 책들이야말로 당시 독자들의 요구를 완벽하게 충족시켜주는 것이었다.

오해와 편견의 역사

마르티니의 《타르타르의 전쟁》

Martino Martini, 《De Bello Tartarico Historia》(1654, 라틴어)

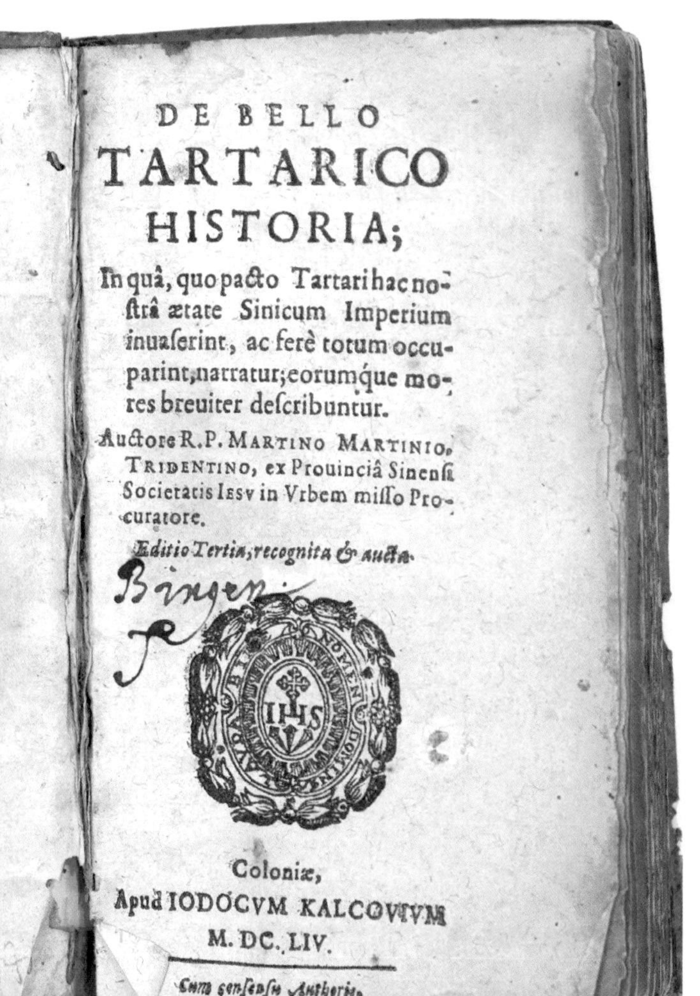

DE BELLO
TARTARICO
HISTORIA;

In quâ, quo pacto Tartari hac no-
strâ ætate Sinicum Imperium
inuaserint, ac ferè totum occu-
parint, narratur; eorumque mo-
res breuiter describuntur.

Auctore R.P. MARTINO MARTINIO,
TRIDENTINO, ex Prouinciâ Sinensi
Societatis IESV in Vrbem misso Pro-
curatore.

Editio Tertia, recognita & aucta.

Coloniæ,
Apud IODOCVM KALCOVIVM
M.DC.LIV.

Cum consensu Authoris.

조선은 쌀과 밀이 풍부하고, 인삼과 진주가 유명하며, 과일들이 많고, 그중에서도 배의 맛이 아주 뛰어나다.

이렇게 시작되는 마르티노 마르티니의 조선에 대한 묘사는 아래와 같이 이어진다.

또한 금과 은이 아주 풍부하다.

놀라워하거나 어리둥절해할 필요는 없다. 미지의 땅에는 언제나 판타지가 따르기 마련이다. 황금의 땅 엘도라도든 식인종이 들끓는 야만의 나라든 기본은 판타지다. 탐험의 욕구에 차 있든 정복의 욕망으로 들끓든, 어느 쪽이든 간에.

그리고 오해와 편견은 잠시 머물렀다가 그냥 지나가지 않는다. 그 미지의 나라에 상처를 입힐 때까지, 그 상처가 바닥까지 미쳐 파괴에 이르게 될 때까지 끝없이 재생산되고, 부풀려진다. 우리나라만의 문제가 아니다. 동남아와 남미의 제국들 역시 그렇게 파괴되었다. 일일이 다 거론할 수 없을 정도로 많은 나라들이 그런 식으로 무너졌는데, 그 맨 앞장에 선 사람들이 선교사들이었다는 사실도 대부분 같다.

여기서 잠깐, 오해와 편견의 역사를 먼저 살펴보는 것은 어떨까. 이것 역시 어느 날 갑자기 생겨나는 것은 아니다. 당연히 조선의 금과 은에 대해서 가장 먼저 이야기 한 사람 역시 마르티노 마르티니는 아니다. 이 판타지는 9세기 무렵까지 올라간다. 우리나라가 '코레Corée'나 '코레아Corea'로 알려지기 전, 신라에 관한 기록이 이미 아랍의 역사서와 지리서에서 발견된다는 건 앞에서 말한 바 있다. 좀 더 구체적으로 보도록 하자.

> 중국 동쪽에 신라라는 나라가 있는데, 아홉 명의 왕이 다스리며 금이 많고 살기 좋은 아름다운 나라다.

845년경 아라비아의 지리학자이자 역사학자인 이븐 후르다드베가 쓴 《도로와 왕국들에 대한 안내서Kitāb al-Masālik wa l-Mamālik》에 나오는 기록이다. 또 이런 기록도 있다.

> 그곳을 방문한 여행자는 누구나 그곳에서 영원히 살고 싶어 한다. 그곳이 매우 풍족하고 이로운 것 또한 많기 때문이다. 그 가운데서도 금은 너무나 흔한 바, 심지어 그곳 주민들은 심지어 개의 쇠사슬이나 원숭이의 목테도 금으로 만든다.

이슬람의 지리학자 알 이드리시의 기록이다. 또 1200년대에 살았던 페르시아 출신 지리학자 카즈위니는《피조물의 경이와 그것들의 특이성Aja'ib al-Makhulqat》이라는 책에서 이렇게 썼다.

신라 주민들은 세상에서 가장 아름다운 외모를 갖고 있고 병에도 잘 걸리지 않는다.

《실크로드 사전》을 펴낸 아랍 전문가 정수일 교수에 의하면 실크로드의 끝은 신라다. 즉, 당시 아랍인들은 해상을 통해 신라와 교역했을 뿐만 아니라 육로를 통해서도 신라에 관한 정보를 얻었다는 뜻이다.

우리나라에 관한 아랍의 기록은 그러나 그 후 다시 발견되지 않는다. 16세기 일본과 중국의 선교사들을 통해 소개되기 전까지 우리나라는 완전히 미지의 왕국이었다. 서구 사람들의 입장에서 그렇다는 뜻이다. 우리나라를 '은자의 나라Hermit Nation'라는 별칭으로 전 세계에 알린 사람은 1882년에 동명의 책을 쓴 윌리엄 그리피스인데, 그조차도 그 책이 나올 때까지 조선 땅을 밟아본 적이 없다.

✣ ✣ ✣

이탈리아 트렌토 출신인 예수회 선교사 마르티니가 항저우 지역을 중심으로 중국 선교활동을 시작한 것이 1644년, 그의 나이 서른 살 때였다. 명나라에서 청나라로 제국의 주인이 바뀌던 바로 그 시기, 말하자면 세상이 뒤집히던 시기, 그것도 천천히 변화하는 게 아니라 모든 것이 곤두박질치던 때. 제국의 이와 같은 이행과정을 목격한, 이제 막 중국 선교를 시작한, 이 젊은 선교사의 놀라움은 어느 정도였을까.

마르티니는 활달한 성격으로 유명했다. 쉽게 말하면 '활달함'이고, 좋게 말하면 '역동적'이지만, 다른 식으로 말하면 '지나치게 거침이 없는' 성격이었던 것 같다. 끝없이 움직이고, 격정적이고, 무엇이든 쏟아내는 사람이었다. 빛나는 재능도 있었다. 수로 수학과 천문학에서 그러했다. 이 강렬한 개성으로 인해 그는 여러 가지 별명을 얻게 되는데, 그중에는 '해군사령관'이라는 것도 있었다. 이 별명은 항해 도중 해적에 맞서 보였던 그의 용감한 행동으로 인해 붙은 것이라는데, 그는 아마도 그런 위급 상황에서 기도보다 행동하기를 먼저 택하는 신부였던 모양이다. 그리고 건파우더 만다린, 중국어로는 '화약대신火藥大臣'이라는 별명이 또 있다. 신부에게 어쩌자고 이런 별명이 붙었을까. 명나라가 멸망한 뒤에도 명을 계승했다고 주장하는 남명정부가 한동안 존재했다. 그 시기에 그는 남명정부를 위해 대포와 화약을 만드는 데 일조했다. '일조'였을까, '주도'였을까. 화약대신이라고까지 불렸던 그는 그러나 딱히 남명정부에 대한 애정이나 충정 같은 것은 없었던 모양이다. 남명정부를 돕고 있던 바로 그 시기에 청나라 군대와 마주치자마자 곧바로 청군에 순응했다. 거의 1초의 고민도 없이. 그는 곧 머리를 밀어 변발을 했고, 그런 자신의 태도를 자랑스러워했다.

마르티니는 1651년에 잠시 중국 선교를 접고 유럽으로 돌아간다. 당시 중국의 선교방식에 대해 의문을 표하고 있던 교황청에 그들의 입장을 해명하기 위해 중국선교지부에서 그를 대표로 역파견했던

Septentrio.
TANYU TARTARORUM REGNUM
LEAOTU
PEKING
Peking
XANSI
Taiyuen
Puchcu
Kiangcheu
Tientsin
Sigan
XENSI
Cinan
XANTUNG
Caifung
HONAN
Hanchung
Occidens.
Yangcheu
Nanking
Chingtu
HUQUANG
NANKING
Tai lacus
Kiang fluv. Filius Maris
Poyang lacus
CHEKIAN
Hangcheu
SUCHVEN
Tungting lacus
Vuchang
Nanchang
KIANGSI
Kienning
Mahu lacus
FOKIEN
QUEICHEU
Queicheu
QUANGSI
Nanhiung
Focheu
IUNNAN
Queilin
QUANGTUNG
Iunnan
Chaoking
Quangcheu
Hainan
Macao
Auster.

DE BELLO TARTARICO HISTORIA;

In quâ, quo pacto Tartari hac nostrâ ætate Sinicum Imperium inuaserint, ac ferè totum occuparint, narratur; eorumque mores breuiter describuntur.

TARTARI (antiquissima in Asiâ gens, & multarū gentium principium, iam à quatuor millibus annorum Sinico Imperio inimica) sæpè acria bella cum Sinis gesserunt, & quamuis aliquoties victi fuerint, sæpius tamen victores extiterunt. Tartaros autem voco gentem illam, quæ ad partes Septemtrionales sita est, vltra famosum murum Sinarum, ab Occasu in Ortum extensum, quo, per trecenta & plura milliaria Germanica continuata quasi serie extructo, excludebatur, ne Sinicum Imperium

Tartari, antiqui Sinarum hostes.

Tartari, qui,

것이다. 왜 그였을까. 그의 별명으로 유추해볼 수 있을 것 같다. '중국의례논쟁Controversia de ritibus', '전례논쟁' 등으로 불리며 논란을 일으켰던 중국 선교방식은 중국의 전통과 문화를 포용하는 것을 선교의 기본 원칙으로 삼았다. 그러나 이로 인해 이단 논쟁이 야기되자 그들은 간절한 기도만으로는 자신들의 입장을 옹호하기 어려웠던 것 같다. 그때 그들에게 필요했던 건 '쌈닭'이었고, 그때 그들에게는 마르티니가 있었다. 화약대신이었고 앞으로 곧 해군사령관이라는 별명도 갖게 될 마르티니는 열정으로 가득 차서 로마로 향했다. 그리고 이겼다. 로마에서 다섯 달 동안이나 이어졌던 이 이단 논쟁에서 교황은 그의 손을 들어주었다.

유럽에 머무는 동안 그는 저술과 출간 활동 역시 활발히 했다. 《타르타르의 전쟁》을 비롯해 《신중국지도Novus Atlas Sinensis》, 《중국고대사Sinicae Historiae Decas Prima》 등이 그때 출간되었다.

당시 중국에 대한 유럽인들의 관심은 가히 폭발적이었다. 마테오 리치로부터 시작된 중국 선교의 역사가 이때 이미 반세기를 지나고 있었다. 그동안 중국 관련 서적들이 쏟아져 나왔다. 그러나 그럴수록 독자들은 더 정확한 정보, 더 최신의 정보들을 원했는데, 마르티노 마르티니의 책들이야말로 당시로서는 독자들의 요구를 완벽하게 충족시켜주는 것이었다. 말하자면 신상, 현지에서 막 도착한 따끈따끈한 정보. 얘들아, 중국에 주인이 바뀌었대! 그야말로 속보 같은 소식.

당연히 책은 엄청나게 인기를 얻었다. 《타르타르의 전쟁》의 경우 안트베르펜에서 초판이 발행되자마자 여덟 개 이상의 언어로 번역되었고, 스물다섯 개 이상의 판본으로 재출간되었을 정도였다.

이 책을 모티브로 한 연극도 만들어졌다. 미지의 대륙을 탐험하는 영웅 서사에 로맨스를 얹은 내용이었던 것 같다. 런던의 듀크 극장Duke of York's Theatre에 올려졌던 이 연극은 호평을 얻지 못했지만, 대신 책은 대중적으로 홍보 효과를 크게 얻어 더 많이 팔렸다. 예전이나 지금이나 비슷하지 않은가. 베스트셀러는 영화로 제작되고, 영화로 제작된 소설은 더욱더 베스트셀러가 되는 공식.

그러나 마르티니의 이 책이 중요한 것은 그 판매부수 때문이 아니다. 그 판매부수를 쫓아 퍼져나간 영향력 때문이다. 마르티노 마르티니의 책들은 그때로부터 거의 100년이 넘도록 극동을 이해하는 데 있어서 매우 중요한 역할을 하게 된다. 무엇보다도 조선에 관한 한은 압도적인 영향력을 행사한다.

마르티니에 이르러 조선은 이제 한두 줄의 문장이 아니다. 마르티니는 조선의 역사와 지리를 비롯해 조선 전반에 대해 서술했는데, 그중 풍습에 관한 부분이 흥미롭다. 앞에서 말한 바 있던 '조선의 젊은이들은 중국과는 다르게 자유연애를 하고 부모의 허락 없이도 결혼을 할 수 있다'는 오해가 바로 마르티니로부터 시작된 것이다. 그는 중국 여성들이 외부 출입을 삼가고 예의범절로 말미암아 부모가 강제하는 결혼을 거부하지 못하는 것과는 '달리' 조선의 여성은 솔직담백, 개방적이라고까지 했다. 그랬으면 좋았을 것 같기는 하다. 그렇지 못했다는 건 우리 모두가 알고 있는 사실이지만, 어쨌든 유럽 사람들에게 이 오해가 조선에 대한 판타지를 강화하는 데 약간의 기여는 했을 듯싶다. 연애에 관한 정보란, 어느 시대에라도, 가장 흥미가 가는 소재일 테니.

조선에 대한 몇 부분 오류 섞인 정보와 해석에도 불구하고, 마르티니의 저술은 우리에게 매우 특별한데, 그에 이르러 조선의 역사가 매우 유의미하게 확장되기 때문이다.

그때까지 조선에 대한 기술은 일본 선교사들에 의한 것이 많았고, 그 기술은 임진왜란을 통한 접촉이 기본을 이루었다. 일본보다 뒤늦게 진출하기는 했지만, 중국 선교사들의 조선에 대한 기록 역시 크게 다를 바가 없었다. 마테오 리치의 기록이 대표적인데, 그에게 있어 임진왜란은 일본과 조선의 전쟁이 아니라 중국과 일본의 전쟁이었다. 임진왜란이 끝났을 때, 마테오 리치에게 그것은 중국의 승리였다. 그야말로 조선은 '타자의 타자'에 불과했던 것이다. 그러나 마르티니에 이르면 이제 조선의 전쟁은 임진왜란이 아니다. 그것은 청나라와 조선의 전쟁이다.

명청 간의 전쟁에서 조선군이 활약하는 부분에 대한 서술을 보자. 《타르타르의 전쟁》에는 명나라를 지원하여 청과의 전투에 나섰다가 청군에 투항한 조선 군대 이야기가 나오는데, 강홍립 부대일 것으로 추정된다. 광해군이 청과의 긴장을 외교적으로 해결할 가능성이 있는지 모색하기 위해 파병했던 강홍립 군대. 강홍립은 광해군의 묵인하에 혹은 지시하에 청군에 투항하지만, 결코 패잔병의 모습은 아니었던 모양이다. 마르티니의 책에는 청나라 군사들이 명나라를 공격하면서 조선군처럼 위장했다는 내용이 나오는데, 그 이유가 조선군이 너무나 용맹한 까닭에 명나라 군인들이 조선군을 보기만 해도 겁을 먹었기 때문이라는 것이다. 조선군은 전반적으로 '워라이크 war-like'로 묘사된다. '호전적'이라거나 '공격적'이라고 해석할 수 있겠다.

마르티니는 1659년에 다시 중국으로 돌아왔다. 그리고 2년 뒤에 세상을 뜬다. 콜레라가 원인이라는 말도 있고, 약 처방이 잘못되어서 그렇다는 말도 있다. 《항저우의 잊혀진 기독교인The Forgotten Christian of Hangzhou》을 펴낸 데이비드 먼젤로에 의하면 마르티니는 비만과 변비로 고생을 했는데 의사들이 처방해준 약이 너무 순하다고 판단, 효과가 빠르다고 알려진 루바브(식용 대황)를 스스로 재배하여 과복용한 나머지 사망에까지 이르렀다는 것이다. 죽음을 맞이하는 과정에서마저 그의 일관된 성격을 보여주는 듯하다.

그에 관한 에피소드는 사후에도 이어진다. 그는 항저우에 묻혔는데, 20년 후 이장을 하기 위해 무덤을 파보았더니 시신과 수의가 모두 온전했다는 것이다. 그래서 신도들은 그의 시신을 교회에 모셔놓고 성자로 기렸다. 그 시신을 다시 땅에 묻은 것이 200년이나 지난 1877년이었는데, 시체의 부패가 너무 심해서였다고 한다. 살아서는 그토록 불같은 성격이더니 세상을 뜬 후에는 그렇지도 않았던 모양이다. 그는 미루고 미루다가 200년이나 흘러 마침내 부패에 이르러, 비로소 온전히 이승을 떠났다.

생생하게 실재하는 야만의 나라

하멜의 《하멜 표류기》

Hendrik Hamel, 《Journael, Van De Ongeluckige Voyagie Van't Jacht De Sperwer》(1668, 네덜란드어)

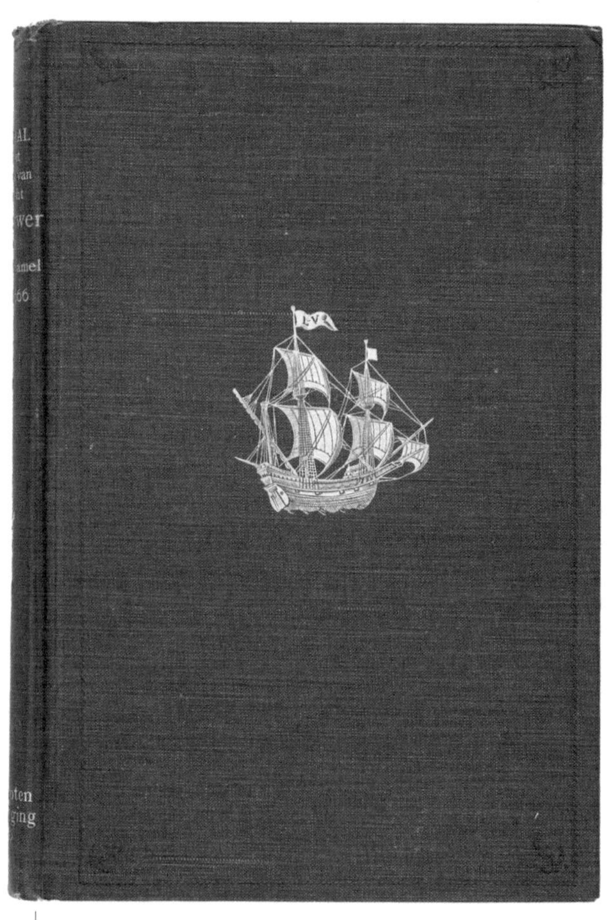

《하멜 표류기》 네덜란드어
회팅크 완역본(1920)
대항해시대의 상징물이기도 한
범선 스페르베르호가
표지와 본문에 등장한다.

《하멜 표류기》 독일어 판본(1672)의 표지

화려한 꽃무늬 금박의 책등과 붉은색으로 물들인 책배가 조화를 이룬다.

3월에 청나라 칙사가 다시 왔다. 우리는 집에서 나오지 말라는 명령을 받았다. 그러나 그 청나라 칙사가 떠나던 날 암스테르담 출신의 일등항해사 헨드릭 얀스와 할렘 출신의 포수 헨드릭 얀스 보스가 땔감 하러 간다는 핑계를 대고 집에서 나와 청나라 칙사가 지나가기로 한 길에 숨어 있었다. 수백 명의 기병과 보병의 호위를 받으며 칙사가 지나가는 순간, 얀스 일행은 그들 대열의 사이를 뚫고 들어가 칙사가 탄 말의 고삐에 매달렸다. 조선 옷을 벗자 그 안에 입고 있던 네덜란드 옷이 드러났다. 곧 엄청난 소동이 일어났다.

하멜이 조선에 억류되었던 기간은 13년에 이른다. 그동안 탈출 시도도 여러 번이었다. 억류 3년차가 되었을 때, 하멜 일행은 청나라 칙사가 조선에 온다는 소식을 들었고 그것이 절호의 탈출 기회가 되리라고 믿었다. 절체절명의 기회였으나 말이 통하지 않으니 보여주는 수밖에 없었다. 생김새만으로도 충분했겠으나 그것만으로는 안심할 수 없었다. 그래서 그들은 조선 옷 속에 네덜란드 옷을 입었다. 구해

18

Dit eijland bij haer Scheluo [1]) ende bij ons Quelpaert gen^t leijt als vooren geseijt opde hooghte van 33 graden 32 minuten ontrent 12 a 13 mijlen vande suijthoeck van 't vaste lant van Coree, heeft aende binne ofte noort cant een baij daer hare vaertuijgen in comen ende van daer varen naer 't vaste lant. Is seer gevaerlijck voor d'onbekende door de blinde klippen om in te comen, waer door veel die daer op varen, soo se eenig hard weder beloopen ende de baij mis raken, naer Japan comen te verdrijven, alsoo buijten die baij geen ancker gront ofte berghplaets voor haer vaertuijgen is. Het eijland heeft aan verscheijde zijde veel blinde en sighbare klippen en riffen. Is seer

1) „Tjyei-Tjyou. Ile de Quelpaërt . . . Résidence d'un *mok-sä*, gouverneur de l'île. 33° 33'—124° 16''' (Dict. Cor. Franç., bl. 19**).

„Cette île, qui n'est connue des Européens que par le naufrage du vaisseau hollandais Sparrow-hawk en 1653, était, à cette même époque, sous la domination du roi de Corée. Nous en eûmes connaissance le 21 mai [1787] . . . Nous déterminâmes la pointe du Sud, par 33^{d} 14' de latitude Nord, et 124^{d} 15' de longitude orientale" (Voyage de la Pérouse autour du monde. Paris, 1797, II, bl. 384).

De transcriptie „luo" zal een schrijffout zijn. Verg. „Vragen" No. 3 en 12: „*Chesu*".

In de gedrukte Journalen staat: I. Uitg.-Saagman: „Dit Eijlandt bij haer Schesuw ende bij ons Quelpaert ghenaemt leijdt als vooren op de hooghte van 33 graden 32 minuten ontrent 12 a 13 mijl van den Zuijdt-hoeck van 't vaste Landt van Coree." — II. Uitg.-Stichter en III. Uitg.-van Velsen: „Dit Eylant bij haer en ons genaemt Quelpaerts Eylant, leyt op de hoogte van ontrent 30 graden 30 minuten, 12 of ontrent 13 mijlen van de Zuythoeck vant vaste lant van Coeree."

Voor eene beschrijving van de hoofdstad van Quelpaert zie Belcher, Narrative of the voyage of H. M. S. Semarang, bl. 238 e. v.

달라는, 이 '이교도의 나라'로부터 자신들을 구해 고국 네덜란드로 보내달라는 호소를 그 이상 더 잘 표현할 수는 없을 거라고 믿었다.

그러나 이들의 시위는 무위로 끝났다. 청나라 칙사는 난데없이 나타난 그들에게, 그들의 생김새에, 그들이 벗어 던진 옷 속에서 나온 또 다른 기이한 옷에 대해 몹시 놀라기는 했지만, 그게 전부였다. 하멜의 기록에 의하면 '조선 국왕의 뇌물을 받은' 청나라 칙사가 그 일을 '없던 일로 해버렸기' 때문이다.

반면 조선 정부는 '그들이 벌인 짓'을 묵과하지 않았다. 그들 모두는 곤장 50대의 중형에 처해졌고, 시위를 벌였던 당사자 헨드릭 얀스와 헨드릭 얀스 보스는 죽음에 이르렀다. 참수를 당했다고도 하고, 상심한 나머지 시름에 겨워 굶어 죽었다고도 한다. 하멜 자신의 기록은 이렇게 되어 있다.

> 우리 항해사와 포수는 서울로 압송되어 감옥에 수감되었는데 얼마 후에 죽게 되었다. 그들을 면회하는 것이 금지되어 있었기 때문에 그들이 자연사했는지 참수되었는지는 분명히 알 수 없었다.

우리가 읽는 《하멜 표류기》와 유럽인들이 읽는 《하멜 표류기》는 같은 책이다. 그러나 그 독법이 같지는 않을 것이다. 똑같은 책, 똑같은 내용이라고 해도 그 행간은 다르게 올 수 있다. 입장의 차이로 인한 이유가 가장 클 것이다. 억류한 자와 억류당한 자, 본 자와 보여진 자, 그리고 상상하는 자와 현존하는 자의 다른 자리가 독법의 차이를 낳는다. 또 있다. 서술의 차이. 무엇을 위해 서술된 것인가에 따라 같은 책은 다르게 읽힐 수밖에 없다.

우리에게는《하멜 표류기》라고 알려져 있지만, 본 제목이《스페르베르호號 야하트선船의 생존 선원들이 코레 왕국의 지배하에 있던 켈파르트섬에서 1653년 8월 16일 난파당한 후 1666년 9월 14일 그 중 여덟 명이 일본의 나가사키로 탈출할 때까지 겪었던 일 및 조선 백성의 관습과 국토의 상황에 관해서》로 되어 있는 하멜 보고서의 목적은 네덜란드 동인도 회사 쪽에서는 조선과의 무역이 가능한지 조사·검토하기 위한 것이었고, 하멜 입장에서는 억류 기간 동안의 밀린 임금을 청구하기 위한 것이었다. 그러나 이 보고서가 상업적으로 출판되는 순간, 책의 운명이 달라진다. 더는 딱딱한 보고서가 아니라 모험과 고난으로 가득 찬 탐험기로서의《하멜 표류기》의 세계가 열린 것이다.

저기 동쪽 끝에 있는 야만의 나라, 불쌍한 표류민들을 억류하고 노예처럼 부려먹은 야만인들, 그 잔혹한 나라의 끔찍한 이야기는 유럽 독자들에게는 아마도《로빈슨 크루소》와 같은 모든 조난 소설, 조난 기록의 앞선 계보처럼 여겨졌을 것이다.

잠깐 얘기가 옆으로 새기는 하겠으나, 이 부분에 대해 조금 더 덧붙이는 말을 하자. 대니얼 디포는《로빈슨 크루소》를 쓰면서 1704년부터 4년 4개월 동안이나 남태평양에서 표류했던 알렉산더 셀커크의 경험담으로부터 깊은 영향을 받았다고 전해진다. 셀커크의 표류기는 그를 구출한 배의 선장인 우즈 로저스에 의해《항해 여행기A Cruising Voyage Round the World》라는 제목으로 1712년에 출간되었다. 그 후 100년쯤이 흘러 1820년대에 이 책은 J. C. A 바우어에 의해 동명의 제목을 달고 스웨덴어로 소개된다. 번역이라기보다는 제목과 소재를 차용한 일종의 재창작이라고 할 수 있는데, 여기에

《하멜 표류기》 덴마크어 판본(1754)의 본문에 삽입된 조선 지도
제주도는 '켈파르트섬Oen Quelpaert'
동해는 '한국의 바다Havet af Korea'라고 표기되어 있다.

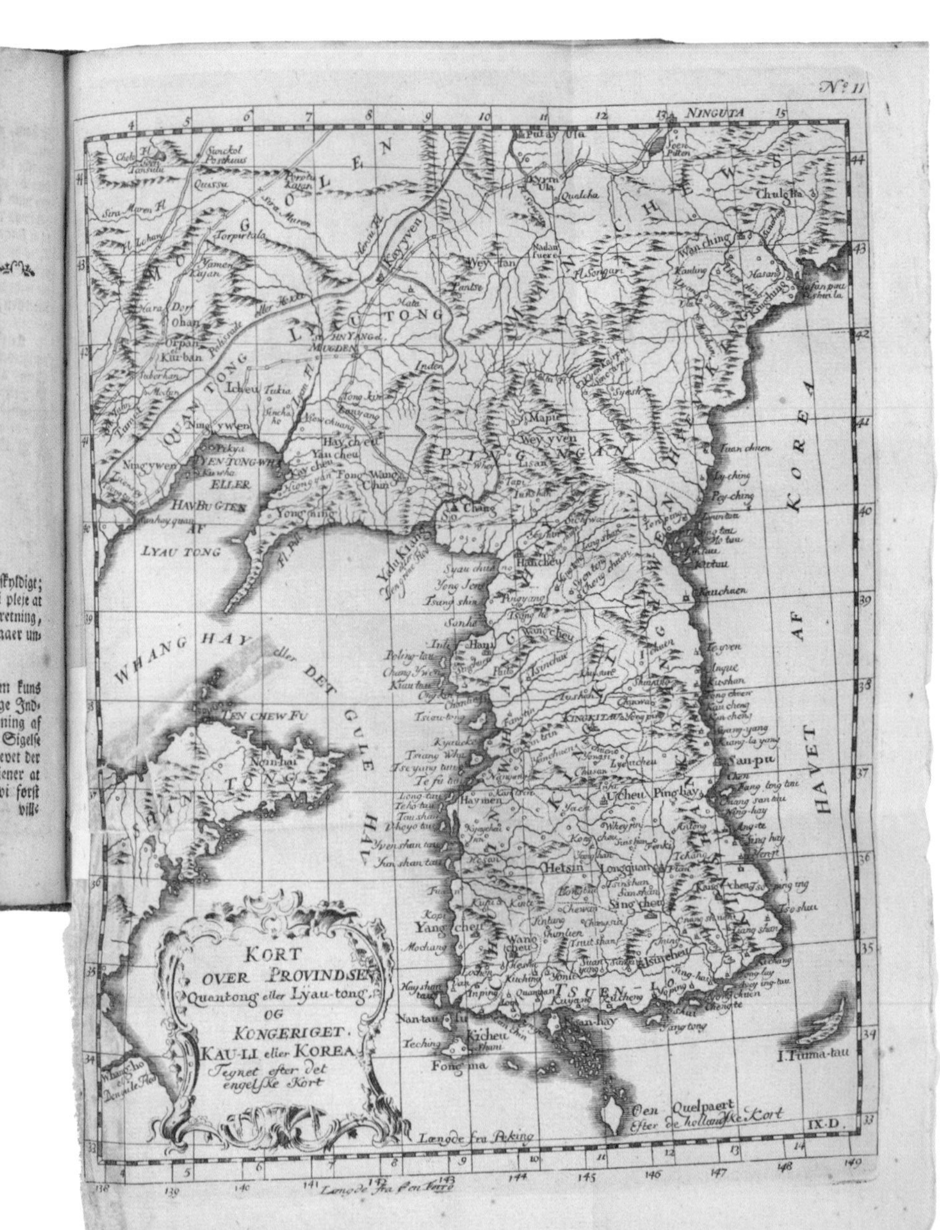

원본에는 있지도 않았던 우리나라가 소개된다. 조선과 중국의 관계, 조선의 지형, 제도, 여성의 지위, 형벌 등을 소개하는 내용인데, 많은 부분 하멜의 기록을 가져왔다. 표류기가 또 다른 표류기로 이어지는, 얽히고설킨 계보가 흥미롭다.

✣ ✣ ✣

하멜은 이 표류기를, 아니 보고서를 탈출에 성공한 후 나가사키에서 작성했다. 나가사키에는 출입이 통제된 부채꼴 모양의 작은 인공섬인 데지마가 있는데, 그곳에서 네덜란드와 일본 사이의 무역이 이루어졌다. 무역선은 네덜란드를 출발해 바타비아를 거쳐 한 해에 한 번씩 왔다. 하멜과 그의 일행은 조선에서 탈출하여 그곳에 이른 후에도 곧바로 네덜란드로 돌아가지 못하고 13개월을 더 억류 아닌 억류 상태를 이어가야 했다. 일본 당국의 조사를 받느라 한 해에 한 번뿐인 바타비아(오늘날의 인도네시아 자카르타)행 배에 오를 수 없었기 때문이다. 네덜란드로 가려면 먼저 동인도회사 총독청이 있는 바타비아로 가야만 했는데, 그 배를 놓쳐버린 것이다.

당시 데지마의 상관장이었던 볼허가 그 기록을 남겼다.

> 결국 이 가련한 사람들은 이곳에 더 머물러야만 하게 되었다. 나가사키 총독에게 출항 허가를 받으면서 하멜 일행도 같이 갈 수 있게 해달라고 부탁했지만 단호히 거절당했다. 아직 에도의 막부로부터 그들에 관한 처리 방침을 하달받지 못했다는 것이다. 하멜 일행을 에도로 보내야 하는 일이 생길지도 모른다고도 했다. 이 고통받는

> 사람들은 1년을 더 여기에서 체류해야 할 것이고, 그러는 동안 자유를 누리기도 매우 힘들 것이다.

다행히 하멜 일행이 에도로 송환되는 일은 일어나지 않았다. 그러나 나가사키에서 떠나지도 못했다. 정작 그의 보고서는 그보다 먼저 바타비아에 있는 동인도회사의 총독청에 도착했다. 곧바로 네덜란드로도 전해졌다. 그리고 책으로 출판되었다. 앞에서 말한 것처럼 '상업적인 출판사'들에 의해. 1668년 7월 암스테르담에서 야곱 반 벨센이 그리고 1668년 로테르담에서 요하네스 스티처가, 그리고 또 곧이어 자그만이 연달아《하멜 표류기》를 출판한다. 세 종류의 다른 판본이 순식간에 출간되어 공존하게 된 것이다. 하멜이 네덜란드로 돌아오기도 전에.

하멜은 그 사실을 알고 있었을까? 네덜란드에서 이렇게 소란스럽게 자신의 '표류기'가 출판되는 동안, 그는 바타비아에 머물고 있었다. 데지마에서 13개월을 머문 후 비로소 바타비아로 올 수 있었으나, 그는 함께 조선을 탈출한 동료들과는 달리 곧바로 귀국 항로에 오르지 않았다. 그가 홀로 바타비아에 머문 이유는 명확하지 않다. 그곳에서 역시 밀린 월급 문제를 해결하려고 애썼다는 해석도 있고, 다른 사람들과는 달리 네덜란드에 결혼한 가족이 있는 게 아니라서 굳이 서둘러 돌아갈 이유가 없었다는 해석도 있다. 어쨌거나 중요한 것은 그의 새로운 역사가 그가 머물고 있던 바타비아가 아니라 네덜란드에서 펼쳐지고 있었다는 사실이다.

그리고 그 사실은 이제 우리에게도 엄청나게 중요해진다. 이제까지 선교사들이 전했던 조선에 관한 이야기와 하멜이 알린 조선 이야기가 질적으로 달랐기 때문이다. 선교사들이 알고 있던 조선은 돌고 돌아 몇 다리를 건너가며 전해 들은 이야기에 불과했다. 그러나 하멜은, 겪었다. 직접 보았고, 들었고, 겪었다. 13년 동안이나, 그것도 아주 참담하게.

유럽의 독자들에게 이제 조선은 생생히 실재하는 나라가 되었다. 그냥 생생한 정도가 아니라 무시무시한 야만의 나라, 잘못 붙잡히면 영원히 빠져나오지 못하는 나라, 노예처럼 붙잡혀 살아야 하는 나라. 독자들은 하멜의 이야기에 열광했고, 또한 철석같이 믿었다.

서양 최초로 울릉도의 존재를 기록하고 알린 것으로 유명한 프랑스 탐험가 라페루즈는 오죽하면 조선 해안을 탐사하는 동안 그 '야만의 나라'에 상륙하는 것은 엄두조차 내지 않았다. 그는《라페루즈 항해기》에 이렇게 기록하고 있다.

> 여기는 외국과의 어떠한 접촉도 금지된 나라에 속한 영토로 이곳에 표류했던 서양인들을 억류시키곤 했다. 특히 하멜 일행은 13년 만에 겨우 탈출한 바 있다. 우리는 해안으로 접근하지 않도록 조심해야만 했다.

❖ ❖ ❖

라페루즈는 항해하는 동안 온갖 나라에 들렀고, 온갖 영토에 상륙했다. 환대를 받기도 했지만, 원주민의 습격을 받아 탐사대원들의 소중한 목숨을 잃기도 했다. 그것도 참혹하게 잃었다. 그러나 그런 위험을 무릅쓰고라도 원주민과의 접촉은 중요한 일이었다. 물과 먹을 것을 정기적으로 구해야 했고, 동시에 정보도 얻어야 했기 때문이다. 그런데 그런 라페루즈조차 조선에는 '절대로 상륙하지 않겠다'고 결심했다는 것이다.

그런데 놀라운 사실이 있다. 하멜은 조선을 야만의 나라라고 말한 적이 결코 없다는 것. 그 단어를 쓴 사람은 출판업자인 반 벨센과 스티처였다. 아니면 반 벨센과 스티처의 회사에서 일하던 편집자였거나! 어쨌든, 반 벨센과 스티처의 판본으로 하멜 표류기가 출판될 때, 그 책 제목에는 아주 잘 보이라고 일부러 강조해놓은 굵은 글씨로 이렇게 쓰여 있었다. "13년을 야만인들 사이에서 노예처럼 보내다." 스티처가 출판한 판본에는 삽화가 들어갔다. 독자들의 이해를 돕기 위한 약간의 삽화였는데, 조선의 풍경이 그려진 삽화는 전혀 조선 같지 않게 그려졌다. 온라인으로 하멜표류기를 검색하면 찾아볼 수 있는 대부분의 삽화가 바로 스티처 판본에 수록되었던 것들이다.

그런데 이 스티처 판본이 자그만 판본으로 넘어가면서부터는 '조선 같지 않은 정도'가 아니라 '여기가 어디야'로 변한다. 난데없이 첫 표지에서부터 거대한 코끼리와 악어의 그림이 등장하고, 조선과는 아무 상관 없는 동남아시아 왕이 거하게 차려진 열대 음식을 먹는 장면이 나오기까지 한다. 심지어 이 그림들은 새로 제작된 게 아니라 다른 책들의 삽화를 옮겨온 것들이었다. 자그만은 이 약점을 인식한 듯, 악어가 조선에 실제로 존재한다는 문장을 책 속에 마음대로 삽입하기도 했다.

오래된 책을 이야기할 때 판본을 살피는 것은 매우 흥미로운 일이다. 새로운 판본이 제작될 때마다 그것이 기존의 어떤 판본을 저본底本으로 했느냐에 따라 그 줄기가 갈라지고, 또 거기에 편집자의 의도가 새롭게 끼어들어 내용이 달라지기 때문이다. 하멜 보고서 역시 마찬가지다. 동인도회사 제출용 보고서에서 대중들을 위한 모험기, 즉 표류기로 변신하면서 책은 이제 그 성격이 완전히 달라졌다. 저자인 하멜의 의도보다 읽는 독자의 의도가 더 강해지는 이상한 역전이 일어난 것이다.

독자들이 가장 열광한 것은 자그만 판본이다. 당연한 일이다. 신기했을 테니까. 신기하면서 무서웠을 테니까. 악어도 등장하고 코끼리도 등장하고 어쩌면 식인종도 등장할 것 같았을 테니까. 자그만이 의도적으로 왜곡한 서술을 조금 더 살펴보자. 간통에 대한 서술 부분이다. 조선에서는 간통을 저지르면 그 배우자의 친족이 간통한 사람을 죽여야 하는데, 간통한 사람은 죽는 방식을 선택할 수 있다고 한다(하멜이 아니라 자그만의 얘기다). 그런데 죽어야 할 사람이 남자면 일반적으로 등 뒤에서 칼에 찔려 죽는 것을 선호하고, 여자라면 목이 잘려 죽는 것을 선호한다는 것이다.

하멜의 책은 이처럼 이국적인 삽화와 온갖 왜곡된 내용으로 장식된 채 유럽 각국으로 번역이 되어 뻗어 나갔다. 자그만의 판본을 저본으로 한 프랑스어판이 1670년에 출판되었고, 그 후 영어와 덴마크어, 독일어 등등으로 번역되었다. 번역은 또다시 재번역의 오류를 낳는다. 스티처와 자그만의 판본을 저본으로 한 프랑스어판에서는 조선의 향교를 이렇게 소개하고 있다.

> 향교에서는 조선의 젊은이들이 '범죄를 저질러 죽음에 처한 과거의 위대한 사람들에 대한 비난'에 관해 쓴 책을 읽는다.

대체 무슨 문장이 이러한지는 모르겠으나 아무튼 공자나 맹자를 읽는 게 다 비난하기 위해서라는 뜻인 듯하다. 물론 하멜은 이런 말을 한 적이 없다.

하멜이 조선에 대해 '나쁘게 말한' 게 전혀 없는 것은 아니다. 그는 조선 사람의 국민성을 설명하는 부분에서 이렇게 말했다.

> 조선인은 도벽과 거짓말과 속이는 경향이 다분하다. 그들을 지나치게 믿어서는 안 된다. 그들은 남에게 해를 끼치고도 부끄럽게 생각하지 않고 오히려 그것을 영웅적인 행위라고 여긴다.

이 마지막 문장은 "교활한 실용성은 이들에게는 자부심에 관한 문제이다"라고 번역할 수도 있다. 무슨 차이인가. 이 문장은 조선인의 국민성을 비난하기 위한 것이 아니라 무역에 대한 조선인들의 실용적인 태도를 설명하려는 것이라는 뜻이다.

판단은 우리의 몫이다. 13년이나 묶여서 살다 탈출하였으니 앙심이 가득하였을까, 아니면 그 13년도 추억이고, 거기서 이룬 가족도 있었을 테니 애잔함과 그리움이 남았을까. 책의 오류만큼이나 감정의 오류도 무시할 수는 없을 터이다. 아니, 감정의 흔들림이라고 해두자.[5]

하멜표류기는 1917년에는 육당 최남선이 초역한 판본이 우리나라에도 소개되었다. 완역이 된 것은 1934년 이병도에 의해서였는데 영어본을 저본으로 했다. 〈진단학보〉[6]에 연재되었던 것을 1954년 일조각에서 출판했다. 이것이 우리나라에서 출판된 첫 번째 《하멜 표류기》이다. 그 후, 우리나라 번역본도 여러 가지 판본으로 출판되었다. 1918년 최남선판부터 비교적 최근의 최두환판까지. 이들 판본을 비교해보는 것도 흥미로운 일이다.

> 바람에 불려서 대만 지방을 다시 온지라 가만히 헤아린즉 8월 11일은 그곳에 풍랑이 유명한 바인데 이 바람에 잡혀 들연 동으로 불려 갈 염려가 만흔지라.

최남선의 《하멜 표류기》의 일부다. 하멜 일행이 지금의 대만인 포르모사와 나가사키 사이에서 표류하던 1653년 8월의 내용. 최남선이 쓴 이 글은 재미교포 잡지 〈태평양〉에 소개된 것을 수정하고 윤문한 것으로 1918년 잡지 〈청춘〉에 실렸다. 그로부터 100년 뒤, 완본을 번역한 최두환의 번역은 이렇게 달라진다.

> 8월 4일부터 11일까지는 매우 잔잔했다가 종잡을 수 없는 바람이 불었기 때문에, 중국 연안과 대만 사이를 계속 오가며 떠돌아다녔다. 8월 11일 날씨는 더욱 악화되어 비와 함께 동남풍이 불었으므로 우리는 북동쪽과 북동동쪽으로 침로를 잡았다.

세월이 흐르며 책은 위와 같이 달라지는데, 그 흔적을 좇아가는 일은 또한 문학적으로 여겨진다. 책이 역사를 건너오고 언어를 건너오고 그 언어의 시대와 문화와 만나면, 그것은 이야기가 되고 문학이 되는 게 아닐까.

시선의 방향

로티의 《자두부인》

Pierre Loty, 《La Troisième Jeunesse de Madame Prune》(1905, 프랑스어)

뒤크로의 《가련하고 정다운 나라 조선》

Georges Duncrocq, 《Pauvre et Douce Corée》(1904, 프랑스어)

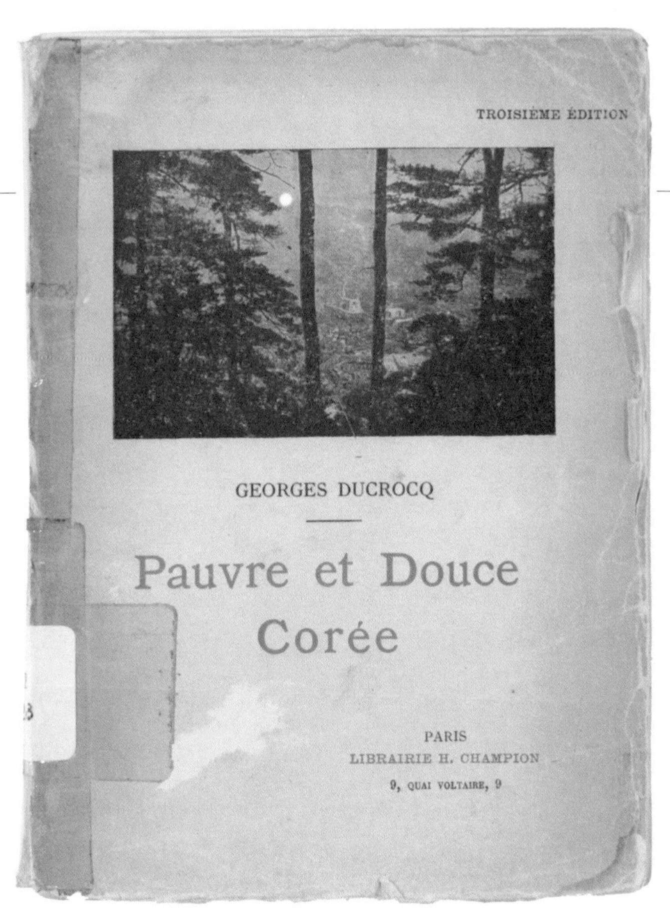

뒤크로의
《가련하고 정다운 나라 조선》

로티의 《자두부인》

피에르 로티와 조르주 뒤크로는 둘 다 문학가다. 한 사람은 성공한 소설가, 그리고 한 사람은 젊은 시인. 문학적 정서로 가득한 사람이라면, 게다가 작가라면 본질의 층위를 보려 하지 않았을까. 문학이란 겹겹이 쌓여 단단해지다 못해 돌덩어리가 되고 불덩어리가 된 지층 속을 들여다보려는 시도니까. 그것도 안 되면, 그나마, 그 땅에 악착같이 발을 붙이고는 있으려 하는 겸손함인 거니까.

그러나 바로 그래서 문학은, 더 결정적인 오류를 품기도 한다. 이야기로 풍성해지는 대신 이야기로 왜곡되는, 이야기로 뒤범벅이 되는 진실 혹은 본질, 혹은 그것의 이면들.

이렇게 거창하게 서두를 시작하는 이유가 있다. 피에르 로티의 《국화부인Madame Chrysanthème》을 이야기하기 위해서이다. 로티의 이 소설은 푸치니의 오페라 〈나비부인〉의 최초 원작이다. 원작이면 원작이지 '진짜 원조 맛집'도 아니고, '최초 원작'이란 또 뭔가.

로티의 《국화부인》이 출판된 것이 1887년이다. 로티는 그 두 해 전인 1885년에 나가사키에서 몇 달간 머문 적이 있는데, 그가 승선을 했던 군함이 그곳에서 수리 중이었기 때문이다. 이때 로티는 열입곱 살의 소녀 게이샤와 36일간 동거했고, 이 경험을 바탕으로 소설을 썼다. 이것이 바로《국화부인》이다.

당시 일본에 선교사로 머물고 있던 미국인 제니 코렐이 이 소설을 작가인 오빠 존 루터 롱에게 전한다. 그리고 롱은《국화부인》을 모티브로 한《나비부인》을 쓰고, 이 소설은 극작가 벨라스코에 의해 연극으로 제작된다. 이 연극을 본 푸치니가 통 크게 판권을 사들이면서 마침내 오페라 〈나비부인〉의 서막이 오른다. 오페라 〈나비부인〉이 밀라노의 라스칼라극장에서 초연된 것이 1904년. 진짜 원조 맛집이었던《국화부인》이 원조보다 더 유명한 맛집 오페라 〈나비부인〉으로 재탄생하기까시 걸린 시간이 약 20년이었다. 그 20년 동안, 로티의《국화부인》 역시 만만찮은 성공을 거두었다. 초판 이후 5년 만에 25판 이상을 찍을 정도였다. 유럽인들의 이국 취향이 폭발하던 시기였고, 그중에서도 일본에 대한 흥미가 압도적이었다. '자포니즘'이라고 불리는 이 이국적 취향은 일본 예술이 선도했지만, 곧 연애와 통속이 끼어들었다. 좋게 말하면 로맨스를 바탕으로 하는 판타지라고 하겠다.《국화부인》은 몰라도 오페라 〈나비부인〉의 줄거리는 대개 알고 있을 터이다. 미 해군장교와 일본 게이샤의 사랑, 미국인 연인이 떠난 후에도 그를 잊지 못하는 게이샤 코코의 순정. 좋게 말하면 로맨스라고 하였으나, 로맨스라고 말하기에는 역겨운 것이 사실이다. 푸치니의 오페라가 역겹다는 것이 아니라 그 시기의 그런 취향에 대해서 말하는 것이다. 착하고 순종적인 연인을 헌신짝처럼 버리고 떠나버리는 못된 서양 남자, 돌아오겠다는 그 남자의 헛된 약속을 믿으며 하염없이 기다리는 착한 동양 여자. 이게 어찌하여 순정이란 말인가.

이 속사정은, 뜻밖에도, '진짜 원조 맛집'인 로티의 《국화부인》에 있다. 《국화부인》의 줄거리는 오페라 〈나비부인〉과 거의 같다. 로티(소설에서는 '화자'라고 나온다)가 나가사키에 머무는 동안 게이샤인 국화를 만나 함께 살다가 그의 귀국으로 인해 헤어지게 된다는 내용. 그러나 〈나비부인〉과 달리 여기서는 아주 대놓고 현지처다.

소설 속 화자는, 그러니까 로티는 한동안 일본에 체류하게 되었다는 사실을 알게 되자마자 한껏 들떠 오른다. "검은 머리에 고양이 눈을 가진, 인형처럼 귀엽고 깜찍한 여자와 계약결혼을 해 재미를 볼" 생각 때문이다. 그리고 실제로 그렇게 한다. 그러면 이 로맨스에서 또 하나의 주인공이 되어야 할 국화부인, 기코 상은 이 소설 속에서 어떤 역할을 하고 있을까. 서구인들이 동양 여자들에게 갖고 있던 판타지에 걸맞게 기코 상은 고분고분하고 상냥하다. 그러나 딱 거기까지다. 화자가 기코 상에게 마지막 작별을 고할 때 "기코 상은 그가 보수로 지불한 은전들을 세어보면서 마냥 기뻐하고만 있었다." 순정은커녕, 눈물은커녕, 기쁨에 차서 은전을 짤랑거리며 세고 있는 국화부인.

참으로 현실적이다. 이렇게까지 현실적이면 소설이 되나, 하고 물으실 분도 있으실지 모르겠다. 소설은 현실이다. 그리고 현실은 소설보다 항상 앞서 있다. 그걸 아닌 척하는, 모르는 척하는 시도는, 시선은, 그래서 때때로 아름답기보다 난처할 때가 있다.

✣ ✣ ✣

피에르 로티는 《국화부인》을 출간하고 약 15년 후인 1901년 6월에 조선을 방문했다. 제주에서 이재수의 난이 일어나자 프랑스 정부는 자국의 가톨릭 신부들을 보호한다는 명목하에 중국에 주둔 중이던 해군을 조선으로 파견했는데, 로티는 이때 조선으로 들어온다. 로티는 작가이면서 동시에 군인이기도 했다. 군인이기에 앞서 작가였다고 말하는 것이 더 옳을지도 모르겠다. 군인으로 입국했지만 군인의 일보다 작가의 일을 했다. 그는 고작 나흘 동안 서울에 머물렀지만, 이때의 경험을 소설로 썼다. 《국화부인》에 이어지는 소설 《자두부인》의 한 부분에 그의 서울 체험을 고스란히 실었다.

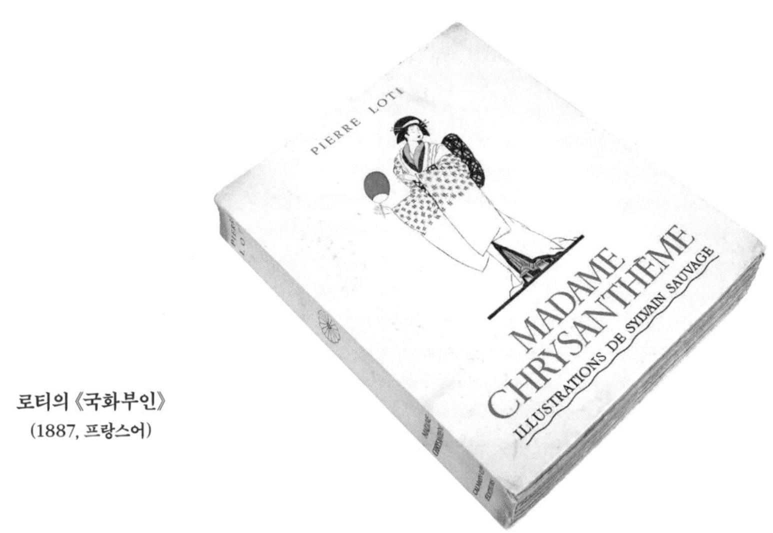

로티의 《국화부인》
(1887, 프랑스어)

그와 거의 같은 시기에 프랑스의 젊은 시인 조르주 뒤크로가 사진작가인 루이 마랭과 함께 조선을 방문한다. 프랑스 국립 지리학회의 회원이기도 했던 뒤크로는 당시 서구인들의 일반적인 행로였던 일본 경유를 택하는 대신 대륙 횡단을 해서 조선의 북쪽으로 들어

écrivaient d'une main sage en bouclant leurs majuscules : « La France est le plus beau pays du monde ! » Aucun d'eux n'y viendra sans doute, mais ils parleront sa langue, ils l'écriront, ils nous garderont une humble amitié. Ne la dédaignons pas.

뒤크로의《가련하고 정다운 나라 조선》

뒤크로는 젊은 시인의 시선으로
이 낯선 나라의 낯선 사람들을 정답게 담아낸다.

Une cloche sonne dans l'air limpide, majestueusement, commes nos cloches de village. C'est celle de la cathédrale et elle sonne Noël. Il gèle à verglas, mais des groupes se dirigent dans la nuit vers

왔다. 1901년 12월의 일이다. 그러니까 로티와는 6개월 차이. 그리고 여름과 겨울의 차이. 그리고 바다와 대륙, 남쪽과 북쪽의 차이가 있는 이 두 사람의 방문기는 어떤 차이를 가지고 있을까.

《가련하고 정다운 나라 조선》에서 젊은 시인은 시인의 시선으로 이 낯선 나라의 낯선 사람들을 정겹게 담아낸다. 정겨움, 아름다움, 포근함, 따듯한 햇살. 시인이 가장 많이 선택한 단어다. 반면 로티가 선택한 단어는 쥐며느리, 갑각류, 축 늘어진 물개수염같이 혐오적으로 느껴지는 표현들. 로티는 화가에 비견될 정도로 생생한 묘사를 하는 작가로 평판이 높았다. 그가 무언가를 표현하면서 동물을 비유로 드는 것은 드물지 않은 일이었다. 그렇더라도 숱하게 많은 동물들 중에 그가 조선 사람, 조선 풍경을 표현하기 위해 선택한 동물들은, 우리 입장에서는 결코 탐탁지 않다. 반면 똑같은 것을 바라보아도 뒤크로는, 우리 입장에서는, 아주 따듯하다. 제목에 들어간 '두스 douce'라는 말처럼처럼 그야말로 달콤하다.

대표적으로, 서울의 풍경을 묘사한 두 사람의 문장을 보자.

> [뒤크로] 서울의 집들은 밀집 고깔 속에 얼굴을 감춘, 별로 부유하지는 않지만 그래도 행복한 농촌의 아낙네와 같다. 초가들은 매우 가난해 보이고 꾸밈도 없지만, 결코 처량하지는 않다. 은은한 햇빛이 이 가난해 보이는 정경을 포근하게 감싸 안는다.

> [로티] 낮고 게딱지만 하며 우스꽝스럽고 단조로운 회색. 하늘에서 내려다보면 기묘할 정도로 묘석 같아 보이는 서울 집의 지붕들. 성문의 망루에서 내려다보이는 도시는 놀랍게도 묘지처럼 보이는 효

과를 자아냈다. 톱니 모양을 한 성벽 안에는 무덤들이 끝없이 널려 있다.

뒤크로와 로티의 기행문은 비슷한 시기에 방문한 후에 쓴 것임에도 불구하고 현저하게 다른 묘사로 인해 자주 비교가 되곤 한다. 한쪽은 한없이 정겨운 시선으로, 한쪽은 혐오 시선으로.

반면, 그걸 뒤집어 보는 비교도 있다. 주로 뒤크로에 대한 전복적인 시선이다. 시인은 뭐든지 아름답게 보아야 하냐? 그렇게 엇나가 보려는 게 아니다. 뭐든지 아름답게 보려고만 하는 저 젊은 시인의 시선에는 '착한 미개인'으로 동양이 영원히 남아 있어주기를 바라는, 아마도 그 자신조차 알지 못했을 서구중심주의가 깃들어 있다는 것. 그런 면에서는 차라리 노골적인 혐오를 드러내는 책이 더 낫다는 주장. 글쎄. 어느 쪽이 더 나을까. '착한 미개인'과 '야만인' 중에. 나보고 고르라고 하면, 전부 틀리다고 하겠다.

거짓말쟁이와 허풍꾼의 책

핀투의 《핀투 여행기》

Ferñao Mendes Pinto, 《Peregrinação de Ferñao Mendez Pinto》(1614, 포르투갈어)

폴로의 《동방견문록》

Marco Polo, 《Il Libro di Marco Polo detto il Milione》(13세기, 이탈리아어)

THE
VOYAGES
AND
ADVENTURES
OF
Ferdinand Mendez Pinto,
A *Portugal*: During his
TRAVELS
For the ſpace of one and Twenty Years in
The Kingdoms of Ethiopia, China, Tartaria, Cauchinchina, Calaminham, Siam, Pegu, Japan, and a great part of the Eaſt-Indies.
With a *Relation* and *Deſcription* of moſt of the Places thereof; their Religion, Laws, Riches, Cuſtoms, and Government in the time of Peace and War
Where he five times ſuffered Shipwrack, was ſixteen times ſold, and thirteen times made a Slave.
Written Originally by himſelf in the Portugal Tongue, and Dedicated to the
Majeſty of Philip *King of Spain.*

The Third Edition.

Done into Engliſh by *H. C.* Gent.

LONDON,
Printed for *Richard Bently, Jacob Tonſon, Francis Saunders,* and *Tho. Bennet.* MDCXCII.

폴로의 《동방견문록》의 표지

《핀투 여행기》의 영어판(1692)

"Fernão Mentes?" "Minto!"

이 포르투갈어를 영어로 옮겨보자.

"Fernão, Do you lie?" "I do!"

그렇다.

"페르낭, 너 거짓말하는 거지?"라고 묻는 질문에 "맞아!"라고 대답하는 이 문장은 일종의 말놀이이다. 그리고, 물론, 페르낭 멘데스 핀투에 대한 조롱이다. 핀투는 마르코 폴로와 함께 세기의 거짓말쟁이로 불렸다. 아예 별칭이 거짓말쟁이였다. 멘닥스 핀투Mendax Pinto. 포르투갈어로 '멘닥스Mendax'는 거짓말쟁이라는 뜻이다.

대체 왜 이런 오명이 생겼을까. 《핀투 여행기》라는 제목으로 출판된 이 책의 한국어 번역본을 먼저 보자. 그 소개글이 흥미롭다. '13번의 죄수, 17번의 노예로 팔린 한 인간의 처절한 삶'이라는 표지글이 먼저 보이고, '돈키호테와 함께 중세 유럽을 휩쓴 최고의 베스트셀러'라는 광고성 카피가 이어서 보인다. 요란스럽기 짝이 없다. 그러나 광고란 독자의 흥미를 끌어야 하는 법. 마침내 이런 글까지 등장을 한다.

> 이 책을 읽은 셰익스피어로 하여금 그를 '세계에서 가장 위대한 거짓말쟁이'라고 부르게 한 16세기 신 동방견문록.

셰익스피어는 그런 말을 정말로 했을까. 셰익스피어라는 작가부터가 실존이니 허구니 하는 마당에 그 말의 진위를 찾아볼 방법은 애초에 없다. 그럼에도 그가 했다는 말 중에 '가장'이 수식한 말은 무엇이었을까 궁금하지 않을 수 없다. 가장 위대하다는 의미일까, 아니면 가장 거짓말이 심했다는 뜻이었을까.

마르코 폴로 역시 거짓말쟁이거나 허풍쟁이로 통했다. 《동방견문록》이 베니스에서 최초로 출판되었을 때, 원제는 《Il libro di Marco Polo detto il Milione》였다. '100만이라는 별명으로 불리는 마르코 폴로의 책'이라는 뜻. 마르코 폴로가 자신의 동방 체험을 이야기할 때마다 '100만'이라는 말을 하도 자주 써서 그런 별명이 붙었단다. 말하자면 조롱이다. 마르코 폴로는 허풍쟁이라는.

마르코 폴로는 중국에서 돌아온 후 전쟁에 휘말렸다. 그리고 포로가 되어 수감생활을 해야 했다. 이때 같이 수감생활을 했던 작가 루스티첼로에게 자신의 경험을 구술했고, 이것이 책으로 나온 것인데, 유럽 사람들에게는 그것이 100만 배쯤의 허풍으로 여겨졌던 것 같다. 그럼에도 흥미진진했을 것이다.

이 책은 출간되자마자 엄청난 유명세를 탔다. 그래서 필사본만도 100여 종이 넘는 걸로 알려져 있다. 콜럼버스는 신대륙을 발견하러 떠나는 배 안에서 《동방견문록》을 읽었고, 여백이 없을 정도로 빽빽

《핀투 여행기》의 영어판(1692)
핀투 또한 거짓말쟁이라는 뜻의
'멘닥스 핀투Mendax Pinto'로 불렸다.

AN

Apologetical Defence

OF

FERDINAND MENDEZ PINTO

HIS

HISTORY.

F it be true that Authours do render themſelves commendable by their Works, there is no doubt, but that Ferdinand Mendez Pinto, hath by this ſame of his juſtly acquired ſuch reputation, as will make him be eſteemed for ever. He was a man of a ſtrong wit, and ſound judgement, and indued with a moſt rare, and extraordinary memory as appears in the Relation of his Voyages and Adventures, which ſufficiently teſtifie how far he excelled therein, retaining in his remembrance an infinity of ſuch ſtrange and wonderful things, (whereof to his coſt he was for the most part an eye witneſs) as many great Perſonages of Aſia and Europe took no little delight in hearing him recount them; eſpecially Philip the ſecond, King of Spain, who at ſeveral times ſpent many houres in diſcourſing with him thereabout, which queſtionleſs he would never have done, being a Prince in the opinion of all the world, of a moſt exact and profound judgement, had he not been verily perſwaded that what he delivered was true. Nevertheleſs, ſince there may be ſome who in regard of the ſtupendious things which he delivers, will ſeem to give no credit thereunto; I have held it very neceſſary to cite here many ſeveral authentick Authours, that in their writings have confirmed the verity of his Narrations, as followeth.

Of the Riches and Grandeurs of theſe Oriental Countries, and particularly of the Kingdome of China, Nicholas Trigault, the Jeſuite treats diffuſedly in his book, intituled, De Chiſtiana expeditione apud Sinas, in the firſt part thereof, principally, in the ſixth Chapter. Gaſper de la Cruz, in his book of China, the third, fourth,

하게 메모를 적었다.

마르코 폴로의 시대는 아직 인쇄술이 발달하기 전, 채색 필사본의 시대였다. 필사의 특성상 책은 스스로 변화하거나 진화했다. 제목도 수없이 많다. 《동방견문록》이라는 제목은 일본에서 번역·출판되면서 붙은 것이다. 그 제목을 우리가 가져와 그대로 썼다. 1964년에 을유문화사에서 정운룡 번역으로 출간될 때부터였다.

이 책은 우리나라가 서구에 알려진 역사를 말할 때마다 반드시 언급되는 책이다. 그리고 동시에, 실은 우리나라가 거의 등장하지 않는 책이기도 하다. 물론 '카울레'라고 언급했다. 그래서 뭐? 역사적으로, 학술적으로 유의미하다는 걸 부정하려는 것은 아니다. 단지 우리나라에 관한 이야기를 찾아보려고 이 책을 읽으려는 분이 있다면, 말리고 싶을 뿐이다.

핀투도 마찬가지다. 아니, 더하다. 이런 책들은 사실 한둘이 아니다. 그리고 핀투의 이 책이야말로 우리나라가 언급되었다고도 아니라고도 할 수 없는 책들의 정점이다. 《핀투 여행기》의 한국어판 책 소개를 다시 보자.

> 16세기 유럽 모험가의 파란만장한 신동방견문록. 아프리카, 아라비아, 인도, 베트남, 중국, 일본을 비롯하여 우리나라까지 여행한 세계 4대 탐험가 중 한 사람.

이어지는 저자에 관한 소개글은 더 흥미롭다. 실은 흥미로운 정도가 아니라 경악스럽다. 길지만 그대로 인용한다.

1510년 포르투갈 몬테모르 벨호의 몰락한 귀족 가문에서 출생. 1522년 12살에 리스본 귀족 집안의 시종으로 들어감. 1524년 프랑스 해적에게 잡혀 발가벗겨진 채 버려짐. 1537년 인도의 디우에서 홍해 원정대의 일원으로 아프리카 여행. 1537년 투르크의 공격을 받고, 사슬에 묶여 모카로 이동. 1537년 그리스인과 유태인에게 팔린 후, 호르무즈 총독에 의해 풀려남. 1538년 해상전투로 큰 부상과 표류, 파산 등을 겪음. 1539년 말라카 총독 페로 드 파리아의 수행원으로 합류. 1539년 말라카의 무임소 대사로서 수마트라로 파견됨. 1539년 말라카 귀환 중 잡혀 노예 생활을 하다 구출됨. 1540년 인도차이나와 남중국해에서 해적 활동. 1541년 중국에서 만리장성 강제노동형을 선고받음. 1542년 배가 난파되어 일본 타네가시마로 표류, 일본 도착. 1546년 남중국해 근해에서 표류 중 인육을 먹으며 생존. 1546년 순다섬의 영주로부터 사지분할형 선고받음. 1547년 버마(현재의 미얀마)의 포로로 잡혀 노예로 팔려감. 1548년 일본 해적에게 쫓겨 시암 만에서 좌초, 노예가 됨. 1548년 카라파의 왕에게 팔려간 뒤, 시암왕의 전투에 참여. 1549년 안지로와 일본 선교사업 시작. 1551년 프란치스코 사비에르 신부와 일본 규슈까지 여행. 1554년 포르투갈령 인도지사의 대사로 규슈 방문. 1558년 포르투갈로 귀향. 1561년 알마다 인근에 정착, 마리아 코레이아 드 브리토와 결혼. 1583년 7월 8일 사망.[7]

자, 이쯤 되면 어떤 분은 묻고 싶으실지도 모르겠다.

"Fernão Mentes?" "Minto!"

그러나 놀랍게도 아주 거짓말이라고도 할 수 없는 것이 이 책에 소개되는 일화 중 그가 하비에르 신부의 일본 선교를 도왔다는 것은 검증된 사실이고 일본에 화승총을 전파했다는 주장 역시 역사적 사료와 매우 근접하기 때문이다. 하긴, 이 정도의 유사성도 없었다면 물을 필요도 없었을 것이다. 너 거짓말이지? 이런 질문은 대개 거짓말인지 아닌지 아리송할 때 묻게 되는 법이다.

아무튼. 이 책의 71장에 칼렘플루이라는 섬이 나온다. 왕의 묘가 있고 금으로 만든 예배당들이 있으며 역시 금으로 만든 낡은 우상들이 있다는 섬이다. 핀투 일행은 중국 해적에게 이 말을 듣고, 이 섬을 탐험하기로 한다. 그 부분을 인용해보겠다.

> 그들은 그가 시밀라우라고 불리는 대단히 유명한 해적과 손을 잡으라고 제안했고, 그래서 그와 만났다. 그는 시밀라우와 아주 오랫동안 이야기를 나누었고 시밀라우는 그에게 칼렘플루이라는 섬에 관해 신기한 이야기를 무척 많이 해주었다. 그곳에는 중국 왕의 묘가 열일곱 개 있고, 왕들은 수없이 많은 우상들이 있는 금으로 만든 예배당들에 묻혀 있으며 우상들 또한 금으로 되어 있다고 했다. 거기서 만나는 어려운 점 혹은 곤란한 일은 그 많은 금을 다 싣고 갈 배가 없는 것뿐이라고 했다.[8]

말은 탐험이지만 내용은 도적질이다. 실제로 그들은 중국 닝푸로부터 83일이나 항해를 한 끝에 이 섬에 이르러 지붕부터 바닥까지 금으로 이루어진 사찰을 발견하고, 그 사찰에 있는 왕실 묘지를 도굴한다. 승려가 보는 앞에서 그렇게 한다. 승려는 너무 놀란 나머지 그 자리에서 기절을 해버린다.

이 칼렘플루이를 우리나라라고 주장하는 설이 있다. 칼렘플루이의 사람들이 흰옷을 입고, 중간 키에 눈이 작고, 중국인들과 비슷하지만 의복과 언어가 완전히 다르다는 책의 내용이 조선인을 묘사한다는 주장이다. 닝푸로부터 83일간 북쪽으로 항해하여 올라간 항로를 연구해보면 그곳이 한국의 북서해안, 아마도 압록강 유역일 것이라는 것이다. 그런데 왜 칼렘플루이일까. 코레아, 코리아, 코라이, 칼렘. 비슷한가?

비슷하다면, 칼렘플루이가 조선이라면, 무슨 의미가 있는 것일까? 칼렘플루이에 대한 묘사는 매우 허황되다. 다시 한 번 “Fernão Mentes?” 하고 묻고 싶을 만큼. 그러나 또 묘하게, 어떤 역사적 사건을 연상시키기도 한다. 이 당시의 일은 아니지만 그로부터 몇백 년이 흐르면 이와 완전히 유사한 사건이 발생하는 것이다. 금방 알아차릴 수 있을 것이다. 오페르트 일행의 남연군 분묘 도굴 사건이 그것이다. 핀투의 칼렘플루이 기록은 그 사건을 몇백 년 앞서 보는 것 같다.

핀투가 기록한 이 해적질이 사실이냐 아니냐는 중요한 게 아니다. 칼렘플루이가 우리나라인지 아닌지도 뭐, 그리 중요한 것처럼 보이지는 않는다. 그러나 사실이라면, 서구 사람이 우리나라 영토에 발을 디딘 최초의 기록은 하멜도 아니고 세스페데스 신부도 아니고 핀투라는 소리다. 그런데 또 묻고 싶어진다. 그래서 뭐?

이와 똑같은 질문을 하지 않을 수가 없는 일이 있다. 핀투와 같은 성을 가진 조앙 멘데스라는 포르투갈인이 1604년에 조선 연안에 표류했다가 억류되었다는 기록이 남아 있다. 흑인과 일본인과 중국인 선원 마흔아홉 명이 함께 억류되었다가 넉 달 뒤 베이징으로 보내졌다.

이들의 배가 좌초한 곳이라고 알려진 통영에서는 2006년에 비를 세웠다. 우리나라에 발을 디딘 최초의 서구인을 기린다는 뜻이란다. 어리둥절할 것이다. 1592년, 이미 임진왜란 당시 우리나라 땅을 밟았던 세스페데스 신부가 있지 않은가. 그러나 세스페데스 신부는 조선의 일본군 진영에만 '머물렀을 뿐' 조선인을 만난 적이 없다. 그러니 조선인과 접촉한 최초의 서양인은 바로 이 사람이라는 것이다. 그런데 그런 걸 왜 기려야 할까. 나로서는 잘 이해가 가지 않는다. 기록할 이유는 있다. 그 기록이 뜻하는 바를 연구해야 할 이유도 있다. 그러나 비까지 세워가며 기릴 이유까지는… 모르겠다.

핀투의 책은 1614년에 포르투갈어로 초판이 출간되었고, 1692년에는 런던에서 영어로 출간되었다. 영어 제목은《The Voyages and Adventures of Ferdinand Mendez Pinto》, '멘데스 핀투의 여행과 모험'이라는 의미다. 부제가 붙어 있다. 에티오피아, 중국, 타르타리아, 코친차이나, 칼라미남, 시암, 페구, 일본 그리고 동인도 지역의 왕국들을 여행한 20년의 기록.

희한하고 씁쓸한, 좀 이상한 책들

맥레오드의 《조선과 사라진 열 지파》

Nicholas McLeod, 《Korean and the Ten Lost Tribes of Israel》(1879, 영어)

미케위치의 《한국인은 백인이다》

Wladimir W. Mitkewich, 《Koreans are White》(1953, 영어)

미케위치의
《한국인은 백인이다》

맥레오드의《조선과 사라진 열 지파》

맥레오드는 조선인의 용모가 백인을 닮았으며
단군의 얼굴이 튜턴족과 흡사하다는 것을 근거로
조선이 이스라엘의 사라진 열 지파 중
하나인 것으로 주장했다.

잠시 쉬어가는 기분으로, 이상한 책들을 살펴보기로 하자. 희귀하다기보다는 희한한 책. 대중의 공감을 얻기보다는 개인의 취향이나 주관에 더 부합할 것 같은 책. 그냥 '이상하다'고 말하는 걸로 충분할 것 같은 책. 조선인이 유대민족의 후손이라고 주장하는 맥레오드와 그게 아니라 한국인은 고대 그리스인의 후예라고 주장하는 미케위치의 책이 바로 그렇다.

그런데 어째서 이런 주장들이 나왔을까. 미지의 것에 대한 과도한 신비감 때문이었을까? 알려지지 않은 장소나 시간, 혹은 사람은 흔히 신비롭다. 과거 유럽인들이 남미 어딘가에 '엘도라도'가 있다고 믿었던 것처럼. 세계 어딘가에 프레스터 존[9]의 기독교 왕국이 있다고 믿었던 것처럼.

환상은 좋은 쪽이든 나쁜 쪽이든 극단적이다. 황금이 쏟아지는 나라라는 환상의 반대편에는 잔인하고 포악한 원주민에 대한 공포와 혐오가 있었다. 1578년, 조선 해역을 지나가다가 폭풍우를 만났던 이탈리아 신부 프레네스티노는 조선 상륙을 시도하는 대신 그 거친 폭풍우와 싸우기로 결심한 이유를 이렇게 밝혔다.

> 일본에서 아주 멀리 떨어져 있는, 조선이라는 야만인의 섬이 있습니다. 이 땅에는 야만적이고 난폭한 사람들이 살고 있으며, 그들은 어떤 나라와도 교역을 원하지 않습니다. 들리는 바로는 과거에도 포르투갈의 배 한 척이 그곳에 갔다가 배는 그 흉악한 사람들에게 빼앗기고 그 배에 탔던 사람들은 한 사람도 빠짐없이 모두 살해당했다고 합니다.

그러니까 목숨을 구하기 위해서는 '야만인'들의 자비를 기대하느니 차라리 폭풍우와 맞서는 쪽이 더 낫다고 생각했다는 것이다.

미지의 나라에 대해 기술할 때, 글쓴이의 의도와는 상관없는 사실의 왜곡은 흔히 생긴다. 저자가 없는 사실을 말하지는 않는다 하더라도 어떤 부분에 주목하느냐에 따라 전체가 달라질 수밖에 없기 때문이다. 그러나 만일, 보고 싶은 것만 본다면 어떤 일이 벌어질까.

맥레오드가 주장한 '한국과 이스라엘의 사라진 열 지파支派' 이야기는 성경으로부터 시작된다. 아브라함이 이삭을 낳았고, 이삭은 야곱을 낳았다. 그리고 야곱은 열두 아들을 두었다. 그들이 바로 열두 지파의 조상들이다. 그런데 훗날 이들이 분열을 겪으면서 북쪽의 열 개 지파가 분리를 선언했다. 그리고 다시 훗날, 이들은 아시리아와의 전쟁에서 패하며 세계 곳곳으로 흩어지게 된다. 이들이 바로 '이스라엘의 사라진 열 지파'이다. 그리고 성경을 성경 그대로 해석하는 사람들이 그들의 흔적을 찾아 나선다. 왜냐. 아브라함의 후손들이니까.

그리하여 이제 성경 속의 전설은 역사적 탐험 서사로 변모한다.

KOREA

AND THE TEN LOST TRIBES OF ISRAEL

WITH

KOREAN, JAPANESE AND ISRAELITISH ILLUSTRATIONS

DEDICATED

TO

GREAT BRITAIN, AMERICA, GERMANY, FRANCE

AND THE OTHER TEUTONIC NATIONS OF EUROPE, THE SUPPOSED REPRESENTATIVES OF THE ROYAL HOUSE OF JUDAH, AND THE SEED ONLY OF THE ROYAL HOUSE OF EPHRAIM, AND THE CHILDREN OF ISRAEL THEIR COMPANIONS, AND TO THE

JEWS OR JUDAH,

WHO ARE WITH THEM, ALSO TO

CHINA, JAPAN AND KOREA.

THE SHIN DAI OR CELESTIAL RACE OF WHICH ARE SUPPOSED TO REPRESENT THE ROYAL HOUSE OF ISRAEL OR EPHRAIM AND THE TEN LOST TRIBES; OR ALL THE HOUSE OF ISRAEL CALLED JACOB HIS COMPANIONS AND FELLOWS.

PUBLISHED FOR THE AUTHOR PARTLY AT C. LEVY AND THE SEI SHI BUNSHA CO., YOKOHAMA AND ENGRAVED IN TOKIO.

1879.

사라진 열 지파의 후손들은 영국에서, 미국에서, 심지어 일본에서도 발견이 된다. 영국과 미국은 그렇다고 치고, 일본의 천황이 이스라엘의 후손이라는 주장은 대체 어떻게 제기된 것일까. 멕레오드는 '한국과 이스라엘의 사라진 열 지파'에 관해 쓰기 전에 '일본과 이스라엘의 사라진 열 지파'에 관해 썼다. 그에 의하면 기원전 730년에 일본에 '오세'라고 불렸던 첫 번째 천황이 나타나는데, 오세 천황이 바로 기원전 722년에 사망한 이스라엘의 마지막 왕 호세아의 현신이라는 것이다.

그렇다면 한국은 왜? 다시 그에 의하면 고대 조선의 원주민들은 노아의 홍수가 발생한 지 10년이 지나 일본을 거쳐 조선에까지 도착한 야벳의 후손들이라는 것이다. 그 근거로 그는 조선인들이 백색 피부를 가지고 있다는 것, 수염의 색이 옅은 모래색이라는 것 등을 들고 있다. 그는 조선에는 와본 적이 없지만 일본에서 체류하는 동안 조선에 대한 정보를 얻었던 것 같다. 조선인들을 직접 만나거나 적어도 목격하기는 했을 것이다. 그가 일본에 체류했을 것이라고 짐작되는 시기에 조선의 수신사[10] 방문도 있었다. 그가 어떤 방식으로 관찰했는지는 모르겠으나, 그의 결론은 조선인들의 용모가 백인을 닮았다는 것이고, 무엇보다도, 우리도 알지 못하는 단군의 얼굴이 게르만의 한 민족인 튜턴족과 매우 흡사하다는 것이다. 이 주장을 뒷받침하는 설명도 이어진다. 조선의 글자는 로제타석의 문자와 유사하다고 했고, 조선 병사들의 투구가 고대 그리스 병사들의 것과 닮았다고도 했다.

멕레오드의 이 책이 쓰인 때는 1879년이다. 조선이 일본과 강화도조약을 맺은 지 3년이 지났을 때이고, 서구권과 맺은 최초의 통상

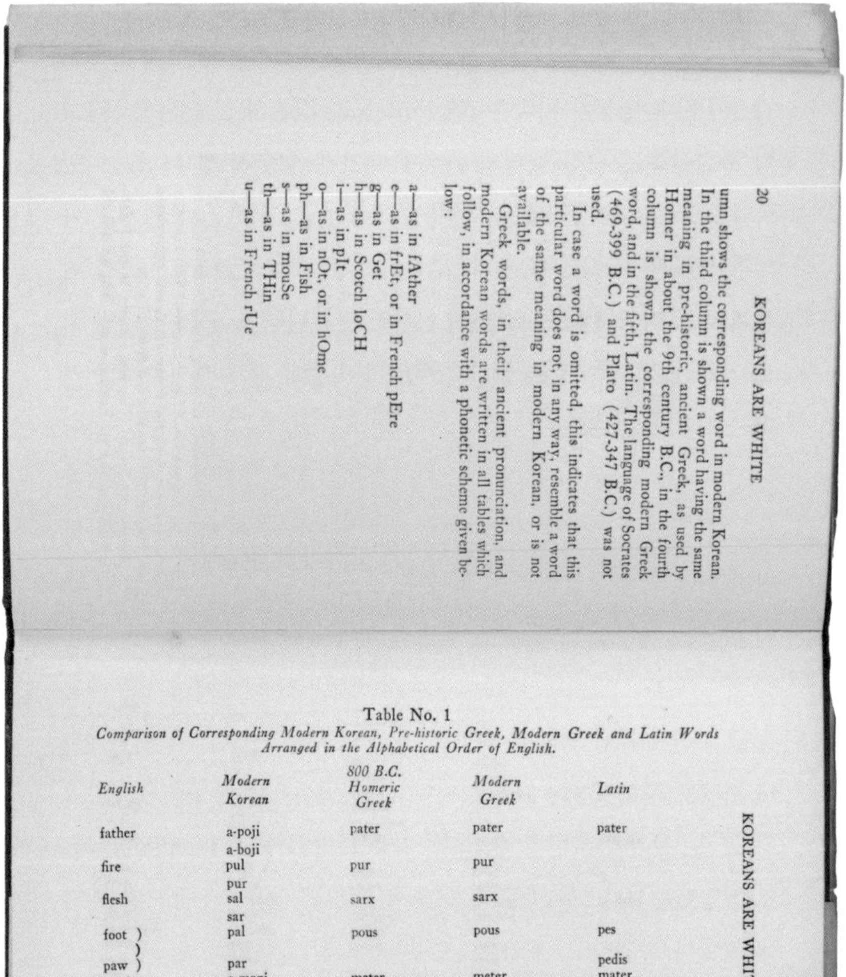

20 KOREANS ARE WHITE

umn shows the corresponding word in modern Korean. In the third column is shown a word having the same meaning in pre-historic, ancient Greek, as used by Homer in about the 9th century B.C., in the fourth column is shown the corresponding modern Greek word, and in the fifth, Latin. The language of Socrates (469-399 B.C.) and Plato (427-347 B.C.) was not used.

In case a word is omitted, this indicates that this particular word does not, in any way, resemble a word of the same meaning in modern Korean, or is not available.

Greek words, in their ancient pronunciation, and modern Korean words are written in all tables which follow, in accordance with a phonetic scheme given below:

a—as in fAther
e—as in frEt, or in French pEre
g—as in Get
h—as in Scotch loCH
i—as in pIt
o—as in nOt, or in hOme
ph—as in Fish
s—as in mouSe
th—as in THin
u—as in French rUe

KOREANS ARE WHITE 21

Table No. 1

Comparison of Corresponding Modern Korean, Pre-historic Greek, Modern Greek and Latin Words Arranged in the Alphabetical Order of English.

English	*Modern Korean*	*800 B.C. Homeric Greek*	*Modern Greek*	*Latin*
father	a-poji a-boji	pater	pater	pater
fire	pul pur	pur	pur	
flesh	sal sar	sarx	sarx	
foot)) paw)	pal par	pous	pous	pes pedis
mother	o-moni	meter	meter	mater
no)) not)	anio ani	(Resembles the Greek "aneu" for "without", as in "anaesthetic", "anachronism", "anarchy")		
obsolete)) without)	opsi		obsoleit	obsoletus
penalty	pol	poine	poine	poena

미케위치의 《한국인은 백인이다》의 본문 중 일부

미케위치는 한국어와 영어, 그리스어 사이에 나타난 유사점을 기록했고,
이를 근거로 한국인이 백인의 혈통을 갖고 있다고 주장했다.

조약인 조미수호통상조약이 체결되는 1882년보다는 3년 앞선 해이다. 이때 이미 극동의 나라들은 서구인들에게 더는 신비한 나라들이 아니었다. 궁금한 나라가 아니라 반드시 알아야 할 나라들이었다. 정치적으로, 경제적으로, 군사적으로. 맥레오드는 정치가는 아니었다. 그는 아마도 독실한 종교인이었던 것 같다. 그러나 종교인이든 아니든 그가 서구인이라는 것, 그리하여 이 책의 근거가 나쁜 오리엔탈리즘이라는 것은 달라지지 않는다. 일본에서 체류하는 동안 일본이 놀랍게 여겨지면 여겨질수록 그 나라의 뿌리가 서구일 것이라는, 그럴 수밖에 없으리라는 그의 믿음이 강화되어간 것 같다. 이어 조선은 일본에서 뻗어나갔다고 믿었고, 그러므로 조선의 뿌리 역시 서구여야 했다. 그래야만 했던 것이다. 그러자 보고 싶은 것만 보이기 시작한다.

맥레오드가 보고 싶은 것만 보고, 읽고 싶은 것만 읽었다면 그로부터 반세기도 훨씬 지나서 출판된 미케위치의 《한국인은 백인이다》는 듣고 싶은 것만 들은 전형적인 예이다. 말 그대로 '듣고 싶은 것만 들었다.' 그의 책 한 구절을 먼저 보자.

> 1942년에 나는 버지니아의 호프웰이라는 곳의 화학 공장에서 일을 했다. 그곳에서 사는 동안 나는 정기적으로 그리스정교회의 예배에 참석했다. 일요예배가 끝나면 그리스인 신자들은 대개 교회 밖의 잔디밭에 모여 시간을 보냈는데, 그때 그들이 '네Ne', '네' 하는 소리를 흔히 들을 수 있었다.
>
> 그 몇 년 후인 1947년에 미 해군의 엔지니어로 서울에서 일을 하

던 중, 나는 한국인들이 그리스인들과 똑같이 '네', '네' 하는 것을 들었다.

저자는 그리스어에서의 '네'와 한국어의 '네'가 똑같이 'yes'라는 의미를 갖고 있다는 것을 알고는 충격을 받은 나머지(!), 본격적인 연구에 착수한다. 그는 우선 "8,000개 상당의 현대 한국어와 고대 그리스어, 그리고 현대 그리스어와 라틴어를 비교·분석했다." 그리고 마침내 결론을 내린다. 한국인이 어떻게 생겼든 간에(그는 맥레오드와는 달리 한국인의 생김새가 백인과 유사다고는 하지 않았다) 한국인은 고대 그리스인의 후손이고, 그래서 백인이라는 것이다. 이 결론을 도출하기 위해 그는 백인이라는 용어의 정의를 먼저 내린다. 그건 피부색이 아니라 혈통과 뿌리의 문제라는 것이다.

그러면서 그가 든 예를 보자. 가장 유사해 보이는 예는 '불'과 '살'이다. 영어로 'fire'는 한국어로 'pul', 기원전 800년경의 그리스어로는 'pur', 현대 그리스어 역시 'pur'이다. 비슷하게 여겨지는가? 살도 그렇다. 현대 한국어에서 영어 'flesh'는 'sal', 그리스어로는 'sarx'다. 저자가 이 유사성을 찾으며 환호하는 모습이 보일 듯하다. 딱하게도, 그 순간들이 그리 많지는 않았던 것 같다. 아무리 너그럽게 보더라도 나머지 예들은 대체 그게 왜 비슷하다는 것인지 알 수 없는 것들뿐이다. 말하자면 이런 것들. 영어의 'many'는 한국어의 'manun'. 영어의 'two'는 한국어의 'tul', 'why'는 'wae'. 그런가 하면 'pigeon'은 'pidulgi'.

44페이지에 불과한 이 짧은 책은, 그러나 작가의 확고한 신념으로 가득 찬 연구서이다. 다시 말하면, 연구서임을 강력하게 표방했다. 책을 펴면 곧바로 나오는 작가의 말은 보통의 경우처럼 서언序言인 것이 아니라 선언宣言이다. 이렇게 쓰여 있다.

> 선사 시대에 한국은 그리스의 식민지였다. 한국인이 백인종에 속한다는 것을 내가 증명할 수 있는지 아닌지 이제부터 이 책이 보여줄 것이다.

세계적인 지성이자 사상가인 에드워드 사이드는 그의 저서《오리엔탈리즘》에서 오리엔탈리즘을 '동양을 지배하고 재구성하며 위압하기 위한' 서구권의 지배담론으로 규정했다. 말하자면 동양은 서양의 우월한 정체성을 확립해주는 대상이다. 이러한 인식은 서양이 동양을 지배해도 좋은, 혹은 지배하기 위한 토대가 된다. 제국주의란, 말하자면 영토적 정복이나 경제적 수탈이란, 기본적으로 그리고 종국적으로 문화적 지배를 바탕으로 하고 그것으로 완성된다.

멕레오드나 미케위치는 정치적 혹은 대중적 영향력을 미칠 만한 인물들은 아니었다. 그들의 저서도 마찬가지였다. 그러나, 그래서 더욱 이 희귀한 책들의 뒷맛은 희한하기만 한 게 아니라 씁쓸하기도 하다.

한 번 보아서는 보이지 않는 것

비숍의 《조선과 그 이웃 나라들》

Isabella Bishop, 《Korea and Her Neighbors》(1898, 영어)

그렙스트의 《스웨덴 기자 아손, 100년 전 한국을 걷다》

Ason Grebst, 《I Korea》(1912, 스웨덴어)

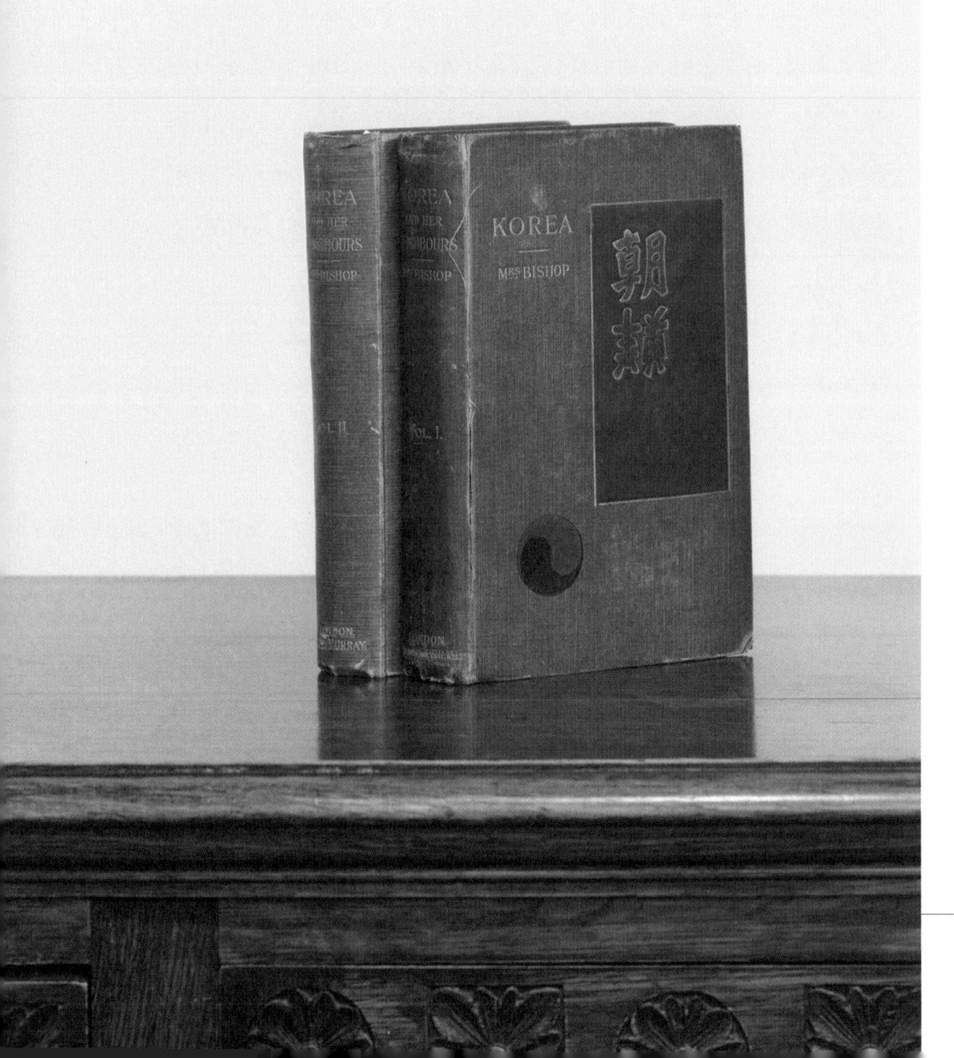

그렙스트의
《스웨덴 기자 아손,
100년 전 한국을 걷다》

비숍의
《조선과 그 이웃 나라들》

비숍의 《조선과 그 이웃 나라들》에 등장하는 한국인의 모습.
1897년 서울에서 볼 수 있었던 구식군대의 병졸과 신식군대의 병사(순사)를 비교하고 있다.

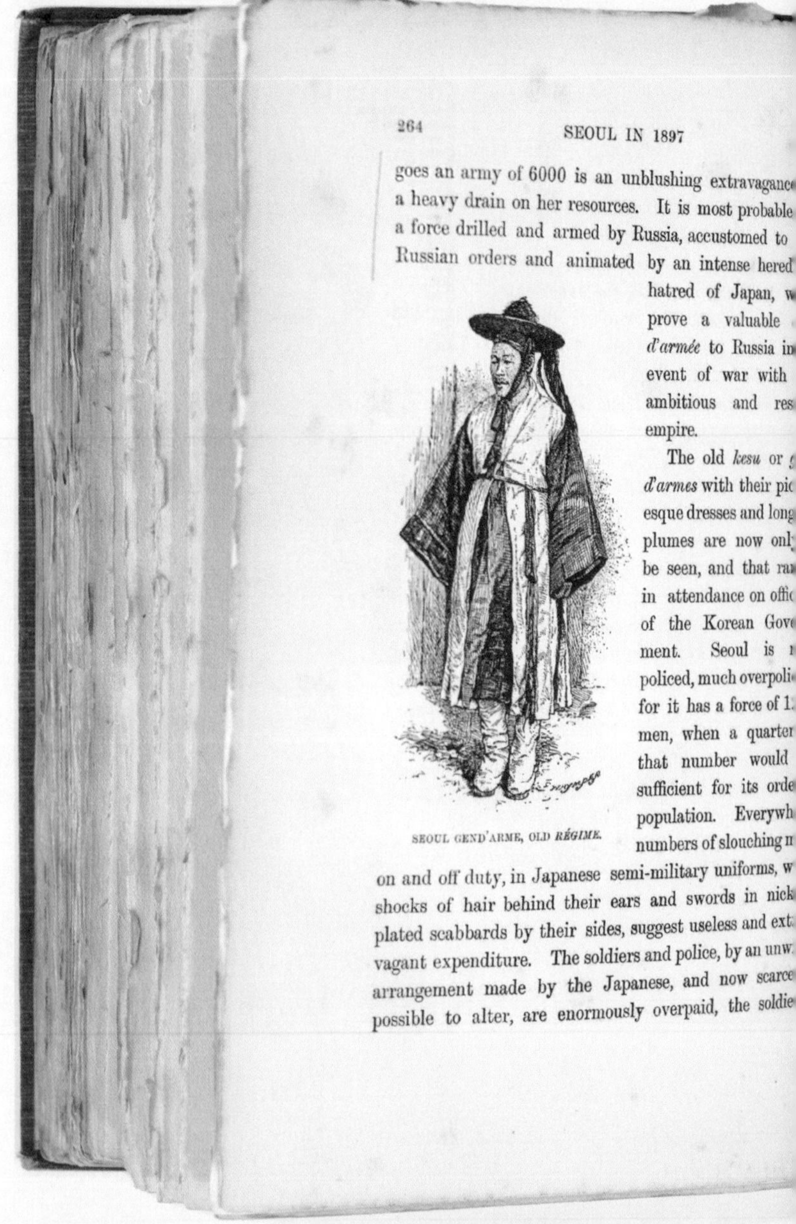

264 SEOUL IN 1897

goes an army of 6000 is an unblushing extravaganc
a heavy drain on her resources. It is most probable
a force drilled and armed by Russia, accustomed to
Russian orders and animated by an intense hered
hatred of Japan, w
prove a valuable
d'armée to Russia in
event of war with
ambitious and res
empire.

The old *kesu* or
d'armes with their pic
esque dresses and long
plumes are now only
be seen, and that ra
in attendance on offi
of the Korean Gove
ment. Seoul is
policed, much overpoli
for it has a force of 1
men, when a quarter
that number would
sufficient for its orde
population. Everywh
numbers of slouching n
on and off duty, in Japanese semi-military uniforms, w
shocks of hair behind their ears and swords in nick
plated scabbards by their sides, suggest useless and ext
vagant expenditure. The soldiers and police, by an unw
arrangement made by the Japanese, and now scarce
possible to alter, are enormously overpaid, the soldie

SEOUL GEND'ARME, OLD *RÉGIME*.

receiving five dollars and a half a month, "all found," and the police from eight to ten, only finding their food. The Korean army is about the most highly paid in the world. The average Korean in his great baggy trousers, high, perishable, broad-brimmed hat, capacious sleeves, and long flapping white coat, is usually a docile and harmless man; but European clothes and arms transform him into a truculent, insubordinate, and ofttimes brutal person, without civic sympathies or patriotism, greedy of power and spoil. Detachments of soldiers scattered through the country were a terror to the people from their brutality and marauding propensities early in 1897, and unless Russian officers are more successful than their predecessors in disciplining the raw material, an overpaid army, too large for the requirements of the country, may prove a source of weakness and frequent disorder.

SEOUL POLICEMAN, NEW *RÉGIME*.

Seoul in many parts, specially in the direction of the south and west gates, was literally not recognisable. Streets, with a minimum width of 55 feet, with deep stone-lined

19세기 말과 20세기 초 조선을 방문한 서구인들의 방문기는 수도 없이 많다. 미지의 나라 조선 땅에 첫발을 디디는 순간의 설렘부터 시작하는 이 방문기들은 대부분 이어서 조선의 역사와 사회에 대해 개괄적인 소개를 하고, 그 후 저자가 견문한 것들, 이방인인 저자로서는 신기하지 않을 수 없는 것들에 대해 묘사한다. 거의 대부분의 저자들이 어김없이 조선 사람의 흰옷과 갓에 대해, 지게로 짊어지는 어마어마한 크기의 짐에 대해, 불편한 가마와 지옥불 같은 온돌에 대해 거론한다. 조선 사람들의 생김새에 대해 그리고 습관과 태도에 대해서 묘사하는 것은 물론이다.

여기에서 주목해주기 바란다. 그들의 독자는 조선 사람들이 아니라 유럽 사람들이다. 그들이 주목하는 것은 유럽 독자들이 신기해할 만한 것들이고, 그들이 강조하는 것 역시 유럽 독자들이 잘 모르는 것들이다. 그렇다면 우리는? 그렇다. 대개는 알고 있는 얘기들이다.

물론, 우리 역시 100년 전의 시간에 대해서는 잘 알지 못한다. 역사적 기록에 관해서라면 얼마든지 알 수 있지만, 그 이면 그리고 그

이면의 시간을 살아가는 사람들의 이야기에 대해서는 잘 알지 못한다. 서구 사람들이 '너무나 신기한 바람에' 생생하게 남겨놓은 목격담은 그래서 우리에게도 흥미롭다. 엄청나게 재미있기도 하다.

그럼에도 불구하고, 이런 방문기를 두세 권만 읽으면, 곧 알게 될 것이다. 거의 같다는 것. 저자들의 관점이 각기 다르기는 하지만, 그래 봤자 거기서 거기라는 것. 기본적으로는 오리엔탈리즘인데, 어떤 관점의 오리엔탈리즘이냐의 차이가 있을 뿐이라는 것.

그러니까 우리는 여기서 좀 특별한 방문기를 살펴보기로 하자. 이사벨라 비숍의 《조선과 그 이웃 나라들》은 모든 방문기 중에서도 가장 특별하다 할 만하다. 여러 가지 이유가 있다. 비숍은 전문적인 여행 작가였다. 신기한 나라에 와봤으니 방문기나 한번 써볼까, 하는 사람이 아니었다는 뜻이다. 게다가 그녀는 조선에 한 번만 온 것이 아니다. 두 번 온 것도 아니다. 1894년부터 1897년까지 자그마치 네 차례나 왔고, 그중에는 만주와 러시아 지역의 한인촌을 방문한 경우도 있었다. 그 방문조차도 우연한 것이 아니라 조선을 총괄적으로, 말하자면 통째로 이해하기 위해 계획한 것이었다.

이 책 《조선과 그 이웃 나라들》은 그러고 나서야 쓴 책이다. 앞에서 거론했던, 피에르 로티의 경우 그는 서울에서 고작 나흘을 머문 후 방문기를 남겼다. 물론 둘 다 의미가 있을 것이다. 숙성된 것과 날것의 차이를 보는 것 역시 흥미 있는 일이니.

이사벨라 비숍 역시 마찬가지다. 처음 조선을 방문했을 때, 비숍의 인상은 날것에 가까웠다. 조선에 대한 비숍의 인상은 "내가 가본 어떤 나라보다도 흥미가 떨어지는" 나라였다. 좋게 말해 흥미가 떨어진다이지, 솔직하게 말하면 "지루하고, 더럽고, 밋밋하고, 불만한 예술이라고는 전혀 없고, 사람들은 게을러빠졌고" 기타 등등이었다. 그러나 방문이 거듭되면서 비숍에게는 첫인상을 걷어낸 후의 안목이 생긴다. 물론 난데없이 더러운 것이 깨끗하게 여겨지지는 않았다. 당시 서울이 더러웠던 것은 사실이고, 그것도 꽤 심각한 정도였던 것 같다. 하수 처리 시설의 문제가 가장 컸다. 오물 처리가 제대로 되지 않아 곳곳에 퍼지는 악취와 뒹구는 쓰레기 그리고 그런 환경에서 살아가는 가난한 사람들, 특히 비위생적인 상태에 빠져 있는 아이들을 목격해야만 했다. 더러운 것은 더러운 것이다. 어떻게 해도 그건 달라지지 않는 사실이다.

그러나 밋밋했던 것은 차츰 은근함으로 변한다. 처음에는 예술이라고는 눈 씻고 찾아봐도 안 보인다고 판단했으나 곧 아름다운 도예품들과 미술품들을 만나게 된다. 민둥산으로만 보였던 자연 풍광은 넉넉하고 장중하고 독특한 풍경으로 다가온다.

게으른 사람들에 대한 이야기는 여기에서 조금만 더 하고 넘어가자. 이 시기의 거의 모든 방문기에서 거론되는 바, "조선 사람들처럼 게으른 사람들은 본 적이 없고", "조선 사람들은 일하고는 원수가 졌으며", "조선 남자들은 아무것도 안 한다." 대체 왜 이런 인상이 생겼을까? 나로서는 도무지 분석이 안 되는 부분이다.

그 시절에 가난한 사람들이 얼마나 기를 써가며 일을 했을까? 어째서 서구 사람들에게는 그게 안 보였을까? 거들먹거리며 거리를 지나는 양반들을 보고 한 생각이라면 이해하겠다. 그러나 양반만 거론한 인상평이 아니다.

당시 조선을 방문했던 많은 서구인들이 '왜 조선 남자들은 저토록 게으른지'를 궁금해했다. "조선 사람들이 거칠고 험상궂은 야만인으로 보이는 것은 일본과 중국에서의 소문 때문이었다." 이는 1884년에 나라에서 세운 최초의 현대식 학교인 육영공원 교사로 온 길모어가 남긴 말이다. 당시 대개의 서구 사람들은 일본이나 중국을 거쳐서 들어왔는데, 그곳에서 이미 조선 사람들에 대한 편견이 각인되었을 것이라는 뜻이다.

다른 분석도 있다. 버는 대로 빼기다 보니, 그 정도로 사회에 부패와 착취가 만연해 있다 보니, 먹을 만큼만 일한 후에는 더 일할 필요

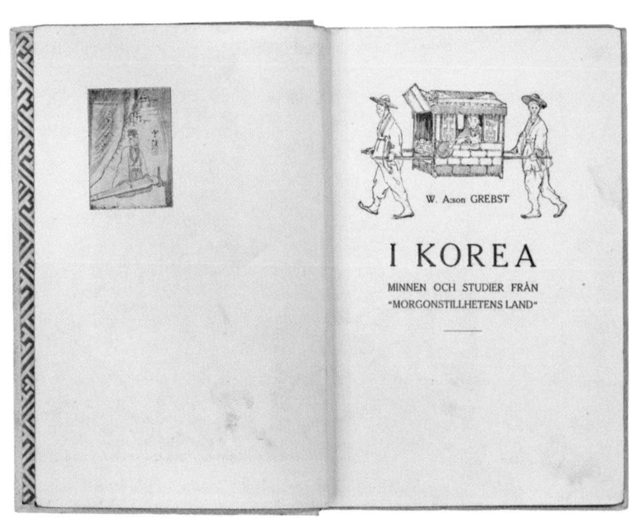

그렙스트의 《스웨덴 기자 아손, 100년 전 한국을 걷다》의 속표지

가 없어서 "조선 사람들이 게을러졌다"는 것이다. "먹을 만큼만 일한다"는 것이 얼마나 힘든 일인지 그들은 잘 몰랐겠지만, 그만큼만 일하기 위해서도 온몸의 마지막 땀 한 방울까지 다 짜내야 했다는 걸 우리는 알고 있다. 그래서 우리로서는 동의하기 어렵지만, 그래도 부패와 착취에 관해서라면 새겨들어야 할 부분이 없지 않다.

이사벨라 비숍 역시 비슷한 의견이다. 만주와 러시아의 한인촌에

그렙스트의 《스웨덴 기자 아손, 100년 전 한국을 걷다》
이 책에는 한국에 관한 다양한 사진들이 실려 있는데
주리를 트는 형벌을 당하는 죄인의 모습도 보인다.

han öfverkroppen, tills han nästan satt. En dödlig hvithet steg upp i hans ansikte, läpparne knepos ihop till en tunn, tunn linje och blefvo blå, ögonen visade hvitan och en ymnig kallsvett började pärla fram på pannan. Sedan sjönk hufvudet tillbaka. Kroppen slappnade och föll handlöst ned. Han låg orörlig på ryggen och kän-

TORTYR

de ej längre, hvarken huru bödlarne drogo ut sina stafvar, eller huru de böjde sig ned och med omilda händer undersökte, om de stackars misshandlade benen också verkligen krossats ordentligt.

Rundt omkring stodo under allt detta åskådarne med ögonen på skaft. De höllo hufvudet lystet framåtsträckt och vågade knappt andas af fruktan att förlora en enda liten detalj af hvad som

279

서 성공적으로 살아가는 조선인들을 만난 후 비숍은《조선과 그 이웃 나라들》에서 이렇게 썼다.

> 의심과 독단, 나태함과 노예근성 등의 특성을 갖고 있는 조선 국내의 사람들과는 달리 이곳에서의 조선 남자들은 독립적으로 변했다. 그 남자다움이 아시아적이라기보다는 영국적으로 보일 정도였다. 양반들의 거만한 태도가 사라졌고 농부들의 기운 없던 모습도 민첩하게 바뀌었다. 그곳에서는 돈을 벌 수 있는 기회가 많고, 그들을 착취할 양반도 관리도 없었다. 일하는 사람들은 모두 안락한 생활을 할 수 있고 많은 농부들이 부유하게 살아간다. 조선에서 나는 그들이 열등 민족이고 삶의 희망이라고는 없이 살아가는 존재들이라고 생각했으나 프리모르스크에서 나는 내 의견을 수정해야 했다.

아무튼 이 시기의 방문기를 처음으로 접하게 되는 독자들을 위해 미리 경고를 해야겠다. 혐오 표현이 꽤 많다는 것. 실은 아주 많다는 것. 비교적 객관적인 시선을 유지하려고 노력했던 이사벨라 비숍조차 위의 인용문에서 보이는 것처럼 아시아적인 것은 열등한 것, 유럽적인 것은 월등한 것으로 묘사한다. 그 당시의 유럽인들에게서 오리엔탈리즘을 완전히 걷어낸 시선을 기대하기란 어려운 정도가 아니라 불가능한 일처럼 보인다.

❖ ❖ ❖

특별하다기보다는 특이한 방문기도 있다. 독일인 기자 차벨의

차벨의 《독일인 부부의 한국 신혼여행》(1906, 독일어)

이 책을 읽는 우리가 불편함을 느끼는 것은 당연하지만,
그것조차도 시대를 증언하는
하나의 귀중한 기록으로 생각할 수도 있다.

책이다. 원제는 《Meine Hochzeitsreile durch Korea während des Russisch-Japanischen Krieges》, 직역하면 《러일전쟁 당시 한국에서의 신혼여행기》이다(국내에는 《독일인 부부의 한국 신혼여행 1904》로 소개되었다). 흥미가 당길 것이다. 이분들, 왜 하필이면 전쟁이 벌어지는 나라에 신혼여행을 왔을까? 전쟁이 벌어지든 아니든 그 시절의 신혼여행, 한번쯤 엿보고 싶기도 할 것이다.

그러나 이 책의 제목은 미끼다. 적어도 우리에게는 그렇다. 저자가 거짓말을 했다는 것은 아니다. 그는 실제로 조선으로 신혼여행을 왔다. 결혼을 하고 막 신혼여행을 떠나야 할 참에 러일전쟁 취재 요청이 왔기 때문이다. 그래서 겸사겸사, 왔다. 왔는데, 전쟁 취재보다는 신혼여행에만 집중했던 것도 사실이다.

그러나 신혼여행에만 정신이 팔리신 이분, 조선에 대한 혐오 표현을, 그것도 익살이랍시며, 서슴지 않았다. 서슴지 않은 정도가 아니라 마구 날렸다.

조선 사람들은 거래에서 매우 좀스럽기로 유명했다. 말은 많은 데다 몇 푼을 두고 맹수처럼 싸웠고, 엽전 세 닢을 받아내기 위해 기꺼이 사흘을 허비했다. 하지만 사흘 뒤 세 닢을 얻지 못해도 개의치 않는 이들이 또 조선 사람들이었다. 이들은 지극히 신뢰하기가 어려웠다. 그 생활신조가 다름 아닌 '되도록 돈은 많이, 일은 적게, 말은 많게, 담배도 많이, 잠은 오래오래'였다. 때로는 거기에 주벽과 바람기가 추가되었다. 술 취한 조선 사람이 길거리에 누워 있는 모습은 흔한 구경거리였고, 여자 문제로 살인이 나는 것도 드문 일이 아니라고 했다. 보다시피 조선 사람의 모습은 그다지 유쾌한 게 아니었다. 이런 모습은 결국 수천 년간 이어져 온 노예 상태와 압제에서 비롯된 것일 터인데 여기에서 좋은 점을 기대한다는 게 오히려 이상한 일이 아닐까?

조선 군대는 기대보다 외견상 훌륭한 인상을 주었다. 병사들 대부분 키가 훤칠해 일본인보다도 군복이 잘 어울렸다. 하지만 지치고 겁먹은 병사들의 눈을 한번 들여다보라! 군복을 벗은 그들의 모습을 머릿속에 떠올려 보면, 옷이 깨끗하건 더럽건 상관없이 빈둥빈둥 배회하고 있는 다른 어중이떠중이들과 하나 다를 게 없었다. 병사들을 잘 살펴보면 조선이 예로부터 이웃 나라 변덕의 노리갯감이었다는 사실에 수긍하게 된다. 여기에는 중국도 포함되어 있었으니, 특별히 잘난 게 없는 중국인조차 일본인이 그러는 것 못지않게 조선인을 멸시하였다. 무릇 사람은 스스로 한 만큼 대접을 받는 법.[11]

위의 인용문은 차벨의 책 번역서인 《독일인 부부의 한국 신혼여행 1904》에서 가져왔다. 이 책의 서문에서 역자는 이렇게 말한다. "이 책을 읽는 우리가 불편함을 느끼는 것은 당연하지만, 그것조차도 시대를 증언하는 하나의 귀중한 기록으로 생각한다면 오히려 더욱더 꼼꼼히 살필 필요가 있다"고. 맞다. '그것조차도 기록'이라고 생각하실 수 있다면 이 책을 읽어도 좋겠다.

물론 읽기에 기분 좋자고 긍정적이고 정겨운 표현으로만 채워놓은 책을 골라 읽을 수는 없다. 그래서는 안 된다. 그런 책들이 없는 것은 아니다. 이 시기 서구인들의 기록에서 우리나라에 관해 '호감 가는 표현'만을 골라내서 엮어놓은 책들은 사실 꽤 많다. 그런 책을 보면 엮은이의 노력이 가상할 정도다. 외국인들이 흔히 '이 더러운 나라에서 이상하리만큼 고집하는 옷'이라고 의문의 대상이 되었던 흰옷은 '아름답고 우아한 패션'으로, 게을러빠졌다고 봤던 조선인들은 '점잖고 장대하고 멋진' 모습으로, 기묘하게 여겨졌던 갓과 수많은 모자는 세계 어디에도 없는 특별함으로 해석된다. 없는 얘기를 갖다 붙인 건 아니다. 누군가는 그렇게 말한 것이 사실이다. 그러나 매우 드문 경우였다.

부정적인 것도 자료가 되고, 기억되어야 한다는 말은 분명히 옳다. 다만 부정적인 측면들을 얼마나 객관적으로 보느냐의 문제는 남는다. 그런 것들이 익살이나 농담의 소재로 쓰여서는 안 된다는 것 또한 분명하다.

❖ ❖ ❖

아손 그렙스트의 방문기 《스웨덴 기자 아손, 100년 전 한국을 걷다》는 조금 다르다. 편견이 아주 없다고는 할 수 없다. 그 역시 그 시기 방문객들의 한계에서 완전히 벗어나지는 못했다. 그러나 차벨과는 달리 익살과 농담을 악의적으로 쓰지는 않았다. 여행자로서의 자리를 지키려고 했고, 그 상황에서 익살과 농담을 어떻게 써야 하는지도 알았다. 그래서 이 책, 무척 재미있다. 때로는 웃음이 터지기도 하는데, 이 시기의 방문기를 읽다가 웃음을 터뜨린다는 건 정말이지 어려운 일이라는 것을 고려할 때, 이 책은 방문기들 중에서도 권할 만한 책이라 하겠다. 한 대목을 소개한다.

> 하늘이 무너져도 솟아날 구멍이 있다고 좋은 생각이 하나 떠올랐다. 이 나라에서는 아무도 한글 이외의 언어를 알지 못하고 이방인에게는 한글이 세계에서 가장 이해하기 힘든 언어이다. 그러나 내 경험으로 미루어보아 반드시 어딘가에는 말이 통하는 곳이 있으며, 그곳이 바로 우체국일 것이라는 생각이 들었다. 이 인력거꾼들을 우체국으로 가게만 하면 되는 것이다. 그러나 무슨 수로 '우체국'이란 말을 이해시킬 것인가?
>
> 곰곰이 생각한 끝에 한 가지 묘안이 떠올랐다. 주머니에 간직했던 사전을 펴서 '우표'라는 단어를 찾다가 다음과 같은 적절한 문구를 발견했다. "Oo-ppyaw han chang put-tchorah!(우표 한 장 붙여라!)" 내가 그렇게 소리를 지르자 잔뜩 긴장해서 보고 있던 군중들이 폭소를 터뜨렸고, 비로소 이해가 된 인력거꾼들은 기뻐서 어쩔 줄 몰라 했다.[12]

부산에 도착해 배에서 내리자마자 맞닥뜨린 풍경이다. 그는 기차를 타고 서울로 갈 작정이었으므로 인력거꾼에게 철로(철도역)로 가자고 말을 했는데, 인력거꾼들이 그의 발음을 못 알아듣자 위와 같은 상황이 연출된 것이다.

그런데 여기에서 또 재미있는 게 있다. 이날, 철도역을 철로라는 단어로 알고, 심지어 그 발음조차 제대로 못 했던 아손 그렙스트가 부산항에 내린 이 날이 1904년 12월 27일. 바로 경부선이 완공된 날이다. 《한국민족문학대백과》에 따르면, 경부선은 1904년 12월 27일에 완공되었고 1905년 1월 1일을 기하여 영업이 개시되었다.

그날 아손은 "우표 한 장 붙여라!" 큰 소리를 쳐서 우체국엘 갔다.

그리고 그곳에서 다행히 영어를 하는 사람을 만났다. 그 사람에게 기차로 서울까지 갈 생각이라는 말을 했다. 그럼 그 우체국 사람은 아손에게 며칠 기다려야 한다고 말했을까?

아니다. 바로 그날부터 경부선은 운행했다. 아마도 시범운행이었을 것이다. 어쨌든, 경부선의 역사적인 첫 기차. 아손은 그 기차를 타고 서울까지 올라가는, 장장 2박 3일의 기록을 남긴다. 최초로 운행이 개시된 기차라서 이런저런 말썽이 생기는 바람에 대구에서 하루를 자고, 수원 근방에서부터는 기차 운행이 재개되기를 기다리느니 걷기로 하고, 실제로 밤새 걸었다. 그러는 동안 또 하룻밤이 지났다.

경부선 첫 기차의 풍경을 이보다 더 생생히 알 수는 없다. 기차 안에서 난로가 타고, 그 난로에 밥을 지어 먹고, 그 난로에서 쏟아져나오는 연기에 숨이 막힐 지경이고, 그러다가 불이 꺼져 얼어 죽을 지경이 되고 심지어 밖에 나가 자고 오고. 그러는 동안 풍경이 지나간다. 낙동강도 지나가고 금강도 지나간다. 이 책에서 아손은 다른 방문기와는 다른 기록들을 많이 남겼다. 감옥의 풍경, 일진회[13] 집회의 풍경 등.

아손과 차벨은 유사한 점이 많다. 둘 다 기자였고, 러일전쟁 취재차 일본에 왔다가 종군기자로서는 조선 입국 허가가 떨어지지 않자 방문객으로 위장하여 들어왔다. 거의 비슷한 시기다. 그러나 서술의 방향은 현저히 다르다.

⁜ ⁜ ⁜

다시 이사벨라 비숍으로 돌아가자. 여성으로서, 적지 않은 나이로, 미지의 나라들을 탐험하고 그걸 기록으로 남긴 비숍의 열정이 놀랍다. 19세기 말에 그녀는 서양인의 발길이 닿지 않은 조선 내륙을, 겨우 서너 사람 탈 수 있는 거룻배를 타고 여행했다. 처음부터 끝까지 갈 수 있는 곳은 전부 다 갔다. 비숍이 조선 내륙 탐사를 위해 거룻배에 오르는 장면은 배에 실을 물건을 고르는 것부터 시작한다.

> 거룻배의 바닥은 조선의 엽전으로 깔았고, 돈이라고는 은으로 된 엔화 한 주머니를 더 가졌을 뿐이었다. 그 이외에는 말안장 한 개, 침구와 모기장이 달린 야전 침대 한 개, 모슬린 커튼, 접는 의자, 여벌 옷 두 벌, 조선 짚신, 방수 군용 외투 한 벌을 함께 실었다. 그 이외에 녹차와 카레 가루와 밀가루 20파운드도 실었다. 그리고 나머지들은 모두 버렸다. 취사도구로는 일본제 숯 화로, 일본제 얇은 냄비와 프라이팬, 작은 주전자, 숯 집는 부젓가락 등이 전부였는데, 모두 합해 2달러도 안 되었다. 식탁 용품은 에나멜 칠을 한 작은 토기 잔 하나, 식판 두 개와 국판 한 개, 칼, 포크, 수저 등이었다. 이것으로 '부엌'이 완성되었다. 그 외의 모든 것들은 이제 아무 소용이 없는 사치품에 불과했다.[14]

이사벨라 비숍의 나이 그때 이미 60대였다. 그 시절에 60대의 여인이 미지의 나라, 그 중심을 향해 배를 저어나가는 풍경은 경이로움을 넘어 아름다움으로 다가온다. 그녀의 나이와 성별에 관한 얘기가 아니다. 뚜벅뚜벅 중심을 향해 나아가는 그녀의 모습이 아름답다는 뜻이다. 그녀는 언제나 최선을 다해 정확한 사실을 전하려고 노력했고, 그 사실들에 대해 객관적이려고 노력했다. 그 노력이야말로 이사벨라 비숍이 이룬 가장 위대한 성과라고 할 것이다.

/ 2장 /

오래된 책,

아름다운 몸

세월이 흐르면서 더욱 아름다워지는 책

피카르의 《종교에 관하여》

Bernard Picart, 《Cérémonies Et Coutumes Religieuses de Tous Les Peuples Du Monde》 (1723~1743, 프랑스어)

피카르의 《종교에 관하여》 영어판(1731~1739)

종이는 습기로 인해 물결무늬를 이루고 변색과 얼룩 역시 극심하다.
세로 길이만 42센티미터에 달해 사진 앨범보다 큰 이 책은
수백 년의 세월을 품은 채 낡을 대로 낡았다.

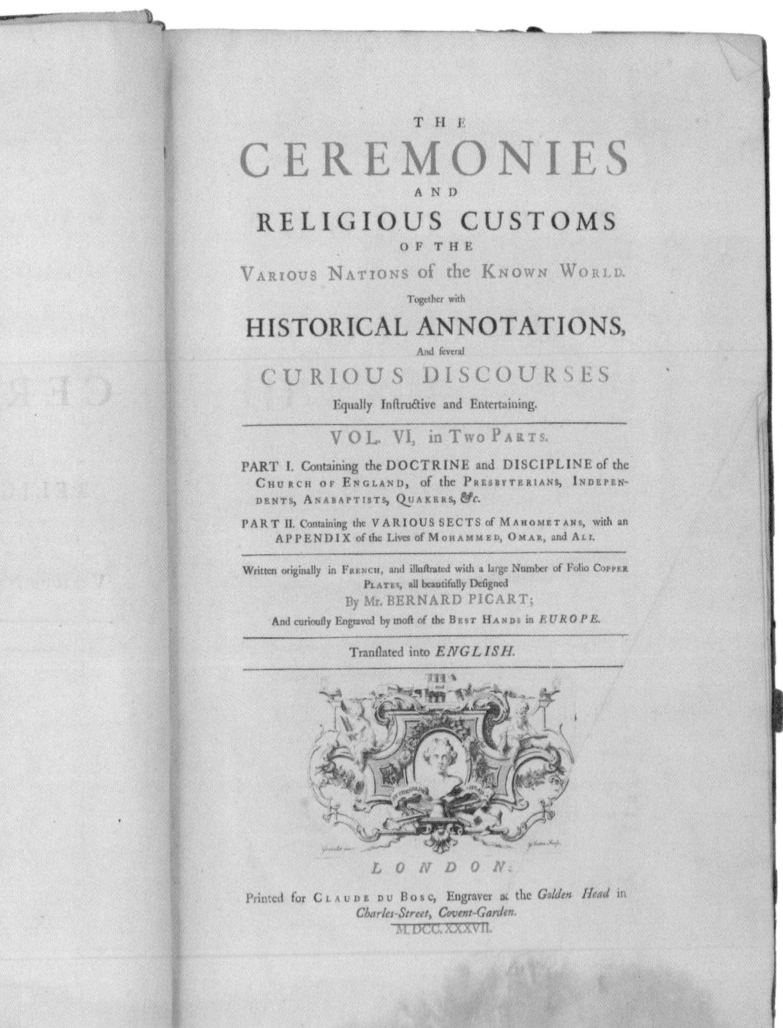

THE
CEREMONIES
AND
RELIGIOUS CUSTOMS
OF THE
VARIOUS NATIONS of the KNOWN WORLD.
Together with
HISTORICAL ANNOTATIONS,
And ſeveral
CURIOUS DISCOURSES
Equally Inſtructive and Entertaining.

VOL. VI, in TWO PARTS.

PART I. Containing the DOCTRINE and DISCIPLINE of the CHURCH OF ENGLAND, of the PRESBYTERIANS, INDEPENDENTS, ANABAPTISTS, QUAKERS, &c.

PART II. Containing the VARIOUS SECTS of MAHOMETANS, with an APPENDIX of the Lives of MOHAMMED, OMAR, and ALI.

Written originally in FRENCH, and illuſtrated with a large Number of Folio COPPER PLATES, all beautifully Deſigned
By Mr. BERNARD PICART;
And curiouſly Engraved by moſt of the BEST HANDS in *EUROPE*.

Tranſlated into *ENGLISH*.

LONDON:

Printed for CLAUDE DU BOSC, Engraver at the *Golden Head* in *Charles-Street, Covent-Garden.*
M.DCC.XXXVII.

피카르의 《종교에 관하여》 속 동판화

삽화가였던 피카르는 이 책에 200여 장이 넘는 동판화를 수록했다.
조선은 7권 6책 중 제4권 〈우상을 숭배하는 국가들〉 편에 실려 있다.

인쇄술이 발명된 이후, 종이책이 그 이전의 모든 책들을 빠르게 대체했다. 파피루스와 점토책 같은 것들은 당연히 오래전에 사라졌지만, 필사본으로 존재했던 양피지나 우피지 책도 인쇄본 종이책에게 그 자리를 내주었다. 책이 소장품으로서, 그 외형의 아름다움으로서 가치를 갖던 시기 역시 역사 속으로 가라앉았다.

그러나 여전히, 근대에 이르기까지, 책은 그 내용을 넘어서 너무나도 아름다운 물건이다. 인쇄술이 보편화된 이후로도 귀족들이 소장용으로 특별히 주문 제작하던 양피지 책에 관한 이야기가 아니다. 인쇄본이고, 대중들에게 팔리고, 그것도 한 부, 두 부가 아니라 대량으로 팔려나간 종이책들 역시 어떤 책들은 여전히 눈부시게 아름다웠다. 세월이 흐르면서 오늘날 이런 책들은 너무 나이가 들어버렸다. 종이책의 가장 큰 장점은 대량제작과 보급의 편리성에 있지만, 가장 큰 단점은 그 수명이다. 지금까지 발견된 것 중 역사상 가장 오래된 종이는 기원전 2세기까지 올라간다. 중국 간쑤성에서 발견되었고, 지도가 그려졌던 것으로 추정된다. 그러니까 어떤 종이는 2,000년도 넘게 살아남는다는 것이다.

그러나 이는 매우 특별한 경우에 불과하고, 책의 경우는 종이가 살아남았다고 해서 그 존재가 이어졌다고는 말할 수 없다. 책이 책이 되기 위해서 필요한 것들이 있기 때문이다. 작가와 이야기와 그 이야기를 전달하는 활자, 그리고 인쇄와 제책과 보급까지. 여기까지 오면 다 온 것 같다. 그러나 결정적인 것이 아직 더 남아 있다. 책에 체온을 입히는 독자들. 낡은 표지, 변색된 내지, 누군가의 낙서, 얼룩, 그리고 문득 페이지 사이에서 발견되는 수신인을 알 수 없는 편지…. 이런 것들로 흔적을 남기는 독자들의 세월. 더 많은 예를 들 수도 있다. 장서표, 도서관의 인장, 폐기 처분된 책임을 알리는 'discard' 표시. 뒤표지에 붙어 있는 대출기록표. 그 기록표를 빼곡히 채운 이름들, 마른 나뭇잎, 그 나뭇잎이 말라가면서 남긴 흔적…. 그런 것들.

아름다운 책은 이처럼 세월을 말한다. 작가가 전달하고자 했던 내용뿐만 아니라 그 책을 거쳐 간 독자들의 세월을 또한 말한다. 그래서 책은 다시, 또 다른 이야기를 품는 책이 된다. 이것이 오래되면 오래될수록 점점 더 아름다워지는, 오래된 책들의 비밀이다.

베르나르 피카르의 《종교에 관하여》는 1723년부터 1743년까지 암스테르담에서 프랑스어로 출판됐다. 총 11권 8책이다. 그리고 1731년부터 1739년까지 영어로 번역본이 출판되었다. 영어로 번역될 때는 7권 6책으로 달라졌다.

이 책, 크기가 엄청나다. 세로 길이만 42센티미터에 달한다. 권마다 차이는 있으나 각 권마다 500페이지 전후의 볼륨을 갖고 있다. 종이는 묵직하고, 책은 당연히 더 묵직하다. 두 손으로 공손히 받쳐 들어야 할 무게이다. 그런데 그렇게 받쳐 들고 있으면 그 공손한 자세가 단지 무게 때문만은 아니라는 생각이 든다. 책은 수백 년의 세월을 품은 채 낡을 대로 낡았다. 원래의 색이 무엇이었을지 정확히 알 수 없지만, 붉은색의 가죽표지는 점점 더 바래지는 색이 아니라 점점 더 짙어지는 색이다. 책등에는 금박으로 제목이 적혀 있다.

그리고 이제 첫 번째 페이지. 종이는 습기로 인해 물결무늬를 이루고 변색과 얼룩 역시 극심하다. 습기를 먹은 채 마르고 다시 마르는 동안 종이는 이제 바스러질 지경이다. 고서의 빛나는 아름다움을 누리기 위해서는 직접 보고 느끼는 것이 가장 좋겠지만, 실은 이런 책은 볼 수가 없는 책이다. 보는 것만으로도 손상을 재촉한다. 낱장은 뜯겨 나오다 못해 찢어지는 것도 모자라 부서진다. 그래서 그 아름다움은 통증이다.

✣✣✣

이 책은 세계의 종교와 종교적 관습에 관한 내용을 정리한 백과사전적인 책이다. 가톨릭 국가들의 종교 제의를 먼저 소개하고, 그 다음에 아메리카 대륙, 그리고 그다음에 이교도를 믿는 나라들을 차례대로 소개한다. 우리나라 조선에 대한 기술은 제4권, 우상을 숭배하는 국가들 편에 있다.

내용은 조선의 불교에 대한 소개로 시작되어 장례와 혼례 등과 같은 풍습 소개로 이어진다. 피카르 역시 그때까지 알려져 있던 조선에 관한 기록을 참조했는데, 역시 마르티니의 저술이 바탕이 되었다. 앞에서도 말했던 것처럼 마르티니는 조선에 관한 한 지울 수 없는, 지대한 영향을 미쳤다. 흥미로운 것은 피카르가 이 책을 저술할 당시 하멜의 책이 이미 출간되었다는 사실이다. 피카르는 하멜의 책 역시 읽었는데, 그럼에도 불구하고 하멜보다는 마르티니의 서술이 훨씬 더 신뢰할 만하다고 믿었다. 조선을 직접 보고 겪은, 13년이나 조선에서 살았던 사람의 글보다 중국에 있던, 그것도 저 남쪽 항저우에 있던, 그것도 시기적으로 더 앞서 있던 사람의 말을 더 신뢰했다는 것이다. 마르티니의 영향력이 그 정도로 컸던 것이라고 볼 수도 있고, 동인도회사의 하급선원이었넌 하넬의 시각을 그 정도로 미흡하게 여긴 것이라고도 볼 수 있다.

아무튼, 그리하여, 마르티니의 오해는 반세기를 훨씬 넘어 이 책이 출간될 때까지도 이어진다. 조선 젊은이들의 자유연애에 대한 부분이 바로 그것이다. 이 오해는 사실 세월이 훨씬 더 많이 흘러 개항기에 이르기까지 존속하게 되는데, 앞에서 거론했던 뒤크로는 "서울은 아주 감성적인 곳이라 대부분의 조선인들은 연애를 하고 있는 중이다"라고까지 쓴다. 뒤크로보다 100년 전의 시대를 살았던 피카르가 훨씬 더 제한적인 정보를 가질 수밖에 없음은 당연한 일이었다.

피카르는 마르티니의 저술을 더 신뢰하기는 했지만 그렇다고 하멜을 완전히 무시한 것은 아니다. 하멜을 참고한 내용이 덧붙으면서 오히려 이 책의 풍성함이 살아난다. 길이가 아니라 내용의 풍성함이다. 조선 젊은이들의 자유연애 부분에 이어지는 내용을 보자. 자유연애로 결혼을 하고 나면 조선 여인들의 지위는 급격히 하락한다고 하면서 그때부터는 사실과 매우 부합하는 내용이 이어진다. 물론 이런 내용도 있다. "남편들은 온갖 사소한 이유로 아내를 때리고 학대하며 노예처럼 취급한다", "그들은 아내를 갈아치우면서 그 아내로부터 얻은 자식도 버린다." 장례 풍습에 대한 흥미로운 소개도 있다.

"부모가 죽으면 통곡하고 소리를 지르고 머리를 쥐어뜯는다."

유럽과 비교한 부분도 흥미로운데, 조선의 사찰 근방에는 어디에든 매음굴이 있다는 것. 그게 유럽 교회들의 근방에 매음굴이 있는 것과 전혀 다르지 않다는 것. 그리고 유럽의 신부들과 다를 바 없이 조선의 승려들도 엄청나게 술을 마셔댄다는 것. "조선의 승려들은 음주에 대단히 중독되어 있다고 알려져 있다. 우리 교회의 신부들이 손에서 술병을 떼지 못하는 것과 똑같이 말이다." 피카르는 성직자가 아니었다. 그는 작가이면서 삽화가였다. 교회와 성직자를 비꼴 수 있었던 것은 분명히 그런 까닭도 있었을 것이다.

조선에 대한 기술은 더 이어진다. 조선에서는 임금이 행차할 때 누구도 소리를 내지 못하도록 군중들의 입에 나뭇조각을 집어넣는다는 것. 그런데 이것이 로마의 독재자 도미티아누스 황제 시절, 자칫 황제 면전에서 웃음을 터뜨렸다가 불경죄를 저지르게 될까 봐 시민들이 월계수 잎을 씹던 풍속과 유사하다는 것…. 피카르는 하멜의 기록을 바탕으로 하여 그 자신의 해석을 덧붙였다. 그리고 다음과 같이 결론을 내린다. "사람들은 눈을 부라려가며 이웃의 흠을 찾지만 자신들의 악습이나 약점에 대해서는 눈을 감는다"고. 즉, 조선이라는 나라가 이상해 보이냐? 그런들 우리 유럽 사람들만큼 이상하겠냐, 하고 묻는 것이다.

이 책에는 200여 장이 넘는 삽화가 수록되어 있다. 전부 피카르가 제작한 동판화들이다. 화가인 피카르는 그림의 아름다움만이 아니라 책의 아름다움을 또한 아는 사람이기도 했다. 건축과 드로잉을 공부한 경력보다 그의 아버지, 아내, 처가의 배경이 그걸 짐작케 한다. 그의 아버지는 서점상이었고, 그의 장인은 종이 상인이었다.

책과 종이와 그림에 둘러싸여 살았던 그에게 아름다운 '그림책'을 출판하는 것은 운명과 같은 일이었을 것이다.

⁜ ⁜ ⁜

인터넷 고서, 희귀본 서점인 에이브북스에 1739년 출판본인 이 책의 전질이 3만 달러에 나와 있다. 오래된 것과 아름다운 것과 완전한 것을 합쳐놓은 것의 값이라고 하겠다.

책 속에 남겨진 손글씨의 온기

알렌의 《조선견문기》

Horace Allen, 《Things Korean》(1908, 영어)

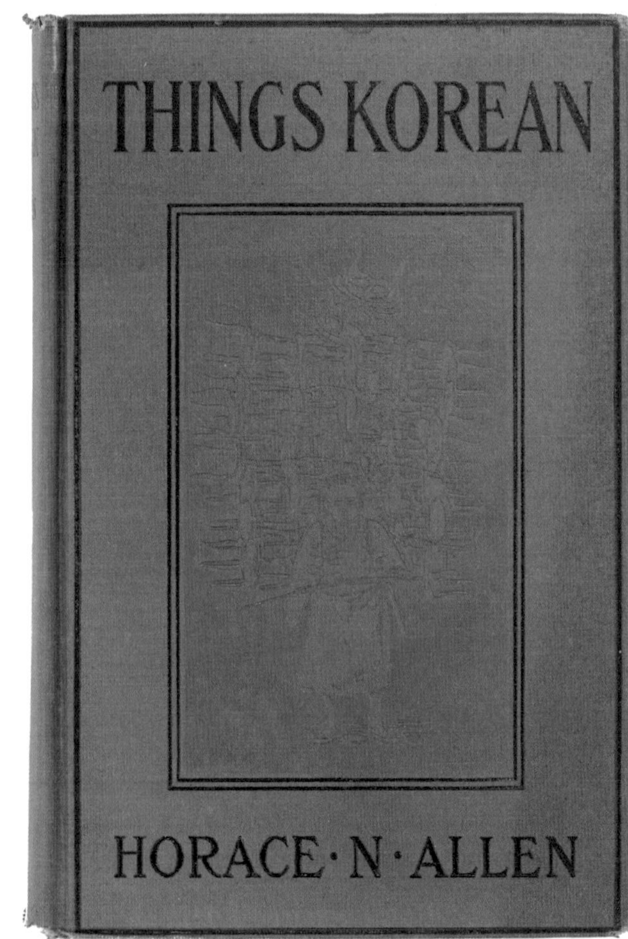

알렌의 《조선견문기》
서울에 거주하고 있던 유일한 서양 의사였던 알렌은 조선과 관련된 책을 여러 권 남겼다. 《조선견문기》의 녹색 양장 표지에 나뭇짐을 한가득 이고 가는 남자가 형압으로 보일 듯 말듯 표현되어 있다.

갑신정변의 밤, 수많은 사람의 목에 칼이 겨눠질 때 그리고 실제로 잘렸을 때, 호러스 알렌은 서울에 거주하고 있던 유일한 서양 의사였다. 그는 원래 북장로교 소속의 의료 선교사였는데, 그 신분으로는 입국 허가를 받지 못해 의사 자격으로 입국했다. 1884년 여름이었다. 그리고 석 달 만에 갑신정변을 겪는다.

1884년 12월 4일, 우정국 개국 축하연이 있던 밤, 정변은 갑작스러운 화염과 함께 시작되었다. 불길을 살피기 위해 축하연 자리를 떠났던 민영익은 문 앞에서 칼을 맞았다. 일곱 군데나 찔리고 베여 목숨이 경각에 이르렀다. 민영익은 명성황후의 의붓동생으로 최고 권력자 중 한 사람이었다. 한때는 개화파와 어깨를 같이하기도 했으나 그때는 수구파의 핵심세력이었고, 외국인들에게는 '프린스(왕자)'라고 불릴 정도로 실세 중의 실세였던 사람이다. 그는 목숨만 간신히 붙은 채로 독일인 묄렌도르프의 집으로 옮겨졌고, 묄렌도르프는 유일한 서양 의사인 알렌을 급히 불렀다. 알렌은 자다 말고 어마지두에 불려가 민영익을 치료했다. 그리고 그 위중했던 목숨을 구했다.

누군가의 일생이, 예기치 못한 때에 벼락 같은 우연과 조우하며 전복되는 순간의 일이었다. 그 밤 다행히 목숨을 구한 민영익에게나, 그 후 목숨을 차례차례 잃어가게 되는 갑신정변의 주역들에게나 마찬가지로, 그때까지는 아무것도 아니던 알렌이 역사의 풍운아로 변신하게 되는 순간이다.

알렌은 《조선견문기》와 《조선: 사실과 환상Korea: Fact and Fancy》 등 조선과 관련된 책을 여러 권 남겼다. 조선의 민담과 고소설을 번역하기도 했다. 그러나 알렌의 저술 중, 우리에게 보다 각별히 의미 있는 것은 그가 사적으로 작성한 일기다. 여기에서 우리나라 역사와 관련한, 그리고 외교사와 관련한 중요한 비사들을 발견할 수 있기 때문이다.

갑신정변 후 알렌은 민영익의 친구로, 고종이 신임하는 외국인으로, 그러다가 정이품의 고위관료로 차츰 자신의 정치적 입지를 넓혔다. 1888년에는 우리나라 최초의 주조선미국공사단을 수행했다. 그 후 다시 조선으로 돌아와 주미공사관의 서기관으로 일했고, 마침내 공사의 자리에까지 오른다. 그러는 동안 그가 개입한 이권 행위도 무수했다.

그가 직접 개입했거나 혹은 관계되었던 사건들에 관한 기록은 우선 '역사학적'으로 매우 중요하다 하겠다. 그러나 역사학도가 아닌 우리는 여기에서 이 사람의 개인적 면모를 먼저 슬쩍 엿보기로 하자. 남의 일기를 훔쳐보는 재미란 그런 거 아니겠는가.

알렌은 비사교적인 사람이었던 게 분명해 보인다. 본인이 그렇게 밝히고 있기도 하거니와, 일기에 적힌 동료들과의 분쟁을 보면 그 사실이 좀 더 명확하게 드러난다. 그는 같은 선교사였던 언더우드[15]에 대해서는 위선자, 스크랜턴[16]에 대해서는 심술궂은 인간, 동료 의사였던 헤론[17]에 대해서는 빈둥거리기만 하는 거짓말쟁이라고 비난하고 있는데, 그때마다 이들과 심한 다툼을 겪었기 때문이다.

일기에다 남의 욕을 하는 것은 뒷담화에도 안 속할 일이다. 사실 여부를 떠나서 그렇게 이해하면 될 일이다. 그러나 조선에 관해 기술한 부분, 조선 친구들에 관해 적은 부분을 보면 기분이 달라지지 않을 수 없다. 앞에서도 말했던 것처럼 알렌은 최초의 주조선 미국공사단을 미국까지 수행했다. 다음은 샌프란시스코로 향하던 항해 도중 하루의 일기다.

12월 26일 월

우리는 12월 10일에 예정한 대로 요코하마를 출항했다. 1등실과 2, 3등실에 다섯명씩 나뉘어 묵었던 그들은 함께 모여 식사도 하며 지냈는데 어찌나 더러운지 악취를 참을 수가 없었다. … 두 사람의 조선인 중 강진희는 지분거리기 좋아하는 사람이었고, 이상재도 더러운 사람인데, 이 두 사람은 그들의 객실에서 박 공사와 함께 식사했다. 박 공사는 사절단 일행 중 가장 나약하고 바보 천치 같은 인물이었다. 조선 정부가 정식으로 임명한 번역관 이채연은 영어 한마디 할 줄 몰랐다. 참찬관參贊官[18] 이완용과 서기관 이하영은 그나마 조선사절단의 나쁜 인상을 상쇄, 보충해주고 있다.

나머지 사람들은 언제나 자기 객실의 자리를 어지럽히고 있는가 하면 대가리가 큰 징을 박은 가죽신으로 바닥을 긁어대 날카로운 소음을 내고, 바닥에 심한 자국을 내고 다녔다.

그들의 몸에서는 계속 고리타분한 똥 냄새가 풍기고 있고, 게다가 선실에서 끊임없이 줄담배를 피워대는 탓에 이 담배 냄새까지 체취에 뒤섞였다. 목욕을 하지 않아서 나는 고린내에, 똥 냄새, 오줌 지린내는 물론이고 조선 음식의 고약한 냄새까지 섞여 선실 안은 온통 악취로 가득했다. 오션익호의 승객들은 매우 친절했지만 이 냄새 나는 조선 사절단을 한 방으로 몰아 격리해준 데 대해서는 내게 고마워했고, 나 자신도 그렇게 생각하고 있다.[19]

아무리 남의 일기라고는 해도, 이 정도에 이르면 읽기가 좀 괴로운 것이 사실이다. 그는 심지어 자신은 조선을 사랑하지 않는다고 술회하는 편지를 쓴 적도 있다.

우리 근대사에 있어서 알렌만큼 상반된 평가를 받는 인물도 드물다. 조선을 위해 수많은 일을 했고, 막대한 영향을 미쳤으나, 그것이 또 이권과 관련되어 있었던 까닭에 비난을 받았다. 알렌이라는 인물을 역사적으로 평가하는 것은 내 몫의 일이 아니지만, 그래도 씁쓸하다.

✣ ✣ ✣

그리고 여기에, 알렌의 또 다른 책이 있다.《조선: 사실과 환상》. 1904년, 알렌이 미국 공사일 때 출간한 책이다. 조선의 민담과 고전소설을 번역해 수록했다. 〈심청전〉, 〈홍길동전〉, 〈춘향전〉 등이 들어있고, 특이하게도 부록에 조선의 외교 관련 조약 문서들을 첨부했다. 그런데 내게 이 책이 흥미로운 것은 그 내용 때문이 아니다. 책을 펼치자마자 보이는 이것 때문이다.

그렇다. 저자인 알렌이 직접 쓴 편지, 혹은 메모, 혹은 헌사다. 한 페이지를 넘겨보자.

알렌의 명함이다.

그러면 이제 알렌이 손글씨로 써놓은 저 내용을 읽고 싶어지는 게 당연하다. 그 안에서 특별한 내용이 나오기를 바란다. 역사적으로 특별한 내용이 아니라 책을 쓴 저자의 사적이고 특별한 내용. 책은 남았으나 저자는 사라진 세월 저편의 이야기.

당연히, 못 읽겠다. "마이 디어 영 레이디"까지는 어찌어찌 읽겠고, 부분 부분 해독이 되는 곳도 없지는 않다. 그러나 내 실력으로는 대개 '어쩌고저쩌고'로 읽힌다. '어쩌고저쩌고'가 나쁘게 들리면 '소근소근'이라고 해두자.

> 다정한 누군가에게, 어제 저녁은 잘 보냈니? 이 책을 너에게 보낸다. 그런데 시험을 다 마치기 전까지는 이걸 읽으면 안 된다는 걸 알겠지….

그의 영 레이디는 누구였을까. 알렌에게 딸이 있었다는 기록은 없다. 조카들이 있기는 했다. 그는 조카딸들을 조선에 불러 조선 관광을 시켜주기도 했다.

조선은 그에게 모든 것을 준 나라였다. 선교사로서 실패했고, 의사로서도 크게 성공하지 못했던 그를 외교관으로, 심지어는 공사의 지위에까지 오르게 한 나라였다. 조선의 임금은 그를 친구로 여겼고, 조선의 왕족과 관료들은 그를 좋아했다.

그도 그만큼 조선을 사랑했을까. 공사라는 직위를 사랑한 것만큼

KOREA: FACT AND FANCY

BEING A REPUBLICATION OF TWO BOOKS
ENTITLED "KOREAN TALES" AND
"A CHRONOLOGICAL INDEX"

To Miss Lascelle
with the Author's best compliments

Dr. Horace N. Allen

Envoy Extraordinary and Minister Plenipotentiary
of the
United States of America

Korea

BY

DR. HORACE N. ALLEN

METHODIST PUBLISHING HOUSE
SEOUL, KOREA
1904

알렌의 《조선: 사실과 환상》 속에서 발견된
저자의 명함과 친필 편지

이 책이 흥미로운 것은 그 내용 때문이 아니다.
책을 펼치자마자 보이는 이것 때문이다.
이제 알렌이 손글씨로 써놓은 저 내용을
읽고 싶어지는 게 당연하다.

AMERICAN LEGATION,
SEOUL, KOREA.

My dear Young Lady,

Here inclosed the book of which we spoke last evening — at that extremely pleasant dinner.

Now please don't read it or look into it until you get back to Sonamo. otherwise you will feel that you may have to pass an examination upon it, and then you may dread to see me, which would be a calamity to me that I could not contemplate.

Sincerely yours

Mch 24 H N Allen

조선도 사랑했을까. 비록 그렇지 않다는 편지를 쓴 적이 있기는 했지만, 그건 어느 날 욱한 기분이어서 그랬던 게 아니었을까. 일기를 보면 욱하는 사람인 건 분명해 보이니까. 그랬을 거라고 믿고 싶다. 그의 인성, 공사직을 향한 야망, 돈에 대한 집착… 그 모든 평가에도 불구하고, 그럼에도 불구하고, 나는 알렌이 조선을 사랑했을 거라고 믿고 싶다. 그건 어쩌면 역사책 속에 등장하는 알렌과 난데없이 그 자신의 책 속에서 손글씨로 등장한 알렌이 약간은 다르게 여겨져서인지도 모른다. 그 온기가 다를 수밖에 없다.

❖ ❖ ❖

오래된 책은 뜻밖에 이런 선물을 가지고 독자에게 온다. 알렌이 누군가에게 쓴 편지가 붙어 있는 책을 누군가는 팔았다. 기증했을 수도 있겠다. 팔았다면 다시 팔리고 팔려 또 누군가의 손에 들어가는 것이 자연스러울 만큼 시간이 흘렀다. 기증한 책이라고 해도 다를 것은 없다. 도서관에 매일같이 쌓이는 책들, 이 책들은 어느 순간 폐기되어야 할 운명에 처한다. 도서관을 지키는 사람들에게 가장 어려운 일은 어떤 책을 소장할 것인지 선택하는 것이 아니라 어떤 책을 폐기할지 선택하는 일일지도 모른다.

이 어려운 일을 해결하기 위해, 어떤 도서관에서는 '이 끝부터 저 끝까지' 무조건 다 버리기도 한다. 그런 책들이 시장에 유통되는 것을 막기 위해 'discard(폐기)', 'disposal(처분)', 심지어는 'waste(쓰레기)'라는 도장을 찍는다. 그러나 어떤 책은 의도적으로 폐기 처리된다. 20세기 초 미국의 도서관과 고서점들을 휩쓸고 다녔던 책 도둑

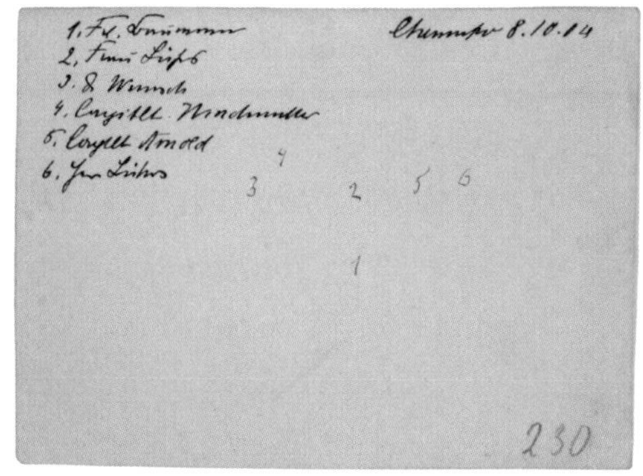

분쉬가 쓴
《동아시아의 의사 Arzt in Ostasien**》**
(1971, 독일) 속의 사진

하합사진관은 일본인이 경영한 우리나라 최초의 사진관 중의 하나인 모양인데 그 기록을 찾기가 쉽지 않다. 사진의 뒷면에는 등장인물의 이름이 깨알같이 적혀 있다.

들은 희귀본들을 훔쳐 도서관의 인장을 지워 팔았다. 그 전문적인 도둑들이 훔친 책들이 어마어마했는데, 도둑들의 솜씨가 좋아서가 아니라 그 당시 도서관들이 워낙 허술해서였다. 도둑들은 책을 집어서 '그냥' 나왔다. 그런 지경이었다. 그러니 100년 된 어떤 책이 우리에게 어떤 과정을 거쳐 어떻게 왔는지는 누구도 알 수 없는 일이다.

예를 들어 이런 책은 어떤가. 독일인 리하르트 분쉬는 1901년에 조선에 들어와 약 4년 가까이 왕실 시의侍醫(궁중에서 임금과 왕족의 진료를 맡은 의사) 겸 고종의 주치의로 일했다. 그는 책을 쓰지는 않았지만 자주 독일의 가족과 지인들에게 편지를 썼고, 이걸 훗날 그의 딸이 책으로 묶었다. 1971년에 출간이 되었으니 분쉬가 조선을 떠나고 근 65년 만의 일이다. 독일에서 조용히 출간된 탓에 그런 책이 있다는 것이 우리나라에 알려지는 데만도 수년이 걸렸다. 어떻든, 그 책은 우리에게 왔다.

1971년 출판본이니 고서라고 할 수는 없는 이 책에, 어쩐 일인지, 고서보다 더 귀한 자료가 끼어 있다. 1904년 10월 8일에 분쉬가 조선에서 찍은 사진이다.

이 사진은 어떻게 해서 책과 함께 팔렸을까. 이 사진이 귀한 사진인 것은 1904년의 사진이어서만이 아니다. 그 사진을 담고 있는 봉투 때문이기도 하다. 어사진御寫眞은 임금의 사진을 뜻한다. 하합사진관은 일본인이 경영한 우리나라 최초의 사진관 중 하나인 모양인데 그 기록을 찾기가 쉽지 않을 정도로 알려진 게 거의 없는 곳이다. 그 사진관에서 임금님께 보내는 사진 봉투에 분쉬의 사진이 든 채로, 1971년에 출판된 분쉬의 책이 우리에게로 온 것이다.

그 여정에는 어떤 얘기가 담겨 있을까. 분쉬가 친필로 사진 뒷면에 써놓은, 인물들의 번호 하나하나, 그 번호에 붙은 이름 하나하나를 쫓아가며 이야기를 읽어보는 것만큼이나 그 사진이 어사진 봉투 속에 들어가 우리에게 오기까지의 시간이, 이야기가 궁금해진다.

보는 것만으로도 황홀한 책

크랜의 《조선의 꽃들과 민담》

Florence Crane, 《Flowers and Folk-lore from Far Korea》(1931, 영어)

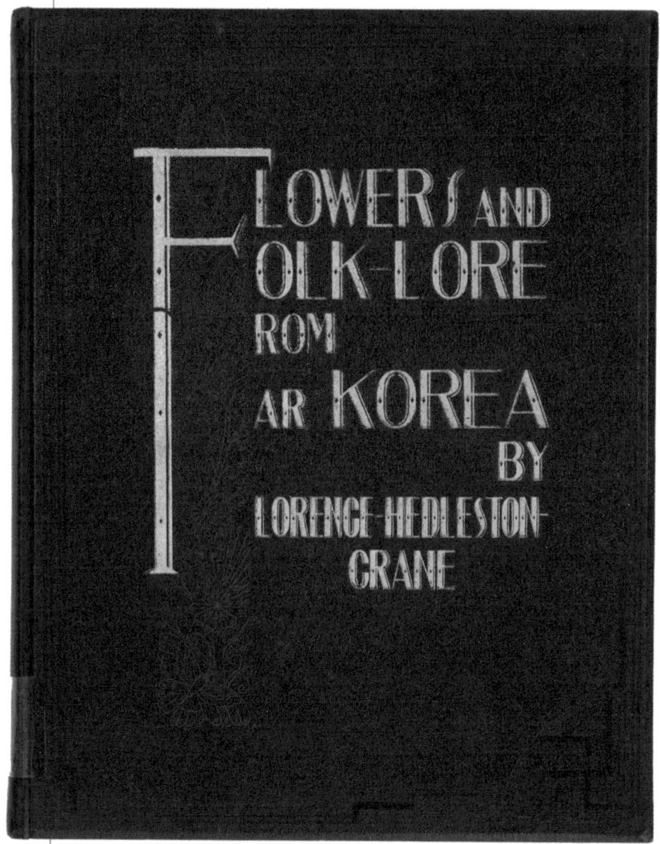

이 책에 크랜은 46종의 꽃과 나무 그림을
실었는데, 자신이 그린 조선의 꽃
148종 중에서 선별한 것이다.

100년 전, 조선의 남쪽 해안가, 들판을 걷는 여자가 있다. 바람이 불어 바닷가에서는 갈대가 흔들리고, 들판에서는 억새가 흔들린다. 바람과 풀들이 울음소리를 내는 동안, 그녀의 몸속에서도 비슷한 소리가 들린다. 슬픔과 그리움의 소리. 플로렌스 크랜은 어린 두 자식을 낯선 나라, 낯선 도시, 순천의 들판에 묻었다.

아이들의 묘지를 찾아가는 길, 슬픔은 어떤 것으로도 위로되지 않는데, 어쩌자고 들판에 핀 야생화는 저렇게 아름다운지. 무심히 꽃잎을 흩날리는 패랭이, 온몸을 털어 소리내는 억새, 묘지 옆에 고개 숙인 제비꽃, 가지를 흔드는 벚나무, 눈 덮인 묘지에 붉은 잎을 떨구는 동백…. 자식이 죽어도 때마다 철마다 아름다운 것은 기어코 아름다운가, 크랜은 묻고 또 물었을지 모른다.

크랜은 1913년에 장로교 목사인 남편과 함께 조선에 왔다. 선교지역은 순천이었다. 크랜은 대학에서 식물학을 전공했고 동시에 재능 있는 화가였다. 그러나 그녀가 조선의 꽃을 남김없이 그리겠다고 작정한 가장 큰 이유는 이 땅에 묻을 수밖에 없었던 어린 자식들에

91
5
103
132
1
2
3
4

《조선의 꽃들과 민담》 면지의 그림

가로 34센티미터, 세로 25센티미터의 큰 책의 페이지마다
꽃 그림들로 가득 찼다. 저자 크랜은 이 책에 46종의 꽃과 나무 그림을
실었다. 이런 책은 읽는 게 아니라 보는 것이다.

대한 그리움 때문이었을지 모른다. 어린 아기를 땅에 묻는 것은 씨앗을 심는 일 같았을 터. 그 땅에서 언젠가 꽃이 피리라 믿었을 것이고, 지난 100년, 크랜의 믿음처럼 꽃은 피고 지고, 또 피고 지었을 것이다.

꽃과 함께 그녀가 쓰고 그린 책도 남았다. 《조선의 꽃들과 민담》. 이 책에 크랜은 46종의 꽃과 나무 그림을 실었는데, 그녀가 그린 조선의 꽃 148종 중에서 선별한 것이다. 월별로 대표되는 야생화와 나무의 그림을 골라 싣고, 그와 관련한 조선의 민담을 소개했다.

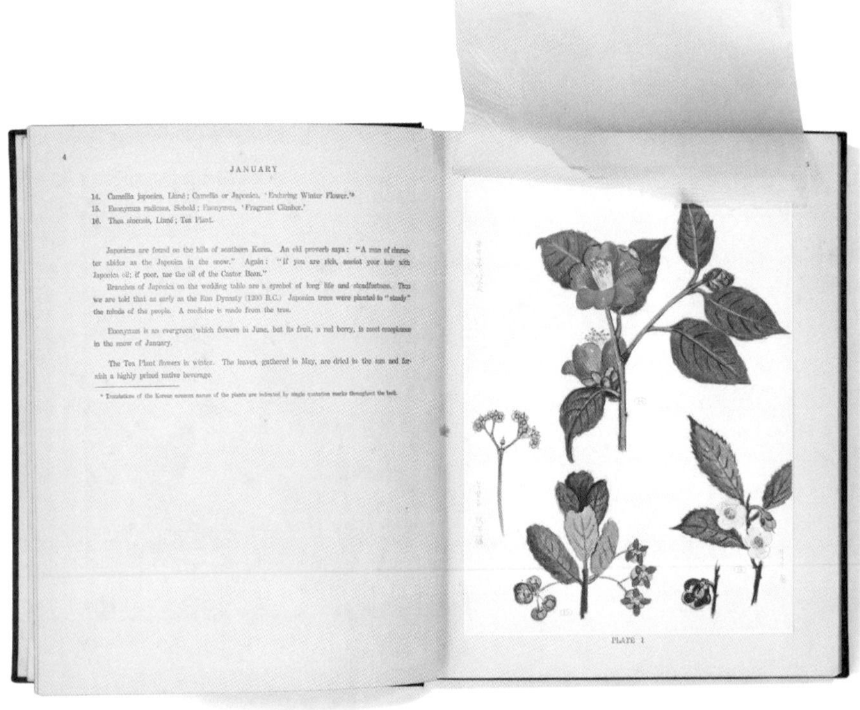

4

JANUARY

14. Camellia japonica, Linné; Camellia or Japonica. 'Enduring Winter Flower.'*
15. Euonymus radicans, Siebold; Euonymus, 'Fragrant Climber.'
16. Thea sinensis, Linné; Tea Plant.

Japonicas are found on the hills of southern Korea. An old proverb says: "A man of character abides as the Japonica in the snow." Again: "If you are rich, anoint your hair with Japonica oil; if poor, use the oil of the Castor Bean."

Branches of Japonica on the wedding table are a symbol of long life and steadfastness. Thus we are told that as early as the Kun Dynasty (1200 B.C.) Japonica trees were planted to "steady" the minds of the people. A medicine is made from the tree.

Euonymus is an evergreen which flowers in June, but its fruit, a red berry, is most conspicuous in the snow of January.

The Tea Plant flowers in winter. The leaves, gathered in May, are dried in the sun and furnish a highly prized native beverage.

* Translations of the Korean common names of the plants are indicated by single quotation marks throughout the book.

PLATE I

동백나무와 부방등 그리고 차나무
《조선의 꽃들과 민담》에 실린 1월의 식물.

이 책은 보는 것만으로도 그저 행복해지는 책이다. 펼치는 순간부터 눈이 황홀하다. 가로 34센티미터, 세로 25센티미터나 되는 큰 책의 페이지마다 꽃그림들이 한 송이로 가득 피어 있다. 책 속에 가득 핀 꽃. 이런 책은 읽는 게 아니라 보는 것이다.

그래서 적어도 이 책에 대해서만은 구구절절 설명하는 대신 여러분들 앞에 말없이 내밀어 보이고 싶지만 그렇게 할 수 없는 것이 아쉽다. 아쉬운 대로 책의 몇 장을 소개해본다.

1월을 보자. 1월의 꽃은 동백나무와 부방등 그리고 차나무. 동백

90

NOVEMBER

145. Diospyros Kaki, Linné; Korean Persimmon.

The Korean Persimmon is large and luscious, the choice fruit of Korea. It is eaten both fresh and dried. Found about Seoul, it abounds in the southern part of the Peninsula. The flower is not prepossessing, and always blooms 'downward,' but since the fruit is very fine, the sage says: "Dont be high-minded but humble, and, like the Persimmon, yours will be a beautiful life."

To the dried Persimmon is also attributed medicinal qualities.

PLATE XLIV

《조선의 꽃들과 민담》에 실린
11월의 식물, 감나무.

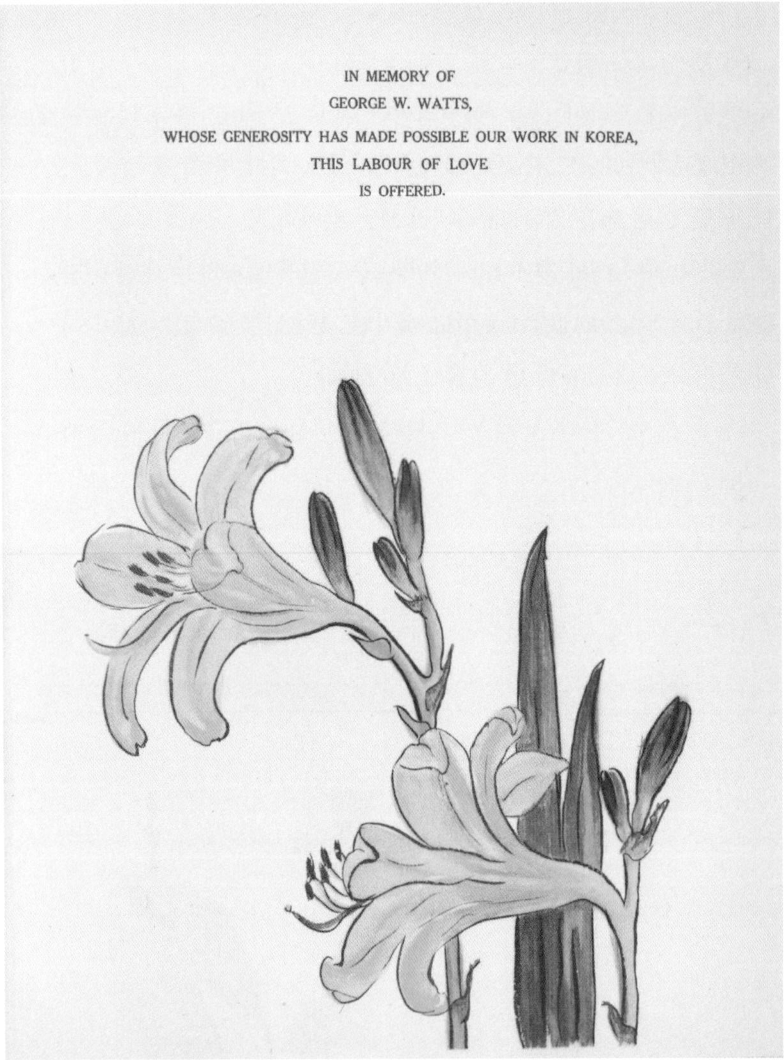

IN MEMORY OF
GEORGE W. WATTS,
WHOSE GENEROSITY HAS MADE POSSIBLE OUR WORK IN KOREA,
THIS LABOUR OF LOVE
IS OFFERED.

《조선의 꽃들과 민담》에 실린 원추리

꽃에는 이런 설명이 붙어 있다.

> 동백꽃은 한국 남부 지방의 언덕에서 자란다. 옛 속담에 "점잖은 사람은 눈 속의 동백꽃처럼 인내한다"는 말이 있다. "부자는 머리에 동백기름을 바르고, 가난한 사람은 콩기름을 바른다"는 말도 있다. 혼례상 위에 동백가지를 올려놓기도 하는데, 이것은 무병장수를 빌고 굳은 절개를 다짐한다는 의미이다.

혼례상에 동백나무 가지를 올린다고? 검색해보니 남쪽 지방의 풍습이었던 모양이다. 대개는 사철나무나 송죽 등을 올렸다. 절개를 약속하는 의미였기 때문에 남쪽의 일부 지방에서는 동백나무를 '부부나무'라고 불렀다는 내용도 보인다. 크랜은 1913년부터 이 책이 출판된 1931년까지 줄곧 순천에서 살았다. 책의 서문 역시 순천에서 썼다.

1913년의 순천은 어떤 곳이었을까. 지금처럼, 아니 지금보다 더 아름다웠을 것이다. 순천만의 갈대밭은 100년 전에도 넘실대듯이 아름다웠을 터인데, 그걸 바라보기만 하는 사람이 있는가 하면 그걸 그림으로 남기는 사람이 있다. 갈대밭만 남긴 게 아니라 그 갈대밭을 둘러싼, 순천의 모든 것을 그림으로 남겼다. 조선의 모든 옷(아마도 순천의 모든 옷), 조선 사람들의 모든 생활 풍습(아마도 순천 사람들의 모든 풍습), 그리고 순천의 꽃. 그중에서 우리에게 남은 것은 꽃 그림이다. 다른 그림들과는 달리 다행히 책으로 남았기 때문이다.

이 책은 얼마나 아름다운지, 출판된 그해의 크리스마스 선물용으로 불티가 나게 팔렸다고 한다. 그랬을 법하다. 나라도 그랬을 것이

《린네 학회 저널 식물학 23호》
(1886~1888, 영어)

THE

JOURNAL

OF

THE LINNEAN SOCIETY.

BOTANY.

VOL. XXIII.

LONDON:
SOLD AT THE SOCIETY'S APARTMENTS, BURLINGTON HOUSE,
AND BY
LONGMANS, GREEN, AND CO.,
AND
WILLIAMS AND NORGATE.
1886–88.

다. 개인이 아껴 소장하는 책은 시장에 잘 나오지 않는다. 그래서 크랜의 책 초판본은 더할 나위 없이 귀한 책이 되었다. 1969년에 한국의 가든클럽이라는 단체에서 1,000부를 한정판으로 원본 그대로 인쇄했다. 그림을 포근히 감싸고 있는 미농지까지 그대로 재현했다. 그나마 다행인 일이다.

이 책은 2000년대 초반에 번역·출간되었는데, 번역본을 권하기가 망설여진다. 원작과 번역본의 판형이 달라지면서 원서의 아름다움이 절대적으로 감소해버렸기 때문이다.

✣ ✣ ✣

크랜의 책과는 다른 자리에 있는 식물 관련 책도 있다.《린네학회 저널, 식물학The Journal of Linnean Society, Botany》은 자연사학에서 독보적인 위치를 가지고 있다. 다윈이 회원이었던 것으로도 유명한 런던의 린네학회에서 발행하는 식물열람표이다. 그중 23편에서 동아시아 지역을 다루었는데, 제목이 다음과 같다.《중국 본토, 대만, 하이난섬, 조선, 류큐 제도, 홍콩의 모든 식물과 그 분포 및 이명표 Enumeration of All the Plants Known from China proper, Formosa, Hainan, the Corea, The Luchu Archipago》. 1886년부터 1888년까지 수집된 식물 목록인데, 여기에도 동백이 나온다. 크랜이 그렸던 그 동백 말이다. 동백의 학명은 카멜리아 자포니카Camellia japonica. 조선의 포트 해밀턴에 서식한다는 설명이 붙어 있다. 포트 해밀턴은 거문도이다. 영국이 1885년에 거문도를 점령했을 당시, 자신들의 해군성 차관 이름을 따라 제멋대로 명명했던 이름이다. 그래서 동백은 포트 해밀턴에 서식하는 '사포니카'가 되었다. 짐작하다시피 '자포니카'는 일본을 뜻하는 라틴어식 표현이다.

✣ ✣ ✣

우리나라와 직접적인 상관이 있는 책은 아니지만 식물과 관련된 책 속 그림의 역사를 살펴볼 수 있는《2천 년 식물 탐구의 역사》라는 책이 있다. 식물의 역사가 아니라 식물을 탐구한 사람들의 역사, 그리고 그들이 남긴 기록과 책의 역사에 관한 책이다. 저자 애너 파보르드는 700페이지가 넘는 두툼한 양장본의 책에 식물에 대한 탐구가 시작된 이래로 남겨진 식물 그림들을 아낌없이 실었다. 양피지 필사본에 그린 그림들은 압도적으로 아름답다. 그러나 저자가 이 그림들을 책에 실은 이유는 책을 아름답게 만들기 위해서만은 아니다.

글자로 전달되는 식물은 얼마나 정확할 수 있는가. 또 얼마나 심한 오해를 남기는가. 식물 관련 서적에 그림을 삽입하는 것에 대해 최초로 언급을 한 사람은 플리니우스로 알려져 있다. 그는 삽화가 식물에 대한 이해를 높이는 동시에 여러 심각한 오해를 남길 수도 있다고 경고했다. 식물은 끝없이 성장하는데 화가가 그 식물과 만나는 시간은 한순간이기 때문이다. 끝없이 변화하는 찰나의 한순간들. 그리고 그 한순간, 그리는 사람의 시선이 갖는 왜곡, 착시, 과장 어쩌면 감동과 감상까지 얹어져 그림 속의 꽃들은 종이 위에서 피어나는 꽃이 된다.

조선의 야생화, 조선의 식물이 조선 사람이 아닌 저자의 눈에 포착된 순간 역시 마찬가지였을 것이다. 꽃은 그대로 꽃이었겠으나 그

꽃을 바라보는 시선의 거리, 시간의 거리는 달랐을 터. 그리하여 전해지는 이야기도 달라지게 되었을 터.

크랜의 책이 담고 있는 것은 식물의 이야기만은 아니다. 겉으로 말하거나, 속으로만 속삭이거나, 식물의 이야기와 동시에 저자의 이야기도 남는다. 크랜이 순천의 갈대밭 근처를 걸어가던 그 찰나의 순간들, 자기보다 먼저 세상을 뜬 아이들의 무덤을 향해가던 길에서 겹겹이 쌓여갔던 그 찰나의 순간들이 우리에게는 한 권의 아름다운 책이 되어 남았다.

애정으로 포착해낸 표정

키스의 《오래된 조선》

Elisabeth Keith, 《Old Korea》(1946, 영어)

밀러의 《계피나무 정원에서 온 풀잎》

Lillian May Miller, 《Grass Blades from a Cinnamon Garden》(1927, 영어)

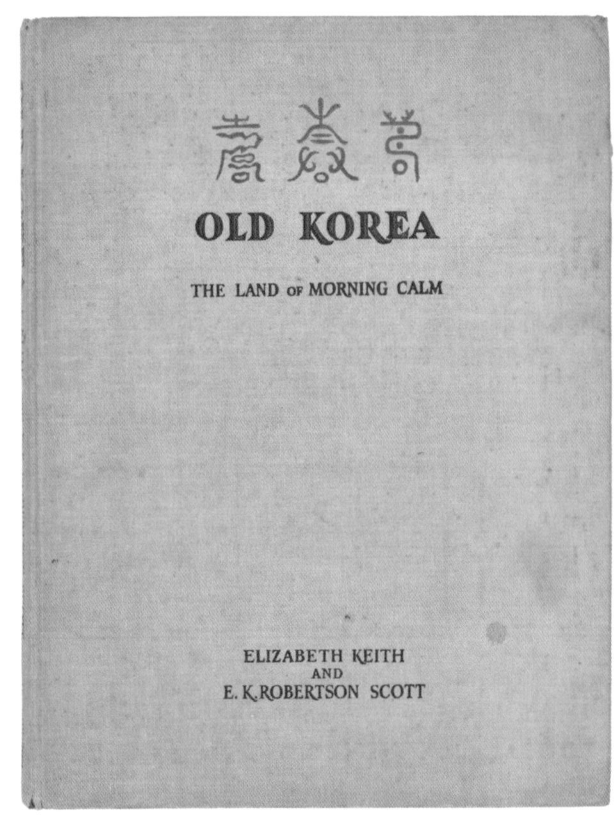

키스의
《오래된 조선》

키스의
《동양의 창Eastern Windows》
(1828, 영어)

밀러의《계피나무
정원에서 온 풀잎》

키스의 《오래된 조선》에 실린
〈두 명의 유학자Two Scholars〉

TWO SCHOLARS

While we sat chatting with the two boys, enjoying a cup of tea, the mother arrived. She was a tall, slim, graceful woman with a sweet expressive face. She welcomed us warmly. Koreans are open-hearted and even demonstrative in their efforts to show goodwill. While we talked through the boys with our hostess, the old gentleman left by an outer stone staircase leading from this upper room. Soon we saw him in the garden gathering a huge bunch of roses and peonies, and when he returned he presented lovely flowers to each visitor.

At last we took our leave, our host and his daughter-in-law accompanying us to the outer gate and waving us good-bye until we were out of their sight.

So much for the externals of our visit. There was no exchange of thought. The feeling of the place was tragic and melancholy. The Viscount was obviously living under restraint. To such a man who had been used to a life of activity, the present regime means stagnation. Every word these people speak, every person they see, every book, every paper they read, even every penny they spend has to be accounted for to an alien, and often an ignorant, official. They may not entertain a guest without being interrogated. They may not choose a site in their country where they may build. They are shackled, blighted. It is not life ; it is stagnation.

See preceding colour plate

Two Scholars

THEY were quite unconscious of the interesting picture they made in the squalid street. I caught sight of them while passing on my way to a sitter and begged my kind counsellor and friend, Dr. Gale, to come with me next day to call on these old gentlemen and ask if they would consent to be sketched—and here was the problem—by a foreigner, and a female at that !

As they listened to the Doctor's explanation and the object of our visit dawned on them, they were greatly amused. The talk was rather long, for, as ever in the East, it takes some time to come to a point.

As I sketched, they did forget me and became lost in their classic tale. I hope when I get back to Korea such delightful figures will not all have gone.

Chapt

I AM liste
like a g
forbidde
No f
The prog
been given t
of the Indepe
teers, some of
Three knew
and somethin
(Tai-Wha-Kw
where they h

C

키스의 《동양의 창》에 실린
〈장례식에서 돌아오는 길Returning from the Funeral〉

며칠 전에는 어느 일꾼의 초상화를 마무리하다가 이런 일이 있었어요. 그 사람은 아주 참을성 있게 앉아 있기는 했지만 좀 지루해하는 것 같더라고요. 그래서 매컬리 양에게 그 사람이 피곤한지 물어봐달라고 했죠. 그러자 그 사람 말이 "아니, 피곤하지 않소. 그런데 저 여자는 내 앞에서 대체 무얼 하고 있는 거요?" 하더래요.[20]

100년 전 조선에 머물고 있던 어느 영국 화가가 지인에게 보낸 편지글 중의 일부다. 엘리자베스 키스가 바로 그 사람. 그녀는 지금 조선의 노동자를 그리고 있는 중이다. 우리말을 할 줄 아는 '매컬리 양'을 통해 허락을 구하기는 했으나 매컬리 양의 우리말 솜씨가 별로여서였는지, 아니면 자기를 그리겠다며 가만히 있어 달라는 말이 무슨 말인지를 이해하지 못했던 것인지, 그 일꾼은 한나절이나 꼼짝없이 앉아 있다가 마침내 묻는 것이다.

"그런데 저 여자 뭐하는 거요?"

조선의 어느 도시, 어느 거리에서 벌어졌던 이 소소한 풍경을 글 그대로 좇아 상상하다 보면, 은근히 웃음이 나는 것을 어쩌지 못하겠다. 서로를 마주 보고 있는 이 두 사람. 조선의 늙은 남자 하나와 서양의 젊은 여자 하나. 한 사람은 그리고 있고 한 사람은 그려지고 있지만, 실은 둘 다 동시에 탐색 중이다. 특히나 조선 남자 쪽의 탐색이 더 맹렬했을 것 같다. 가만히 있으라 했으니 가만히 있기는 하지만, 대체 저 서양 여자는 무슨 짓을 하고 있는가, 궁리에 궁리를 거듭하는 조선 남자. 위에서 말한 일꾼의 초상화는 아니지만, 그런 눈빛이 고스란히 살아 있는 그림이 바로 〈두 명의 유학자〉이다.

벌써 짐작했겠지만, 이 책은 앞서 소개한 크랜의 책처럼 그림으로 압도하는 책이다. 글보다 먼저 그림이 보이는 책. 글에 곁들인 삽화가 아니라 그림에 곁들인 이야기가 있는 책들.

엘리자베스 키스가 우리나라에 처음 온 것은 1919년이다. 그저 여행 삼아 왔다. 그러나 화가인 그녀에게 '그저 여행'인 것은 있을 수 없는 일. 그리기 시작했고, 그리면서 애정이 생기기 시작했다.

이때까지 수없이 많은 서구 사람들이 조선의 이야기를 쓰고, 사진과 그림을 실어 조선의 풍경을 알렸다. 이즈음에 이르면 필름으로 찍힌 조선 사람과 풍경도 보인다. 그러나 그들 모두가 키스와는 다르다. 키스가 절묘하게 포착해낸 우리나라 사람들의 표정을 보면 키스의 특별함이 보인다. 그때까지 수많은 그림들에 등장했던 서양적인 동양인 얼굴이 그녀의 그림에서는 더는 보이지 않는다. 조선 사람은 그냥 조선 사람일 뿐이다. 그냥 조선 사람인데, 살아 있는 조선 사람이다. 불쌍하고, 게으르고, 지친 사람들이 아니라 자신들의 삶을 살아가고 있는, 생동하는, 보통의 사람들.

키스는 조선에 관한 책을 두 권 냈는데, 하나는 1928년에 출판된 《동양의 창: 일본, 홋카이도, 조선, 중국 그리고 필리핀 여행에 대한 한 예술가의 기록Eastern Windows: An Artist's Notes of Travel in Japan, Hokkaido, Korea, China and the Philippines》 그리고 또 하나는 1946년에 간행된 《오래된 조선: 고요한 아침의 나라Old Korea: The Land of Morning Calm》이다. 둘 다 화집의 성격이 강하지만 《오래된 조선》이 우리나라에 대해 보다 설명적이다. 《동양의 창》은 다르다. 1928년에 출간된 이 책은 조선뿐만 아니라 그녀가 방문한 다른 여러 나라들의 그림을 같이 싣고 있는데, 그 그림에 대한 설명을 편지글로 대신하고 있어서 정겨움을 더한다.

게다가, 이 편지글들, 무척 재미있다. 키스라는 이분, 그림만 잘 그리는 게 아니라 사람을 웃기는 재주도 있으셨다. 사람을 웃기는 데에는 여러 방법이 있을 터인데, 가장 훌륭한 방법은 따듯함이다. 비틀든 살짝 비꼬든 우스갯거리로 만들든, 그 바탕이 따듯함일 때 그것은 농담이 된다. 조롱과 농담은 한 끗 차이가 아니다. 그래서 농담이 귀하다. 아래는 키스가 한 노선비를 그리던 때의 일화다. 그녀는 한동안 원산에서 머물며 이 이름 모를 노선비를 그렸다.

> 몇 번이고 머리를 숙여 인사를 나눈 후, 그가 정중히 내뱉은 첫 질문은 "저 여자는 나이가 몇이오?"였고, 그다음 질문은 "결혼은 하시었소?"였답니다. 내 대답과 관계없이 노선비는 "저 여자는 이러저러한 사람과 같은 것이로군" 하며 고전에 등장하는 여인의 이름을 거론하고, "맹자 때는 말이오" 하는 식으로 그간의 학식을 드러냈어요. 자신의 지식을 증명하기 위해 그는 창밖을 향해 "여봐라,

밀러의 〈금강산 폭포Rainbow Pheonix Waterfall〉

여봐라!" 하고 사람을 불렀지요. 이내 사내아이가 나타나자 그는 뭐라고 지시를 했어요. 그러자 사내아이는 오래된 명주 보자기를 들고 들어와 조심스럽게 풀어놓았죠. 노선비는 그 속에 싸여 있던 책을 점잖게 내 앞에 펼쳐놓고는 손톱이 길게 자란 손가락으로 조금 전 자신이 인용한 단락을 따라가며, 옛 중국의 어느 유명한 여자와 내가 닮았다는 걸 증명이라도 하듯 확신에 찬 음성으로 읽어 내려갔어요.

키스는 이 허세로 가득 찬 노선비를 비난하는 대신 농담으로 감싸 안는다.

약속에 늦은 통역사가 진득하게 기다려주지 않은 탓에 저도 그날은 혼자였어요. 우리는 만나서 둘 다 고개를 깊이 숙여 인사를 했죠. 노선비가 한껏 격식을 갖춘 한국식 인사말을 건넸는데 나는 한마디도 못 알아들었어요. 하는 수 없이 저는 영어로 "안녕하세요, 할아버지. 아름답기도 하셔라. 이렇게 그림 같은 분은 처음 봐요" 하고는 머리를 숙여 인사를 하는 내내 혼자 지껄여댔어요. "아이고, 사랑스럽기도 하시지! 어떻게 이보다 더 멋있을 수가 있겠어요!"

마지막으로 그림을 그리러 간 날 아침, 노선비는 손자들을 가리키며 "왜 저 여자는 늘 나만 그리려 하는고?" 하더군요. 그래서 제가 통역더러 "선비님이 워낙 잘생겨서 그렇다고 전해주세요"라고 했죠. 그랬더니 그는 어린아이처럼 좋아하며 웃었어요.

이 노선비 이외에도 키스는 많은 사람을 그렸는데, 그중에서도 길거리에서 우연히 만난 보통 사람들의 모습을 그리는 것을 좋아했다.

장기 두는 모습을 연출해줄 나이 든 모델 두 사람을 드디어 구했어요. 그런데 이 두 노인은 노선비와 얼마나 다른지 몰라요! 특히 장기를 이기고 있던 쪽은 영 협조를 않더군요. "제발 내가 스케치하는 동안에는 움직이지 말라고, 특히 두루마기 자락 좀 가만두라고 말해줘요" 하고 통역에게 말했지요. 그랬더니 그 노인은 허허 웃으며 양손으로 두루마기를 잡고는 옷자락을 홱 잡아챘다 다시 내던지더군요. 제 상상이긴 하지만 마치 "옜다, 이 여자야" 하는 것 같았어요.

키스는 우리나라에서 전시회도 열었다. 1921년과 1934년, 두 차례였다. 1921년에 열렸던 첫 번째 전시회는 우리나라 역사상 세 번째로 열린 서양화 전시회로 기록되었다. 그녀보다 앞섰던 두 번째의 전시회가 그 유명한 나혜석의 전시회였다. 키스의 전시회는 서양 사람의 전시회로서는 최초였다. 그 전시회에 왔던 한 조선인이 그녀에게 감사편지를 보냈다.

저도 그림을 그립니다. 그중에는 우리나라의 아름다운 소녀들을 그린 그림도 있습니다. 그 소녀들 앞에 서면 어떤 때는 저 자신을 잊기도 하고, 또 어떤 때는 사랑하는 감정에 북받쳐 뺨을 타고 눈물이 흐르기도 하지요. 소녀들의 얼굴은 너무나 아름답습니다.

동해 연안에 가본 적이 있으신가요? 아직이라면 한번 가보시길

권해드립니다. 태평양과 다르게 깊고 푸른 동해에는 짙은 보랏빛 봉우리가 우뚝 서 있고, 봉우리 아래에는 눈같이 하얀 파도가 몰아치지요. 밭에서는 어여쁜 소녀들이 깔깔대며 즐거이 일하고, 바닷가에서는 등이 넓은 어부들이 큰 소리로 노래를 부르며 배를 몬답니다. 다음 전시회 때 꼭 연락 주시길, 간곡히 부탁드리며… 안녕히 계십시오.

화가들의 글쓰기는 흥미롭지 않을 수 없다. 그들은 그림을 그리듯이 글을 쓴다. 그래서 동시에 시인이 된다. 어찌 안 그럴 수가 있겠는가.

릴리언 메이 밀러가 그렇다. 화가이며 시인인 그녀는 엘리자베스 키스 그리고 버사 럼과 함께 우리나라를 그렸던 1920년대의 대표적인 서양 여성 화가 중 한 사람으로 손꼽힌다. 밀러와 키스는 서로를 의지하는 관계인 동시에 경쟁 관계이기도 했다. 그림으로도 그랬지만 조선을 누가 더 '애정'하느냐에 있어서도 그랬던 것 같다. 키스가 우연히 조선을 알게 되고 조선을 사랑하게 된 것과는 달리 밀러에게는 보다 근본적인 이유가 있었다. 그녀의 아버지가 조선 주재 미 총영사였다.

밀러는 조선 미술전람회에 작품을 출품하기도 했다. 그중 〈조선식정朝鮮式亭〉이라는 작품이 입선에 올랐다. 서양인이 조선을 그려 조선미술전람회에서 입상하는 신기한 일은 그 전에도 없고 그 후에도 없었다.

밀러는 그림을 전시하면서 그림에 대한 설명 대신, 그 그림에 관한 글을 덧붙였다. 아래는 〈다홍색 신발The Scarlet Slipper〉이라는 작

〈**작은 녹색문**By the Little Green Gate, Korea〉

〈**다홍색 신발**The Scarlet Slipper〉

품에 붙은 글이다.

작은 한국 소녀 두 명이 구불구불한 골목을 따라 빠르게 나를 지나쳐 달려갔다. 깨끗한 흰색 저고리와 알록달록한 예쁜 치마를 입고 있는 걸 보면 잔치에 가는 것이 틀림없었다. 그리고 남자아이는 자기가 가지고 있는 것 중에 가장 좋은 하얀 바지와 멋진 저고리를 입고 있었다. '세 아이 모두 기분이 좋아 보이네'라고 혼자 생각했다. 바로 그때 내 바로 옆에 있던 작은 소녀가 미끄러지면서 화려한 장식이 박힌 조그만 붉은색 구두가 벗겨졌다. "아이쿠, 아이쿠" 하고 그 소녀는 화를 냈다. "신발을 떨어뜨렸어요. 언니, 잠깐만 기다려요." 누이가 서두르던 발걸음을 늦추었고, 작은 신발을 다시 신었다. 셋은 함께 즐겁게 뛰어갔다. 아마도 그들의 이야기의 끝은 잔치에 도착해서 함께 맛있는 떡을 잔뜩 먹으며 즐거운 시간을 보내는 것일 테다. 하지만 나의 이야기의 끝은 그 아이들이 계속해서 예술가의 마음을 괴롭힌다는 것이다…. 그 소녀들의 밝은 치마와 벗겨진 작은 붉은색 신발이 거리 한가운데에 놓여 있었다. 그래서 나는 그 모습을 종이에 옮겨 당신도 즐길 수 있도록 했다.[21]

그런가 하면 〈작은 녹색문By the Little Green Gate, Korea〉이라는 그림에는 이런 글이 붙었다.

내 이름은 '작은 꽃'이고, 아버지에게 가장 예쁨받는 아이다. 내게는 오빠들이 많이 있기 때문에 다른 집의 여자애들과는 달리 딸이라고 해서 환영받지 못하는 일은 없었다. 부모님은 나를 '작은

밀러의 〈장죽을 문 노인The Three-Foot Bamboo Pipe〉

밀러의 〈골짜기 위에 서 있는 성벽Palace Walls that Crown the Vale〉

쥐'나 번호로 부르는 대신 내게 예쁜 이름을 지어주셨다.

밀러는 조선의 고시조를 번역하여 출간한 캐나다의 시인 조앤 그릭스비의 책에 삽화를 실었고, 본인 스스로도 시집을 냈다. 조선의 아름다움을 읊은 시들이 그 시집에 실렸다.《시나몬 정원에서 온 풀잎》이라는 제목의 책에는 밀러의 유명한 작품인 〈장죽을 문 노인〉이 실려 있다. 또한 키스와 밀러는 금강산 그림도 남겼는데 그중 밀러의 그림이 몹시 인상적이다.

키스나 밀러 이전에도 조선을 그린 사람들이 있다. 개항 전에는 조선 연안을 찾아왔던 탐사대들이 그들의 항해기에 조선의 풍경과 조선 사람을 그림으로 남겼다. 병인양요 때 강화를 침공했던 프랑스 함대의 종군 화가였던 앙리 쥐베르도 생생한 그림을 남겼다. 개항 후에는 본격적으로 그림들이 그려진다. 영국 화가 헨리 새비지 랜더는 그의 책《조선, 고요한 아침의 나라Chosun, the Land of Morning Calm》에 1890년 이전의 조선을 그려 실었다. 스코틀랜드 화가 콘스탄스 테일러는 1894년부터 7년이나 조선에 머물며 조선의 그림을 그리고, 그걸 1904년에 출판한《한국인의 일상: 스코틀랜드 여성의 눈에 비친 인상Koreans at Home: the Impressions of a Scotswoman》에 실었다.

키스, 그리고 메이와 동시대에 활동했던 화가들 중에는 폴 자쿨레 그리고 버사 럼도 있다.

가장 비싼 책의 조건

지볼트의 《일본》

Philipp Franz von Siebold, 《Nippon》(1832~1851, 독일어)

지볼트의 《일본》 독일어판(1897)

책의 가치를 책값으로 환산할 수는 없다. 당연한 말이다. 그러나 이 당연한 말을 조금 부연하기로 하자. 예컨대 명화의 가치를 그림값으로 환산할 수 없다고 말한다면 그것은 말 그대로이다. 그럼에도 귀한 그림은, 또는 귀하다고 추정되는 그림은 고가에 팔린다. 비싸게 팔리는 이유로는 여러 가지가 있겠으나 누구나가 동의하는 바로는 그것이 좋은 그림이고, 또 훌륭한 화가의 그림이어서이다. 또한 좋은 그림이고 훌륭한 화가의 그림임과 동시에 이 세상에 오직 단 하나뿐인 작품일 때 그렇다. 그러므로 그림의 가치는 단 하나의 가치, 유일한 것의 가치이기도 하다.

책은 다르다. 귀한 책은 단 한 권의 책이 아니다. 조금 바꿔서 이야기하면 좋은 책도 단 한 권의 책이 아니다. 어떤 책이든 단 한 권만 출판하기 위해 쓰는 책은 없다. 좋은 책일수록 더욱 그러하다. 필사든, 인쇄든, 책은 그 소용이 닿는 한 무한히 재생산된다. 좋은 책일수록, 읽히는 책일수록 그렇다. 많이 읽히는 책일수록 많이 찍고, 많이 찍으니 많이 남겨지고, 당연히 그 희소성은 떨어진다. 고서로서

지볼트의 《일본》에 삽입된 한국인의 모습

des Rindviehes ist jedoch durch ein Gesetz, welches für jeden Ort eine bestimmte Anzahl Schlachtvieh festsetzt, beschränkt. Die Lebensweise der Koreaner ist einfach, wie sie es überhaupt, die Üppigkeit der Grofsen und Reichen ausgenommen, bei den Chinesen und Japanern zu sein pflegt. Reismus oder Gerstengrütze, etwas Gemüse, Fisch, Wild oder Fleisch und eine gesalzene Zuspeise vollenden das Mittagsmahl im bürgerlichen Leben dieser Völker. Die Zubereitung der Speisen bei den Koreanern ist, wie die Japaner angeben, von der ihrigen verschieden; sie fanden indessen die koreanische Kost schmackhaft. — Der Kunstfleifs scheint mir bei diesem Volke im Vergleiche mit seinen Nachbarn, den Chinesen und Japanern, noch weit zurück zu sein. Die Holzarbeiten sind bei weitem nicht so vollendet; Irden- und Porzellanwaren sind auffallend roh bearbeitet und die Eisenwaren, vor allen die Säbel und andere Schneidegerätschaften von wenig Wert; übrigens trifft man sehr schön gewirkte Seidenzeuge, feine Flechtarbeiten von Pferdehaar, dauerhaften Kattun und vortreffliches Schreib- und Wachspapier an.

Fig. 46. Ein koreanischer Kaufmann.

Der Handel beschränkt sich, die unbedeutenden Geschäfte mit Japan und China ausgenommen, nur auf den inländischen Austausch der eigenen Produkte, welche im Innern durch Lasttiere, Pferde, Ochsen, auf Flüssen und an den Küsten durch eine lebhafte Schiffahrt bethätigt wird. Der inländische Handel mag übrigens bedeutend sein; die grofse Bevölkerung, besonders im südlichen Teile der Halbinsel, und die ansehnlichen Staatseinkünfte unterstützen diese Annahme. Zwar ist es uns noch nicht gelungen, eine zuverlässige Angabe der Bevölkerung zu erhalten; sie mag jedoch verhältnismäfsig gleich grofs der von China und Japan sein. In einem Lande, das in frühesten Zeiten schon seinem Nachbarlande Nippon häufig Kolonisten sandte und nun seit zwei Jahrhunderten ungestörten Frieden unter einem gesunden Klima geniefst, läfst sich eine starke Bevölkerung annehmen. Die Einkünfte von Korea werden auf 400 Mankoku oder 4000000 Koban, nach unserm Gelde etwa 48 Millionen Gulden, angegeben.

Die Münzen sind von Kupfer, seltener von Eisen und mit einer Öffnung in der Mitte zum Anreihen; Gold- und Silberbarren dienen dem Gewichte nach als Geld.

21*

Ein fürchterlicher Krieg, welchen der japanische Eroberer Taiko Hidejosi in den Jahren 1592—1598 in Korea geführt, hatte einen grofsen Teil dieses Landes verheert und ihm nichts als die traurige Aussicht einer gänzlichen Unterjochung gelassen, als in Japan selbst ein Bürgerkrieg ausbrach, den die gastfreundlich im Lande aufgenommenen Europäer entflammt hatten. Die bald darauf eintretende Christenverfolgung in Japan, die zu einem Religionskriege wurde, war den koreanischen Staatsmännern nicht unbekannt geblieben, und was für eine Vorstellung mufste man sich nicht von Europäern machen, welche, so wenig an Zahl, das mächtige Nachbarreich so tief zu erschüttern vermochten? Was konnte man anders als abgeschreckt werden vor einem Verkehre mit fremden eroberungssüchtigen Nationen, da man soeben Gefahr gelaufen hatte, von einem Volke unterjocht zu werden, mit dem man seit frühester Zeit befreundet war und dem man seine erste Kultur, seinen Gottesdienst, ich sage nicht zu viel, einen grofsen Teil seiner Bevölkerung gegeben hatte! Klingt da die Losung: die Ausländer aus dem Lande gehalten! zu hart und gehen die Vorsichtsmafsregeln bei einem halbcivilisierten Volke zu weit, wenn es die Aufnahme europäischer Fremdlinge verweigert und wenn solche dennoch aus Absicht oder Zufall an seine Küsten geraten, sie nicht gerade vernichtet, aber doch so unschädlich als möglich zu machen sucht?

Fig. 47. Der Koreaner Hosa-tsiém.

So hielt man im Jahre 1627 drei Matrosen, welche von der Jacht «Ouwerkerk» ans Land gekommen waren, um Wasser und Lebensmittel zu holen, zurück. Zwei derselben blieben als Kriegsleute im Dienste des Königs von Korea gegen die Tataren und einer, Jan Janszoon Weltevree, wurde Dolmetscher. Er schien sich am Hofe viel Vertrauen erworben zu haben und als Greis ein glücklicher Familienvater geworden zu sein. War dieses Los für Glücksucher damaliger Zeit so hart, um vor den koreanischen Gesetzen zurückzuschrecken? — Das Schiff «de Sperwer» scheiterte 1653 an den Küsten von Korea. Hammel und 35 seiner Gefährten, die sich aus dem Schiffbruche gerettet, wurden als Fremde aufgegriffen und unter strenger Verwahrung nach der Residenz gebracht, wo sie erfuhren, dafs ein Reichsgesetz ihnen die Rückkehr in ihr Land versagte. Sie wurden als Leibjäger des Königs angestellt und waren so, einige Beschränkungen abgerechnet, freie Söldlinge; es stand jetzt bei ihnen, ihr Los zu verbessern. Doch wie benahmen sich diese Leute? Danach zu urteilen, was sie selbst ruhmvoll von sich erzählen, war ihr Betragen nicht derart, um selbst in einem europäischen Staate mit mehr Nachsicht behandelt zu werden, als man in Korea that, nachdem sie die Rollen der Überläufer, Verräter

의 가치가 떨어진다는 뜻이다.

필립 프란츠 폰 지볼트의 책《일본》에 대한 이야기를 책값으로 먼저 시작하는 이유가 있다. 현재 고서 시장에 나와 있는 이 책의 가격이 흥미로워서이다. 고서점 에이브북스에 올라와 있는 이 책의 7권 전질 가격이 약 6만 5,000파운드, 한화로 따지면 약 1억 원가량. 초판본의 초판이 아닌데도 그렇다.

비싼 고서 중에는 그 가치를 매길 수 없는 것들이 많다. 가장 오래된 고서로 알려진《에트루스칸 골드 북Etruscan Gold Book》같은 경우는 오죽하면 정말로 금으로 만들어졌다. 그렇지 않고 종이로 만들어진 책들, 보다 책다운 책들도 마찬가지다. 15세기에 인쇄된 성경들, 셰익스피어의 초판본, 흔히 최초의 인쇄본으로 거론되는 구텐베르크의 42행 성서… 그런 책들은 가격으로도 그 가치를 증명한다. 그러나 위의 책, 지볼트의《일본》은 그렇게 오래된 책이 아니다. 초판본은 1832년부터 1851년에 걸쳐 암스테르담에서 출판되었다. 에이브북스에서 판매하고 있는 위의 책은 1930년 베를린에서 출판된 세 번째 판본의 초판이다. 그러니까 고작 100년 전의 책. 아니, 100년도 안 된 책. 이렇게 말하다 보니 죄송하다. 100년 전의 책을 고작이라고 말하다니.

아무튼 이 책의 가격은 왜 이렇게 비싼가. 책의 거래가가 높다는 것은 그만큼 희소가치가 인정된다는 뜻. 그리고 그 말은 불행히도 이 책의 초판본이 거의 남아 있지 않다는 사실을 의미하고, 다시 말하면 출판 당시 이 책을 그리 많이 찍지 않았다는 뜻이기도 하다.

좋은 책을 반드시 많이 찍는 것도, 또 그런 책이 반드시 많이 팔리는 것도 아니라는, 당연하고도 진부한 말을 여기서 굳이 할 필요는 없겠다. 같은 의미로, 역사적으로 의미 있는 책이 반드시 환영받는 것은 아니고 오래 남는 것도 아니다. 지볼트의 《일본》이 그러하다. 이 책은 출판 당시 그 중요도만큼 대중적으로 인기를 얻지는 못했다. 대신 세월이 흐른 후에는 그 역사적 가치와 함께 도서의 가치도 상승했다. 책의 또 다른 운명이다.

✣✣✣

우리가 흔히 지볼트의 《일본》이라고 부르는 책의 원제는 《일본, 일본과 그 이웃 나라 및 보호국-남부 쿠릴 열도의 에조[22], 사할린, 조선, 류큐 열도의 기록집Nippon Archiv zur Beschreibung von Japan und dessen neben- und Schutzländern Jezo mit den Südlichen Kurilen, Sachalin, Korea und den Liukiu-Inseln》이다. '일본'이 원제목이고 그다음부터가 부제목인 게 아니다. 그 전체가 제목이다.

물론 내용의 길이로 따지면 일본에 관한 부분이 압도적이기는 하다. 지볼트는 6년 동안 일본에서 머물며 조국인 네덜란드의 전폭적인 지원 아래 일본에 관한 연구 조사를 했다. 그러면서 동시에 주변국에 대한 탐구에도 열정을 쏟았다. 일본 연구를 하다가 곁다리로 끼어온 정보를 부록처럼 얹어놓은 게 아니라는 뜻이다.

《일본》은 20권이나 되는 엄청난 분량의 책이다. 제7권에 나오는 조선 부분도 결코 만만한 분량과 깊이가 아니다. 무엇보다 흥미로운 것은 지볼트가 서적이나 자료를 통해서만 조선을 공부한 게 아니라는 사실이다. 그는 조선 사람을 만났고, 조선 사람에게 물었고, 조선 사람에게 배웠다. 1820년대에 어떻게?

먼저 데지마 얘기를 하지 않을 수 없다. 1636년에 에도 막부의 쇄국정책의 일환으로 나가사키에 건설한 인공섬이 데지마이다. 네덜란드 사람들이 그곳에 상관商館을 설치하고 일본과 독점적인 무역을 이어갔다. 지볼트는 이곳에 파견된 네덜란드의 의사이자 과학자였다.

이 인공섬이 얼마나 작은 크기인지는 깜짝 놀랄 지경이다. 집 몇 채, 창고 몇 채 지어놓은 곳에서 출입이 통제된 채로 1년에 두 번씩 오는 배를 기다리며 네덜란드 사람 겨우 열다섯 명 정도가 함께 살았다. 금지된 것이 많았다. 외부 출입은 물론이고 일본말을 배우는 것도 금지되었고, 기생을 제외한 사적인 그 어떤 교류도 금지되었고, 승인받지 못한 그 어떤 것의 소유도 금지되었다. 포교도 마찬가지였다.

이 시기에는 외국인들이 표류해오면 상륙한 곳이 어디든 인공섬이 있는 나가사키로 보냈다. 우리에게는 하멜의 경우가 대표적이다. 하멜은 조선을 탈출한 후 일본 열도의 서단에 있는 고토섬에 이르렀으나, 그 후 나가사키로 보내졌고 데지마에서 1년 넘게 머물렀다.

조선인들 역시 표류해 오면 어디에 상륙하든 나가사키로 보내졌다. 네덜란드 사람이 아니니 데지마는 아니다. 그러나 조선 표류민들의 거처가 데지마에서 도보로 겨우 10분 거리에 있었다. 표류민들은 송환 결정을 받을 때까지 몇 개월을 거기에서 머물렀다. 그리고 의사인 지볼트에게는 데지마 바깥으로 출입할 수 있는 특별 허가증이 있었다. 그래서 지볼트는 이 조선인들을 만나러 갔다. 그것도 거의 매일 갔다.

갓 쓴 상인은 의기소침하고 향수병에 걸린 것 같았다.

상인은 명랑하고 현실 인식이 뚜렷하였다.

학자 선생은 몽골 타입으로 골격과 차림새는 다소 비천해 보였다.

지볼트가 기록한 조선 표류민들의 모습이다. 갓 쓴 상인이 누군지는 알려지지 않았지만 명랑한 상인은 허사첨이고 옷차림이 다소 비천한 학자 선생은 김치윤이라는 전라도 강진 사람이다. 지볼트는 조선 사람들의 거주지부터 우선 묘사했다.

조선 표류민의 집은 초라했지만 음식은 고급이었고, 시내를 자유롭게 통행하면서 일본인의 집도 방문하였다.

이런 묘사가 왜 필요했을까. 데지마의 좁은 땅에 갇혀 죄수처럼 살아가고 있는 자신들보다 외려 '재들'이 더 나아 보인다는 것이다. 그래서인가, 표류민들은, 아주 넉넉한 마음으로 지볼트를 환대했다. 한글을 가르쳐주고, 조선이 어떤 나라인지를 가르쳐주었다. 서슴없이 자신들의 초상화를 그릴 수 있게 허락도 해주었다. 대화는 필담으로 이어졌는데, 어떤 날은 '온종일' 그 대화가 이어졌다. 조선으로의 송환 결정이 나자 김치윤과 허사첨은 지볼트에게 작별의 시를 지어주기도 했다.

하늘과 땅 사이에 바다가 큰데
나라가 몇 곳이나 있는지 누가 알 수 있으랴
평생 아란타에 대해 들어보지 못했으나
오늘 서로 만나니 뜻이 통해 서로 느긋하도다[23]

조선의 노래도 가르쳐줬다.

세상의 얄문거시 거모밧기 다시업네
제멋듸 줄날내야 만경그물 마자녹고
곳보고 웃난 나븨를 잡으랴고
(세상에 얄미운 것이 거미밖에 다시 없네
제 몸속에서 줄을 내어 만경그물 펼쳐놓고
꽃보고 웃는 나비를 잡으려고 하네)

조선 표류민들은 노래를 좋아했던 것 같다. 한가한 시간에는 흔히 노래를 불렀단다. 많은 노래 중 어째서 이 노래를 골라 가르쳤는지는 모를 일이다. 어쨌거나 이 노래로 인해 나가사키에서 만난 유럽인과 조선인이 보내는 친밀한 한때가 그림처럼 떠오르게 된다.

✣ ✣ ✣

지볼트는 문제적인 인물이다. 데지마라는 작은 인공섬의 여건상, 의사와 과학자가 따로따로 파견될 수 없었다. 그래서 지볼트는 혼자서 수많은 역할을 해야 했다. 의사 업무는 기본이었고, 식물학, 동물학, 민족학까지 감당했다. 일본에 서양 의술을 전파했고, 의학교를 세웠고, 일본의 역사와 풍습, 언어와 종교 등에 관한 자료를 모아 그의 기념비적인 저작이 될 책《일본》을 준비했다. 그러는 동안 광범위하게 수집한 표본과 민속품 들을 유럽으로 보냈다. 그 결과 그의 이름을 딴 식물 학명이 아주 많이 생겨났다.

우리나라의 소나무 역시 그에게 빚을 졌다. 아니면 그로 인해 욕을 당했다. 우리나라 소나무의 학명은 피누스 덴시플로라 시볼드 엣 주카리니Pinus densiflora Siebold et Zuccarini인 바, 명명자 자리에 지볼트의 이름이 들어가 있다. 이 소나무는 일본에서는 '아카마쓰赤松'라고 부른다. 영어로는 '재패니즈 레드 파인Japanese red pine'. 그래서 우리나라 소나무가 영어로는 일본 적송. 이 이름을 '코리언 레드 파인Korean red pine', 즉 한국 적송으로 바로잡은 것은 2015년의 일이니 200년 가까이나 우리나라 소나무는 욕을 당한 셈이다. 지볼트가 의도한 일은 아닐 터이다. 산수국Hydrangea serrata Siebold & Zucc, 매실나무Prunus mume Siebold & Zucc, 대나무Phyllostachys bambusoides Siebold & Zucc, 노간주나무Juniperus rigida Siebold & Zucc, 청가시덩굴Siebold Greenbrier, 기타 등등 수없이 많은 식물들의 학명과 이름에 '지볼트'라는 단어가 붙었다.

지볼트는 자신의 이름 외에도 많은 것을 전했다. 마디풀 같은 경우는 유럽으로 전파된 후 토종 식물들을 잠식해버렸다. 한편 자바에서는 그로 인해 차가 전파되었다. 지볼트는 문익점의 목화씨처럼 비밀리에 차 씨앗을 반출했고, 차는 자바에 이르자마자 섬 전체를 휩쓸었다. 그가 반출하려고 했던 것 중에 가장 위험한 물건은 지도였다. 일본 국법에 의해 지도의 반출은 엄격히 금지되어 있었다. 그러나 그는 평소 친분이 있던 일본인 천문학자에게서 지도를 구했고, 이것이 발각되어 추방 명령을 받았다. 이른바 '지볼트 사건'이다. 지볼트는 반역죄로 추방 명령을 받는 걸로 그쳤지만 그에게 지도를 건네준 일본인은 끝내 목숨을 잃었다.

1830년, 지볼트는 결국 일본을 떠난다. 불행히도 그의 일본인 아내와 딸은 같이 떠날 수 없었다. 역시 국법 때문이었다. 일본인은 물론이거니와 일본인의 피를 받은 사람도 일본을 떠날 수 없다는. 일본의 쇄국정책이 끝나는 1859년에야 지볼트는 다시 돌아오게 되는데, 근 30년 만에 만난 딸은 서구 의술을 배워 일본 최초의 산부인과 여의사가 되어 있었다. 믿거나 말거나 하는 이야기를 좋아하는 분들을 위해 덧붙이자면, 이 딸이 일본의 유명 애니메이션 〈은하철도 999〉의 메텔의 모델이라나, 뭐라나. 키가 그렇게 훌쩍 컸던가. 모르겠다.

아무튼, 중요한 것은, 지볼트의 유산이 그가 없는 곳에서도 번성하고 있었다는 것일 터인데, 그것이 자손에 관한 이야기만은 아니다. 그의 업적이 이곳저곳에 남았다. 물론 우리에게도.

낭만과 절망을 담은 지도

미국성서공회의 《선교 안내 목록》

American Bible Society, 《Missionary Directory》(1908, 영어)

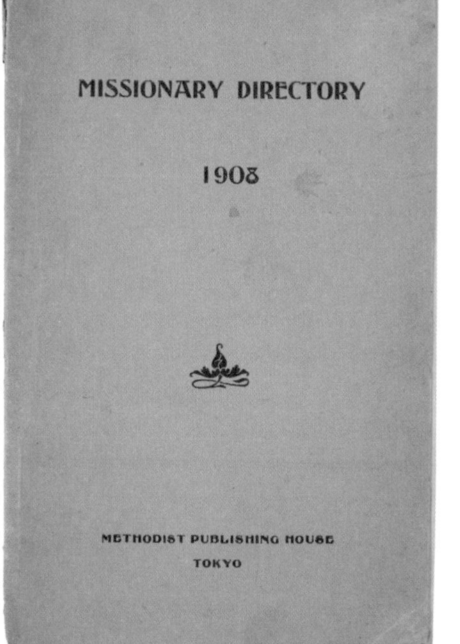

'조선 서울을 찾는 방문객을 위한 정보'라는 이름의 이 지도는 제목 그대로 1908년의 서울을 안내한다.

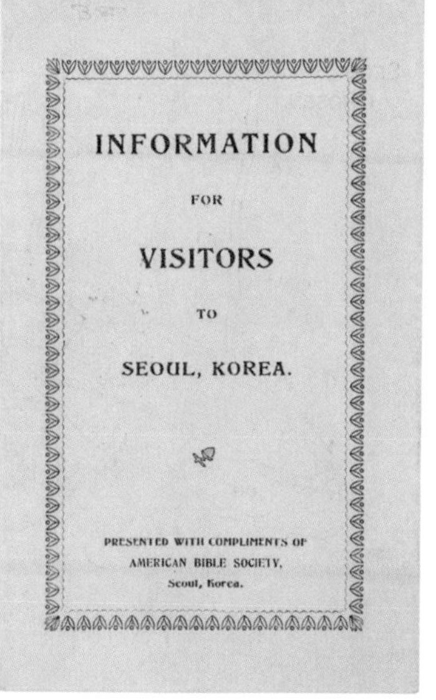

Map No.		Mission	Constituency	No. of Schools	No. of Pupils
81	German St. Benedict Mission	—	—	—	—
34	Orthodox Greek Church ...	—	—	—	—
51	Roman Catholic Cathedral .	—	—	—	—
10	„ „ Church ...	—	—	—	—

JAPANESE

Map No.		Mission	Constituency	No. of Schools	No. of Pupils
45	Japanese Congregational Church		150	—	—
43	„ English „		—	—	—
47	„ Methodist „		125	—	—
53	„ Presbyterian „		160	—	—

ENGLISH

Map No.		Mission	Constituency	No. of Schools	No. of Pupils
38	English Church		—	—	—
68a	Union Church, Y.M.C.A. Building		—	—	—

CHINESE

Map No.		Mission	Constituency	No. of Schools	No. of Pupils
42a	Chinese Church		—	—	—

HIGHER SCHOOLS

Map No.		Mission	No. of Pupils
40	Ewha Hak Tang, Girls' School...........	M.E.	222
42	Paichai Hak Tang, Boys' School	„	146
6	Methodist Union Theological School ...		90
6a	Pierson Memorial Union Bible School...		30
29	Char Kol, Girls' School	M.E.S.	113
83	Wells Memorial Boys' School	P.	168
85	Girls' Grammar School	„	82
87a	Women's Bible Training School	M.E.	—
16	Severance Hospital Medical College ...	P.	—
67	Korean Y.M.C.A.		
	Day School..............................		186
	Night School		70
	Free Night School........................		235

HOSPITALS

Map No.		Mission	
16	Severance Hospital	P.	—
87	Harris Memorial, Women's Hospital ...	M.E.	—
82	Government Hospital	—	—

SEOUL, CHOSEN.

《선교 안내 목록》에 함께 들어 있는 서울의 지도

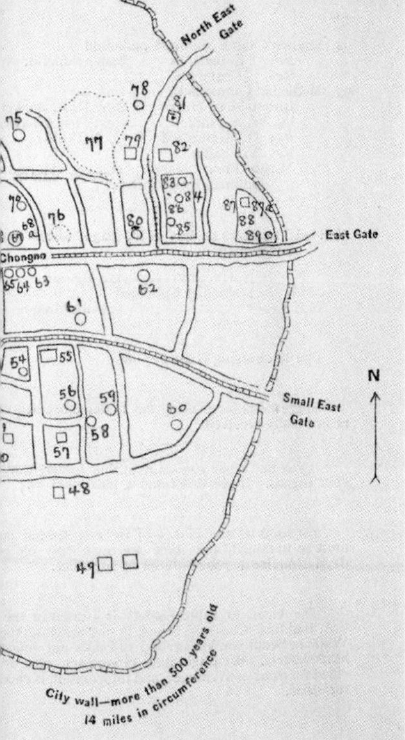

Map No.	SOCIETIES
67	Y.M.C.A., Korean
59	„ Japanese
68	American Bible Society, Y.M.C.A. Building
64	British and Foreign Bible Society
63	Korean Religious Tract Society

BANKS

52	Bank of Chosen
48	Dai Ichi Ginko

RAILWAY STATIONS

13	South Gate Station
20	West Gate Station

HOTELS

90	Sontag Hotel
91	Astor House
53a	Railway Hotel (to be completed)

CONSULATES GENERAL

35	American
36	British
51	Chinese
9	French
24	German
33	Russian

OTHER PLACES OF INTEREST

49	Residency General
50	Central Post Office
65	Great Bell, Third largest in the world
76	Pagoda Park
79	Museum, Zoological and Botanical Gardens
58	Commercial Museum
55	Oriental Development Company
77	Chang Duk Palace
71	Kyung Pok Palace
39	Tuck Su Palace
54	Japanese Book Store, A.B.S.

낯선 곳을 찾아가기 위해서는 지도가 필요하듯 책을 찾아가고 또 이야기를 찾아가기 위해 필요한 지도도 있다. 그것을 이야기의 지도라고 해두자. 책과 이야기가 지나가는 자리들, 또 지나가다가 서로 만나는 자리들이 이 지도에 그려진다.

《선교 안내 목록》이라는, 미국성서공회가 발행한 간략한 책자 속 한 지도가 있다. 말 그대로 지도. 그러나 지도라기에는 너무 간략한, 말하자면 약도 같은 것. 너무나 사소해서 아무도 눈여겨볼 것 같지 않은데, 누군가의 마음을 건드려버리는 지도. '조선 서울을 찾는 방문객을 위한 정보Information for Visitors to Seoul, Korea'라는 이름의 이 지도는 제목 그대로 1908년의 서울을 안내한다.

선교 목적의 지도인 만큼 당연히 교회가 그려져 있다. 교회의 위치, 선교사들의 집 위치, 또 그와 관계된 기관들의 위치가 표시되어 있다. 교회는 믿음으로만 움직이는 게 아니라 돈으로도 움직이니 은행도 그려져 있고, 그 은행을 찾아가는 길도 표시되었다. 다리와 전찻길과 전차가 멈추는 정거장과 그 정거장 옆으로 흐르는 개천도.

그 모든 것을 둘러싼 성곽과 한가운데의 궁궐과 그 도시의 중심으로 향하는 문과 길도. 이 실용적인 지도는 서울을 처음 방문한 외국인들에게 당장 필요한 모든 것을 제공한다. 단순하면서 실용적이고, 실용적이면서 풍부하다.

그리고 나는 이 단순함에 매료된다. 초등학생이 동네를 그려놓은 것처럼 쓱쓱 그려진 지도. 100년도 더 된 그 지도가 내 눈에는 마치 이야기 속 보물 지도처럼 보인다. 땅을 파보기 전에는 무엇이 묻혀 있는지 알 수 없는 '보물 지도.' 이 지도에는 아마도 보물 대신 그보다 더 값진 세월을 묻어놓았을 것이다. 그래서 나는 이 지도에 붙어 있는 번호들을 하나씩 짚어가며 그곳에 묻혀 있는 것들을 파보기로 한다.

1번은 애오개다. 여기는 감리교 교구로 분류되어 있다. 2번은 성결교회 토머스 신부의 집이다. 그는 누구일까? 어떤 사람이었을까. 그는 강경에 성결교회를 세운 선교사이다. 삼일운동 당시 일본 무뢰배들에게 이유 불문 폭행을 당해 스물아홉 군데나 골절이 되는 부상을 입었다. 강경 성결교회는 그 보상금으로 세워졌다. 그런데 1908년까지는 애오개 근처에서 살았던 모양이다.

그리고 3번은 영국 복음주의 교구이고, 4번은 미스 패시와 진 페리 그리고 피어트의 거주지이다. 이들은 오스트레일리아에서 온 여성 선교사들이었다. 부산에서 고아들을 돌봤고, 부산·경남 지역 최초의 여학교인 부산진일신여학교를 세웠다. 나중에는 서울에서 '불우아동을 위한 집Home for Destitute Children'을 설립했다. 바로 이곳이 4번에 표기된 곳이다.

이 목록에는 지도뿐만 아니라 교회 관련 주요 인사들의 명단도 첨부되어 있다. J. E. 아담스부터 시작해서 T. H. 윤까지. J. E. 아담스는 대구 계명대학교의 설립자 에드워드 아담스, 한국명 안두화의 부친이다. 아담스 가족은 아버지와 아들딸, 두 세대를 거쳐 조선 선교에 일생을 바쳤다. 그럼 이 목록의 마지막인 T. H. 윤은?

뜻밖에도, 윤치호이다. 유창한 영어로 서구인들에게 잘 알려져 있던 윤치호는 문제적 인물이다. 격변하는 시기의 지식인들이 맞닥뜨려야 했던 새로운 세계, 새로운 사상의 어지러움을 윤치호처럼 잘 보여주는 인물은 없다. 그는 흔들리다 무너졌다. 본인은 무너지는 줄도 모르고 무너졌고, 나중에는 무너지는 줄 알면서도 기꺼이 무너졌다.

이 소책자에 적힌 송도의 프로페서, T. H. 윤을 곧바로 윤치호라고 알아볼 수 있는 것은 아니다. T. H. 윤이 누구인지를 알기 위해서는 이런저런 자료를 더 찾아보아야 한다. 말하자면 이 목록은 툭 던져놓고, 더는 아무것도 말해주지 않는 책이다. 그래서 이야기가 시작되는 책이기도 하다. 윤치호에 대해서도 그렇다. 나는 언젠가 그에 대해 긴 이야기를 할 수 있을까. 그러고 싶다는 생각을 한다. 그러나 여기에서 할 이야기는 아니다.

다시 지도를 들여다보자. 서울 한복판에 '53a'가 있다. 레일웨이 호텔, 아직 개장 전이라는 설명이 붙어 있다. 조선호텔이다.

현재는 '웨스틴조선'이라고 불리는 이 호텔은 1914년 환구단 자리에 세워졌고, 최초의 이름은 '조선철도호텔'이었다. 조선총독부 철도국이 관할했기 때문이다. 이 시절의 철도호텔 '안내서'가 있다. 앞서 소개한 《선교 안내 목록》만큼이나 이 소책자 또한 우리들을 그 시절의 이야기로 안내한다.

모든 안내서가 그런 것처럼 매우 실용적인 이 소책자에서 가장

조선호텔에서 발행한 안내서와
그 안에 그려진 서울 지도
(1915, 영어)

KEIJYO (SEOUL)

Keijyo: (Population, approximately 300,000), now the seat of the Government-General of Chosen, was the seat of the Li Dynasty for 516 years.

In 1394, one year after the Li Dynasty was founded, Li-Seikei, the first king moved his residence to this place from Kaijyo, which was the capital during the Korai Dynasty. In the spring of 1395, the King commenced the building of the wall around the city, to erect which he collected about 200,000 workmen from all over the Kingdom, and the work was finished in the autumn of 1396. The wall is 4 miles in circumference, 6 ft. wide, and 10 to 20 ft. high, with battlements along its entire length.

The city is particularly rich in historical associations; in addition its elevation, purity of atmosphere, delightful climate, and surrounding picturesque hills and valleys combine to make the city especially attractive to tourists.

SKETCH MAP OF KEIJO.

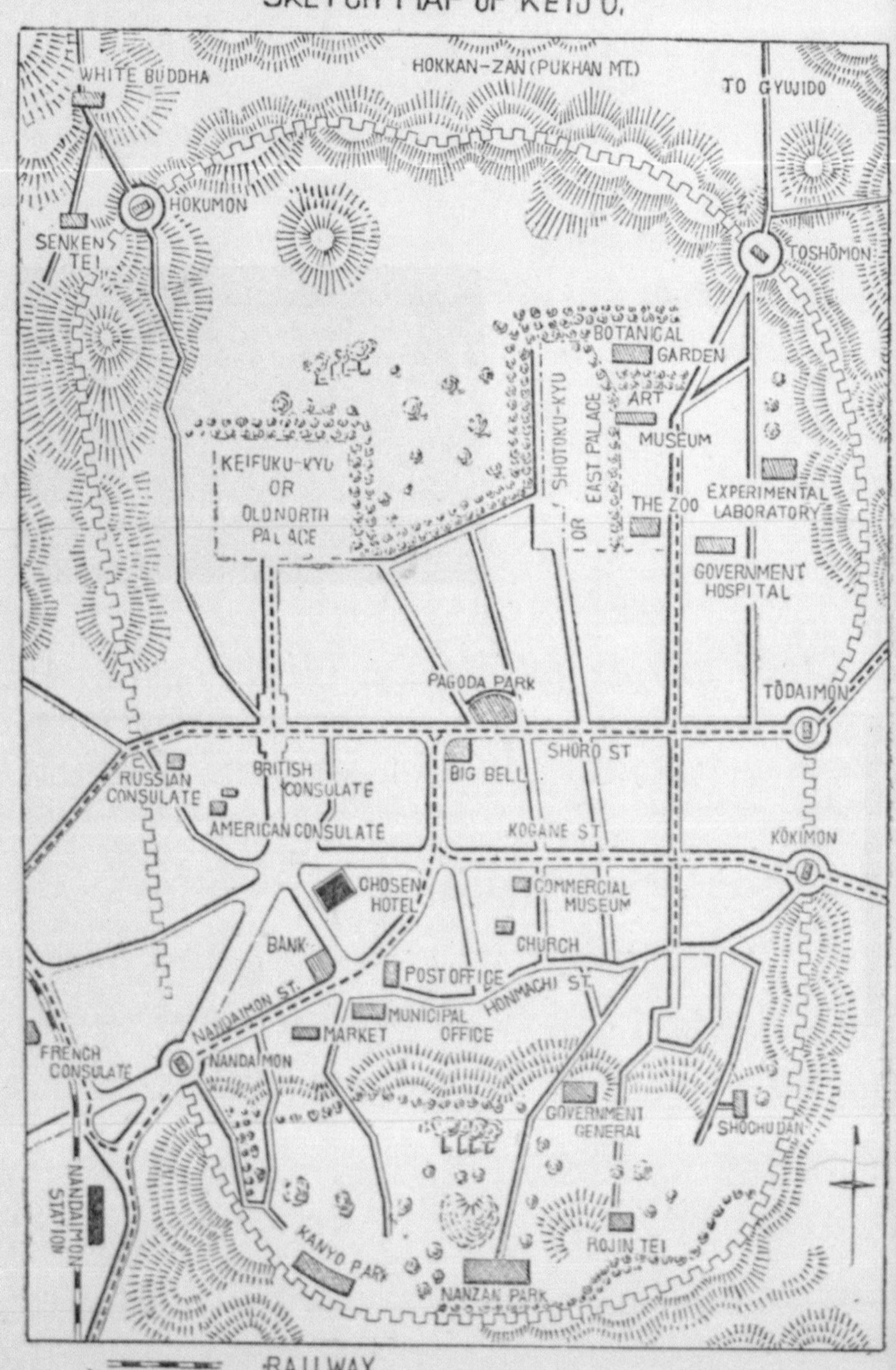
HOKKAN-ZAN (PUKHAN MT.)
WHITE BUDDHA
TO GYUJIDO
HOKUMON
SENKEN TEI
TOSHOMON
BOTANICAL GARDEN
ART MUSEUM
SHOTOKU-KYU OR EAST PALACE
KEIFUKU-KYU OR OLD NORTH PALACE
THE ZOO
EXPERIMENTAL LABORATORY
GOVERNMENT HOSPITAL
PAGODA PARK
TODAIMON
SHORO ST
BIG BELL
RUSSIAN CONSULATE
BRITISH CONSULATE
AMERICAN CONSULATE
KOGANE ST
KOKIMON
CHOSEN HOTEL
COMMERCIAL MUSEUM
CHURCH
BANK
POST OFFICE
HONMACHI ST.
NANDAIMON ST.
MUNICIPAL OFFICE
MARKET
FRENCH CONSULATE
NANDAIMON
GOVERNMENT GENERAL
SHOCHUDAN
NANDAIMON STATION
KANYO PARK
ROJIN TEI
NANZAN PARK
RAILWAY
TRAMWAY

먼저 봐야 할 것은 무엇일까. 당연히 요금이다. 숙박 요금은 방마다 다를 터이니, 식사 요금을 보자. 1921년 1월 기준, 호텔 레스토랑의 조식은 1.75엔, 중식은 2.50엔, 석식은 3.00엔이다. 1920년대에 미국 리글리 제과 스피어민트 껌 한 통의 값이 10전이었다. 100전이 1엔. 환산해보면, 조식이 껌 스물다섯 통 값이라는 뜻.

✣ ✣ ✣

이 안내서에는 또 지도가 들어 있다. 《선교 안내 목록》처럼 호텔을 중심으로 한 서울의 지도가.

이야기로 안내하는 이 지도들은 그러나 실은 낭만보다는 절망을 담은 지도들이다. 조선의 멸망이 시작된 것은 청일전쟁부터이고, 조선이 완전히 멸망하는 것은 러일전쟁으로부터 비롯된 일이다. 1908년의 조선은, 대한제국은 거의 다 망한 나라다. 그 통곡과 울분조차도 지도는 다만 동그라미와 네모로 보여줄 뿐이다.

이 시기를 지나면, 곧, 서울은 대한제국의 수도가 아니라 조선총독부가 통치하는 경성으로 표기가 될 것이다. 1921년의 조선호텔 소책자에 실린 서울의 명칭은 경성, 영어로 '게이조Keijo'다.

다즐레섬, 판링타오 그리고 찬찬타오

라페루즈의《항해기》

Jean-François de Galaup, Comte de La Pérouse,《Voyage de La Pérouse Autour du Monde》(1797, 프랑스어)

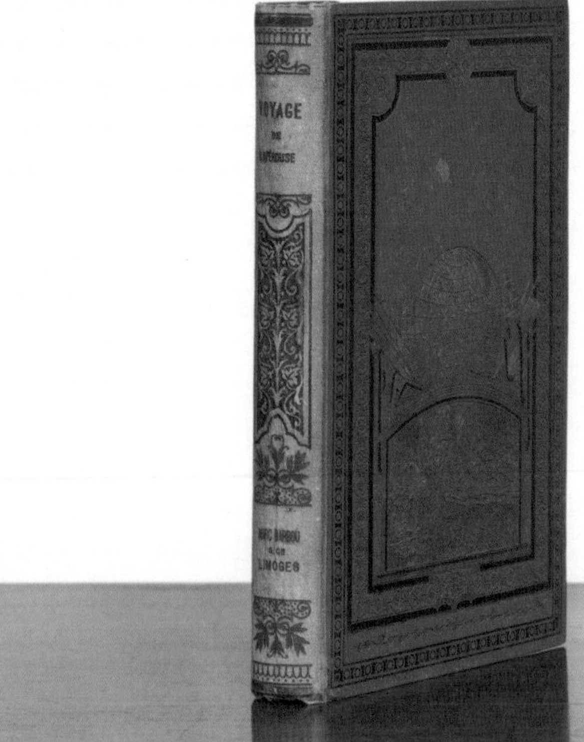

이 책은 단지 4년의 항해기가 아니다.
100년, 200년의 기록이다.
고독과 슬픔의 기록이기도 하다.

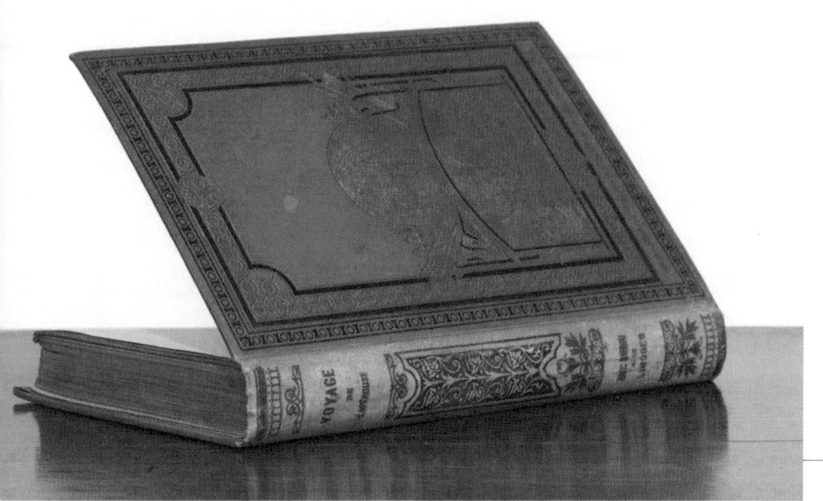

라페루즈의 《항해기》(1880, 프랑스어) 속표지

왼쪽에 라페루즈 제독의 초상화가 그려져 있다.
프랑스의 해군 제독이었던 라페루즈는 우리나라 해안을 본격 탐사하여
연안의 해도를 남긴 최초의 인물이다.

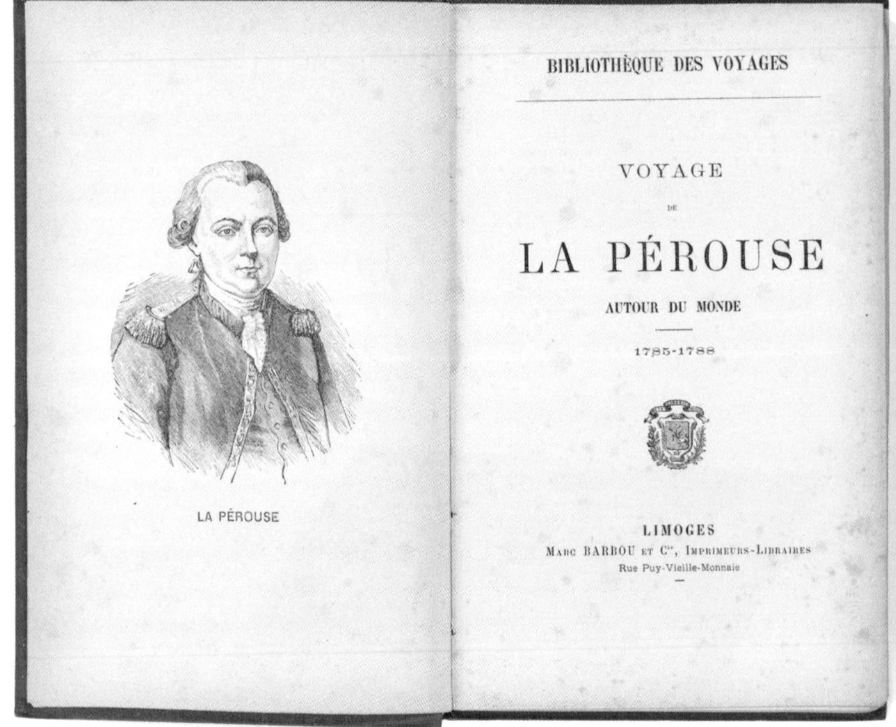
LA PÉROUSE

BIBLIOTHÈQUE DES VOYAGES

VOYAGE

DE

LA PÉROUSE

AUTOUR DU MONDE

1785-1788

LIMOGES

MARC BARBOU ET Cie, IMPRIMEURS-LIBRAIRES

Rue Puy-Vieille-Monnaie

이제 진짜 지도 이야기를 하자.

우리나라가 거의 완벽한 형태로 그려진 최초의 지도는 1737년 프랑스 왕실 지리학자였던 당빌의 《신중국지도첩Nouvel Atlas de la Chine》 안에 있는 조선왕국전도로 알려져 있다. 그전까지 우리나라는 복숭아 모양의 섬나라로 그려졌다. 둥근 복숭아, 길쭉한 복숭아, 아무튼 복숭아.

반도로 그려지기까지는 여러 종류의 오류를 거쳐야 했다. 이 오류는 단지 지리적 정보에 관한 것만은 아니었다. 서구 세계가 우리나라에 대해 갖고 있던 관심, 오해, 편견, 그 모든 것을 포함하는 문제였던 바, 우리나라 해안을 최초로 탐사했던 라페루즈는 '야만적인 원주민'이 두려운 나머지 상륙은 시도조차 하지 않았다는 것은 앞에서 이미 말한 바 있다.

이들이 탐사 도중 방문한 수많은 '신세계' 그리고 그곳 원주민들과의 만남을 생각해보면, 조선이 너무 위험해 상륙하지 않기로 했다는 그들의 결심이 어리둥절하게까지 여겨진다. 이 시기의 탐험 대원들은 흔히 목숨을 걸었고, 실제로 숱하게 잃었다. 그들의 항해기는 소설보다 더 소설적이다. 그들이 겪은 모험의 규모와 긴장감이 워낙 엄청나서이다. 굳이 문학적 상상력으로 포장하지 않아도, 그래야 할 필요가 없을 정도로, 아니 실은 문학적 상상력이 쫓아가지 못할 정도로 압도적이다.

이렇게 목숨을 걸고 하던 항해, 그런데도 기어코 피해 가야 했던 조선, 그 과정을 이해하기 위해 라페루즈의《항해기》중에서도 가장 위급했던 순간을 먼저 살펴보자.

> 소총수들에게는 지시가 있기 전까지는 발포하지 말라고 명령해두었다. 그러나 곧 발포 명령을 해야 할 것 같은 예감이 들었다. 이미 돌이 날아들고 있었고, 원주민들은 무릎까지밖에 닿지 않는 물에서 소형 범선을 에워싼 채 1투아즈[24]까지 접근해 들어왔기 때문이다. 탑승한 병사들은 원주민들을 쫓아내려고 애썼지만, 소용없었다. 만약 적대적인 행동을 개시하여 야만을 저질렀다는 비판을 받게 될까 염려하지 않았더라면, 랑글은 아마도 원주민들을 향해 총과 함포를 일제사격하도록 지시했을 것이고, 그랬다면 분명 그들을 떨쳐낼 수 있었을 것이다. 하지만 그는 유혈사태 없이 통제할 수 있으리라 기대했고, 결국 자신이 베푼 인도주의의 희생자가 되고 말았다. 얼마 후, 투석기를 이용한 것만큼이나 힘차게 매우 근거리에서 날아온 돌들이 소형 범선에 승선한 사람 대부분에게 우박처럼 쏟아졌다. 랑글로서는 소총 두 발밖에는 쏠 겨를이 없었다. 그는 넘어졌고 불행히도 주정의 좌현 쪽으로 떨어졌다. 200여 명의 원주민들은 돌과 곤봉으로 그를 가격하여 그 자리에서 학살

해버렸다. 랑글이 죽자 원주민들은 그의 팔 하나를 소형 범선의 놋좇[25]에 걸었다….[26]

태평양 사모아섬 일대 원주민의 공격으로 인해 부함장이었던 랑글과 대원들이 목숨을 잃는 장면이다. 제임스 쿡 선장이 하와이에서 살해당하는 장면과 거의 같다. 1768년부터 1779년까지 세 차례에 걸쳐 태평양을 탐사했던 제임스 쿡은 마지막 항해에서 목숨을 잃었다. 처음에는 그들을 반겼던 원주민들은 곧 그들의 존재와 의도를 의심하게 되었고, 결국 쿡을 살해한 후 뼈를 말끔히 제거하고 살덩어리로만 남겼다. 잔혹의 증거가 아니라 명예의 표시였다. 쿡이 처음 섬에 도착했을 때 그를 신으로 여겼던 원주민들은 자신들의 오해를 곧 깨닫기는 했지만, 적의 보스에 대한 예의만큼은 지켰다. 뼈를 제거하고 살을 남겨두는 것이 그 표시라고 한다.

쿡보다 6년 늦게 시작된 라페루즈의 항해는 어떤 의미에서는 쿡보다 더욱 파란만장하다. 항해를 시작한 지 4년 만에 함대 전체가 영원히 사라져버리기 때문이다. 그들이 남긴 흔적이라도 찾아보려는 시도가 그 후 이어졌다. 1, 2년이 아니라 근 200년에 걸쳐 기회가 닿을 때마다 시도되었다. 마침내 함대 모선의 잔해가 발견되는 것은 함대가 통째로 실종된 때로부터 정확히 174년 만인 1962년의 일이다. 그러므로 라페루즈의 《항해기》는 4년의 항해기가 아니다. 100년, 200년의 기록이다. 단지 항해기인 게 아니라 고독과 슬픔의 기록이기도 하다.

✣ ✣ ✣

라페루즈는 프랑스의 해군 제독이었다. 제임스 쿡의 태평양 탐사에 자극을 받은 프랑스 왕 루이 16세의 명령으로 그때까지 알려져 있지 않았던 곳들을 향해 항해를 나섰다. 아프리카 북단을 지나 대서양을 가로질러 칠레 해안을 탐사했고, 그 뒤 태평양을 횡단해 마카오에 닿았다. 마카오에서 북쪽으로 기수를 돌린 후 1787년 4월 9일, 마침내 조선의 해안에 이른다.

라페루즈는 우리나라 해안을 본격 탐사하여 연안의 해도를 남긴 최초의 인물이다. 그전까지 모든 지도들은 선행된 지도들을 바탕으로 했는데, 그 선행된 지도를 그렸던 사람도 조선에 와본 적은 없다. 〈조선왕국전도〉의 제작자 당빌은 평생 파리를 떠나본 적도 없었다. 물론 그에게는 선행하는 저본들이 있었다. 레지 신부의 〈황여전람도〉가 대표적이다. 레지 신부는 청나라에서 선교활동을 하며 강희제의 명에 의해 중국 전도를 그렸다. 거기에 조선 부분이 나온다. 레지의 〈황여전람도〉 전에는 마테오 리치의 〈곤여만국전도〉가 있었다.

레지 신부의 조선 지도는 조선의 역사와 사회에 관한 간략한 설명과 함께 뒤 알드 신부의 《중국지Description Géographique, Historique, Chronologique, Politique et Physique de l'empire de la Chine》라는 책에 실렸다. 그리고 다시 프랑스의 소설가인 아베 프레보의 《여행의 역사Histoire Générale des Voyages》에 게재되었다. 《중국지》는 중국 선교사들의 서한과 저술 등을 총 집적한 책이고, 《마농 레스코》의 작가로도 유명한 아베 프레보의 《여행의 역사》는 그때까지 출간된 모든 기행문을 수록한 15권의 대총서이다. 여기에는 레지 신부의 기록과 당빌의 지도뿐만 아니라 《하멜 표류기》도 수록되어 있다. 그러니까 하멜을 억류하고 노예처럼 부려먹은 조선의 이야기. 라페루즈로 하여금 '절대 상륙을 시도해서는 안 되는 나라'로 여기게 하는 야만적인 조선의 이야기.

더 자세히 말하면 더 장황해질 터이니, 여기서는 이만큼만 거론하고 넘어가자. 지도 얘기는 '소설책 한 권 분량으로도 안 되는', 모든 사람의 인생 이야기보다도 더 길지만, 그 모든 사람의 인생 이야기가 대개 그런 것처럼 관심 없는 사람에게는 지루하기 짝이 없는 얘기다.

그러나 누구의 인생에나 주목해야 할 한순간이 있는 것처럼 어느 지도에나 주목하지 않을 수 없는 이야기가 있다. 당빌, 라페루즈 그리고 그 후 영국 상선의 선장 콜넷을 거쳐 홀연히 동해바다 위에 떠오르는 섬, '아르고노트Argonaut'에 이르면 갑자기 그 이야기가 신비로워진다.

이여도사나 / 이여도사나 요 넬 젓엉 / 요 넬 젓엉
어딜 가코 / 어딜 가리
진도 바당 / 진도 바당
홀로 나가자 / 홀로 나가자
이여도사나 / 이여도사나

제주 바다 어딘가에 있다는 환상의 섬 이어도처럼 아르고노트는 울릉도 근방 어딘가에 있다. 아니, 더 정확히 말하면 다즐레Dagelet 섬 근방 어딘가에 있고, 판링타오Fan-ling-tao 근방 어딘가에 있고, 또 찬찬타오Tchian-chan-tao 근방 어딘가에 있다.

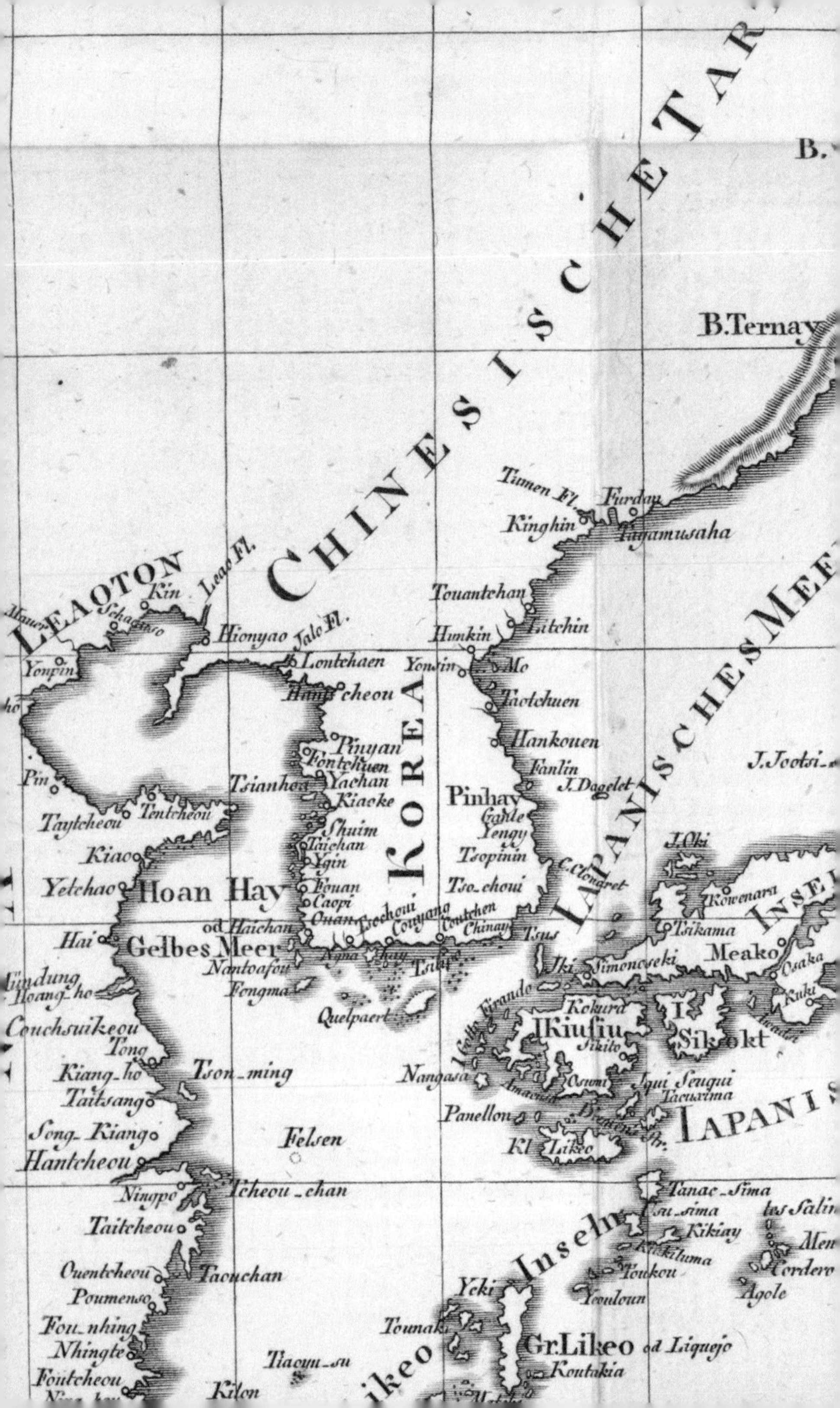

CHINESISCHE TAR
B.
B.Ternay
Tumen Fl.
Furdan
Kinghin
Tigamusaha
LEAOTON
Kin
Leao Fl.
Schaouso
Hionyao
Jalo Fl.
Yonpin
Lontchaen
Touantchan
Litchin
Humkin
Yonsin
Mo
Taotchuen
Hankouen
Fanlin
J. Dagelet
KOREA
Pinyan
Fontchuen
Yachan
Kiaoke
Shuim
Taichan
Ygin
Fouan
Caopi
Ouan
Pinhay
Yengy
Tsopinin
Tso_choui
Conyang
Coutchen
Chinay
JAPANISCHES MEER
J. Jootsi
J. Oki
C. Clonaret
Kowenaru
INSEL
Tsikama
Meako
Osaka
Kuki
Tsianhoa
Tentcheou
Taytcheou
Pin
Kiao
Yetchao
Hoan Hay
od Haichan
Hai
Gelbes Meer
Nantoafou
Fongma
Hoang_ho
Couchsuikeou
Tong
Kiang_ho
Tson_ming
Taitsang
Song_Kiang
Felsen
Hantcheou
Quelpaert
Tsus
Iki
Simonoseki
Firando
Kokura
I
Kiusiu
Sikito
Sikokt
Nangasa
Osumi
Jqui Seugui
Tacuxima
Panellon
IAPANIS
Kl. Likeo
Ningpo
Tcheou_chan
Tanac_Sima
Tsu_sima
Kikiay
Taitcheou
Kakiluma
Toukou
Ouentcheou
Taouchan
Yeki
Youloun
Agole
Cordero
Poumenso
Fou_nhing
Nhingte
Tounak
Gr. Likeo od Liquejo
Inseln
Likeo
Foutcheou
Tiaoyu_su
Koutakia
Kilon

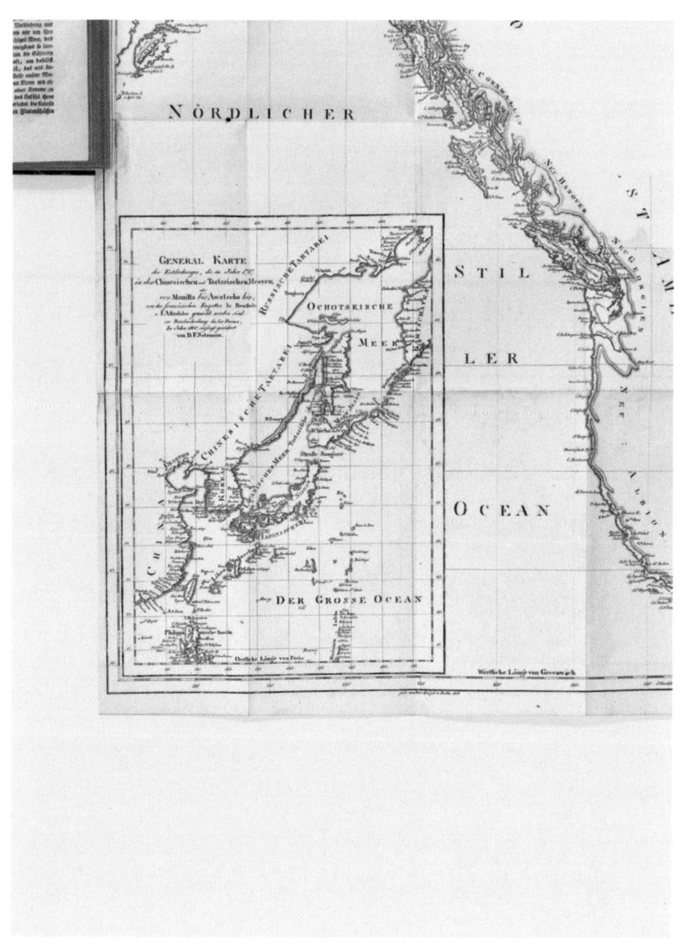

라페루즈의 《항해기》에 수록된 지도 속 한반도

라페루즈는 그들이 울릉도를 최초로 '발견'했다고 생각하고 '다즐레'섬이라고 이름 붙였다. 당빌이 붙인 이름대로 '판링'섬이라고 표기된 울릉도, '켈파르트'라고 표기된 제주도도 보인다.

판링타오와 찬찬타오는 당빌이 그의 지도에서 울릉도와 우산도를 칭한 이름이고, 다즐레는 울릉도를 '처음 발견한' 라페루즈 함대의 천문학자 이름을 따서 그들이 부른 이름이다.

제주도는 서구인들에게 '켈파르트Quelpaert'라고 불렸다. 하멜이 보고서에 그 당시 네덜란드 상인들이 부르던 방식에 따라 제주를 그렇게 언급했고, 그 후 서구인들 사이에서는 그 이름이 고착되었다. 그들은 낯선 나라에 들어갈 때마다 그걸 '발견'이라고 주장했고, 깃발을 꽂듯이 자기네들 이름을 마구 붙였다. 거문도는 '포트 해밀턴Port Hamilton', 원산만은 '브로턴 베이Broughton Bay'였다. 그런 주요 지명뿐만이 아니다. 병인양요 때 강화를 침범했던 프랑스 군인들이 자신들의 황후의 이름을 따라 '외제니Eugenie'섬이라고 명명한 곳은 강화 근방의 아주 작은 섬, 우리도 잘 알지 못하는 입덕도이다. 울릉도 역시 그렇게 명명되었다.

> 나는 동쪽에 도착했다는 신호를 보냈다. 곧 북북동 방향으로 어느 해도에도 표시되지 않은 섬이 보였다. 조선 해안에서 약 20리그[27] 정도 떨어진 섬이었다. … 나는 동이 틀 무렵 섬을 관측하기 위해 다가갔다. 가장 먼저 이곳을 발견한 우리 천문학자의 이름을 따서 나는 이 섬을 다즐레섬이라 명명했다.

어째서 라페루즈는 그들이 울릉도를 최초로 '발견'했다고 생각한 것일까. 당빌의 지도에 판링타오가 이미 있지 않았던가. 하지만 앞에서 말한 것처럼 당빌은 직접 측량을 해서 울릉도를 그린 것이 아니다. 당빌이 저본으로 삼았던 〈황여전람도〉 역시 마찬가지다. 〈황여전람도〉를 그릴 당시, 강희제는 조선에 측량대를 파견했다. 그러나 조선은 이들의 진입을 막았고, 대신 상세하지 않고 결코 소략하지도 않은 '불상불략不詳不略'한 지도를 내주었다. 〈황여전람도〉의 조선은 그렇게 그려진 것이고 당빌은 그 〈황여전람도〉를 따라 조선을 그렸다. 그 결과 실제 위치와는 상당한 차이가 있는 곳에 울릉도가 그려졌고, 그래서 라페루즈는 자신들의 눈앞에 있는 섬이 기존의 지도에 있던 판링타오도 찬찬타오도 아니라고 여기게 되는 것이다. 그러니까 새롭게 발견한 섬, 다즐레.

여기서 잠깐. 당빌의 지도에 나오는 판링타오와 찬찬타오라는 이름은 어떻게 붙여진 것일까. 당빌이 아는 사람의 이름인가? 그렇지가 않다. 실은 판링타오는 정확히 울릉도를 일컫는 말이다.

당빌의 지도가 레지 신부의 〈황여전람도〉를 저본으로 했다는 것은 앞서 소개했다. 그리고 레지는 조선에서 보내온 불상불략의 조선 지도를 저본으로 하여 조선 부분을 그렸다. 그 와중에 실수가 발생한다. 울릉도의 '울鬱'자가 복잡하다 보니 이를 '범範'자로 혼동한다. 이것의 당시 중국 발음이 '판', '릉'은 '링', '도'는 '타오'였다. 그래서 판링타오. 찬찬타오 역시 마찬가지다. 조선 전기까지 우리나라 지도에는 항상 울릉도 북쪽에 우산도가 그려졌다. 그 우산도의 '우于'자를 '천千'자로 잘못 인식한 것이다. 그래서 위찬타오가 아니라 찬찬타오. 그렇더라도 이 섬들은 우리 지도에도 있던 섬들. 다만 이름만 바뀌었을 뿐.

그러나 아르고노트는, 이어도처럼, 환상의 섬이다.

1791년, 모피를 팔러 다니던 상선의 선장 콜넷은 동해를 거슬러 올라가던 중 거대한 수직의 암벽을 만난다. 혹은 그곳에서 알 수 없는 이유로 배의 방향타가 부러지는 사고를 당했다고도 한다. 그 기이한 장소를 콜넷이 지도에 표시했고, 그때부터 콜넷의 배 이름을 따라 '아르고노트'로 불려진다.

어디에도 없는 섬, 아르고노트.

이 낭만적인 섬은, 그러나 그 후 매우 비낭만적인 논쟁에 휩싸이게 된다. 독도 영유권 문제를 둘러싸고 아르고노트가 울릉도다, 다케시마다, 독도다 등의 주장이 각기 제기되기 때문이다. 복잡하니, 더 말하지 않겠다. 독도는 우리 땅, 그거면 충분하다.

라페루즈 함대의 실종을 추적하기 위한 탐사는 실종 이후부터 200년에 걸쳐 이루어졌다. 실종되기 전, 마지막 기항지였던 시드니의 항구에는 그의 이름이 붙여졌다. 지금은 인터넷에서 라페루즈를 검색하면, 이 위대한 인물보다 그의 이름을 딴 관광지들이 먼저 등장한다. 그래서 슬픔과 고독의 역사가 화려한가… 아닌가…. 모를 일이다.

/ 3장 /

역사의

지문

소현세자, 비운의 코레아 왕

샬의 《중국포교사》

Adam Schall, 《Historica Narratio, De Initio Et Progressu Missionis Societatis Jesu Apud Chineses, Ac praesertim in Regia Pequinensi, Ex Litteris》(1665, 라틴어)

샬은 청나라가 베이징을 점령한 후, 청나라 황제 순치제와 함께 입성한 소현세자를 만났다. 그리고 그 기록을 남겼다. 바로 이 책이다.

R:P: IOANNES ADAMVS SCHALL, GERMA
è Societate IESV: Pequini Supremi ac Regiȷ Math
tum Tribunalis Præses; indefessus pro Conuers
gentium in Chinis Operarius ab annis 50. ætat: su
Johann Steger delin: Maürit Lang sculp

CAPUT I.

itia & progressus Christianæ Societatis JESV *ad Chinenses expeditionis.*

Ltimus laborum, quos S. Franciscus Xaverius Christianæ Religioni apud Gentes ab orbe nostro longissimè dissitas proferendæ gloriosè impendit, vastissimi Chinensium Imrij reclusus aditus fuit. Legibus illi arctiùs quàm ıro suo& Oceano conclusi pertinacissimè exterum quorumvis consuetudinem ac mores fugiunt: ısi legationis causa adveneris, indubitata nex, aut rpetuus carcer ingredi tentantem manet. Moris autem peregrinis assuescere dedignantur, qui perbè plus cæteris mortalibus sapere se unos crent. Nec carent melioris indolis existimatione, àm ambitiosè tuentur, apud finitimos. Legem ıvinam in Japonia suadenti Xaverio reponebatur ıntidem à Barbaris: iret & vicinis Chinensibus m persuaderet; sine morâ secuturos universim pones, si isti quos à sapientia suspicerent, conspirent. Itaque quos erudierat verbo, firmaturus emplo Indiarum Apostolus; Indis ac Japonibus ındè in fide instructis, acceptis ab Europa etiam

A socio-

샬의 《중국포교사》 속표지

샬은 명나라에서
청나라로 바뀌는 시기,
두 제국에 다 헌신했다.
청의 순치제는 샬을
할아버지라는 뜻인
'마파'라고 불렀다.

아담 샬은 유명인사다. 적어도 우리나라에게는. 맞다. 소현세자 덕분이다. 병자호란의 패배 후 청나라로 끌려가 8년 동안이나 적의 볼모로 있었던 조선의 세자, 인조의 아들. 귀국한 지 고작 두 달 만에 의문의 죽음을 맞이하는, 우리가 흔히 비운의 세자라고 일컫는, 바로 그 소현세자.

샬은 청나라가 베이징을 점령한 후, 청나라 황제 순치제와 함께 입성한 소현세자를 만났다. 그리고 그 기록을 남겼다. 그게 바로 이 책이다. 이 책으로 인하여 소현세자를 향한 후대의 평가가 달라진다. 그리고 이 책으로 인하여 음모론이 생기고, 회한이 생기고, 이야기도 생긴다. 그리하여 샬은 우리 역사에도 매우 중요한 인물이 된다.

> 바로 그 시기에 조선의 세자가 자유롭게 풀려났다. 그는 볼모로 끌려왔는데, 타타르인[28]들이 중국을 지배하게 되면 그를 자유롭게 풀어주겠다고 한 약속을 지킨 것이다. 그때 이곳에는 유럽에서 온 천문학자가 있었다. 조선의 세자가 그를 자주 방문했고, 지극히 정중

> 한 예의를 보였다. 자신의 궁으로 초대하여 이 천문학자를 극진하게 대접하기도 하였다. 종종 세자는 조선에서 역법을 관장하는 몇몇의 신하들을 데리고 왔다. 유럽의 천문학을 보다 명쾌하게 배우게 하여 그 지식을 조국으로 가져가기 위함이었다. … 신부는 소지하고 있던 서적 가운데 몇 권을 세자에게 선물했다. 수학 서적뿐만 이 아니라 천주교에 관한 서적들과 천구와 성상도 함께 선물했다.[29]

《중국포교사》에 나오는 소현세자와의 만남 부분인데, 여기에서 말하는 중국에서 온 천문학자가 바로 아담 샬이다. 책의 원제를 그대로 옮기면《1581년에서 1669년까지 중국에서 그리스도교의 옳은 신앙을 포교하기 위해서 활동한 예수회 신부들에 대한 보고: 그 시작과 전개를 중심으로》이다. 17세기 책들의 제목이 표지를 가득 채울 정도로 길었다는 얘기는 앞에서 한 바 있다. 이 책은 전부 25장으로 구성되어 있는데 소현세자와의 만남이 나오는 부분은 제12장이다. 장의 제목이 그 내용을 말하고 있다. "중국의 통치자 타르타루스 왕족[30]의 족보와 그들이 천문에 대해 보인 관심과 열정, 그리고 조선의 왕이 천문에 대한 일과 천주의 법에 대해 심취하여 배운 것에 관하여."

그는 이 제목에서 소현세자를 '세자'가 아니라 '왕'이라고 지칭하고 있다(앞서 인용한 본문에서 역시 마찬가지였는데, 독자들의 이해를 돕기 위해 편의상 세자라고 옮겼다). 아담 샬은 소현세자가 왕이 아니라는 것을 몰랐던 것일까. 그가 당시 조선과 청의 관계에 대해 그리고 소현세자가 처한 상황에 대해 충분히 이해하고 있는 것을 보면, 그렇게 생각하기는 어렵다. 아마도 이 부분은 샬의 개인적 사정과 더 관계가 있는 것처럼 보인다. 그는 유럽의 독자들에게, 그리고 이 책을 가장 먼저 읽게 될 교황청의 윗분들에게 자신의 업적을 좀 과장해야 할 필요가 있었던 것 같다.

아담 샬은 명나라에서 청나라로 바뀌는 시기, 두 제국에 다 헌신했다. 명나라를 위해서는 대포를 주조했고, 청나라를 위해서는 그 외에도 할 수 있는 모든 것을 다했다. 순치제 연간에 그의 벼슬은 정일품에까지 올랐다. 황제는 그에게 고두배叩頭拜[31]를 면해주었고, 한 해 동안 그의 집에 스물네 차례나 놀러 갔다. 그야말로 '놀러 갔다.' 배를 깔고 엎드려 뒹굴거리고, 마당에서 과일을 따 먹고, 샬의 이야기를 들었다. 황제가 아담 샬을 만주어로 할아버지라는 뜻인 '마파'로 불렀다는 것은 잘 알려진 사실이다.

아담 샬이 중국에서 이렇게 빛나는 경력을 쌓아가는 동안, 로마에서는 그에 대한 비난과 고소가 줄을 이었다. 무기 제작에 참여한 것이 비판의 핵심이 되었다. 그 후에는 정권에 붙어 사욕을 챙기느라 정작 선교의 정신은 잃었다는 비난과 공격도 뒤따랐다. 샬을 예수회에서 제명해야 한다는 청원서가 제출되었고, 저명한 신부들이 잇따라 서명했다. 그 청원서에는 샬이 마치 고관대작처럼 산다는 비난부터 샬이 들인 중국인 양자가 실은 친아들이라는 루머까지 들어 있었다. 이 책은 그런 와중에 쓴 것이다. 그는 자신의 포교 업적을 강조하지 않을 수 없었을 것이다. 아무튼, 소현세자는 아담 샬의 선물을 받은 후 답례편지를 보낸다.

> 어제 구세주 하느님의 성상과 천구와 천문 서적과 다른 여러 서적들을 받았습니다. 특히나 선물로 주신 책들을 보고 있노라니 어찌

감사를 표해야 할지, 어찌 이 빚을 갚아야 할지 참으로 모르겠습니다. 이 가운데 몇 권의 책들을 훑어보았습니다. 책들이 마음을 깨끗하게 정화할 뿐만 아니라 덕을 닦는 데에 가장 적합한 가르침을 담고 있음을 깨닫게 되었습니다. 지성의 빛이 아직 밝지 않은 탓에 우리는 당연히 알아야 할 이 가르침에 대해서 아직 알지 못합니다. 성상은 참으로 위대합니다. 벽에 걸어놓고 보노라면 보는 이의 마음을 지극히 평온하게 해줍니다. 또한 마음으로부터 온갖 더러움과 먼지를 떨어내어 줍니다. 천구와 이에 관한 책들도 마찬가지입니다. 세상이 이것 없이는 안 될 것입니다…. 나는 이 책들을 우리 왕실로 가져갈 뿐만 아니라 이를 인쇄하고 책으로 찍어 우리나라의 학자들과 의견을 나눌 것입니다.

샬이 준 책들에 큰 감동을 받았고 깨달음을 얻었다고 강조한 소현세자는, 그러나 성상만은 가져갈 수 없다고 그 편지에서 알린다.

저는 이 서적들은 물론 성상 역시 우리나라로 가지고 갈 수 있기를 간절히 바랐습니다. 하지만 다시 생각해보니 하느님을 섬기는 일에 대해서 우리나라 사람들은 아직까지 들은 바가 전혀 없고… 따라서 호의는 진심으로 감사하지만 성상은 신부님께 다시 돌려주는 것이 안전하다 판단했습니다. 당연히 경배받아 마땅한 성상이 오히려 멸시를 당하게 되지나 않을까 두렵기 때문입니다.

그 편지에 대한 샬의 해석이 매우 흥미롭다. 소현세자가 성상을 돌려준다고 말은 했지만, 그건 조선 사람 특유의 겸양의 표시라는 것이다. 그리고 그의 생각처럼 세자는 다시 편지를 보내와 그 선물을 받겠다고 알렸다.

> 선물을 기꺼이 받겠습니다. 또한 당신처럼 예수회에 속하는 사람을 한 분 모시고 갈 수 있기를 진심으로 바랍니다. 나와 우리나라 사람을 가르쳐줄 분을 말입니다. 우리에게는 지금 그런 사람이 없습니다. 당신과 당신의 예수회를 대신해줄 그런 사람이 말입니다.

소현세자는 귀국한 지 고작 두 달 만에 사망한다.《조선왕조실록》에서는 세자의 사망원인을 학질이라고 밝히고 있으나 세간에서는 독살이라고 믿었다. 그것도 아버지인 인조에 의한. 그 사실을 밝히는 것이 여기에서 할 일은 아니다. 그렇더라도 그런 의혹이 어찌하여 생겨났는가는 생각해봐야 할 일이다. 여러 가지 이유가 있을 것이다. 근거도 있고, 증거라고 주장할 만한 것도 있다. 그리고 그중에는 애석함도 있다. 후대로 갈수록 점점 더 커져가는 애석함. 그러니까 역사의 '만일'에 대한. 만일, 소현세자가 죽지 않았다면. 만일 소현세자가 임금이 되었다면. 그리고 '만일'과 '소현세자' 사이에는 '이토록 진보적인'이라는 말이 들어 있다. 그러니까 '만일 이토록 진보적인 소현세자가 죽지 않고 임금이 되었다면….'

그리고 당연히 그 '만일'의 이면에는 그 시대에 대한 혐오와 분노가 깔려 있다. 조선 중기부터 시작하여 일제 강점기까지 이어지는 역사에 대한 염증. 특히나 망한 명나라를 섬겼던 이른바 사대부라는 자들이 조선을 망치고 우리나라 역사를 망쳤다고 믿는 사람들에게 소현세자는 '잃어버린 대안'이 된다. 소현세자는 청나라에 붙잡힌

봉모에서 기민한 외교관으로, 품위를 잃고 치부에 신경을 쓴 왕자에서 능력 있는 사업가로, 청나라에 빌붙어 나라의 품격을 손상한 왕족에서 진보적인 개화 사상가로 달리 해석된다. 전자는《조선왕조실록》의 기록이고 후자는 그의 죽음을 독살이라고 믿는 후대의 해석이다. 그 한가운데에서 아담 샬은 대중이 소현에게 투사하는 '잃어버린 대안'의 한 근거가 된다.

개화, 개혁, 진보, 진취… 그 대안을 무엇이라 이름 붙이든 간에 적어도 세자는 당시의 수구 권력층과는 다르다는 믿음인 것이다. 그것은 소현세자 개인의 불행한 일생에 대한 안타까움을 너머 아마도 우리 역사를 향한 애석함일 터이다.

소현세자는 아담 샬에게 말했던 것처럼 성직자를 데려가지는 못했다. 대신에 그의 내관 하나를 베이징에 남겨두었다. 아담 샬에 의하면 그 내시는 세례를 받은 사람이었다. 아담 샬은 그 내시를 제대로 교육하여 보낼 작정이었다. 그러나 기억력이 비상한 조선의 환관이 아담 샬이 사망할 때까지 그의 곁에 있었다는 기록이 남아 있는 걸 보면, 결과적으로 그리 되지는 못했던 모양이다.

어떻든 세자는 서적과 물건 들은 가져왔다. 그중의 하나는 신법지평일구新法地平日晷. 무게가 310킬로그램이나 나가는 해시계로 현재까지 보존되어 있으며 보물 제839호로 지정되었다. 그 외에도 자명종과 망원경과 성상과 성경 등을 가져왔다. 조선 시대의 야사 모음집인《연려실기술燃藜室記述》에 의하면 인조 임금은 소현세자가 가져온 이 서양 물건들에 분노한 나머지 벼루를 집어던졌다고 한다. 벼루에 얻어맞은 소현세자는 시름시름 앓다가 그만….

야사는 야사다. 너무 진지하게 받아들이지는 말자. 다만, 소현세자의 죽음에 대해 광범위하게 퍼져 있던 의혹, 그 원인 중 하나를 소현세자와 서구의 접촉으로 보기도 하는 시각에 대해서는 주목할 만하다.

✣ ✣ ✣

아담 샬은 1666년에 베이징에서 사망한다. 말년이 평탄하지는 않았다. 그의 가장 강력한 후원자였던 순치제가 세상을 뜬 후 그에 대한 질시가 폭발했다. 급증하는 천주교 교세에 대한 불안, '합유合儒, 보유補儒, 초유超儒'라는 미명하에 훼손되는 자국 전통에 대한 반발[32], 선교사들의 나라인 포르투갈이 점령한 마카오를 회복하고자 하는 정치적인 목적 그리고 기타 등등의 복잡다단한 이유들이 뒤엉켜 탄압이 시작되었다. 그는 사형을 언도받고 감옥에 수감되는 신세가 된다.

뜻밖에도 그를 구한 것은 지진이었다. 천재지변. 하늘이 내리는 재난. 누군가에게는 재앙이었으나 누군가에게는 구원이 된 재난이었다. 황제는 이 선교사를 죽이는 게 께름칙해졌다. 다른 이유도 있었다. 재난으로 인해 천문을 분명히 읽고 수학을 정확히 이해하는 것이 더욱 중요한 일이 되었다. 그 일을 가장 잘하는 사람들이 서양 선교사들이었고 그중에서도 아담 샬이 가장 잘했다.

아담 샬은 구제되었다. 그러나 그의 영향하에 양성되었던 중국인 '서학자'들은 거의 모두 목숨을 잃었다. 그로부터 2년 후 아담 샬은 베이징에서 노환으로 숨을 거뒀고, 마테오 리치 옆에 묻혔다.

아담 샬의 책 《중국포교사》는 1662년에 독일 아우구스투스 한크

비츠 라티스보나이 출판사에서 출판되었다. 아직 한국어 번역본이 없다. 소현세자와 관련된 부분만 일부 번역되어 있다. 전체 책의 분량에 비해 세자가 소개되는 부분이 일부에 불과하기 때문일 텐데, 그렇더라도 아쉽지 않을 수 없다.

기울어진 역사를 관통한 소년, 안토니오 코레아

카를레티의 《항해록》

Francesco Carletti, 《Ragionamenti Di Francesco Carletti Fiorentino: Sopra Le cose Da lui Vedute Ne' Suoi Viaggi Si Dell'indie Occidentali, e Orientali Come D'altri Paesi》(1701, 이탈리아어)

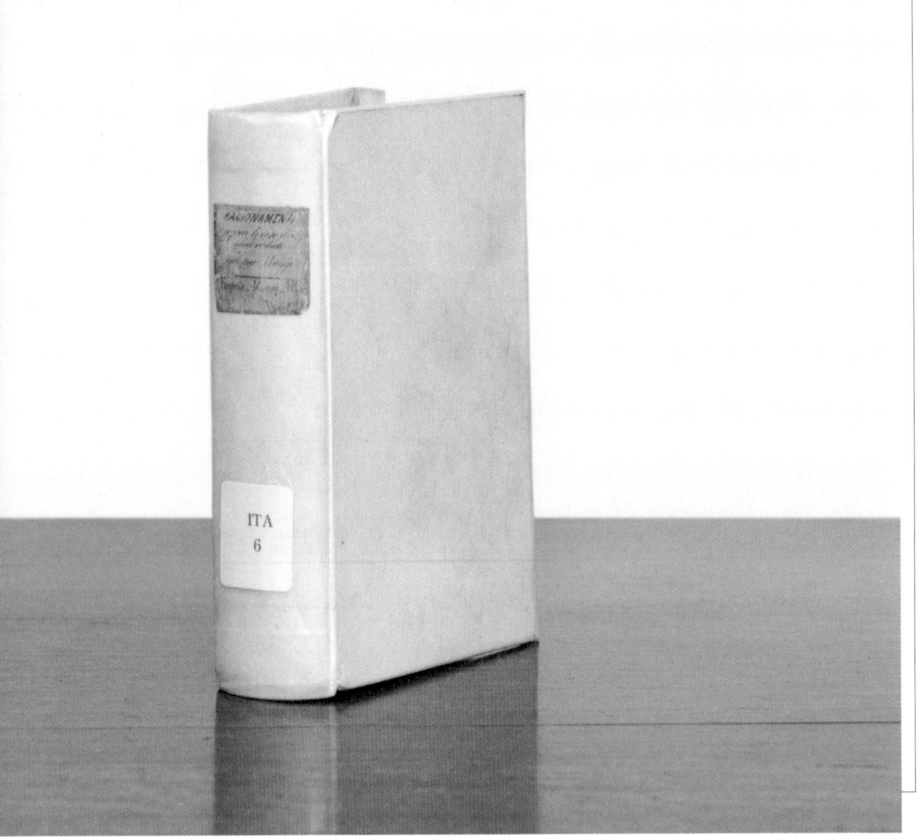

이야기의 내부와 외부. 그 둘은 책이라는 몸으로 이어져 있다. 몸은 나이 들고 노쇠하고 마침내 죽음에 이른다. 그 몸에 담긴 이야기 역시 마찬가지다. 이야기 역시 낡거나 늙어가다가 소멸한다. 소멸하기 전까지는 한 사람의 일생처럼 파란만장한 것 역시 마찬가지다.

이 책의 이야기 역시 참으로 파란만장하다. 얼마나 파란만장하면 소설로도 쓰였을까. '팩션faction'이라고도 한다. 약간의 역사적 팩트에 작가의 상상력을 얹은 이야기. 실재하지는 않았겠으나 실재할 수도 있었을 이야기.

소설에서 이런 시도는 역사 속 사건 또는 인물의 흥미로운 요소 때문에 유발되는 것이겠지만, 본질적인 의도는 좀 다를 것이다. 역사적으로 너무나 사소하여 누구도 주목하지 않는 것들에 대한 재해석, 되살려내기, 그리하여 또 하나의 역사가 되게 하는 것. 그것이 팩션이 갖는 근본적인 의도다. 소설로 되살아난 역사는 소설 속 팩트가 존재했던 당시의 역사로부터 작가 혹은 독자들이 살아가는 오늘날의 역사로 전환된다. 재해석은 작가의 것일 뿐만 아니라 독자들의

RAGIONAMENTI
DI FRANCESCO
CARLETTI
FIORENTINO
SOPRA LE COSE DA LUI VEDUTE
NE' SUOI VIAGGI
Si dell' Indie Occidentali, e Orientali
Come d' altri Paeſi.
ALL' ILLUSTRISS. SIG. MARCHESE
COSIMO DA CASTIGLIONE
GENTILUOMO DELLA CAMERA
DEL SERENISSIMO
GRANDUCA DI TOSCANA.

IN FIRENZE NEL GARBO,
Nella Stamperìa di Giuſeppe Manni 1701.

Per il Carlieri all' Inſegna di S. Luigi.
Con Licenza de' Superiori.

카를레티의 《항해록》 속표지

것이기도 하다. 아니, 대체로, 전반적으로, 최종적으로 독자들의 것이다. '말이 안 될 것 같은 팩트'에 '말이 되는 상상력'을 불어넣어 소설이 숨을 쉬게 해주는 것은 분명 독자들의 힘이다.

안토니오 코레아는 어떨까.

이 이름을 알고 있는 이들이 많을 것이다. 최초로 유럽 땅을 밟은 조선인으로 알려져 있다. 사연이 기구하다. 그는 임진왜란 때 일본군에게 잡혀 나가사키까지 끌려갔다가 그곳에서 이탈리아 상인에게 노예로 팔렸다. 다른 조선인 넷과 함께였다. 그는 주인이 된 이 이탈리아 상인과 피렌체에까지 이르렀고, 상인은 그곳에서 조선인 노예를 자유인으로 풀어주었다. 이 상인이 바로 안토니오 카를레티이고, 이 조선 사람이 바로 안토니오 코레아이다. 카를레티가 자신의 이름을 주고, 성으로는 그의 조국 이름을 붙여주었다.

그 모든 과정이 카를레티의 책《항해록》에 나온다. 카를레티는 1594년부터 1602년까지 무역상이었던 부친과 함께 동아시아의 여러 나라들을 항해했다. 책에 의하면 그는 1597년 6월부터 1599년 12월까지 2년 반 동안 나가사키와 마카오에서 보냈는데, 그때 포로로 끌려와 있던 안토니오 코레아를 만났다. 정확히 말하면 샀다. 그 부분을 가감 없이 옮긴다.

조선은 아홉 개의 지방으로 나뉘어 있다. 그 왕국의 수도이며 왕도의 명칭이기도 한 조선, 경기, 강원, 황해, 전라, 경상, 충청, 함경 그리고 마지막으로 평안으로 불리는 곳이다. 왜군들이 해안에 가까운 지방들로부터 나이와 상관없이 수없이 많은 남자와 여자를 잡아왔는데, 그중에는 아름다운 어린 소녀도 있었다. 이들은 모두 아주 헐

값에 노예로 팔려나갔다. 나는 그중 다섯 명을 12스쿠도를 약간 더 주고 샀다. 그 후 그들에게 세례를 받게 했고, 인도의 도시 고아에 이르렀을 때 전부 해방시켜주었다. 다만 그들 중 한 명은 피렌체까지 같이 왔다. 지금쯤 '안토니오 코레아'라는 이름으로 로마에서 자유롭게 살고 있을 것이다.

조선의 지역을 설명하는 부분에 있어 약간의 오류가 있기는 하지만, 카를레티는 대체로 사실에 근거하여 기록을 남겼다. 그리고 안토니오 코레아는 이 기록처럼 실재하는 인물이다.

카를레티의 《항해록》에는 안토니오 코레아가 등장하는 일화가 몇 부분 더 나온다. 그중에는 항해 도중 해적을 만났을 때 안토니오 코레아가 보여준 기지에 대한 짤막한 내용도 들어 있다. 그러나 이탈리아에 도착한 이후부터는 더는 등장하지 않는다. 피렌체에서 해방되어 헤어진 후 다시는 만나지 못했던 것이다. 그러니 우리나라 사람 최초로 유럽 거주민이 된 이 인물에 대해 우리에게는 더는 추측할 수 있는 길이 없다.

그러나 이 몇 문장, 이 몇 줄이 소설의 영역으로 넘어가면서 그의 인생은 '소설적으로' 복구된다. 아니, 완전히 새롭게 창조된다. 소설 속에서 그는 어찌어찌 유럽 땅에까지 이르러 온갖 고난과 역경에도 불구하고, 조선인으로서의 자긍심을 잃지 않은, 불굴의 의지로 성공한, 자랑스러운 '조선인=한국인'으로 거듭난다. 작가의 낭만적 소망이 독자들의 '민족주의적인' 기대와 합쳐진 지점이라 하겠다. 그 오래전, 저 멀리 이탈리아까지 간 조선 최초의 인물이 그저 노예에 불과했다면 얘기가 너무 초라해질 테니까. 아니, 쓸쓸해질 테니까.

역사로만 보면 우리는 안토니오 코레아에 대해 아무것도 모른다. 그러나 뜻밖의 지점에서 우리는 그를 다시 만나게 된다. 이탈리아의 알비라는 마을에 '코레아'라는 성을 쓰는 사람들이 살고 있는데, 그들이 바로 이 안토니오 코레아의 후손이라는 것이다.

알비 마을의 코레아가 안토니오 코레아의 후손이기를 바라는 것은, 혹은 그 진위를 알고 싶은 것은 이쪽에 살고 있는 우리들의 마음이 아니라 저쪽에 살고 있는 그들의 소망이기도 한 것 같다. 그들의 소망이 오히려 더 큰 것처럼도 보인다. 이쪽이야 낭만주의든 민족주의든 따지고 보면 별것 아닌 것에 불과하겠지만, 그들의 입장에서 보면 근원에 관한 문제일 테니까.

1986년, 안토니오 코레아의 후손으로 추정되는 안토니오 코레아 씨가(동명으로, 당시 이탈리아의 한국문화협회 회장이었다) 당시 한국 대통령에게 탄원서를 내어 그들의 조상을 찾아줄 것을 호소했다. 이뿐만이 아니다. 안토니오 코레아의 후손들은 시칠리아 지역의 코를레오네에도 정착한 것으로 알려졌는데, 영화 〈대부〉의 주인공인 돈 코를레오네의 고향으로 설정되었던 이 동네의 시위원들은 1988년 서울 올림픽 당시 '할아버지의 나라'를 방문하기도 했다.

어떤 사실에나 반론이 있는 법이다. 이들이 임진왜란 때 끌려간 안토니오 코레아와는 아무 상관이 없고, 코레아라는 성씨도 오래전부터 이탈리아 일부 지역에 내려오던 것이라는 주장. 이 논란을 끝장내기 위해 알비 마을의 코레아 씨들은 마을 교회터에 묻힌 유골을 발굴해 그 DNA를 확인해달라고 요청했는데, 그 일은 현실적으로 실행하기 어렵다는 것이 1992년 그곳을 방문한 문화부 조사단의 결론이었다.

이 오래된, 이 야단스러운 논란의 모든 바탕이 되는 것이 바로 카를레티의 《항해록》이다. 책 속에 실재했던 안토니오 코레아의 여정은 슬프기 짝이 없다. 전쟁의 참상과 굴욕과 비통함을 등에 업고 가는 여정이다. 그러나 그를 되살리는 여정은 소란스럽고, 때로는 허무맹랑하기까지 하다.

그리고 우리는 이제 루벤스로 넘어간다. 루벤스의 〈한복 입은 남자〉. 그 그림 속 주인공이 안토니오 코레아라는 주장은 그 그림이 영국 크리스티 경매에서 당시까지 사상 최고가였던 32만 4,000파운드(당시 한화 약 6억 6,000만 원)에 거래가 되면서 그야말로 폭발한다. 2015년에는 당시 대통령이 그 그림의 소장처인 로스앤젤레스의 게티 미술관을 방문함으로써 다시 한번 언론의 극적인 관심을 불러일으켰다.

이야기는 여기서 끝나지 않는다. 루벤스의 그 유명한, 특히나 우리에게 더 유명한 그림 〈한복 입은 남자〉 속 남자는 조선 사람이 아니고, 당연히 안토니오 코레아도 아니고, 그러니 한복도 아니라는 것…. 그림 속 주인공은 당시 네덜란드의 제란트에 머물고 있던 명나라 상인이라는 주장이 네덜란드 미술사학자인 테이스 베스트스테인 교수에 의해 제기되는 것이 2016년이다. 최초로 제기되는 주장은 아니지만, 이번에는 그 근거가 더 구체적이었다. "한국인들에게는 실망스러울 수 있다", "하지만 정확한 역사적 사실을 알아야 한다. 영화나 소설 속 안토니오 코레아 서사에 더 이상 속지 말라." 국내 언론과의 이메일 인터뷰에서 베스트스테인 교수가 한 말이다.

그런데, 이 모든 소란, 이 모든 기대, 이 모든 재미의 뒤편에 남는 게 그 무엇일지라도, 한 가지 부정할 수 없는 사실은 있다. 다시 한

번 말하지만 안토니오 코레아는 실존 인물이고, 카를레티가 쓴 그 책 초판본이 지금 우리 손에 있다는 사실이다. 그러니 우리는 안토니오 코레아와 카를레티를 쫓아 피렌체의 거리를 한번 걸어봐도 좋을 일이다.

14세기에서 16세기를 거쳐 17세기 무렵까지, 르네상스 시기의 문화를 선도한 곳은 이탈리아, 그중에서도 단연코 피렌체였다. 메디치 가문이 통치하던 피렌체. 메디치가는 은행업을 통해 발흥했으나 강력한 가문이 된 후에는 음악과 미술, 건축, 과학, 철학 등 예술과 학술 방면에서 많은 작가와 학자 들을 아낌없이 후원했다. 메디치 가문에 의해 기념비적인 미술과 건축이 화려하게 꽃폈다. 두오모 성당, 우피치 미술관 등 피렌체를 빛내는 모든 역사적 유적들이 메디치가와 관련되어 있다. 레오나르도 다빈치와 미켈란젤로 등이 메디치가의 후원을 받았고, 그 이름을 빛냈다. 책 역시 마찬가지다. 책의 역사가 피렌체에서, 메디치가의 후원하에 꽃폈다.

그러다가 1497년에 이른바 '허영의 소각Falò delle vanità'이라는 사건이 일어난다. 도미니코회의 수도사이고 피렌체의 통치자였던 사보나롤라를 추앙하는 10대 소년단이 세상을 정화한다는 명분으로 화장품, 액세서리, 의상, 오락기구 등의 사치품들을 불태워버린 사건이다. 이때 책들을 불태우는, 즉 분서도 함께 행해진다. 속된 책들, 경건하지 못한 책들을 광장 한가운데에 모아 불살랐다. 다행히 고전들은 살아남았다. 속되지 않고 경건해서가 아니었다. 메디치가 덕분이었고, 니콜로 데 니콜리 덕분이었다.

1364년에 양모업자의 아들로 태어난 니콜로 데 니콜리는 젊어서부터 고대 문헌에 관심이 많았다. 집안의 넉넉했던 재산을 바탕으로

V

ILLUSTRISS.MO SIG.RE

Sig.mo e Padr. Col.

E' Gran tempo, che io attendeva con ardente deſiderio, che mi ſi porgeſſe qualche favorevole congiuntura, nella quale io poteſſi fare al Mondo pubblica teſtimonianza del mio profondo riſpetto verſo la perſona di V.S. Illuſtriſs. Ora

✽ 3

카를레티의 《항해록》에 사용된 이탤릭체

이탤릭체는 기울여 쓰면서 종이의 여백을
최대한 살리면서도 아름답기 때문에 역사적인 필체가 되었다.
카를레티의 《항해록》은 바로 그 이탤릭체로 인쇄되어 있다.

고전을 발굴하고, 고대 문헌을 수집하고, 그것을 필사하고, 책을 만들고 다시 그걸 전파하는 데 일생을 바쳤다. 그 과정에서 물려받은 재산을 다 쓰고 나중엔 파산 지경에까지 몰렸다. 다행히 위대한 수집가 옆에는 그 가치를 알아주는 위대한 후원자가 있었다. 메디치가의 코지모는 니콜리의 부도어음을 전부 막아주었다. 아예 모든 은행에 니콜리의 어음을 자기에게 돌리라고까지 했다.

니콜리가 죽으면서 남긴 유언은 자신이 모은 800본의 희귀본이 흩어지지 않게 해달라는 것이었는데, 그 뜻을 받아 그 필사본들을 간수하여 보존한 사람이 또 코지모이다. 메디치가의 위대한 코지모. 그는 이 책들을 보관할 수 있도록 자신이 후원하여 재건축한 산 마르코 수도원 내의 도서관에 자리를 만들었고, 학자와 대중들이 그 책들을 연구하거나 열람할 수 있도록 도서관의 문을 활짝 열어주었다. 그래서 이 도서관은 유럽 최초의 공공도서관 중 하나로도 평가된다.

이것이 그 후 100년 뒤, '허영의 소각' 사건이 일어났을 때 이 책들이 살아남을 수 있었던 이유다. 그의 책들은 수도원의 도서관이나 메디치가의 개인 서재에 소장되어 있었던 덕분에 살아남았다. 남은 것은 그가 필사했던 그리스 고전 필사본들만이 아니다. 훗날 그가 모았던 원본들의 다수가 세월과 함께 사라지거나 손상되고, 남은 것은 그의 필사본이 유일하게 되었을 때, 그 필사본 책들과 함께 그의 필체가 남았다. 그가 평생 필사한 필체, 열정과 정성과 애정을 담아 한 글자 한 글자 눌러썼을, 그 필체. 그것이 바로 우리도 잘 알고 있는 이탤릭체이다.

이탤릭체는 기울여 쓰면서 종이의 여백을 최대한 살릴 수 있는 효

용성과 함께 그 아름다움 때문에 역사적인 필체가 되었다. 카를레티의 《항해록》 초판본은 바로 그 이탤릭체로 인쇄되어 있다.

이 기울어진 글씨를 좇아 다시 이 책을 보자. 기울어진 역사, 기울어진 시대에 끼어 있는 한 소년이 보일 듯하다. 조선으로부터 나가사키를 거쳐 고아를 경유해 피렌체에 이르기까지 안토니오 코레아의 여정은 장장 8년에 가까웠다. 얼마나 많이 놀라운 것들을 보았겠는가. 그 사이 소년은 청년이 되었다. 놀라움은 피로로 남았을까, 아니면 투지와 열정으로 발전하였을까. 한 가지 짐작할 수 있는 것은 오직 그가 피렌체에 이르러 현기증을 느꼈을 것이라는 사실뿐이다. 그는 그곳에서부터 자유인으로 살게 될 터인데, 노예로 팔려와 자유인이 된 그에게 르네상스의 시대는, 르네상스를 온몸으로 안은 피렌체는 그에게 무엇을 주었을지 궁금하지 않을 수 없다.

민간인의 눈으로 기록한 전쟁의 참상

앨런의 《영국 선원 앨런의 청일전쟁 비망록》

James Allen, 《Under the Dragon Flag》(1904, 영어)

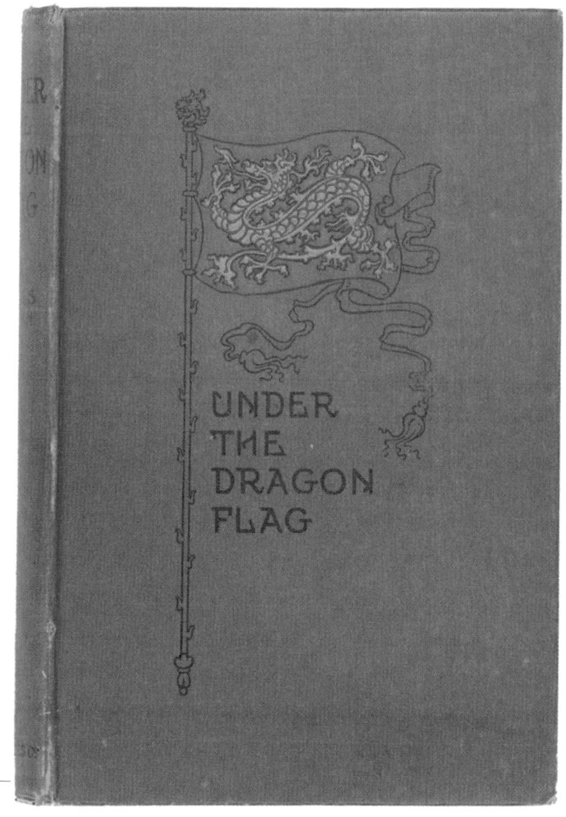

청일전쟁에서 최종적으로 승리한 일본은 여순에서 최대한의 학살을 자행했다. 제임스 앨런은 그 참혹한 학살장면을 목도하고 기록으로 남겼다.

1898년 미국 뉴욕에서 출판된 이 책의 원제는 '용 깃발 아래에서Under the Dragon Flag'이다. 여기에서 용 깃발이란 중국을 지칭한다. 부제가 있다. '나의 청일전쟁 경험담My Experience in the Chinese-Japanese War'이다.

1894년에 일어난 중국과 일본 간의 전쟁은 국제사회의 주목을 받은 사건이었다. 이 전쟁의 결과가 극동의 세력 판도를 바꾸게 될 것이기 때문이었다. 당연히 그것은 서구열강의 이해관계와 직접적으로 맞닿아 있는 일이기도 했다.

그러나 이 전쟁이 어떻게 흘러가게 될지, 이 전쟁의 결과에 따라 극동 3국이 어떤 변화를 겪게 될지, 여전히 예측은 쉽지 않았다. 중국은 속단하기에는 너무 큰 나라였고, 일본은 너무 빠르게 변화하고 있었고, 조선은 아직 속속들이 알려져 있지 않았으며, 무엇보다도 이 세 나라와 떼려야 뗄 수 없는 관계인 러시아가 있었다. 극동의 세력 균형은 유럽과 러시아 사이의 세력 균형을 말하는 것이기도 했고, 그래서 언제나 유럽 각국을 바짝 긴장시키는 일이기도 했다.

그래서 이 전쟁을 취재하기 위해 서구의 기자들이 몰려든다. 그리고 기사들이 쏟아진다. 당시 런던에서 발행되고 있던 〈그래픽〉, 〈일러스트레이티드 런던 뉴스〉 등의 신문들은 사진과 함께, 그리고 사진보다 더 생생한 일러스트와 함께 이 전쟁에 대한 기사를 실었다. 프랑스의 신문 〈르 프티 주르날〉 등 다른 나라들의 언론 역시 마찬가지였다.

그러나 그 전쟁을 직접 겪고, 그 전장의 기록을 남긴 민간인의 저술을 찾아보기는 힘들다. 청일전쟁 무렵에는 국내에 머물던 외국인들이 많았다. 그들 중 많은 사람이 기록을 남기기는 했지만 제3자의 관찰기에 지나지 않았다. 전쟁의 한복판에서 쓴 글은 아니라는 뜻이다.

그런 의미에서 제임스 앨런의 이 기록은 특별하다. 그는 기자도 아니고, 군인도 아니었다. 중국인도 아니고 일본인도 아니고 물론 조선인도 아니었다. 그는 전쟁을 기회 삼아 돈을 좇은 일종의 부나비 같은 사람이었는데, 좋게 말하면 상인, 선원, 나쁘게 말하면 거간꾼이었다. 영국 갑부의 아들로 태어났으나 술과 도박으로 전 재산을 다 날리고 하급선원이 된 그가 청일전쟁에 휘말리게 된 것은 그의 선주가 중국에 군수물자를 납품하면서부터였다. 그는 샌프란시스코에서 군수물자를 싣고 청일전쟁의 격전장이었던 여순으로 향한다. 그 과정에서 포격을 당하고, 포로가 되고, 나중에는 학살의 참상을 생생히 목도하기까지 한다.

그의 기록은 매우 소설적이다. 극적이라는 면에서 우선 그렇다. 번듯한 출신에서 거간꾼으로 몰락하기까지, 포로가 되었다가 탈출에 성공하고 학살의 현장에 있기까지의 과정이 너무 극적이라 그 이야기에 순식간에 압도당하게 된다. 너무나 날 것인 이 기록들은 놀라울 정도로 생생해서 자못 문학적으로까지 여겨진다. 날것의 문장은, 서술은 때때로 사진이나 일러스트보다 더 또렷하다. 이따금 눈으로 보는 것보다도 더욱 생생하다. 제임스 앨런의 이 기록을 통하여 청일전쟁은 역사적 사건을 넘어 사람의 일이 된다.

청일전쟁은 조선에서의 패권을 차지하려는 청일 간의 전쟁이었으나 전쟁이 발발한 곳은 조선 땅이었다. 아산해전을 시작으로 이어 성환에서 육지전이 벌어졌고, 전선이 북쪽으로 올라간 후에는 평양 전투가 있었다. 그리고 압록강을 넘어 마침내 여순까지 갔고, 그곳에서 청나라는 최종적으로 패했다. 그리고 최종적으로 승리한 일본은 그곳 여순에서 할 수 있는 한 최대한의 학살을 자행했다. 아니. 인간이 할 수 없는 행동도 했다. 제임스 앨런은 청군에 군수물자를 제공하기 위해 항해를 하는 동안 조선 해역에서 벌어지는 해전을 목격했다. 북쪽으로 올라가 여순에 상륙한 후로는 그 참혹한 학살장면을 목도했다. 그중 한 장면을 그는 이렇게 기록으로 남겼다.

> 무서운 광경이 내 눈앞에 펼쳐졌다…. 일본 병사들 무리가 호수를 둘러싸고 있었는데, 그들은 수없이 많은 도망자들을 호수로 몰아넣고 총질을 하고 물 밖으로 나오려고 애쓰는 사람들을 총검으로 다시 밀어 넣고 있었다. 죽은 이들이 수면 위로 떠올랐고, 물은 피로 물들었다. 병사들은 복수의 기쁨으로 날뛰고 고함치며 웃고 있었고, 희생자들의 고통을 흐뭇하게 바라보는 것 같았다. 피투성이의 사람들이 흔들리는 호수 속에서 분투하고 있는 모습을 보는 것은 무서웠다. 아직 살아 있는 사람들은 시체 더미에서 몸을 빼내려 애

쓰다 빠르게 가라앉았다. 그러다가 마지막 힘을 다해 다시 떠올라 물과 피와 함께 떠다니면서 가련하게 울며 자비를 구했지만, 악한들은 그들을 흉내 내며 조롱했다. 그들 가운데는 여자들도 많았다. 나는 작은 아이를 안고 있는 한 여인을 봤는데, 그녀는 앞으로 힘겹게 나가며 호소하듯 병사들 쪽으로 아이를 추켜 올리고 있었다. 그녀가 둑에 이르자 그 비겁한 놈들 중 한 놈이 총검으로 그녀를 쳤고, 그녀가 쓰러지는 순간 두 살쯤 된 아이를 찌르고는 그 어린 몸을 높이 쳐들었다. 여자는 일어나서 아이를 되찾으려고 맹렬하게 몸부림쳤지만, 결국 지쳐 쓰러져 다시 물속으로 가라앉고 말았다. 손이 닿는 모든 시체가 그랬지만 그녀의 시체도 여러 쪽으로 잘려 나갔다. 호수에 더는 빈틈이 없을 때까지 새로운 희생자의 무리들이 떠밀려 들어갔다.[33]

이 잔혹한 학살이 서구 사회에 알려지면서 일본은 국제적인 비난을 샀다. 그에 대해 당시 일본의 외교대신이었던 무쓰 무네미쓰는 서구권에 이렇게 해명했다.

여순사건은 뜬소문으로, 사실은 그렇게 과격한 것이 아니었으며, 단지 다소 무익한 살육행위는 있었던 듯하다. 그렇지만 다른 지역에서 우리 제국 병사들의 모든 행동들이 좋았던 점을 고려해볼 때 이번 사건에서는 그들을 격분시킨 원인이 반드시 있었을 것이라고 믿지 않을 수 없다.[34]

무쓰 무네미쓰가 말한 그 원인이란 대체 무엇이었을까. 그것이 병사들만의 문제가 아니라는 것을 우리는 안다. 그것이 사람의 일 같지 않은, 사람의 일이어서는 안 되는, 그러나 결국 사람의 일이라는 것을 안다. 그것은 정치고, 그 시대에 정치는 전쟁이었다.

일본군 포로가 되었던 제임스 앨런은 책 속에 일본군 장교와의 대화 한 토막을 남겼다.

> 한번은 러시아에 대해 이야기하고 있었는데, (일본군 장교) 히시다가 이렇게 말했다.
>
> "러시아는 중국을 원해요."
>
> "러시아는 모든 것을 원합니다."
>
> 나는 말했다.
>
> "아, 그건 러시아 사람들이 당신 나라(영국)에 대해서 이야기하고 있는 것이지요."

아마 우리는 위의 대화에 대해서 덧붙일 말이 있을 것이다. "그건 우리가 당신 나라, 일본에 대해서 이야기했던 것이지"라고.

이 책은 청일전쟁의 처음부터 거의 끝까지를 다루고 있지만 조선에 대한 묘사는 극히 제한적이다. 저자는 선원이었고, 조선에 상륙할 기회가 없었다. 대신 그는 아산해전과 평양전투 후의 압록강 하구 전투를 해상에서 목격하고 기록했다. 그 처음은 이렇게 시작된다.

> 우리가 황해로 접어든 것은 8월 중순 이후였다. 그런데 그 바다는 (그 이름과는 달리) 내가 봤던 어떤 곳보다도 푸르렀다."[35]

1894년, 그 푸른 바다 황해가 피로 물들었다. 바다에 흐른 것은 중국인과 일본인의 피였으나, 그 피의 근원에는 조선인 모두의 피가 흐르고 있었다. 중국에 대한 일본의 승리는 이후 러일전쟁을 거쳐 러시아에 대한 승리로 이어졌고, 그 후 조선은 일본에 완전히 강점되며, 그 명운을 다했다.

✣ ✣ ✣

청일전쟁에 관해서는 이 책 외에도 무수한 기록들이 있다. 그중 몇 가지를 덧붙인다. 1892년부터 1934년까지 우리나라에서 선교활동을 한 감리교 선교사 매티 윌콕스 노블은 서울에서 겪은 청일전쟁의 기록을 이렇게 남겼다.

> 우리는 조용하고 즐거운 날들을 보내고 있지만, 주변 사람들은 전쟁이 임박했다며 몹시 두려워들 하고 있다. 일본인들이 제물포에 포함을 여러 척 정박시켰고 조선 땅 여러 군데에 많은 수의 군인들을 배치시켰다. 중국 군인들도 곧 조선에 들어올 것이라고 하는데, 일본은 중국에 200만 달러의 돈을 요구하는 한편 조선에 대한 권리도 포기할 것을 종용하고 있다고 한다. 이곳에 과연 전쟁이 일어날지, 또한 다른 나라들이 전쟁에 참여할지는 두고 볼 일이다. 러시아는 조선 땅에 부두를 확보하고 싶어 한다.[36]

바로 그 시기, 전쟁이 발발한 직후에 제물포에 있었던 오스트리아인 여행가 에른스트 폰 헤세-바르텍은 제물포의 풍경을 아래와 같이 남겼다.

> 우리 배와 동시에 일본 부대 수송선이 도착해 항구는 온통 일본 군인으로 붐볐다. 조선 삼판선[37]의 다수는 일본 깃발을 달고 있었다. 일본 깃발은 도시의 수많은 건물뿐 아니라 찻집을 둘러싸고 오른쪽으로 뻗어 있는 대병영의 천막 위에서도 휘날렸다. 상륙할 때 나는 일본군 대대들의 긴 행렬을 따라 걸었다. 큰길에 있는 집들은 일본 군인으로 넘쳤다.[38]

아산과 성환에서 승리를 거둔 일본은 친일정권을 수립하기 위해 경복궁에 침입하여 고종에게 칼을 겨눴다. 1894년 7월 23일의 일이다. 이에 대해 다시 노블의 기록이다.

> 총소리에 잠이 깼다…. 일본인들이 궁궐을 손에 넣기 위해 싸웠고 그 와중에 열 명이 죽고 여러 사람이 부상을 당했지만, 결국 일본인들의 손에 궁궐이 넘어갔다고 한다. 중국 사람 하나가 떨면서 우리 부엌으로 들어와 소동이 가라앉을 때까지 숨어 있었다. 중국 군인들은 아직 서울에 도착하지 못했지만, 얼마 전 수천 명이 평양에 다다랐다고 한다. 우리는 아직까지는 집 안에서 안전하게 지내고 있지만, 전쟁이 정말로 일어나면 폭도가 생겨날 수 있다. 만약 그렇게 될 경우에는 목사님이 우리를 군인들이 지키는 공사관으로 부를 것이다. 만약의 경우에 대비하여 나는 아기와 우리의 옷가지들을 여행가방 안에 챙겨 넣고 있다.[39]

그리고 9월 5일에 평양에서 전투가 벌어졌다. 청일전쟁을 일본의 승리로 이끈 전투였다. 그 전투에 대해서는 당시 평양에서 선교활동을 하고 있던 로제타 홀이 기록으로 남겼다. 전투 현장을 목격한 것은 아니지만 그 후의 참상이 고스란히 드러나 있다.

10월 8일, 몇 군데의 전쟁터를 가보았다. 아직도 청국군들의 시체가 깔려 있었다. 어떤 것은 땅 위에 노출되어 있거나 흙을 그 위에 약간 뿌린 정도였다. 지독한 악취가 났다. 참상은 말로 표현할 수 없을 정도다. 이 전투에 청국군 1만 4,000명과 일본군 1만 명이 동원됐다고 한다.[40]

한 줄의 문장이 엮어내는 역사의 지문

팀콥스키의 《몽골을 거쳐 베이징까지의 여행》

Egor Federovich Timkovskii, 《Voyages a Péking a Traverse la Monglie》

(1827, 프랑스어)

VOYAGE

A PÉKING,

A TRAVERS LA MONGOLIE,

EN 1820 ET 1821,

PAR M. G. TIMKOVSKI.

TRADUIT DU RUSSE, PAR M. N******, ET REVU PAR M. J.-B. EYRIÈS;

Ouvrage publié, avec des Corrections et des Notes,

PAR M. J. KLAPROTH.

Atlas.

PARIS,

A LA LIBRAIRIE ORIENTALE DE DONDEY-DUPRÉ PÈRE ET FILS,

IMP.-LIB. ET MEMB. DE LA SOCIÉTÉ ASIATIQUE DE PARIS,

Libraires de la Société Royale Asiatique de la Grande-Bretagne et d'Irlande, sur le Continent;

RUE RICHELIEU, N° 47 *bis*, ET RUE SAINT-LOUIS, N° 46, AU MARAIS.

M DCCC XXVII.

기록은 한 줄의 문장이 아니다. 한 줄의 문장이 엮어내는 역사다. 역사의 지문이다. 팀콥스키와 이조원의 만남처럼 말이다.

팀콥스키의 책《몽골을 거쳐 베이징까지의 여행》은 1728년에 체결된 러시아와 청나라 사이의 조약에 대한 설명으로부터 시작된다. 그 조약의 5조는 러시아 정교의 포교에 관한 것으로, 러시아 사제들은 베이징에 거주하며 포교를 할 수 있고, 청나라 정부는 장소와 거처와 비용을 제공한다는 것이다. 네 명의 선교사와 세 명의 수사 등으로 이루어진 팀콥스키 일행은 이 조약에 의거하여 이제 베이징으로 떠나는 참이다.

1820년 8월 말의 일이다. 장장 4개월에 걸쳐 몽골을 통과해서 가는 긴 여정이 될 이 여행의 끝은 아라사관. 당시의 조선인들이 부르는 명칭으로는 그러했고, 더 멀리 올라가서는 '옥하관玉河館'이라고 불렸던 곳이다. 1689년, 러시아와 청나라 사이의 국경 분쟁을 매듭짓는 네르친스크조약이 맺어지면서 베이징에 러시아 사신들의 숙소가 필요해지기 전까지 이 아라사관은 조선 사신들의 공관이었고, 그 명칭이 바로 옥하관이었다. 비록 러시아인들에게 내주기는 했지만, 그 후에도 조선의 연행사燕行使[41]들은 그곳에 대해 각별한 마음이 없지 않았던 듯하다. 당연한 일이다. 명나라에서 청나라까지, 조선의 외교 역사가 거기에 전부 깃들어 있었으니.

그래서인지 연행사들은 자주 옥하관에 대한 기록을 남겼다. 옥하玉河 변에 서서 아라사관이 된 곳을 그저 바라보기도 하고, 아라사관의 문을 손으로 만져보기도 하고, 들어가서 아라사인들을 만나기도 하고, 그곳의 풍경에 대해 세세한 묘사를 남기기도 했다. 아예 《아라사관기》를 쓴 사람도 있다. 1832년에 동지사 겸 서장관으로 베이징에 다녀온 김경선이 그다. 그는 《연원직지燕轅直指》라는 제목의 연행록을 쓰면서 그 부록에 아라사관기를 덧붙였다. 아라사관과 아라사관에 속한 러시아 교회의 풍경을 건축양식부터 구조까지 상세히 소개한 것은 물론이거니와 그 마당의 개 한 마리까지 글로 남겼다. 설마 러시아 개였으려나? 맞다.

> 넓은 정원에 꽃나무들이 많고 그 옆에 큰 개 두 마리와 작은 개 대여섯 마리가 있는데, 그 작은 개들은 아마도 그 나라에서 온 개들인 것 같았다.

아라사관은 그림으로도 남겨졌지만 오히려 글로 쓴 아라사관이 더 생생하다. 그림은 건조하게 구조물만을 그려놓았으나 글은 꽃나무 한 그루, 개 한 마리까지 놓치지 않았다.

이 아라사관 이야기를 길게 하는 이유는 바로 그곳에서 조선인들과 러시아인들의 만남이 이루어졌기 때문이다. 그리고 그 기록이 조선인들뿐만 아니라 러시아인들에게도 남았기 때문이다. 당시 베이징에 머물던 러시아 정교 전도단의 신부 비추린과 그의 보좌관이었던 젊은 외교관 팀콥스키가 바로 그들이다. 특히 팀콥스키는 그의 책 《몽골을 거쳐 베이징까지의 여행》에서 아라사관을 찾아온 조선 사신들과의 만남을 세세히 기록해두었다.

> 4월 6일 저녁에 세 명의 조선인들이 방문했다. 이들은 베이징까지 조정 대신을 수행하고 온 관리들인데, 가장 나이 든 사람은 60세가량으로 보였다. 그는 우리들의 복식이나 물건, 장검 등에 관심을 보였고 그중에서도 특히 내가 차고 있던 권총에 크게 관심을 보였다.

팀콥스키는 조선인들의 이 호기심 가득한 행동에 호감을 보이며 몇 가지 선물을 했다. 접이칼, 찻잔, 페테르부르크에서 생산한 종이 등이었는데, 그중 조선인들이 가장 좋아했던 것은 종이였다고 덧붙였다. 정말로 그랬을까. 선비들이니 그랬을 것이다. 그래야 했을 것이다. 속마음은 어땠을망정.

그러나 위의 인용에서처럼 '그'가 진심으로 갖고 싶었던 것은 총이었다. 그걸 선물받지는 못했다. 대신 '사브르'라고 불리는 기사용 장검을 선물 받았다. 역시 귀한 선물이었다. 그 귀한 선물을 옆으로 슬쩍 미뤄두고 러시아 종이를 들여다보고 있는 그… 허세가 아니라 품위라고 해두자. 조선 선비가 이 정도의 품위는 있어야 하지 않겠나.

1821년 이조원은 동지사冬至使로 베이징을 방문했다. 위에서 기록된 '그'는 바로 이조원이고, 세 명의 조선인 관리들은 이조원을 수행하고 온 일행들이었다. 이 사신단과 러시아 정교회 신부, 그리고 외교관이 연속적으로 몇 차례에 걸쳐 아라사관과 정교회 교회에서 만났다. 중국어 통역을 사이에 두고 필담이 오고갔다. 일문일답, 정성

팀콥스키의 《몽골을 거쳐 베이징까지의 여행》에 등장하는 아라사관

러시아와 청나라 사이에 네르친스크조약이 맺어지면서 베이징으로 온 러시아 사신들의 숙소가 된 아라사관은 원래 '옥하관'이라 불리던 조선 사신들의 공관이었다.

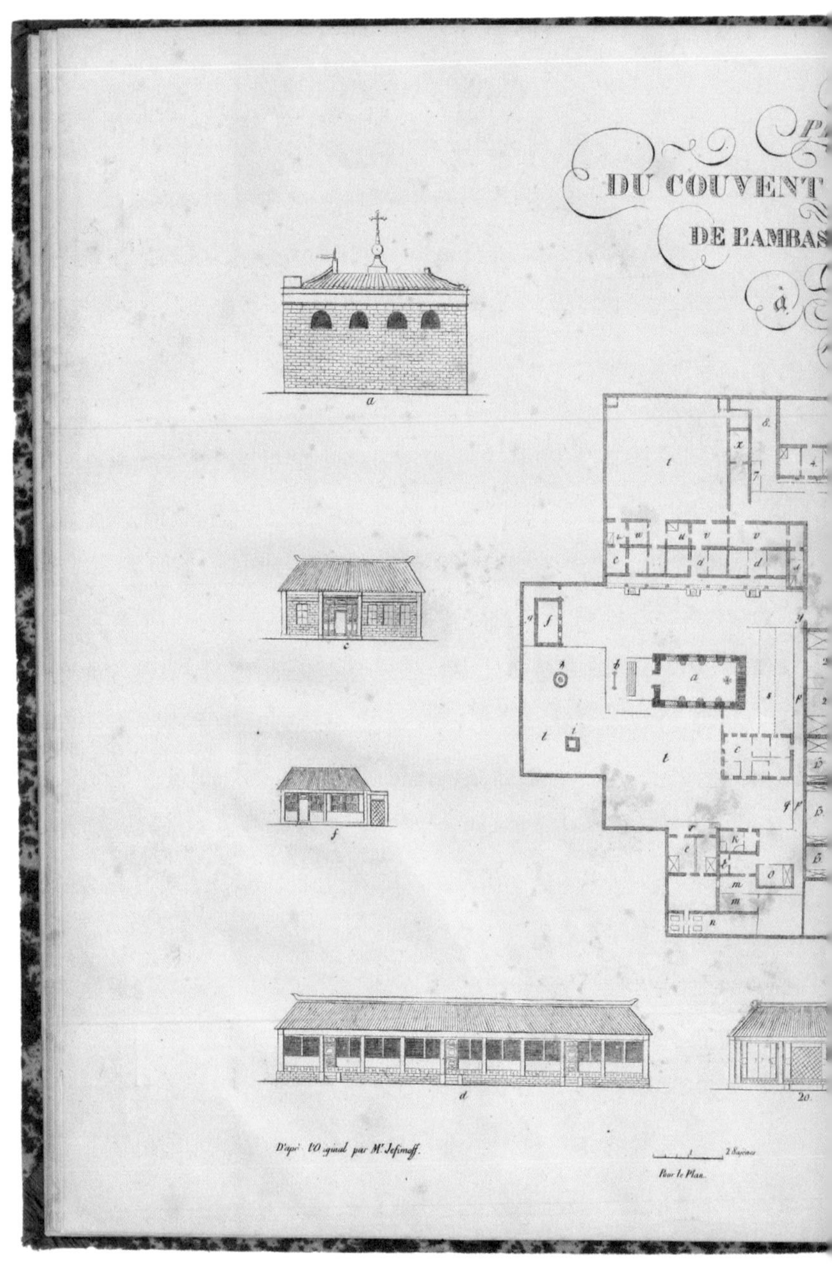

HÔTEL

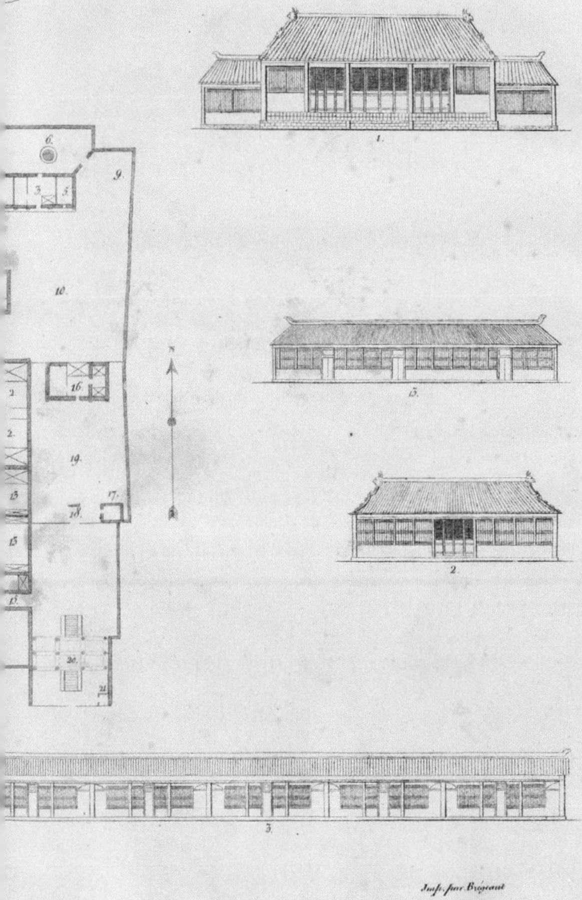

1.

3.

2.

3.

Imp. par Brégeaut

을 들인 질문과 신중을 다하는 대답.

> 조선은 얼마나 큰 나라인가? 행정구역은 어떻게 이루어져 있나? 조선에는 강과 산이 많은가?

일견 간단해 보이는 질문들이다. 그러나 속내는 그렇지 않았을 것이다. 이 간단한 질문들 사이사이로 서로에 대한 탐색이 끊이지 않았다.

러시아 전도단은 포교만 하지 않았다. 그들은 중국어를 배웠고, 만주어를 익혔다. 그리고 중국의 역사를 배웠고, 중국의 역사와 정책을 러시아어로 번역했다. 당연히 이 중에는 비밀리에 수집된 기밀문서도 있었다. 비추린은 신부이면서 학자이기도 했는데, 러시아로 귀국할 때 그가 수집해서 가져간 동방 관련 자료가 자그마치 책 12상자, 지도 6통 등 총무게 1만 4,000파운드(약 1,800킬로그램)였다고 전해진다. 이 자료들은 이후 러시아 내 동방학의 중요한 기초자료가 된다.

비추린이 만난 사람 중에는 조인영도 있었다. 이조원보다 몇 년 후인 1827년, 무관의 청년이었던 조인영은 사신단을 쫓아 베이징에 갔다가 러시아 신부이자 탐험가 니키타 비추린을 만났다. 헤어질 때 시 한 수를 지어 비추린에게 선물했는데, 그 시를 비추린이 러시아까지 가져갔다. 수없이 많은 시를 선물 받았을 텐데, 비추린은 왜 굳이 그걸 가져갔을까. 조인영은 나중에 영의정의 자리에까지 오르지만 그 때까지만 해도 과거급제조차 하지 못한 한낱 청년에 불과했다. 그런 사람이 준 시를 비추린이 가져갔고, 소장하고, 훗날에까지 전했다.

우선, 그 시를 읽어보자.

수만 리나 떨어져 있어도
같은 하늘 아래 있다네
먼 훗날 그리울 때면
천마를 타고 가야지

비추린은 활달한 내용과 필체의 그 시가 마음에 들었던 모양이다. 하지만 정작 조인영은 그렇지 않았다. 나중에 고관의 자리에 올라 천주교 박해자가 되는 조인영은 젊은 날에 이 러시아 신부에게 써준 시가 몹시 꺼림칙했던 모양이다. 그래서 없애버렸다. 흔적조차 없애버렸다. 아이러니하게도, 조인영이 없애버린 조인영의 시는 러시아에 남아 오늘날까지 전해져오게 되었다. 이 시는 러시아 동방학 연구소 페테르부르크 지부에서 보관 중이다.

이조원은 어땠을까. 이조원은 팀콥스키의 책 속에 남았다. 그러나 그 책 속의 이조원이 우리에게 오는 과정이 또한 흥미롭다. 책은 어떻게 우리에게 오는가. 그것이 물리적으로 오는 경로를 생각해보는 것은 어렵지 않다. 누군가 쓰고, 누군가 만들고, 누군가 보관한 후, 우리에게로 온다. 그 사이에 세월이 묻어 책의 물리적 역사가 생긴다. 누군가는 썼다가 고치고, 그렇게 고친 것이 기록되고, 만든 것은 변형되고, 탈색되고, 보관은 손상을 가져온다. 그래도 세월이 묵인하는 한, 그것은 우리에게 온다. 온갖 세월의 이야기를 다 묻혀서 온다.

그러나 이 과정을 한번 거꾸로 생각해보자. 묵은 세월의 이야기를 하나씩 제거하고, 녹을 닦아내듯이 책갈피에 묻은 이야기들을 또 닦아내고, 손상된 부분을 채워 넣고, 고쳐진 부분들의 원형을 복구하고, 잘못된 기록의 근원을 찾아가면, 그러면 마침내 거기에는 책의 원형, 그때의 이야기가 고스란히 복원될까. 그 원류를 찾을 수 있을까. 이조원의 이야기를 찾아가는 과정은 이렇게 시작된다.

> 1821년 4월 10일에 전도단장인 H에게서 그날 저녁 모임에 참석하라는 요청을 받았다. 조선인 관리와의 만남이었다. 그 조선인은 리 위 호우, 나이는 63세. 대화를 나누고 그들의 숙소와 교회까지 탐방한 이 고관에게 팀콥스키는 사브르를 선물했다.

팀콥스키의 책에 나오는 조선인 관리의 이름이 처음부터 이조원이라고 쓰여 있었다면 좋았을 것이다. 그러나 리위호우라니. 《조선왕조실록》에 기록된 연행사절단 중에 리위호우는 없다. 그래서 리 위 호우가 누구인지를 찾기 위해 오늘날의 실종자 찾기 같은 과정이 벌어진다. 지문을 확인하고. 연고를 찾아보고. 친구를 인터뷰하고, 종적을 탐문하는 것.

당시의 연행사절단 중 가장 유사해 보이는 인물이 이조원이다. 63세, 이조원. 그의 호는 옥호玉壺로 이것의 중국식 발음은 'yuhu'. 거의 맞는 것 같다. 그러나 오늘날의 실종자 찾기처럼, 거의 맞는 것만으로는 안 된다. 절대로 안 된다. 확실히 맞아야만 한다.

팀콥스키의 책을 발견하고, 그 책에서 리위호우를 발견했던 사람은 또 다른 근거를 찾아나선다. 그리고 이조원의 문집을 찾는다. 이조원은 말년에 귀양을 갔던 흑산도에서 《옥호집玉壺集》이라는 개인 문집을 남겼다. 14권 6책에 1,000편이 훨씬 넘는 시와 상소문 등이 담겼다. 혹시 여기에 팀콥스키와 관련된 기록이 있는지를 확인하기 위해 누군가가 이 문집을 뒤진다. 샅샅이 뒤진다. 그렇게 해서 그 누군가는 마침내 이조원의 시를 찾아낸다. 《옥호집》 9권에 들어 있는 시, '정리잡음靜裏雜吟' 이 바로 그 시다.

3만 리 머나먼 악라(러시아) 나그네,
지난날 연경 주점에서 만났지
말은 여러 번 통역해야 했고,
옷은 꼭 끼게 입고 있었지
우리의 만남 참으로 기연,
장검 한 자루를 선물로 주었지
내 평생 문무에 뜻을 두고 있었으니,
이 명검을 얻고 한없이 기뻤지
무쇠 칼집은 깃털처럼 가볍고,
황금장식 칼자루 눈부시게 아름다웠지
칼날은 갓 벼린 듯
가을 물처럼 차갑게 일렁이는 듯
걸어두면 응당 온갖 잡귀 물리치고,
휘두르면 족히 나쁜 무리 벨 수 있지
보랏빛 기운이 저 하늘에 있으니,
세속에 물들지 말지어다[42]

기록은 한 줄의 문장이 아니다. 한 줄의 문장이 엮어내는 역사다. 역사의 지문이다. 팀콥스키와 이조원의 만남처럼 말이다.

1890년대 조선의 일상 저장고

올링거의 〈코리언 리포지터리〉

Franklin Ohlinger, 〈The Korean Repository〉

(1892.1~1892.12, 1895.1~1899.4, 영어)

헐버트의 〈코리아 리뷰〉

Homer Hulbert, 〈The Korea Review〉(1901.1~1906.12, 영어)

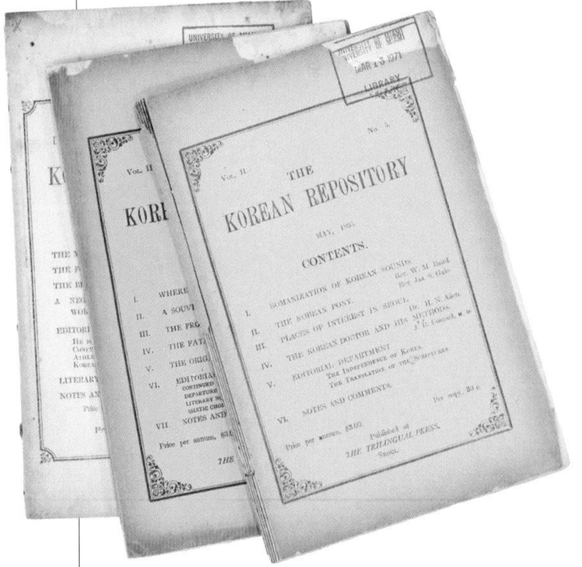

THE

KOREAN REPOSITORY

MAY, 1895.

CONTENTS.

I. ROMANIZATION OF KOREAN SOUNDS — Rev. W. M. Baird.

II. THE KOREAN PONY. — Rev. Jas. S. Gale.

III. PLACES OF INTEREST IN SEOUL.

IV. THE KOREAN DOCTOR AND HIS METHODS.

V. EDITORIAL DEPARTMENT

VI. NOTES AND COMMENTS.

Price per annum, $3.00.

Published at THE TRILINGUAL PRESS, Seoul.

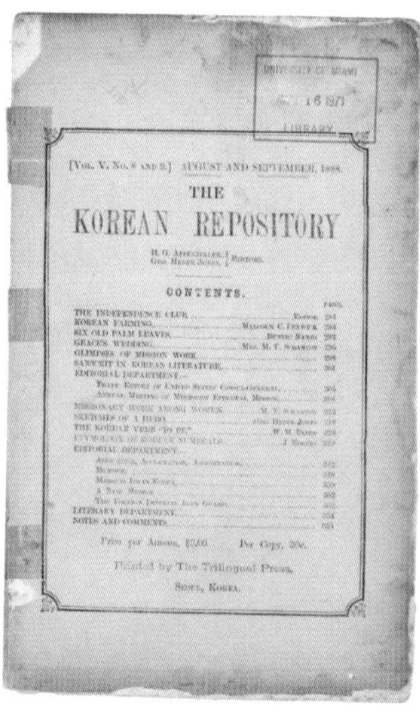

[VOL. V. NO. 8 AND 9.] AUGUST AND SEPTEMBER, 1898.

THE

KOREAN REPOSITORY

CONTENTS.

THE INDEPENDENCE CLUB.

KOREAN FARMING.

SIX OLD PALM LEAVES.

GRACE'S WEDDING.

GLIMPSES OF MISSION WORK.

SANSKRIT IN KOREAN LITERATURE.

EDITORIAL DEPARTMENT.—

LITERARY DEPARTMENT.

NOTES AND COMMENTS.

Printed by The Trilingual Press,

Seoul, Korea.

우리나라 최초의 영문 잡지
〈코리언 리포지터리〉

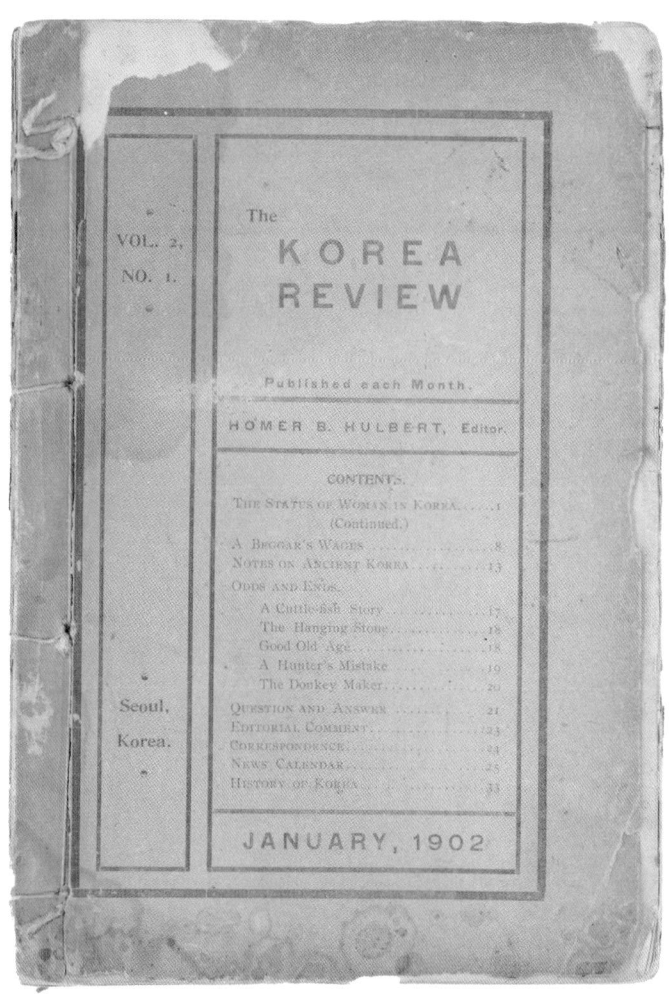

VOL. 2,
NO. 1.

The
KOREA
REVIEW

Published each Month.

HOMER B. HULBERT, Editor.

CONTENTS.

Seoul,
Korea.

JANUARY, 1902

〈코리아 리뷰〉

〈코리언 리포지터리〉의 간행에
적극 참여하고 폐간을 안타까워했던
헐버트가 거의 혼자 힘으로
발행한 잡지이다.

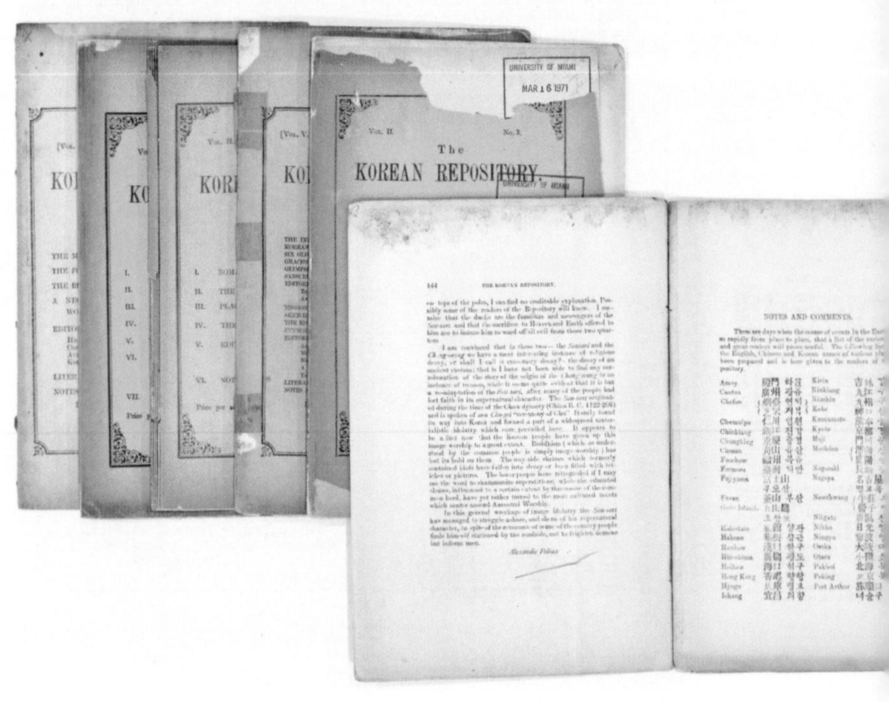

〈코리언 리포지터리〉
이 잡지는 이름과도 같이 우리나라 근대의
기록을 가득 담은 보물창고가 되었다.

책머리에서 「갑신정변회상기」에 대해 말했다. 오자가 나는 바람에 「갑신정변'화'상기」가 된. 그 원제는 '1884년의 폭동과 관련된 사건Events Leading to the Emeute of 1884'이다. 인천 해관에서 근무했고, 독일계 무역회사인 마이어 상사에서도 일을 한 독일인 뫼르젤은 서울에서 난이 일어났다는 소식을 듣고, 당시 조선에서 막강한 권력을 행사하고 있었던 묄렌도르프를 구출하기 위해 즉시 서울로 향한다. 갑신정변이 일어난 그 이튿날이다. 그리고 삼일천하로 끝난 갑신정변의 마지막 밤을 목격한다. 뫼르젤은 몇 년 후, 이날의 경험을 기사로 작성하여 잡지에 실었다. 그 잡지가 바로 〈코리언 리포지터리〉이다.

〈코리언 리포지터리〉는 1892년, 서울에서 창간한 영문 잡지다. 1892년 1년 동안은 감리교 선교사인 프랭클린 올링거가 발행했고, 잠시 휴간하였다가 1895년에 복간한 후부터는 헨리 아펜젤러와 조지 존스가 발행과 편집을 맡았다. 선교사들이 발행하기는 했으나 선교잡지는 아니었다. 한국에 관한 모든 것을 다루는 잡지, 즉 종합

〈코리언 리포지터리〉에 실린 광고

**역사적으로 중요한 소식을 원한다면,
역사책을 보면 된다. 그러나 이 시대의 생생한
기록, 삶의 흔적을 보려면 잡지를 보아야 한다.**

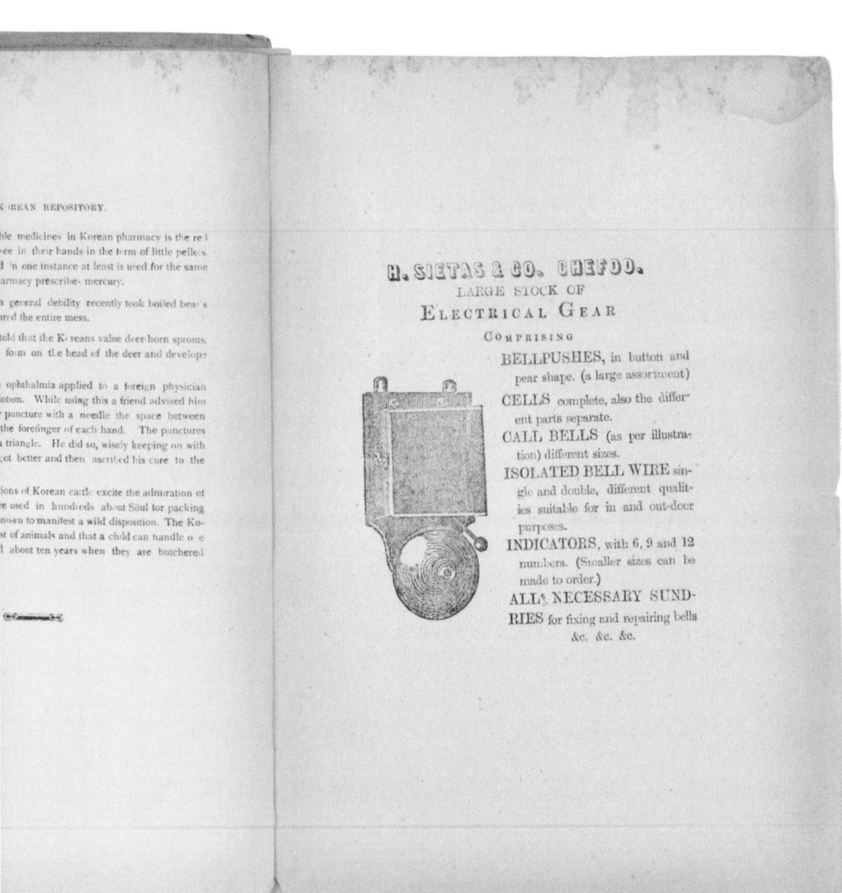

KOREAN REPOSITORY.

ble medicines in Korean pharmacy is the re l
see in their hands in the form of little pellets.
d in one instance at least is used for the same
armacy prescribes mercury.

n general debility recently took boiled bea s
ured the entire mess.

told that the Koreans value deer-horn sprouts.
form on the head of the deer and develops

ophthalmia applied to a foreign physician
lotion. While using this a friend advised him
r puncture with a needle the space between
the forefinger of each hand. The punctures
a triangle. He did so, wisely keeping on with
got better and then ascribed his cure to the

ions of Korean cattle excite the admiration of
re used in hundreds about Söul for packing
nown to manifest a wild disposition. The Ko-
st of animals and that a child can handle o e
d about ten years when they are butchered

H. SIETAS & CO. CHEFOO.

LARGE STOCK OF

ELECTRICAL GEAR

COMPRISING

BELLPUSHES, in button and pear shape. (a large assortment)

CELLS complete, also the different parts separate.

CALL BELLS (as per illustration) different sizes.

ISOLATED BELL WIRE single and double, different qualities suitable for in and out-door purposes.

INDICATORS, with 6, 9 and 12 numbers. (Smaller sizes can be made to order.)

ALL NECESSARY SUNDRIES for fixing and repairing bells &c. &c. &c.

잡지라 할 만했는데, 역사·문화·언어 등을 다룬 학술기사로부터 시작하여 기행문과 같은 에세이, 최신 뉴스도 실었다. 물론 광고도 실었다.

우리나라 최초의 근대신문은 〈한성순보〉이다. 1883년 10월 31일에 창간, 열흘마다 발행됐는데, 바로 위에서 거론했던 문제적 사건인 갑신정변으로 말미암아 발행이 중단되었다. 그다음에는 〈한성주보〉가 1888년 7월까지 발행됐다. 둘 다 정부에서 발행한 신문들이다. 그렇다면 그다음에는? 민간신문인 〈독립신문〉이 나올 때까지, 더는 없었다. 더는 아무것도. 〈독립신문〉이 창간되는 1896년 4월까지.

그러니까, 〈코리언 리포지터리〉가 발행되기 시작하던 1892년에 우리나라에는 아무것도 없었다는 뜻이다. 신문이든 잡지든 언론이라 불릴 만한 것은, 아무것도.

영한사전을 찾아보면 '리포지터리repository'의 뜻은 어떤 것의 대량 저장소, 혹은 보고寶庫라고 나온다. 귀중한 물건을 간수해두는 창고. 훗날 그렇게 될 거라고 짐작하여 지은 제목은 아니었겠으나, 오랜 세월이 흐른 후, 이 잡지는 실제로 우리나라 근대의 기록을 가득 담은 보물창고가 되었다. 만일 1890년대 조선에서 무슨 일이 일어났는지 알고 싶다면? 이 잡지의 아무 곳이나 펼쳐보기 바란다.

1892년 4월호에는 이즈모마루호의 침몰에 관한 기사가 실렸다. 제물포에서 고베로 가는 중이던 여객선 이즈모마루호가 침몰하여 엄청난 수의 사상자를 냈다는 사고 소식이다. 사망자 중에는 제물포의 호텔 다이부츠의 사장 아들도 있었다.

이게 뭐 중요한 소식인가, 할 수도 있겠다. 역사적으로 너무나 엄청난 사건들이 벌어지던 시기인지라 이런 사고 소식쯤은 흔히 잊히기 마련이다. 사상자 수가 많다고 해봤자 타이타닉호도 아니고, 하는 분도 있을 것이다.

역사적으로 중요한 소식을 원한다면, 역사책을 보면 된다. 그러나 어떤 사건의 생생한 기록을 원한다면, 이 잡지를 눈여겨보기 바란다. 이 단 하나의 기사만으로 당신은 그 당시에 일본과 우리나라 사이를 오가던 배의 이름을 알게 되고, 제물포의 호텔을 알게 되고, 그때 그곳에 있던 사람들을 알게 된다.

1892년 창간호의 기사를 보자. 한글과 관련한 학술기사가 가장 먼저 실렸다. 미국의 선교사이자 독립운동가였던 호머 헐버트가 썼다. 그다음에는 임진왜란에 관한 역사 기사로 조지 존스가 썼다. 이어서 제임스 게일의 기행문이 나온다. '압록강을 건너To the Yaloo and Beyond'라는 제목이다. 서울에서 출발하여 압록강을 지나 만주에까지 이르는 이 기행문은 앞으로 몇 차례에 걸쳐 연재될 것인데, 이르는 곳마다 그곳에 얽힌 이야기들을 입심 좋게 풀어놓아 읽기가 즐겁다. 나도 알지 못했던 내 나라의 이야기들이 그야말로 쏟아진다.

임진강과 화석정에 관한 일화도 전한다. 율곡 이이가 머물던 임진강변의 화석정은 임진왜란 때 불타 소실되었던 것으로 전해진다. 여기에 민담이 덧붙여졌는데, 율곡 이이가 자신의 사후 머지않아 전쟁이 일어날 것을 예견하고, 난을 맞은 임금이 훗날 그 강을 건널 때 그 정자를 불태워 어둠을 밝힐 수 있도록 제자들에게 매일 정자의 기둥에 기름칠을 하게 하였다는 것이다.

물론 민간에 전해져 내려오는 이야기이니 게일의 입을 통하지 않아도 알 수 있다. 그러나 100년 전 서양 사람이 전하는 우리나라 민담의 맛은 어떠한가. 한번 읽어볼 만할 것이다.

그다음에는 맥고완의 고고학 관련 기사가 이어지고, 1891년의 조선 사회와 산업 등을 돌아보는 편집자 노트가 이어진다. 흥미로운 기사도 있다. 「왕의 구매The Purchase of a King」. 기사의 첫 줄을 그대로 직역하면, 조선의 왕이 아이오와서클의 공사관 건물 주인이 되었다는 내용이다. 신속하게 전해진 기사가 아닐 수 없다. 주미공사관이 워싱턴에 건물을 구입한 것이 1891년 12월이다.

소소한 뉴스들도 있다. 1892년 1월 17일 여덟 명의 학생들이 금융학을 공부하기 위해 일본으로 떠났다는 단신 기사. 외국인 거주지에 독감이 유행하고 있다는 기사.

그런가 하면 1891년 12월 28일 서울에서 드미트렙스키의 딸이 태어났다는 기사도 보이고, 선교사 스콧의 조카딸이 결혼했다는 소식도 실렸다. 대한제국의 고문이었던 드미트렙스키는 대한제국에서 딸을 낳았을 뿐만 아니라 그 딸을 낳았던 나라에서 훗날 생을 다한다. 1892년 1월호에서는 아니지만, 곧 조선에서 숨을 거두는 서양 사람들의 수많은 부고도 실리게 될 것이다.

✣ ✣ ✣

〈코리언 리포지터리〉는 1899년에 폐간된다. 그 사실을 가장 안타까워했던 사람이 호머 헐버트였다. 조선을 사랑한 대표적인 서양인으로 손꼽히는 헐버트는 〈코리언 리포지터리〉 초기부터 적극적으로 잡지 간행에 관여했다. 잡지의 폐간을 막아내지는 못했지만, 곧 〈코리언 리포지터리〉를 잇는 잡지 간행에 뛰어든다. 〈코리아 리뷰〉가 그것이다. 1901년, 〈코리언 리포지터리〉가 폐간된 지 3년 만에 그는 거의 혼자 힘으로 〈코리아 리뷰〉 발행에 성공한다.

〈코리아 리뷰〉는 〈코리언 리포지터리〉와 마찬가지로 각종 학술기사, 선교 소식 그리고 시사 뉴스 등을 실었다. 그리고 우리는 여기에서 역시 소소한, 역사가 그리 주목하지 않는 그러나 생생한 삶의 얘기들을 접할 수 있다.

예를 들어 1902년의 한 기사에는 주한 러시아 공사관 의사인 포크롭스키가 러시아에서 직접 공수해온 온도계와 습도계, 풍속계 등을 가지고 조선의 기상을 관측했다는 내용이 나온다. 이는 우리나라 최초의 현대적인 기상관측인데, 만일 그 시절의 날씨에 대해 관심이 있다면 그 기사를 읽어보는 게 좋을 것이다. 100년 전의 조선은 지금보다 2도쯤 추웠고, 또 3도쯤 시원했다.

〈코리아 리뷰〉는 1906년까지 발행되었다. 잡지가 발행되는 내내 헐버트를 가장 괴롭혔던 것은 기사를 쓸 사람이 없다는 사실이었다. 그래서 그는 자기 이름으로 쓰고, 편집자 이름으로도 쓰고, 무기명으로도 썼다. 이런 정황에 안타까움을 느낀 사람들이 발을 벗고 나서주기도 했지만, 폐간 때까지 끝내 헐버트의 괴로움은 지속되었다. 그러나 폐간의 이유가 그 때문이었던 것은 아니다.

이 시기부터 헐버트는 조선의 독립운동에 적극적으로 관여하기 시작했다. 고종의 헤이그 특사 파견을 도왔을 뿐만 아니라 본인 역시 조선의 독립을 호소하기 위해 헤이그로 향했다. 만국평화회의 특사 파견에 개입하였고, 조선의 상황을 세계에 알린 영국 언론인, 그리고 〈대한매일신보〉의 창간인이기도 한 베델을 지원했다. 〈코리아 리뷰〉를 발행하는 것보다 더 중요한 일들이 연이어 생긴 것인데, 그 일이 곧 끝날 것처럼 보이지 않았다. 그래서 그는 그토록 소중히 여겼던 잡지 발행을 더는 이어갈 수 없었다. 조선과 운명을 같이 하는 일이 바로 그것이었다.

유럽 최초로 한국 문학작품을 소개한 암살범

홍종우의 《다시 꽃 핀 마른 나무》

Hong Tjyong Ou, 《Le Bois Sec Refluri》(1895, 프랑스어)

LE BOIS SEC REFLEURI

ROMAN CORÉEN

TRADUIT EN FRANÇAIS SUR LE TEXTE ORIGINAL

PAR

HONG-TJYONG-OU

PARIS

ERNEST LEROUX, ÉDITEUR

28, RUE BONAPARTE 28

1895

홍종우와 로니가 《춘향전》을 번역한
《향기로운 봄Printemps Parfumé》

프랑스어판 《춘향전》은 아주 작은 책이다.
어쩌나 작고 예쁜지 '향기로운 봄'이라는
그 제목이 딱 어울린다. 표지에
금박으로 꽃무늬를 돋을새김한 것이 눈에 띈다.

홍종우의 《다시 꽃 핀 마른 나무》

홍종우와 로니가 번역한 《춘향전》의 프랑스어판, 《향기로운 봄》 속표지

삽화들은 다들 서양인이며 서양 복장을 하고 있다.

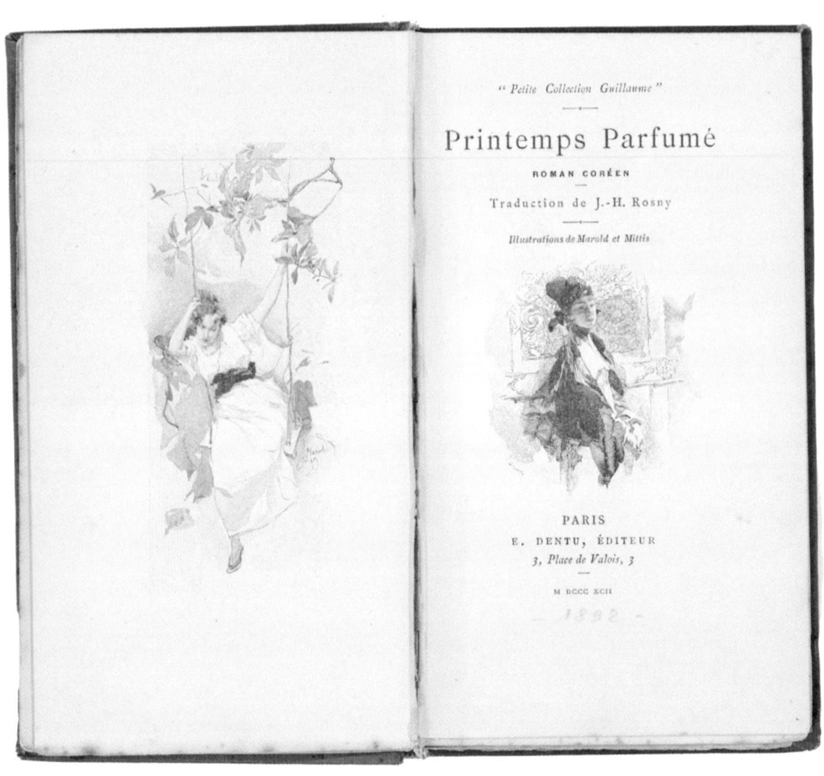

" Petite Collection Guillaume "

Printemps Parfumé

ROMAN CORÉEN

Traduction de J.-H. Rosny

Illustrations de Marold et Mittis

PARIS

E. DENTU, ÉDITEUR

3, Place de Valois, 3

M DCCC XCII

김옥균의 암살범으로 유명한 홍종우는 우리나라 최초의 프랑스 유학생이기도 했다. 1890년 12월, '프랑스에서 법학을 공부하고자 하는 서울 출생 홍종우'라고 적힌 여권을 지니고 마르세유에 도착했다. 그리고 곧 파리로 향했다.

홍종우는 '유럽 땅을 밟은 최초의 조선인'이라고 알려지기도 했지만, 그 말은 반은 맞고 반은 틀렸다. 임진왜란 때 노예로 끌려가 어찌어찌 이탈리아에까지 정착하게 된 안토니오 코레아는 차치하고라도 홍종우보다 수년 전에 파리의 에펠탑 아래를 거닐었던 조선인들이 있었다. 1883년, 미국에서 외교사절 임무를 끝내고 조선으로 돌아오는 길에 유럽을 탐방했던 민영익과 보빙사報聘使 일행이 그들이다.

그러나 단순한 탐방이 아니라 유학이 목적이었던 사람은 홍종우가 처음이었다. 유럽 사회에 조선 사회를 알리기 위해 목소리를 낸 사람 역시 그가 처음이었다. 그보다 앞서 유럽을 탐방한 민영익 일행은 어땠을까. 공식적인 방문이 아니었으니 유람이라고 해도 무방할 만한 이 짧은 여행이 그들의 세계를 흔들었다. 조선과는 완전히 다른 세계를 목도한 이 젊은이들 중 누군가는 개화의 의지를 더욱 굳게 다지지만, 누군가는 오히려 개화파에서 보수파로 돌아섰다. 세계를 만나는 방식의 차이는, 그들의 존재의 차이이기도 하다. 각기 다른 자리에 있고, 각기 다른 이상을 품고 있던 그 청춘들의 세계가 흔들리자 조선도 흔들렸다.

홍종우는 달랐다. 고작 7년 뒤였지만 19세기 말의 7년은 세상이 뒤집힐 수도 있는 시간이었다. 뒤늦게 세상으로 나온 조선의 젊은 지식인에게는 더욱이 그러했다. 홍종우는 민영익 일행이 충격과 현기증을 동시에 느꼈던 그때로부터 고작 7년 후였지만, 그러나 거의 한 세기 후의 사람처럼 파리에 도착했다. 말하자면 그는 준비되어 있었고, 자신이 무엇을 해야 하는지도 알았다. 그 길의 옳고 그름에 대해서는 달리 판단해야 할 문제다.

홍종우는 1890년 12월부터 1893년 7월까지 약 2년 7개월 동안 파리에 체류했는데, 결코 길다고는 할 수 없는 그 기간 동안 그야말로 눈부신 활동을 했다. 그는 종종 유명 강연회에 초대되어 조선에 대해 알릴 기회를 가졌고, 유럽에서 가장 큰 동양 박물관인 기메 박물관에서 연구 보조원으로도 활동했다. 그러는 동안 내내 갓을 쓰고 도포 차림을 고수했다. 풍채가 좋고 장신의 사내인 그가 도포를 휘날리며 나타날 때마다 사람들은 그 당당함에 먼저 매혹되곤 했다.

첫눈에 건장한 체구와 큰 키가 눈에 띄었다. 몽골인으로 여겨지는 얼굴은 황색이라기보다는 검게 그을린 것처럼 보였고, 표정은 부드럽고 진지했다. 조선 옷이 잘 어울렸는데, 비스듬하게 맞물리는 나팔 모양의 통 넓은 저고리를 입고 있었다. 머리는 타타르의 침략 이

후 중국에서는 사라진 공자풍의 스타일이었다.[43]

홍종우를 소개한 프랑스 소설가 J. H. 로니의 글이다. 홍종우는 로니와 함께 《춘향전》을 번역했다. 이것은 프랑스에서 출판된, 아니 유럽에서 출판된 최초의 우리나라 문학작품으로 기록된다. 1892년의 일이다.

프랑스어 제목은 《향기로운 봄》이다. 그러나 마치 직역이라도 한 것 같은 제목과는 달리, 이 《춘향전》은 《춘향전》이 아니다. 춘향이 등장하고 이 도령이 등장하니 《춘향전》은 《춘향전》인데, 춘향이는 기생 딸이 아니고 이 도령은 춘향이를 만나기 위해 난데없이 여장을 하고, 변 사또는 춘향이에게 수청을 요구하는 게 아니라 청혼을 한다. 그러니까 뭔가가 살짝살짝 다르다. 이때만 해도 프랑스어가 서툴렀던 홍종우가 더듬더듬 얘기해준 것을 로니가 각색하면서 생긴 일이다. 언어 소통의 문제보다 문화 소통의 문제가 더 컸던 것 같다. 로니는 프랑스 독자들이 좋아할 만한, 그리고 이해할 만한 춘향이를 보여줘야 했을 것이다.

홍종우는 만족했을까? 홍종우는 《춘향전》이 출판되자마자 곧바로 《심청전》 번역을 시작한다. 이번에는 프랑스인의 조력자로 만족하지 않았다. 그는 직접 번역했고, 자신의 이름으로 출판도 했다. 《다시 꽃 핀 마른 나무》라는 제목으로. 1895년이었다.

그런데 이 《심청전》 역시, 심청전이 아니다. 《춘향전》보다 더 심하다. 《춘향전》은 살짝살짝 달랐는데, 《심청전》은 더 요령부득, 더 오리무중이다. 내용을 간단히 보자. 덕이 높기로 소문난 양반 청이 아버지가 음모에 의해 유배를 가게 된다. 거기에서 청이를 낳는다. 그리고 청이 아버지가 봉사가 된다. 청이는 300석 쌀을 받고 배에 제물이 되기를 자청한다. 여기까지는 크게 문제가 없는 내용이다. 그런데 갑자기 이상한 스토리가 전개된다. 청이 아버지의 친구가 등장하고, 나라에서는 반란이 일어나고, 어린 왕이 유배를 가고, 그 왕이 거북이를 쫓아 바다에서 나온 청이와 결혼을 하고…. 어쨌든 그러다가 청이 부녀가 상봉을 하고, 심 봉사는 다시 재상이 되고….

이 개작이 얼마나 심했는지 프랑스 사람이며 동시에 한국학 학자이기도 했던 모리스 쿠랑은《한국서지》에 이 책을 소개하며 이렇게 말했다. "홍종우에 의해 번역되었다기보다 모방된 한국 소설." 프랑스 사람 로니도 아닌 홍종우는 왜《심청전》을 이런 식으로 개작했을까? 이유를 알 것도 같다. 이 작품은 사실 우리나라의 고소설의 온갖 모티브를 차용한 것으로,《조웅전》,《백학전》,《숙향전》,《토끼전》 기타 등등의 내용이 함축되어 있는 것으로 분석된다. 아마도 홍종우는 우리나라 문학작품을 하나라도 더 알리고 싶었던 것 같다.《심청전》도 알리고, 다른 것도 알리고, 할 수 있는 만큼 다 알리고 싶었던 것 같다. 왜냐하면 자랑스러웠으니까. 너희들 잘난 체하지 마, 우리나라에도 이렇게 훌륭한 문학이 있어, 말하고 싶었을 테니까.

✣ ✣ ✣

이 책의 서문을 보면, 홍종우의 마음이 보인다. 그는 서문에다 아예 조선의 역사를 썼다.《심청전》이 나오는 김에 조선의 역사도 알려주겠다가 아니라 조선의 역사를 알리려니 책을 내야 하겠고 책을 내야 하니《심청전》이라도 번역해야겠다는 식이다. 그는 서문에 이렇게 썼다.

> 몇 달 전 나는 《향기로운 봄》이라는 제목의 한국 소설 번역을 위해 프랑스 작가 로니의 협력자로 있었다.

그런데 로니가 그 역서의 서문에서 한국의 현대 풍습에 대해서는 몇 가지 이야기했지만 한반도의 역사에 대해서는 거의 언급하지 않았으므로 홍종우는 이렇게 공표한다.

> 내가 여기에다 한국의 역사를 쓸 것이다.

그리고 홍종우는 기자 조선부터 당대 조선까지의 역사를 기술한다. 《심청전》 서문에. 이 책이 출판되는 것은 귀국 후인 1895년이지만, 이 서문은 1893년 파리에서 썼다. 그리고 이 서문을 쓴 때로부터 약 1년 후인 1894년 4월에 그는 김옥균의 암살범이 된다. 책이 출판되기도 전이다. 그러니까 마른 나무에 다시 꽃이 피기도 전에. 그의 서문을 찬찬히 살펴보지 않을 수 없는 이유다. 무엇이 그를 암살자로 만들었을까.

> 우리는 우리의 왕가가 영원히 존속되기를 기원한다. 우리의 왕들은 항상 나라의 은인들이기 때문이다.

서문에 실린 조선 역사 부분의 끝 문장이다. 개화파로서 혁명을 꿈꿨으나 그 과정에서 임금을 위태롭게 했던 김옥균, 그리고 그에게

이를 갈았던 임금, 그리고 왕정주의자이자 보수주의자였던 홍종우. 파리에 머무는 동안 단 한 번도 한복과 갓을 벗지 않았던 이 자존심 강한 민족주의자는 '항상 나라의 은인'인 왕에 불충하였던 김옥균을 용서할 수 없었던 것이다. '우리의 왕가가 영원히 존속되기 위해' 그를 처단하지 않을 수 없었던 것이다. 더군다나 그것이 임금의 소망이었으니.

어쩌면 프랑스어판《심청전》의 가장 중요한 의미는 홍종우의 간절함인지도 모른다. 어떻게든 조선이라는 이름의 왕국의 존엄을 지키고 싶었던 한 보수적 청년 지식인의 간절하고 뜨거운 애정 말이다.

✣ ✣ ✣

프랑스어판《춘향전》은 아주 작은 책이다. 작은 크기의 핸드폰과 딱 맞는 크기. 어찌나 작고 예쁜지 '향기로운 봄'이라는 그 제목이 딱 어울린다. 녹색 표지에 금박으로 꽃무늬를 돋을새김했다. 그 책 안에 들어 있는 삽화들이 흥미롭다. 조선의 이야기를 담고 있는, 조선 고전 속의 등장인물들이 다들 서양인들로 서양 복장을 하고 있다.《춘향전》과《심청전》은 각각 1892년과 1895년에 기메 박물관 총서 기획으로 출간되었다.

조선의 오징어 게임

컬린의 《조선의 게임》

Stewart Culin, 《Korean Games: With Notes on the Corresponding Games of China and Japan》(1895, 영어)

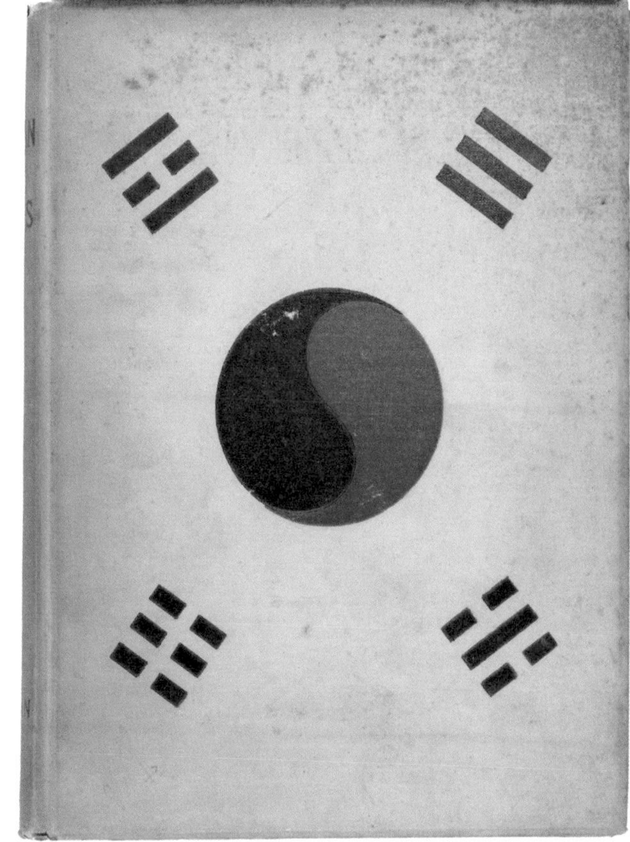

이 책은 우리가 잘 알고 있는
숨바꼭질, 소꿉놀이, 윷놀이
등등부터 듣도 보도 못했고,
작도 못 할 것 같은 게임 97가지를
소개한다. 김준근의 그림이 글에
생기를 불어넣는다.

《조선의 게임》 속표지

세상이 모두 한 가족이라는 이 다정한 말에
게임이 들어오는 순간, 활력이 넘친다.

KOREAN GAMES

WITH

NOTES ON THE CORRESPONDING GAMES

OF

CHINA AND JAPAN

BY

STEWART CULIN

Director of the Museum of Archæology and Palæontology, University of Pennsylvania

四海一家

PHILADELPHIA
UNIVERSITY OF PENNSYLVANIA
1895

1886년 1월 25일 런던에서 개최된 왕립지리학회 월례 모임의 주제는 조선이었다. 연사는 1884년부터 18개월간 조선 주재 영국 부영사로 근무한 바 있던 W. R. 칼스로, 그는 자신이 몸소 경험한 조선에 대해 강연을 했다.

그날 그 자리에 어떤 종류의 청중이 얼마나 많이 모였는지는 알 수 없다. 그러나 발표가 끝난 후에 진행된 토론 내용을 보면 그들이 조선에 대해서 알고 싶어 했던 게 무엇이었는지는 분명히 알 수 있다. 이권이다. 그들이 조선에 진출한다면 무엇을 얻을 수 있겠는지. 조선은 얼마나 많은 가능성을 가진 나라인지. 연사였던 칼스부터가 영사 시절 조선의 자원 현황을 탐사하는 일을 주 업무로 삼았던 사람이다. 그래서 토론이 활발해진다. 토론에 참여한 사람 중에 조선에 가본 사람은 없지만 건너 건너 들은 이야기들이 없지는 않았던 것 같다.

그중 흥미로운 발언 하나가 보인다. 발언자는 자신이 직접 경험한 일은 아니라는 전제하에 들은 이야기를 소개한다. '그가 아는 누군가가 우연히 조선인을 만난 적이 있다고 하는 아는 사람의 말을 들었다고 하는데'라며 시작하는 말, 말하자면 아는 사람의 아는 사람의 아는 사람의 말. 그런데 이 이야기가 뜻밖에 아주 흥미롭다. 왕립지리학회의 회원이고 그 자신이 중국에서 1년 이상 거주하며 중국에 관한 기록을 남긴 작가이기도 한 M. 비즐리가 1883년에 무슨 까닭에서인가 요코하마에서 샌프란시스코로 가는 배를 탔다가 거기서 미국 정부를 방문하는 조선 외교사절단을 만났다는 것이다. '가짜 뉴스' 가 아니다. 이 이야기는 사실과 부합한다. 1883년 7월에 조선 왕실에서는 미국의 주한 공사관 개설에 화답하는 의미로 미국에 보빙사를 파견했다. 민영익, 홍영식, 유길준 등이 그들이고, 이들은 역사상 최초로 미국을 방문하는 외교사절단이었다.

비즐리는 중국인 통역사를 사이에 두고 이들과 친밀한 대화를 나누었던 모양이다. 그리고 이 조선인들에 대한 호감도가 무척 높아졌던 걸로 보인다. 몇 년 후 최초의 주미공사가 되기 위해 태평양을 건너는 박정양 일행을 보좌하는 알렌이 자신의 친구들이기도 한 이 조선인들의 더럽고 촌스럽고 비사교적인 행동에 대해 넌덜머리를 내는 기록을 남긴 것과는 참으로 다르게도 비즐리는 민영익, 홍영식 등에 대해 이들처럼 '젠틀한' 사람들을 다시 만나지는 못할 것이라고까지 말했다.

그런데 여기서 갑자기 화제가 달라진다. 조선의 잠재적 가치에 대해 이야기하고, 우아한 사절단의 정치적 앞날에 대해 이야기하던 중 갑자기 화제가 게임으로 넘어간다. 이 조선의 사절단이 여가 시간에 뭔가를 하기에 하던 비즐리가 깜짝 놀라 남긴 말이 있었다는 것이다. 청중의 관심이 그 말에 쏟아졌다.

"알고 보니 '백개먼backgammon'이 조선의 게임이었다!"

백개먼이 뭔가? 나는 이 기록을 발견하기 전까지는 백개먼이라는 게임에 대해서 전혀 아는 바가 없었다. 솔직히 말하면 들어본 적도 없었다. 아마 고전소설에서 읽어보았겠지만 잘 모르는 것이니 그냥 잊었을지도 모른다. 비즐리의 설명을 조금 더 보자.

> 보드는 우리가 하는 백개먼이나 완전히 똑같은 형태로 나뉘어 정렬되어 있다. 말을 움직이는 순서와 움직임도 완전히 똑같다. 오직 다른 거라고는 우리가 복수로 움직이는 패에서 그들은 단수로 움직인다는 것뿐이다. 일본과 중국에서는 이런 게임이 있다는 얘기를 들어본 적이 없다.

도대체 이게 뭔가? 인터넷에서 백개먼이라는 게임을 찾아본 후에도 오리무중이긴 마찬가지다. 오히려 더 오리무중이 되었다. 혹시 바둑일까 생각했으나 그것도 아니고 장기인가 했으나 그것도 아니다. 궁금하다면 잠시 인터넷을 열어보아도 좋다. 오목이었을까? 그것도 아니다. 그렇다면 설마, 그 점잖은 사절단들이 알까기를 했으려나?

그리고 나는 잠시 또 궁금해진다. 1880년대의 조선에 대해 나는 얼마나 알고 있나. 그 시대를 같이 살았던 서양인과 그 시대로부터 약 150년쯤 떨어져 있는 우리 중 누가 더 그 시대에 대해서 잘 알고 있나. 이것은 역사적 사실에 대한 질문이 아니다. 그것은 아마도 사실이 전달되는 거리에 대한 질문일 것이다. 공간의 거리일 수도 있고 시간의 거리일 수도 있겠다. 그 거리를 메우는 것은 이야기다. 상상하는 이야기가 아니라 매우 구체적인 이야기. 150년 전의 그들에

《조선의 게임》 속 〈쌍륙 하는 모습〉

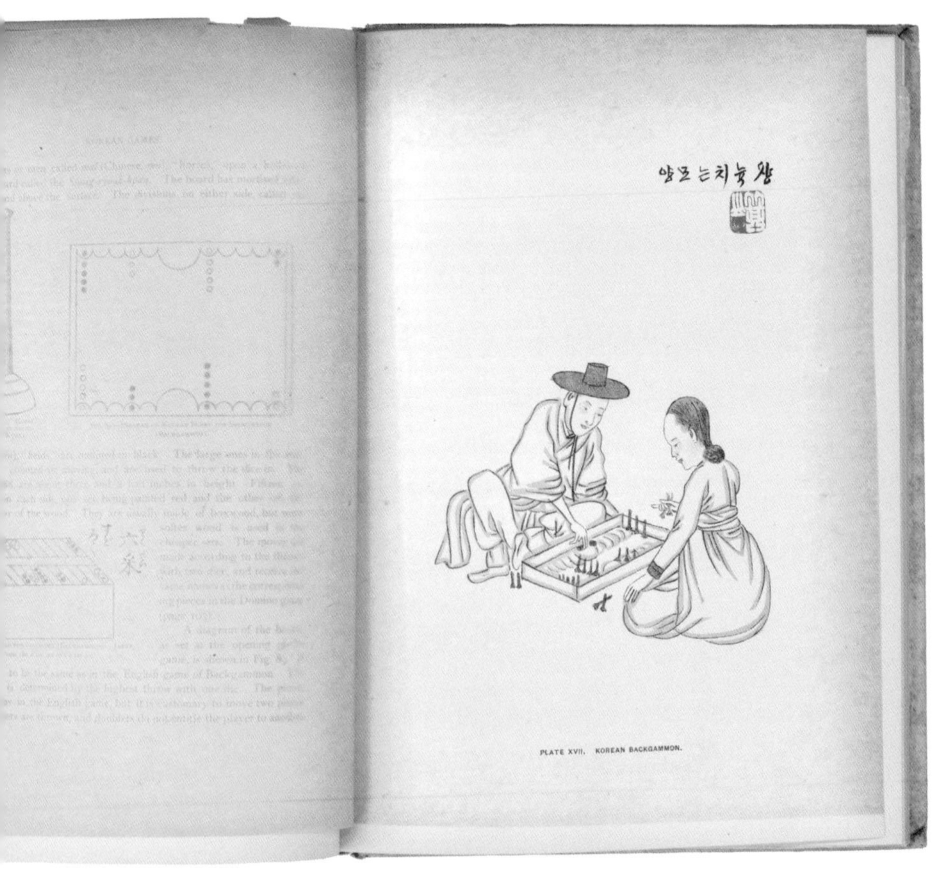

게는 있는 그것, 그리고 어쩌면 우리에게는 사라지거나 엷어진 그것. 나는 문득 생각해본다. 비즐리가 조선의 보빙사들에게 그토록 호감을 갖게 된 이유 중의 하나는 그 게임에도 있지 않았을까. 축구도 아니고 농구도 아니고 야구도 아니지만, 아무튼. 뭔가를 공유한 자들끼리 갖는 강렬한 호감 말이다. 나는 비즐리가 백개먼이라는 게임을 좋아하는 사람이라는 데에 내 판돈을 걸 수도 있다.

✣ ✣ ✣

《조선의 게임》이라는 책이 있다. 1885년에 미국 펜실베이니아에서 출판된, 스튜어트 컬린의 저작이다. 표지는 태극으로 장식되어 있고, 게임을 설명하는 일러스트는 대중풍속화가 기산 김준근이 그렸다. 김준근은 서양인들에게 조선 풍속화를 그려 파는 화가로 유명했다. 그걸로 먹고 살았으니 그쪽으로 최적화된 그림을 그렸다. 책 속의 그림들이 책 바깥으로 걸어 나올 것처럼 사실적이다.

이 책에서 컬린은 무려 97가지의 게임을 소개하고 있다. 우리가 잘 알고 있는 숨바꼭질, 소꿉놀이, 윷놀이 등등부터 시작해 듣도 보도 못했고, 짐작도 못 할 것 같은 게임들도 소개하고 있다. 다행히 김준근의 그림이 글에 생기를 불어넣는다. 위에서 이야기했던 백개먼은 일흔세 번째에 소개되고 있다. 역시 김준근의 그림과 함께. 백개먼은 '쌍륙'이다. 아시려는지, 쌍륙? 오리무중까지는 아니더라도 어리둥절하기는 마찬가지일 것이다.

이럴 때는 위키백과의 설명을 보자.

《조선의 게임》 속 〈장기〉

쌍륙은 두 사람이 말 열두 개씩 가지고 노는 한국의 민속놀이이다. 고려 시대부터 유행했으리라 여겨지며 오늘날 안동 지방에서 행해진다.

오늘날 안동 사람들이 쌍륙을 모를 거라는 데에 나는 판돈을 걸겠다. 그러나 조선 시대에 꽤 많이들 했던 놀이인 모양이다.

✣ ✣ ✣

세계적으로 인기를 누린 드라마 〈오징어 게임〉은 우리나라의 민속놀이들을 바탕으로 했다. 속편이 나온다면 이 책에 나오는 놀이들을 참고해도 좋을 것이다. 팽이치기와 연날리기, 그네뛰기, 널뛰기도 있다. 무시무시한 게임도 있다. 이 시절에 조선을 찾은 서구인들을 가장 놀라게 한 게임이기도 한 석전, 즉 돌싸움. 대보름 무렵이면 강과 시내를 사이에 두고 돌을 던져 싸웠다. 목숨을 걸고 싸웠다. 그 돌싸움은 여러 날 동안 지속되었고, 사람들은 문자 그대로 머리가 깨져 피 흘리며 죽어나갔다.

컬린은 조선의 게임뿐만 아니라 이 나라 저 나라, 그러니까 중국, 일본, 인도 등등 아주 많은 나라들의 게임을 소개하는 책자를 썼다. 누군가를 말할 때, 숫자나 지명 학명 따위로 소개되는 정보는 사실 건조한 기록에 불과하다. 그러나 당신이 어떤 대목에서 크게 웃는 사람인지, 어떤 순간에 가장 깊이 인상을 찡그리는 사람인지를 말해주는 정보가 있다면, 나는 당신을 좋아할 수 있는 사람인지 싫어해야 할 사람인지 판단할 수 있을 것이다.

컬린에게 조선에 대한 정보는 역사도 아니고 지리도 아니고 산업도 아니다. 게임이다. 그리고 게임은 정신에 속한다. 놀이, 흥겨움, 신남, 웃음, 그 모든 단어들을 한꺼번에 포괄하는 정신. 그래서 컬린의 책은 조선의 게임을 소개하는 책이 아니라 조선의 흥겨움을 소개하는 책이라고 해야 마땅할 것이다.

✣ ✣ ✣

이 책의 초판은 550부 한정으로 출판되었다. 책을 펼쳐보면 판권 페이지 바로 옆에 그 책이 몇 번째 책인지를 저자 사인으로 표시해 놓은 페이지가 보인다. 내가 본 것은 스물다섯 번째의 것이다. 내가 스물다섯 번째의 독자로 특별해지는 순간이다.

그 페이지를 넘기면 한자로 된 4자 성구로 장식된 페이지가 나타난다.

사해일가四海一家.

세상이 모두 한 가족이라는 이 다정한 말에 게임이 들어오는 순간, 활력이 넘친다. 사해일가, 그 한가운데에 윷놀이판을 놓아보기로 하자. 세상의 모든 사람들이 아주 잠깐이나마, 난데없이, 한 가족처럼 여겨질지도 모른다. 그야말로, 시대를 넘어.

/ 4장 /

미지의 땅, 최초의 기억

흰옷, 이상한 모자, 일하지 않는 남자

앤드루스의 《세계의 끝》

Roy Chapman Andrews, 《Ends of the Earth》(1929, 영어)

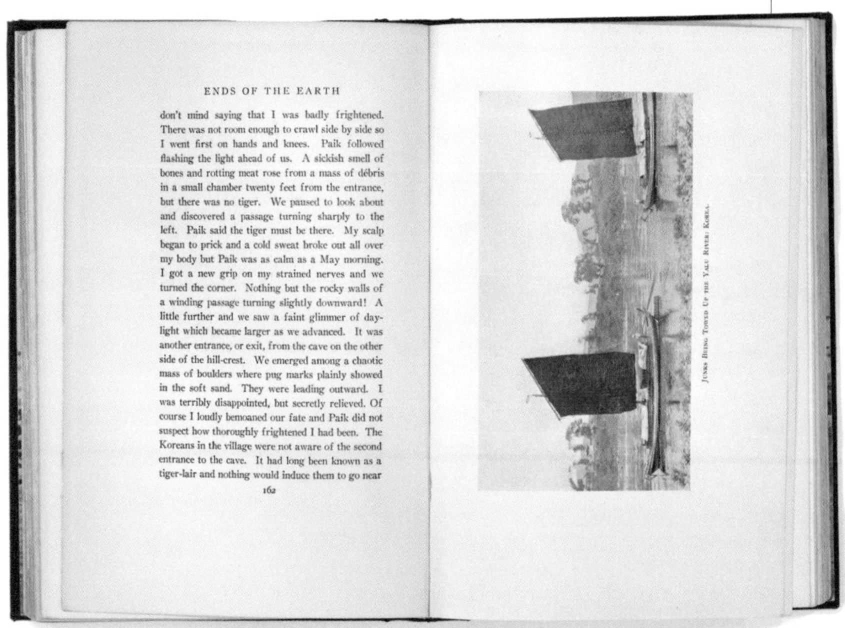

ENDS OF THE EARTH

don't mind saying that I was badly frightened. There was not room enough to crawl side by side so I went first on hands and knees. Paik followed flashing the light ahead of us. A sickish smell of bones and rotting meat rose from a mass of débris in a small chamber twenty feet from the entrance, but there was no tiger. We paused to look about and discovered a passage turning sharply to the left. Paik said the tiger must be there. My scalp began to prick and a cold sweat broke out all over my body but Paik was as calm as a May morning. I got a new grip on my strained nerves and we turned the corner. Nothing but the rocky walls of a winding passage turning slightly downward! A little further and we saw a faint glimmer of daylight which became larger as we advanced. It was another entrance, or exit, from the cave on the other side of the hill-crest. We emerged among a chaotic mass of boulders where pug marks plainly showed in the soft sand. They were leading outward. I was terribly disappointed, but secretly relieved. Of course I loudly bemoaned our fate and Paik did not suspect how thoroughly frightened I had been. The Koreans in the village were not aware of the second entrance to the cave. It had long been known as a tiger-lair and nothing would induce them to go near

162

JUNKS BEING TOWED UP THE YALU RIVER: KOREA.

조선이 개항한 지 이미 30년이 넘었을 무렵,
앤드루스처럼 이렇게 순수하게, 학구적인 그리고
탐험의 욕구에 차서 조선을 찾은 사람은 드물었다.

OF THE EARTH

g that I was badly frightened.
m enough to crawl side by side so
ands and knees. Paik followed
ahead of us. A sickish smell of
meat rose from a mass of débris
r twenty feet from the entrance,
tiger. We paused to look about
passage turning sharply to the
e tiger must be there. My scalp
d a cold sweat broke out all over
was as calm as a May morning.
on my strained nerves and we
Nothing but the rocky walls of
e turning slightly downward! A
we saw a faint glimmer of day-
e larger as we advanced. It was
or exit, from the cave on the other
st. We emerged among a chaotic
where pug marks plainly showed
They were leading outward. I
pointed, but secretly relieved. Of
moaned our fate and Paik did not
ughly frightened I had been. The
lage were not aware of the second
ve. It had long been known as a
ing would induce them to go near

162

JUNKS BEING TOWED UP THE YALU RIVER: KOREA.

앤드루스의 《세계의 끝》에 소개된 조선의 범선

포구에 포경선이 들어오는 것을 알리는 경적이 울리자 사위는 돌연 정적에 빠졌다. 검은 바닷물을 가르며 불빛이 단속적으로 비쳐왔다. 드디어 포경선 메인호가 그 위용을 드러냈다. 뱃전에서부터 뱃머리까지 완전히 얼음으로 뒤덮인 배가 위풍당당하게 부두로 진입하고 있었다.

검은색의 거대한 고래 꼬리가 이물 전체에 걸쳐 있는 것이 보였다. 가슴 벅찬 순간이 아닐 수 없었다. 이제 곧 저 고래가 멸종된 것으로만 알려져 있던 회색고래인지, 아니면 이제까지 세상에 알려지지 않았던 완전히 새로운 종인지를 알게 될 것이다.

1929년에 출판된 로이 채프먼 앤드루스의 《세계의 끝》에 나오는 위의 내용은 그가 1911년에 조선을 방문했을 때의 기록이다. 장승포로 추정되는 포구에서 그는 6주 동안 머물며 조선의 고래를 연구·채집했다.

1911년이면 조선이 개항한 지 이미 30년이 넘었을 무렵이다. 그 사이 많은 서구인들이 조선을 찾았다. 선교사들이 가장 많았지만, 곧 '세계의 끝'을 탐험하려는 여행객들이 뒤를 이었고, 그 후로는 극동의 복잡한 정치 상황을 취재하려는 기자들도 잇따랐다. 조선의 광물이나 식물 산업 등에 대한 탐욕적인 조사도 행해졌다. 그러나 앤드루스처럼 이렇게 순수하게, 학구적으로 그리고 탐험의 욕구에 차서 조선을 찾은 사람은 드물었다. 실은 거의 없었다고 말하는 편이 맞을 것이다. 대개의 경우는 선교라든가 이권이라든가 혹은 취재 등의 목적을 가지고 조선을 찾았다가 기왕에 왔으니 이것도 해볼까 하는 식으로 기타의 일을 수행했다. 관광만 하더라도 일본을 찾은 사람들이 여기까지 온 김에 조선도 한번 가봐야겠다는 식이었다.

앤드루스는 달랐다. 그는 처음부터 조선이 목적이었고, 그것도 고래가 목적이었다.

> 1910년, 일본에서 체류하는 동안 나는 '귀신고래'라고 불리는 신기한 고래에 대해 들었는데, 이 고래가 조선 해안에 나타나곤 한다는 것이었다. 들어보니 캘리포니아 회색고래와 아주 흡사한 것 같았다. 지나친 포획으로 말미암아 이미 50년 전에 멸종된 것으로 알려져 있는 바로 그 회색고래 말이다.

앤드루스는 미국 자연사박물관의 큐레이터 겸 고래연구가였고, 또 탐험가였다. 그의 연구는 대부분 연구실 바깥, 현장에서 이루어졌다. 포경선에서 선원들과 함께, 포구에서 노동자들과 함께, 어장에서 어부들과 함께. 그러다 보니 그의 연구는 항상 모험으로 이어졌는데, 그 모험이 바다에서만이 아니라 사막과 밀림에서도 펼쳐졌다.

사막에서는 공룡알을 발견하고, 비적들을 만나 목숨을 잃을 위기에 처하기도 하고, 밀림에서는 새로운 종의 새들과 식물을 발견하고, 때로는 거대한 뱀으로부터 치명적인 공격을 받기도 했다. 이 화려한 모험담은 유명 영화의 소재가 되었다고도 알려진다. 인디아나 존스의 모델이 바로 그라는 것인데, 이런 식의 이야기가 대개 그렇듯이, 믿거나 말거나이다.

영화에 관한 이야기의 신빙성과는 달리 그의 탐험담은 진짜다. 조선에 오기 전에도 그는 동인도제도의 동식물 생태계를 탐구하는 연구단에 참여했다. 이 여정 중에 그는 일본에 잠시 정박했는데, 그때 조선의 귀신고래에 대한 이야기를 들었다. 그는 세상의 모든 지역, 그리고 세상의 모든 모험에 열광하는 태생적인 탐험가였지만, 무엇보다 우선시한 것은 언제나 고래였다. 그래서 그는 1년 반의 여정을 마치고 뉴욕으로 돌아가자마자 곧바로 조선행을 계획한다. 조선 해역에 귀신고래가 나타난다고 알려진 11월 무렵에 맞춰서였다.

그 시기의 모든 방문기들이 그런 것처럼 조선에 관한 그의 기록 역시 첫인상으로부터 시작된다. 이미 조선을 다녀간 사람들이 많았고 방문기 역시 숱하게 나왔지만, 그래도 서구인들에게 조선은 여전히 '잘 모르는 나라', '잘 모르겠는' 나라였다. 실은 '잘 모르겠는 것'으로 유명했다. 그렇지 않으면, 그러니까 미지라고 광고되는 점만 빼놓고는 흥미로울 게 별로 없는 나라라는 뜻이기도 했다.

그 시기, 서구 방문객들의 조선에 대한 첫인상은 대개 몇 가지로 압축된다. 흰옷, 이상한 모자, 일하지 않는 남자, 가슴을 드러낸 여자, 나무 한 그루 없는 민둥산, 더러움. 이렇듯 부정적인 측면이 먼저였는데, 어쩔 수 없는 일이었을 것이다. 당시 조선은 침략당하는 나라였고, 동시에 끝없이 침탈당하는 나라였다. 침략받고 침탈당하는 나라가 건강하고 유쾌한 첫인상을 만들어낼 수는 없는 노릇이다. 서구인들의 긍정적인 인상은, 그래서 간신히 연민을 바탕으로 한다. 그런 환경에서도 그토록 점잖은 신사적인 품위를 지닌 조선 사람들. 그런가 하면 대식가라거나 엄청나게 술을 즐기는 사람들로도 묘사되었다.

앤드루스의 첫인상 역시 크게 다르지는 않다. 그러나 서술의 차이가 있다. 그는 고래를 연구하러 오기는 했지만 학술서를 쓸 생각은 없었다. 고래에 관한 보고를 한다고 하더라도 그걸 딱딱하게 학술적으로 저술할 생각 역시 없었다. 그의 목적은 '재미있는 책'을 쓰는 것이었다. 대중 독자들이 읽을 수 있는, 읽고 싶어하는, 재미있는 책. 그래서 그의 서술은 사실을 왜곡하는 대신 감정적 과장에 치우친다. 웃기는 것은 아주 웃기고, 슬픈 것은 너무 슬프다는 식으로. 무해한 과장이다. 그러나 당시 조선 사람의 감정으로 이 책을 읽어도 그럴지는 모를 일이다.

한 가지 확실한 것은, 앤드루스의 목적에 부합하게, 이 책이 재미있다는 사실이다. 몇 부분을 살펴보자. 먼저, 조선 사람들, 특히 여인들을 묘사한 부분이 눈에 띈다.

> 긴 흰옷을 입고 작은 말총 모자를 쓴 사람들이 보였다. '해피 훌리건'[44] 같은 모자를 쓰고 있었음에도, 그들에게서는 기묘한 품위가 느껴졌다. 여인들은 풍성한 흰색 치마와 화려한 색깔의 상의를 입었는데, 그 상의가 너무 짧아 맨가슴이 드러났다. 몇몇 소녀들은 정말로 사랑스러웠다. 얼굴형은 부드럽고 섬세한 타원형이었고, 피부색은 흰색에 가까웠으며 부드러운 갈색 눈을 가졌다. 서구인의 시각

으로 보자면, 조선 소녀들은 중국이나 일본 여성들에 비해 훨씬 아름답게 여겨지는데, 그들의 생김새가 중국인이나 일본인에 비해 우리와 더 닮아서 그렇게 느껴지는 것 같다.

이 시기의 방문기를 보면 조선 사람들의 용모가 서구인들과 닮았다고 말하는 기록을 자주 발견하게 된다. 어떤 사람의 경우는 거의 확정적으로 말하기도 했다. 그러나 앞서 소개한, 맥레오드와 같은 이유는 아니었다. 대부분의 저자들이 조선에 오기 전에 일본이나 동남을 거쳤다. 조선인들에 대한 인상은 아마도 피부색이 짙은 동남아 사람들이나 왜소한 체구의 일본인들로 인한 영향 때문이었을 것이다.

앤드루스의 흥미로운 기록 중에는 김치에 대한 것도 있다. 그가 조선에 온 11월은 마침 김장철. 그는 곳곳에서 김치 담그는 장면을 목격했던 모양이다. 그런데 그에게는 이 장면이 자못 충격적이었던 것 같다.

거기에 생선을 잡아 말리는 사람들이 있었다. 조선 사람들이 제일 좋아하는 음식인 김치kimshi에 쓰일 용도였다. 김치는 정말로 끔찍했다. 세계 어디에서도 그렇게까지 달갑지 못한 토속음식을 본 적이 없었다. 우선 생선을 물에 담근다. 그리고 그 냄새가 하늘로 치솟을 정도가 될 때까지 기다린다. 그러고 나서 양파와 마늘을 엄청난 양의 빨간 고추와 섞는다. 조선 사람들이 김치를 먹고 있을 때는 가능한 한 멀리, 아주 멀리 사방이 탁 트인 곳으로 줄행랑을 치는 것이 최선이다.

그로부터 100년 후, 김치는 세계적인 음식이 되었다. 어찌된 게 사람들의 반응을 놓고 보면 냄새도 달라진 것 같다. 내가 한국 사람이라 그런가? 김치 냄새가 지독할 때가 있다는 걸 부정할 수는 없다. 젓갈 냄새야 말해 뭐하나. 그러나 더 많은 경우 김치 냄새는 식욕을 돋우는 냄새이고, 지금에 와서는 우리에게뿐만 아니라 세계의 많은 사람에게도 그런 것 같다. 아무튼, 100년 전에 앤드루스가 김치를 싫어했다고 해서 미워하지는 말자. 종류에 따라 다른 나라의 어떤 토속 음식 냄새가 괴로운 건 우리도 마찬가지니.

❖ ❖ ❖

앤드루스를 고래학자라고 말했다. 뉴욕의 자연사박물관에는 그가 제작한 거대한 고래 모형이 1969년까지 걸려 있었다. 천장에 매달려 있는 23미터의 모형은 그가 채집했던 실제 고래를 모델로 한 것인데, 마치 꿈꾸는 고래처럼 보이기도 한다. 꿈꾸는 대로 어디로든지 날아다니는 고래.

앤드루스도 마찬가지였다. 그는 동해안에서 조선의 고래 채집을 마친 후, 이번에는 호랑이 사냥을 떠난다. 백두산을 향해서다. 당시 서구인들에게 사냥은 보편적인 취미여서 어디를 여행하든 사냥을 취미로 즐겼다. 그러나 호랑이 사냥은 좀 특별한 경우였다. 백두산 여행도 마찬가지였다. 호랑이 사냥은 사냥을 즐기는 서양인들에게도 위험한 일이었고, 백두산은 미지의 나라에서도 더 미지의 장소였기 때문이다.

그리고 여기, 그 미지의 산에서 펼쳐지는, 위험하기 짝이 없는 호랑이 사냥 얘기가 있다. 앤드루스는 무산 근방에서 백 포수라는 조선인과 3주간이나 호랑이를 추적했다.

> 우리는 굴 입구에서 온종일 호랑이가 나오기를 기다렸다. 그러나 밤새도록 아무런 동요도 보이지 않았다. 한 번인가 자갈이 구르는 소리가 희미하게 들리긴 했지만 호랑이는 나타나지 않았다. 놈이 바람결에 실려 들어간 우리 냄새를 맡은 게 틀림없었다. 아침이 되자 마침내 백 포수가 선언하듯이 말했다. 호랑이가 나오지 않으니 우리가 호랑이굴로 기어 들어가 놈이 잠든 틈을 타 쏴 죽이자는 것이다. 자신은 그런 식으로 호랑이 두 마리를 잡아본 적이 있다는 것이었다.
>
> 나는 마음이 내키지 않았다…. 그러나 백 포수의 고집은 끈질겼다. 내게는 손전등이 있으니 놈이 절대로 그 불빛을 향해서는 달려들지 않을 거라고 했다. 그리고 또 말하기를, 만일 겁이 난다면 자기가 내 총을 가지고 혼자 들어가겠다는 것이었다.

이야기는 이 기 싸움에서 질 수는 없다고 결심한 앤드루스가 마침내 앞장서 호랑이굴로 기어 들어가는 장면으로 이어진다. 그 과정에서 겪는 앤드루스의 분노와 공포에 대한 묘사가 절묘해 웃음이 터져 나온다. 아무리 봐도 백 포수가 자신을 '엿 먹이고' 있는 것 같은데, 그걸 알면서도 당하지 않을 수 없는 앤드루스의 심리 묘사가 탁월하기 때문이다. 그런데 호랑이굴에 들어가서도 정신만 차리면 된다는 말을 그때 앤드루스가 알고 있었으려나?

이들은 이때 호랑이를 잡는 것에는 실패한다. 그렇더라도 그 사냥의 기록은 흥미롭다. 3주간에 걸친 추적, 호환을 당한 시신들의 발견이 이어지고 '꿩 대신 닭'이 아니라 '호랑이 대신 곰'을 잡는 데 성공하는 박진감 넘치는 장면이 연출되기도 한다. 영화 〈인디아나 존스〉의 조선판쯤이라고 생각하면 되겠다. 조선의 호랑이에 대한 그의 묘사를 한 줄 더 덧붙인다.

그는 어디에나 있고, 어디에도 없다.

앤드루스는 이 책 이외에도 조선에 대한 기록을 많이 남겼다. 〈내셔널 지오그래픽〉에 사진과 함께 조선 여행기를 몇 회에 걸쳐 게재하기도 했다.

여기서 잠깐 곁가지가 되겠으나, 1945년 〈내셔널 지오그래픽〉에 실린 조선의 호랑이에 관한 기사를 소개하는 것도 좋겠다. 기사의 제목은 「한반도에서 가장 유명한 사냥꾼」. 그는 뜻밖에도 청진에 살고 있는 폴란드계 러시아인 얀콥스키였다.

발레리 얀콥스키는 모국인 폴란드의 독립 투쟁에 가담했다가 시베리아로 유배를 당했다. 그 후 사면을 받아 러시아와 중국 국경 사이에서 말 농장을 하며 크게 성공했는데 러시아 혁명이 일어나자 자본가로 낙인찍혀 가족 전체가 조선으로 탈출해야만 했다. 이때가 1922년. 그 후 1945년 해방과 함께 북한으로 진입한 소련군에 의해 다시 탄압을 받고 송환될 때까지 그들 일가는 조선에서 살았다. 태생적인 사업가였던 듯 청진 근방의 주을 지역에 휴양시설을 만들어 크게 성공했다. 동시에 온 가족이 사냥을 즐겼다. 대충 즐긴 정도가 아니라 〈내셔널 지오그래픽〉에 소개가 될 정도로 전문적인 사냥꾼들이었다. 앤드루스는 잡지 못한 호랑이를 이들 가족은 30마리 이상 잡았다. 1945년 10월 〈내셔널 지오그래픽〉에 그들 가족과 그들이 잡은 호랑이 사진이 실렸다. 일설로는, 역시 믿거나 말거나겠으나, 아니 안 믿는 쪽이 더 나을 것 같기는 하나, 이들이 호랑이를 하도 잡아대서 우리나라에 호랑이가 멸종했다는 말도 있다.

조선의 호랑이가 얼마나 대단한데 겨우 사냥꾼 일가 하나 때문에 멸종하겠나. 이 대단함을 말해주는 속담이 있다. 조선을 찾은 서구인들이 즐겨 인용했던 속담이다. 그 정도로 인상적이었다는 뜻이겠다. “조선 사람은 1년의 반은 호랑이를 사냥하고, 1년의 반은 호랑이에게 쫓긴다.”

장승포에는 로이 채프먼 앤드루스의 동상이 세워져 있다. 100년 전 그곳에 머물던 그는 자신이 채집한 고래 뼈를 몰래 훔쳐가는 조선인들의 엉덩이에 비비탄을 쏘아댔다. 엉덩이에 불이 붙은 듯 놀라서 도망가는 조선인들의 모습을 몰래 훔쳐보며 그 장면을 묘사했다. 실탄이 아니라 비비탄이니 악의라기보다는 장난이었을 것이다. 그렇더라도 그는 그런 장난을 치며 언젠가 자신의 동상이 그곳에 세워지리라고는 꿈에도 생각하지 못했을 것이다.

세계의 변방에 관한 최초의 기록

카르피니의 《몽골의 역사》

Giovanni de Piano Carpini, 《Ystoria Mongalorum》(1253, 라틴어)

루브룩의 《몽골 제국 기행》

Guillaume de Rubrouck, 《Itinerarium fratris Willielmi de Rubruquis de ordine fratrum Minorum, Galli, Anno gratia 1253 ad partes Orientales》(1240년대, 라틴어)

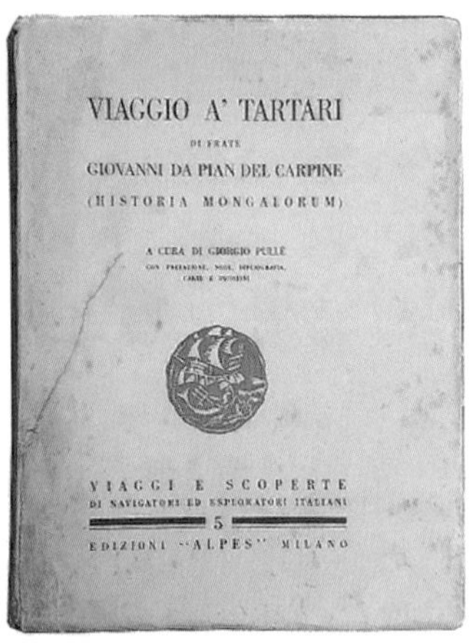

카르피니의 《몽골의 역사》 이탈리아 판본(1929년)

카르피니와 루브룩의 텍스트를 발췌하여 1598년 영국의 지리학자 리처드 해클루트가 처음 출판한 판본을 레이먼드 비즐리가 영역 편집한 책의 표지. 원제는 《The Texts and Versions of John de Plano Carpini and William de Rubruquis》

최초의 책들이 있다. 우리나라를 거론한 최초의 서구권 책들. 가장 먼저 마르코 폴로의 《동방견문록》이 떠오를 것이다. 이탈리아 무역상의 아들이었던 마르코 폴로는 아버지와 함께 원정을 떠나 17년 동안 당시 원나라였던 중국에 머물렀다. 그 17년간의 경험을 엮은 책이 바로 우리에게 《동방견문록》이라고 알려진 책이다. 당시 중국은 세계를 통치하는 나라였던 만큼 세계 각지에서 온 사람, 외교 사절, 이민자로 붐볐다. 그중에 '카울리Cauli'라는 이름이 보인다. 그전까지 우리나라는 '솔랑가', '솔랑카' 등으로 불렸다. 아랍 사람들에게 알려졌던 신라가 우리나라의 국명이 되었던 것이다. 마르코 폴로가 지칭한 카울리 역시 마찬가지다. 고려의 중국어 발음이 변용된 것이다.

> 대칸이 전쟁에서 승리를 거두자 모든 지역의 병사들과 신하들이 와서 복속했다. 내가 그 네 지방의 이름을 말해주겠다. 첫째는 초르차, 둘째는 카울리, 셋째는 바르스콜, 넷째는 시킨팅주였다.

마르코 폴로 이전에도 우리나라를 언급한 기록들이 있다. 카르피니, 베네딕트, 루브룩 등이다. 물론 마르코 폴로의 《동방견문록》에서만큼이나 짧은 언급에 지나지 않는다. 짧은 언급이고, 누가 전해준 말을 옮기는 것이고, 그것도 부정확했다. 그렇더라도, 카르피니, 베네딕트, 루브룩은 중요하다. 김춘수의 시처럼 그들이 우리나라 이름을 불러주어서가 아니다. 그들의 기록으로 인해 그 시기 우리나라의 역사적 위치를 가늠할 수 있기 때문이고, 우리나라와 세계와의 거리를 짐작할 수 있기 때문이다. 유럽과의 관계는 아직 요원해 보인다. 당연한 일이다. 우리나라가 세계의 변방이었던 것처럼 유럽도 세계의 변방이기는 마찬가지였다. 다른 한쪽과 다른 또 한쪽. 이 요원했던 거리가 깨진 것이 바로 몽골의 유럽 침공이었다. 이론의 여지가 있기는 하지만, 14세기 중세 유럽 국가들은 세계에서 가장 가난했던 국가들로 평가받는다. 이 가난한 나라들이 얼음도끼로 얻어맞은 듯이 '쩡' 하고 소리를 내며 갈라지고 깨어지고, 그리하여 세계로 시선을 넓히게 된 것은 분명 몽골의 덕이다.

그리고 그 반대편에 고려가 있다. 몽골의 침입을 징글징글할 정도로 끈질기게 막아내던 고려, 패퇴 후의 고려 그리고 멸망하는 고려. 세계의 양끝은 당시 몽골의 수도 카라코룸에서 조우한다. 카르피니와 베네딕트, 루브룩이 중요한 것은 그 언급의 길이가 아니라 바로 이러한 세계사적 의미 때문이다.

✣ ✣ ✣

13세기 몽골의 유럽 침공이 얼마나 가차 없었는지는 여러 기록으로 남아 있다. 그중의 대표적인 전투로 폴란드에서 있었던 레그니

차 전투, 그리고 그보다 더 가혹했던 헝가리의 모히 전투가 손꼽힌다. 헝가리의 모히 벌판에서 벌어졌던 전투를 전후하여 몽골은 거의 100만 명 가까운 헝가리 사람들을 살육했다. 당시의 참혹함을 기록으로 남긴 아풀리아의 수도사 로저는 그의 글 〈타타르인들이 헝가리 왕국을 파멸한 슬픈 노래〉에서 "몽골 병사들에게 붙잡히는 순간 그대는 차라리 세상에 태어나지 않았기를 바라게 되리"라고 썼다. 살육과 약탈은 당시 승전병들에게 기본적으로 주어지던 보상이었다. 그렇더라도 몽골은 더 가혹했다. 몽골의 야만성이 그만큼 가혹해서라기보다 유럽인들의 공포가 그만큼 더 압도적이기 때문이었을 것이다. '이들은 누구인가?', '이들은 어디에서 왔는가?'라는 질문은 심지어는 '이들은 무엇인가?'로까지 이어졌다.

몽골은 순식간에 물러갔다. 몰려왔던 것과 거의 같은 속도였다. 대칸이 세상을 뜬 것이 직접적인 원인이었지만, 유럽 정복이 당시 그들의 목표가 아니었던 탓도 있었을 것이다. 몽골이 순식간에 물러가기는 했으나 유럽 사람들에게 지옥이 끝난 것은 아니었다. 공포가 남았다. 유럽은 다시는 몽골이라는 지옥 이전의 세상으로 돌아갈 수 없었다.

그래서 사신을 보내기로 한다. 좋은 의미로는 사신이지만 사실은 정찰이거나 염탐이었다. 당연하지 않겠는가. 프란체스코회 수도사 카르피니가 가장 먼저 교황의 사신으로 원정을 떠난다. 교황 인노첸시오 4세의 명령으로 1245년 4월에 리옹을 출발하여 몽골 제국으로 향했다. 모히 평원에서의 참혹한 패배가 있은 지 4년 뒤의 일이다. 그는 1년 뒤인 1246년 2월에 키예프에 도착하여 당시 그곳에 주둔하던 바투칸[45] 진영에 이르렀다. 바투는 그를 새로운 대칸의 즉위식에 참석토록 했고, 그로부터 다섯 달 후인 7월에 카르피니 일행은 몽골의 수도 카라코룸에 이른다. 장장 1만 5,000킬로미터의 대장정이었는데, 카르피니는 대관식에 맞춰 카라코룸에 이르기 위한 그들의 여정이 얼마나 고되었는지를 기록으로 남겨두었다. '말을 하루에 다섯 번 혹은 일곱 번' 갈아타기도 했고, 고된 일정으로 인해 몸이 너무 약해진 탓에 말을 타기도 힘들 정도였으며, 음식이라고는 '물과 소금에 탄 기장'밖에는 먹지 못했다는 것이다.

그러나 어떻든 그들은 몽골의 중심에 이르렀고, 새로운 대칸의 즉위식을 보았고, 교황의 서신을 전달했다. 화해의 정신과 기독교의 사랑을 전파하고자 하는 교황의 서신은 그러나 오해를 낳았다. 몽골에서는 이 서신의 내용을 굴복으로 받아들였고, 그래서 다음번부터는 이따위 서신이나 성경책 같은 거 말고 금이나 은을 보내라고 했다는 것이다. 그 답신을 받은 교황의 당혹감과 수치심이 어떠했을까. 이는 카르피니에 이어 또 다른 프란치스코회 수도사 윌리엄 루브룩이 몽골 원정을 떠날 때, 공식 사신으로서가 아니라 개인의 자격으로 떠나게 되는 이유 중 하나다. 그리고 그러한 이유로 루브룩에게 주어지는 역사적 직함은 '스파이(정찰자)'다. 공적 지위가 없었기 때문이다.

베네딕트는 카르피니와 동행이었다. 카르피니의 안내역을 맡았던 사람이 갑자기 병든 후, 같은 수도회 소속이었던 베네딕트와 로렌스가 비공식적으로 합류했다. 로마로 귀환한 후, 베네딕트는 《타타르의 역사Hystoria Tartarorum》라는 책을 써서 남겼다. 로렌스는 아무것도 쓰지 않았다. 그리하여 베네딕트는 역사에 남고 로렌스는 지워진다.

그리고 이제 정찰자 루브룩이 몽골로 향하고 있다. 사신이 아니었으니 파견이 아니라 후원이었다. 프랑스 국왕 루이 9세의 후원이었는데, 루브룩은 루이 9세의 십자군 원정에 동참하여 키프로스, 이집트 등까지 원정한 바 있었다. 몽골 여행은 루브룩에게는 아마도 또 하나의 십자군 원정과 같았을 것이다.

루브룩은 카르피니의 몽골 원정에 대해 이미 알고 있었다. 카르피니가 그의 책에서 장을 나누어 설명했던, '타타르인들에 대항해 어떻게 전쟁을 해야 하는가', '그들의 의도, 무기와 군대조직, 전투에서 그들의 계략에 어떻게 맞서야 하는가', '군영과 도시의 요새화, 타타르 포로들을 어떻게 처리해야 하는가'에 대해서도 알고 있었다.

루브룩이 몽골에 체류했던 약 8개월 동안의 기간은 몽케 칸의 시기였다. 카르피니가 몽골을 다녀간 후 약 7년 뒤의 방문이었다. 그 7년 사이 몽골에 대한 정보는 얼마나 확장되었을까. 여전히, 그들에게 몽골은 지옥과 다름이 없었다. 그의 책, 장 제목만 봐도 알 수 있다.

> 제9장. 일행은 어떻게 야만인들의 세계에 왔는가. 또 그들은 얼마나 무례한가
>
> 제26장. 자기 친척들을 잡아먹는 사람들을 포함한 다양한 민족들

그러나 공포와 혐오를 바탕으로 한 이교도에 대한 편견은 8개월간의 체류 동안 흔들리고 만다. 당시 몽골에는 마치 운동 경기처럼 행해지는 토론 대회가 있었다고 한다. 이슬람 사제와 불교 사제 그리고 가톨릭 신부인 루브룩이 그 대회를 열었다. 대회는 각자 의견을 발표하고 술을 한 잔씩 마시는 형식으로 이루어졌다. 먼저 이슬람

사제가 자신의 교리를 설파하고 술 한 잔을 마신다. 이슬람 사제답게 차를 마셨을지도 모르겠다. 찬송을 많이 하는 가톨릭 신부인 루브룩은 찬송을 한 후 술 한 잔을 마신다. 불교 사제가 독경을 한 후 또 술 한 잔을 마신다. 누군가가 설득되어야 끝나는 이 대회에 '내가 졌다' 하는 사제가 나올 리 없다. 처음부터 승자와 패자가 나올 수 없는 경기인 셈이다. 그래서 술잔만 돈다. 계속해서 돈다. 이제 알딸딸하게 취하다가 만취한 루브룩은 이 야만의 세계, 이 지옥에서는 어떻게 모든 종교들이 평화롭게 공존할 수 있는가 의아해진다. 카르피니가 머물렀던 때처럼 몽골은 세계의 중심이었고, 세계의 온갖 곳에서 온 사람들이, 문화가, 종교가 서로 등거리를 지키며 공존했다. 공존. 그것은 유럽에서는 겪어보지 못했던 것이었다. 몽골이 세계의 중심이 될 수 있었고, 그것을 유지할 수 있었던 이유이기도 했다.

윌리엄 루브룩은 1254년 7월경 귀환했다.《몽골 제국 기행》을 썼고, 그 후에는 서아시아의 아크루 지방으로 파견되어, 그곳에서 독경사로 살았다. 말 그대로 경전을 읽어주는 사람이다. 몽골에서 종교 토론을 했던 것이 도움이 되지 않았을까? 이기고 지는 것이 없는 자리, 그 자리에 말씀만 남는 것을 보았기 때문이 아닐까.

❖ ❖ ❖

카르피니는 그의 책에서 '솔랑기'를 언급했고, 루브룩은 '솔랑가'와 '카울레'를 언급했다. 카르피니가 중국의 변방 국가로 '솔랑기'라는 이름만 언급했던 것과 달리 루브룩은 좀 더 자세한 묘사를 남겼다. 특히나 고려 사절단에 대해서는 이렇게 썼다.

> 그들(솔랑가)은 작았고, 스페인 사람들처럼 피부가 거무스름했으며, 기독교 부제들이 입는 겉옷처럼 생겼으나 조금 좁은 소매가 있는 튜닉을 입었다. … 그리고 매우 장식적인 머리 모양을 했다.[46]
>
> 카타이아 너머에 한 나라 카울레가 있는데, 몇 살이든 간에 그 나라에 들어가면 그때의 나이를 유지한다는 것이었다. … 장인 윌리엄은 그가 어떻게 섬에 살고 있는 카울레와 만세manse로 알려진 사람들의 사설단을 보았는지 나에게 설명했다.

우리가 접할 수 있는 루브룩의 책은 윌리엄 우드빌 로크힐이 번역해 해클루트 소사이어티가 1900년에 출판한 것이다. 그 전의 책은? 원본은? 이렇게 묻는 사람도 있을 것이다. 루브룩은 유럽으로 귀환하자마자 책을 썼다. 그리고 그 책들은 13세기부터 시작하여 14세기, 15세기를 거치며 여러 가지 언어, 여러 가지 판본으로 출판되었다. 물론 필사본이었다.

인쇄본이 출판되기 위해서는 몇 세기를 더 기다려야 했다. 완본으로 출판되기 위해서는 또 몇십 년의 세월이 더 필요했다. 1599년에 영어 번역본이 최초로 출판되었지만, 그때 번역된 것은 스물여섯 개의 장뿐이었고, 그 스물여섯 개의 장 안에 우리나라에 관한 내용은 없었다.

1900년에 이르러야 로크힐에 의해 완역 영어본이 출판되는데, 거기에 비로소 우리나라에 관련한 내용이 포함된다. 책의 판본에 따라서 어떤 책에는 우리나라가 있고, 어떤 책에는 없다. 어떤 책에는 '카울레'이고, 어떤 책에는 '코레아'이다. 그들이 어떻게 불렀든 간에, 우리는 우리다.

막내 왕자의 울음을 멈춘 움직이는 요술 상자

홈스의 《트래블로그》

Burton Holmes, 《Travelogue》(1920, 영어)

로웰의 《조선, 고요한 아침의 나라 Choson, the Land of the Morning Calm》

동일한 책이 다양한 판형과 표지로 출간되었다. 책의 인쇄를 주문하는 출판사나 단체 혹은 가문에 따라 이처럼 다양한 디자인으로 출간되는 경우가 있었다.

홈스의 《트래블 스토리스Travel Stories》(1924, 영어)

이 책은 1924년에 발간된 것으로, 《트래블로그》에 수록된 내용 중 일부를 뽑아 발췌해 보다 가볍고 보기 쉬운 형태로 출간한 것이다.

《트래블 스토리스》에 소개된 조선의 정경

조선의 초가지붕을 담은 사진의 왼쪽에는 다음과 같은 설명이 붙어 있다. "일본은 조선을 지배하면서 상당히 많은 불필요한 실수를 저질렀다. 한국에 이롭고 필요한 일도 했지만, 가혹하고 불필요한 일도 했다."

374 BURTON HOLMES' TRAVEL STORIES

had to take care of Korea, and Japan was probably the best fitted for the job. Certainly Japan was better fitted for it than Russia, who would have taken Korea if she hadn't.

Japan has made a number of mistakes in governing Korea. She has done harsh things and unnecessary things, as well as good and necessary things. I suppose something like that was sure to happen, for nobody does everything exactly right in this world; and nations make more mistakes even than ordinary folks, because their problems are bigger and harder to manage. But I think it is already quite plain that in the end Korea will be much better off for having been under the Japanese rule. After the Koreans have learned all that New Japan can teach them, in exchange for all the things they have taught Old Japan, they may have another opportunity to try governing themselves — an opportunity they will then know how to use.

Korea is a rather mountainous country. It is about as large as Minnesota. Most of it is a peninsula shaped not unlike Florida; and it partly shuts in the Yellow Sea, just as Florida partly shuts in the Gulf of Mexico. But the climate is not at all like the climate of Florida, for Korea is just south

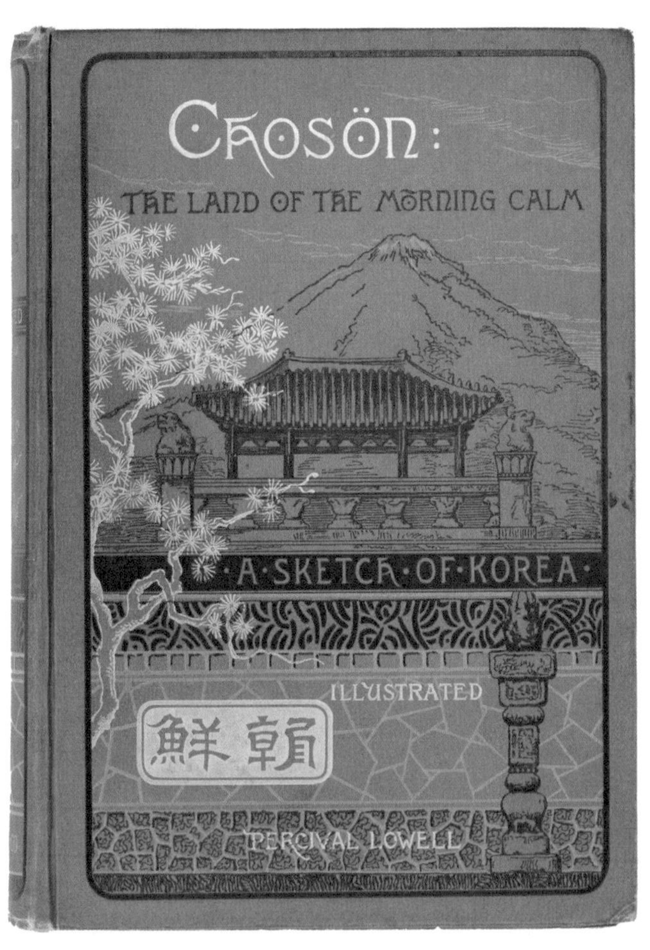
CHOSÖN:
THE LAND OF THE MORNING CALM
·A·SKETCH·OF·KOREA·
ILLUSTRATED
鮮 朝
PERCIVAL LOWELL

로웰의 《조선, 고요한 아침의 나라》
그리고 고종의 사진

수학자이자 천문학자였던 로웰은 또한 1884년 고종을
최초로 사진에 담은 인물이기도 하다.

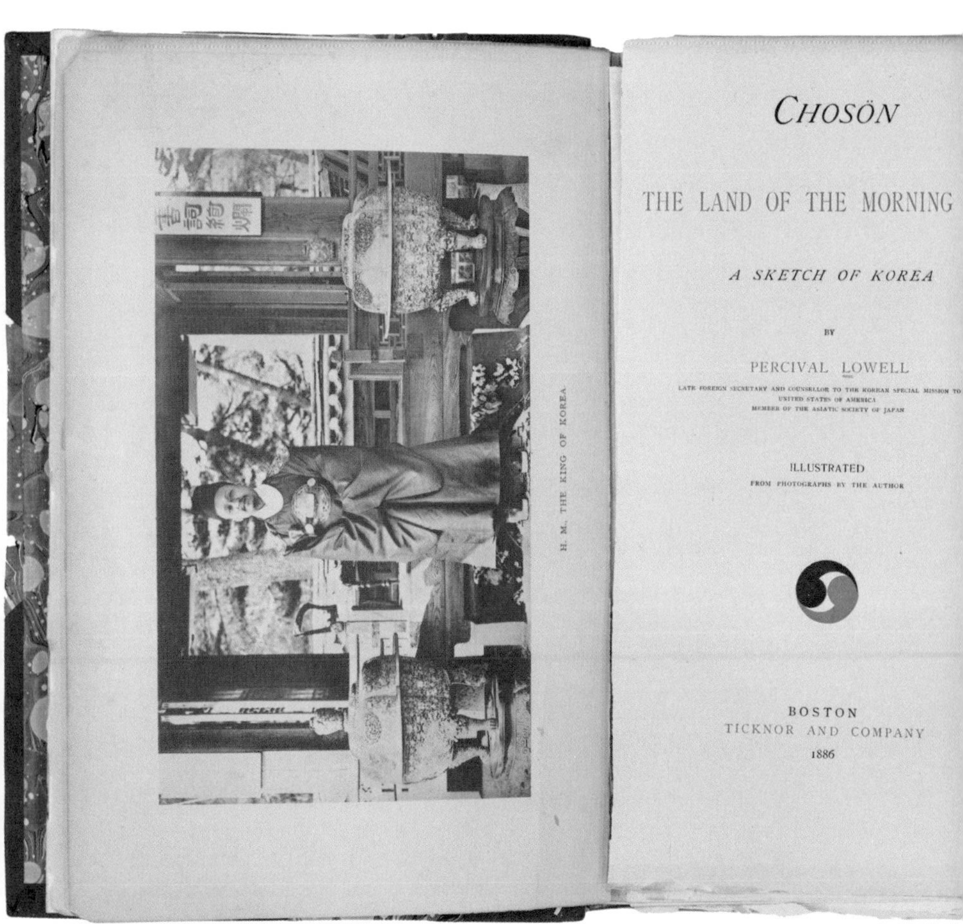
H. M. THE KING OF KOREA

CHOSÖN

THE LAND OF THE MORNING

A SKETCH OF KOREA

BY

PERCIVAL LOWELL

LATE FOREIGN SECRETARY AND COUNSELLOR TO THE KOREAN SPECIAL MISSION TO
UNITED STATES OF AMERICA
MEMBER OF THE ASIATIC SOCIETY OF JAPAN

ILLUSTRATED
FROM PHOTOGRAPHS BY THE AUTHOR

BOSTON
TICKNOR AND COMPANY
1886

우리가 촬영한 활동사진을 이 책의 페이지에 영사할 수 있을까? 아니면 도서관 책상에서 작동할 수 있는 단순하고 작은 기구 같은 게 있어서 그걸 통해 보여줄 수는 없을까?[47]

1901년 버튼 홈스가 그의 책에 쓴 글이다. 여행가이면서 강연가이고, 영화제작자라고도 소개되는 일라이어스 버튼 홈스. 그는 세계를 여행하며 그 여행지의 풍경을 영상으로 담았다. 그리고 그 영상을 상영하며 강연을 했고, 책도 썼다. 버튼 홈스의 《트래블로그》. 1901년에 출판된 이 시리즈의 열 번째 책에 우리나라 방문기가 소개되는데, 언제나 그랬던 것처럼 그는 이 낯선 나라의 신기한 풍경을 글로밖에는 전할 수 없는 것에 안타까움을 느꼈다. 강연회에 오는 청중들뿐만 아니라 독자들에게도 책이 아니라 활동사진을 보여줄 수는 없을까. 그런 세상이 올 수 있을까? 120년 전에 그렇게 물었던 홈스는, 그 후 100년쯤 뒤, 그런 일들이 실제로 이루어질 거라는 걸 상상이나 할 수 있었을까.

그러니 만일 이 책보다 홈스의 영상이 더 궁금하시다면 잠시 책장을 펼쳐놓은 채로 유튜브로 들어가보기 바란다. 검색어는 '버튼 홈스 조선'. 그러면 이제 1901년의 풍경이 펼쳐질 것이다.

먼저 환하게 웃는 남자의 얼굴이 보이고, 그 후 남대문 근방의 풍경이 펼쳐진다. 초가지붕들, 그 거리를 걷는 장옷 쓴 여인, 까까머리 어린아이… 그리고 빨래하는 여인들, 손가락으로 김치를 집어 물에 만 밥 위에 얹어 먹는 아이, 여동생의 밥을 뺏어 먹는 남자아이…. 너무나 어여쁜 어린 기생들의 춤, 땅을 갈아엎으며 노동하는 사람들….

고작 5분도 안 되는 이 짧은 동영상은 우리나라를 최초로 촬영한 영상이며, 또한 우리나라에서 최초로 상연된 영상이기도 하다. 이 동영상을 책처럼 아무 데서나 볼 수 있기를 바랐던 홈스는, "그럴 수만 있다면, 우리가 빠른 전차를 타고 서울을 통행하면서 즐겼던 흥분"을 독자들에게도 고스란히 전달할 수 있을 것이라고 썼다.

그러니까 영상 속에 보이는 풍경은 홈스가 전차를 타고 가면서 찍은 것이라는 뜻. 타고 가면서도 찍고 내려서도 찍었다. 그 와중에 그가 타고 있던 전차와 소달구지가 충돌하는 사고가 발생하기도 했다. 이 사고는 우리나라 역사상 최초의 대물 교통사고라고 한다. 조선 최초의 동영상 촬영으로도 부족해서, 이분, 최초의 교통사고라는 기록도 가지게 된 것이다.

동영상은 보여주는 것으로 끝이지만, 책은 그런 일들에 대해 조근조근 말한다. 어디에서 어떤 것을 찍었는지, 그걸 찍게 해준 사람은 어떤 사람인지. 홈스는 동영상으로 찍힌 생동하는 장면들을 글이 전하지 못하는 것을 안타까워했지만, 실은 그 반대일지도 모른다. 동영상이 전하지 못하는 이야기들을 글이 전하고 있는데, 동영상보다도 글에서 그 풍경이 더 생생히 살아난다.

그중에서도 우리에게 가장 흥미로운 부분은 홈스가 찍은 영상이 고종에게 전달되는 과정이다. 버튼 홈스는 종친인 이재순에게 그가 찍은 동영상을 보여주었는데, 움직이는 사진에 감탄한 이재순이 그걸 임금에게도 보여줄 수 있게 빌려달라고 청한 것이다. 그리하여 고종도 보고, 명성황후는 이미 세상을 뜬 후이니 아마도 황후 대신 엄비도 보았을 것이고, 어린 황세자와 왕자들도 보았다. 얼마나 신기하고 놀라웠을까. 그런 놀라움에 가장 정직하게 반응하는 사람은 역시 어린아이다.

> 궁궐에 빌려주고 나서 이틀 뒤 황제의 사자가 밤늦게 찾아와서 비단과 부채 등 여러 가지 황제의 선물과 함께 그 요술상자를 돌려주었다. 반환이 늦은 이유를 설명하는 편지도 있었다. 황제의 막내 왕자가 그 장난감에 빠져 그걸 빼앗으려고만 하면 우는 데다가 밤이면 토실토실한 손으로 꼭 쥔 채 잠이 들곤 하여 일찍 돌려줄 방도가 없었다는 것이다.

다음 날, 황실 무용수를 보러 오라는 궁궐의 초대가 있었는데 추신으로 그 사진 기계를 꼭 가져와 달라는 요청이 있었다. 통역사인 박 씨가 경계하는 목소리로 "만일 한 번 더 그것을 궁궐로 가져간다면 잃어버리는 셈 치셔야 할 겁니다"라고 말했다. 그래서 우리는 어린 왕자가 그토록 탐내는 상자를 기꺼이 선물로 내줄 준비를 했다.

책에 활동사진을 싣지 못하는 대신 홈스는 많은 사진을 실었다.

사진도 동영상만큼이나 생동감이 넘친다. 이때로부터 고작 13년 전인 1898년에 이사벨라 비숍이 《조선과 그 이웃 나라들》에 우리나라의 사진을 실을 때만 하더라도, 그 사진은 진짜 사진이 아니었다. 당시만 하더라도 사진과 활자를 동시에 인쇄하는 기술이 발달되지 않아 사진을 동판화로 제작한 후 그걸 인쇄해야만 했다.

그러나 세상은 무서운 속도로 달라지고 있었다. 사진이 책에 실리는 정도의 변화가 아니라 이제 동영상의 시대가 열린 것이다. 그 변화의 속도만큼이나 조선도 거세게 흔들리게 될 것이다. 흔들리다 무너지게 될 것이다. 그러나 아직은 무너지기 전, 흔들리기만 하던 때, 그러나 흔들리는 것만으로도 그 어지러움을 견딜 수 없었던 때. 그 기록들은 사진으로, 그림으로 남았다.

최초의 동영상이 버튼 홈스라면 최초로 우리나라의 사진을 찍은 사람은 누구일까. 1871년 신미양요에 미군과 종군했던 영국인 사진작가 펠리체 베아토가 찍은 사진들로, 그는 후에 그 사진들을 1871년 9월 9일자 〈하퍼스 위클리〉에 게재했다. 퍼시벌 로웰은 1884년에 고종의 사진을 찍었는데 이것이 고종을 찍은 최초의 사진이다. 로웰은 작가이며 수학자이고 천문학자이다. 1883년 우리나라 최초의 보빙사들을 미국에서 안내하고 수행했던 것으로 우리에게 잘 알려준 로웰은 실은 천문학자로 더 유명하다. 그 유명한 로웰 천문대[48]가 바로 이분의 이름을 따서 붙인 것이다. 이분의 이름으로 명명된 더 유명한 것도 있다. 바로 명왕성을 뜻하는 영어 단어 '플루토 Pluto'이다. 플루토의 'p'와 'l'이 퍼시벌 로웰의 앞글자이다. 그는 조선에 대한 책도 남겼다. 《조선, 고요한 아침의 나라》. 이 책에 본인이 직접 찍은 고종의 사진을 실었다.

최초의 그림은? 탐사기에 실린 그림을 다시 얘기할 필요는 없겠다. 여기서는 고종에 대해서만 얘기하자. 고종을 최초로 그린 서양 화가는 새비지 랜더인 것 같다. 그는 1890년에 조선을 두 번째로 방문한 후, 조선에 대한 책을 남겼는데, 그 책에서 자신이 고종과 중신들을 그렸다고 말한다. 고종이 그의 그림에 만족하여 궐내의 어디든 마음대로 그려도 좋다고 승인해주었고, 그 와중에 그림을 그리는 자신을 구경하려던 명성황후의 얼굴을 직접 보았다는 일화도 전하고 있다.

> 소란한 가운데 창문이 열리며 나지막한 속삭임이 들리기 시작했다. 나는 마음을 단단히 먹고 몸을 홱 돌렸다. 왕비의 얼굴을 본 것이 바로 그때였다. 왕비는 창문 밖으로 얼굴을 내밀고 있었고 왕비의 등 뒤에서는 나이가 각기 다른 몇 명의 궁녀들이 발끝을 세운 채 밖을 내다보려고 애쓰고 있었다. 나는 왕비의 얼굴을 똑바로 쳐다보았다. 그리고는 왕비에게로 곧장 나아가기 시작했다. 왕비는 놀랐는지 짐짓 내 시선을 외면하며 황급히 몸을 감추려고 했는데 그러다가 궁녀 하나와 부딪히고 말았다. 떠들썩한 웃음소리가 들렸다. 그들 모두가 매우 재미있어하는 것이 틀림없었다.

그 후 그는 명성황후의 인물평을 이렇게 남긴다. "왕비는 대단한 미인이던데요"라고.

명성황후가 미인인지 아닌지에 대해서는 논쟁하지 말기로 하자. 뭐가 최초인지에 대해서도 마찬가지다. 최초인 것이 뭐 그리 중요하겠는가. 최초, 최대, 최고… 그런 '최最' 자에 현혹되지는 말아야 할 일이다. 최초의 것에는 항상 그 앞의 것이 있는 법이니. 신을 제외하고는 최초라고 말할 수 있는 것은 아무것도 없으니.

조선의 지식사회를 뒤흔든 서구 문물

로드리게스의 《일본교회사》

João Rodrigues, 《História da Igreja do Japao》(1630년대, 포르투갈어)

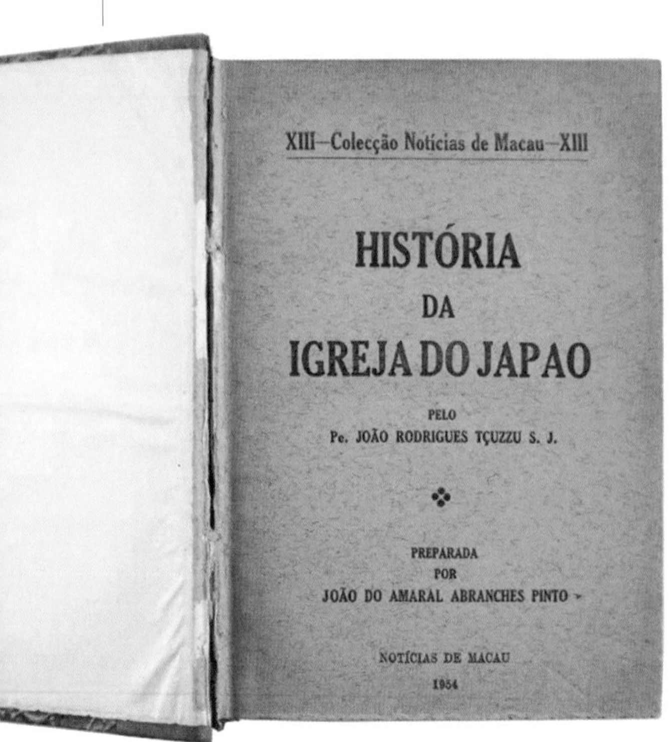

XIII—Colecção Notícias de Macau—XIII
HISTÓRIA
DA
IGREJA DO JAPAO
PELO
Pe. JOÃO RODRIGUES TÇUZZU S. J.
PREPARADA
POR
JOÃO DO AMARAL ABRANCHES PINTO
NOTÍCIAS DE MACAU
1954

로드리게스는 이 책에서 일본과 중국, 두 나라의
문화와 역사, 조선과의 관계도 다루었다.
또한 임나일본부설을 최초로 소개한 서구 서적이기도 하다.

> 조선의 왕은 그들에게 교리를 전파할 사람을 데려가고자 했던 꿈을 결국 이루지 못했다. 그 후 타르타루스 인들은 국경의 모든 관문을 봉쇄해버렸고, 이에 맞서서 적들도 국경 경계를 삼엄하게 하기 시작했다…. 프란치스코 수도회 신부들이 육로로든 해로로든 다른 지역을 통해 조선으로 입국하려고 시도했지만, 그토록 들어가려 했건만, 모두 실패했다.

아담 샬의 《중국포교사》, 그중에서도 소현세자와의 만남을 다루었던 제12장은 위와 같이 끝을 맺는다. 모두, 실패했다…. 그 마지막 문장이 여운을 남긴다.

예수회 선교사들이 조선으로 들어오려고 했던 시도는 그 역사가 꽤 길다. 중국에서 처음이었던 것도 아니다. 일본에서 활동하던 선교사들 역시 끝없이 시도했으나, 모두 실패했다.

그러나 여기 아주 인상적인 시도가 있다. 아담 샬보다도 먼저. 그러니까 소현세자보다도 먼저. 이국의 땅에서 만난 조선의 관료와 푸른 눈의 신부가 서로를 빨아들일 듯이 바라보고 있던 순간이 있었다.

너는 누구냐. 무엇이냐.

바로, 후앙 로드리게스 신부와 정두원이다. 1631년 인조 9년. 그들은 베이징 근방의 작은 도시 둥주에서 만났다. 로드리게스는 미지의 조선에 대해 탐색했고, 정두원은 미지의 서구를 탐색했다. 로드리게스는 극동에서의 선교사 경력이 30년 넘는 노련한 신부였고, 정두원은 정이품 지중추부사[49]에 오른 고위관료였다. 그때 정주원은 진주사 신분으로 베이징으로 향하는 중이었다. 그리고 로드리게스는 명나라 황제의 요청으로 파병된 포르투갈 군대의 종군신부이자 통역관으로 그곳에 머물고 있었다.

> 우리가 후에 목숨을 걸고 탈출해야만 했던, 조선으로부터 바로 바다 건너에 있는 그 도시에 있는 동안, 조선의 사신단이 그곳에 도착했다. 나는 그들과 곧 친해질 수 있었다. 그리고 그들을 통해 중국어로 쓴 성서, 과학 서적들, 마테오 리치가 중국어로 제작한 커다란 지도 등을 조선의 왕에게 보냈다.[50]

'우리가 후에 목숨을 걸고 탈출해야만 했던 도시'가 바로 둥주다. 마카오 주둔군이었던 그들은 숭정제의 요청으로 중국에 들어갔으나 그곳 둥주에서 반란군에게 패했다. 부대 전체가 성벽을 넘어 탈출해야 했으며 그 과정에서 많은 사상자가 생겼고, 로드리게스도 간신히 살아남았다. 그러나 조선의 사신단이 도착했을 때는 아직 그 전투가 벌어지기 전이었다.

이들의 만남은 겹치고 겹친 우연으로 이루어졌다. 등주는 원래 조선 사신단이 통과해가는 행로에 있지 않았다. 그러나 명나라가 망해가던 시기, 국경이 불안하기는 조선도 마찬가지인 터라 정두원이 새로운 행로를 택하겠다 임금에게 청했다. 바로 그 길에 등주가 있었고, 바로 그곳에 로드리게스가 있었던 것이다.

로드리게스와 정두원. 이 두 사람의 만남은 이후 조선 역사에서 결코 작지 않은 의미를 갖게 된다. 로드리게스가 그의 서찰에 남긴 기록처럼 정두원은 그가 선물한 화포와 천리경千里鏡, 자명종 그리고 서적 등을 조선으로 가져왔다.

새로운 화약의 제조법이 바로 이때 전해졌다고 한다. 흥미로운 것은 정두원이 이 물건들을 가지고 돌아왔을 때, 인조가 보인 태도이다. 소현세자가 아담 샬의 선물을 가지고 귀국했을 때는 발작적인 반응을 보였다고 알려지는, 오죽하면 야사를 통해 벼루를 집어던졌다고까지 전해지는 인조는 정두원이 로드리게스의 선물을 가지고 돌아왔을 때는 완전히 다른 반응을 보였다. 이 부분을《조선왕조실록》에서 옮긴다.

> 진주사陳奏使 정두원이 명나라 서울에서 돌아와 천리경·서포西砲·자명종·염초화焰硝花·자목화紫木花 등 물품을 바쳤다. 천리경은 천문을 관측하고 100리 밖의 적군을 탐지할 수 있다고 하였으며, 서포는 화승火繩을 쓰지 않고 돌로 때리면 불이 저절로 일어나는데 서양 사람 육약한陸若漢이란 자가 중국에 와서 두원에게 기증한 것이다. 자명종은 매시간 종이 저절로 울고, 염초화는 곧 염초[51]를 굽는 함토이며, 자목화는 곧 색깔이 붉은 목화이다. 상이 하교하기를, "서

포를 찾아온 것은 적의 방어에 뜻을 둔 것이니, 정말 가상하기 그지 없다. 특별히 한 자급資級[52]을 올려주라" 하니…

때는 인조 9년이고, 숭정 3년이다. 청나라가 무서운 기세로 발흥하고 있었고, 조선으로서는 정묘호란을 겪은 지 3년째가 되는 해였다. 그리고 병자호란을 앞두고 있기도 했다. '적을 방어하는 일'이 그 어느 때보다도 시급하고 중요한 시기였다는 뜻이다. 그래서 화포를 가져온 정두원에게 벼슬을 올려주라고까지 하는 것이다.

그러나 소현세자에 이르면 적은 이제 청나라가 아니라 자신의 아들인 소현이 되어버린다. '청나라가 지지하는', '적어도 그렇게 보이는' 자신의 아들 세자를 인조는 불안해하고 두려워했다. 아직 그렇지 않았을 때, 오직 적이 외적인 청군이기만 했을 때, 인조의 반응을 좀 더 살펴보기로 하자. 역시 인조 9년의 실록 기록이다.

상이 진위사陳慰使[53] 정두원과 동지사冬至使[54] 서장관書狀官[55] 나의소를 불러 입대시켰다. 상이 하문하기를,

"중원의 일이 어떠한가?"

하니, 두원이 대답하기를,

"신이 길에서 듣건대 모두들 황상은 거룩하다고 하였습니다. 또 포성이 연일 끊이지 않았는데, 아마도 뜻을 가다듬어 적을 토벌하는 듯하였습니다."

하였다. 상이 이르기를,

"현재 명장名將이 몇 사람이나 있는가?"

"중원의 성곽도 돌로 쌓았는가?"

"육약한은 어떤 사람인가?"

하니, 두원이 아뢰기를,

"도道를 터득한 사람인 듯하였습니다."

육약한. 후앙 로드리게스. 정두원이 일컬어 '도를 터득한 사람'인 듯했다는 이 포르투갈 출신 신부의 경력이 매우 흥미롭다. 신부로서의 그의 경력은 중국도 아니고 그의 고향인 포르투갈도 아닌 일본에서부터 시작된다. 선교 경력이 아니라 신부 경력을 말하는 것이다.

로드리게스는 1561년 포르투갈에서 태어나 1577년에 일본에 이르렀다. 그의 나이 고작 열여섯 살 때의 일이다. 고향을 떠난 이유는 무엇이었을까. 소년의 마음을 사로잡은 모험과 원정의 유혹 때문이었을까. 확실한 것은 '신의 사명'을 위해서는 아니었다는 것이다. 그는 그때까지 초등교육도 받지 못한 상태였다. 고작 열여섯 살에 배를 타고 먼 극동까지 왔으나, 그때까지 제대로 된 교육조차 받지 못했던 이 소년은 일본에 이르러서야 '신의 부름'을 받았다.

1580년 일본 붕고 오이타에 있는 예수회 신학교에 들어간 그는 곧바로 놀라운 언어 재능을 보이기 시작했다. 그는 일본인 학생들에게 라틴어를 가르쳤고, 자신은 학생들에게 일본어를 배웠다. 그리고 곧 예수회 선교사 중 일본어를 가장 능숙하게 구사하는 사람이 되었다. 그때부터 일본과 예수회 사이에서 중요한 국제관계가 발생할 때마다 통역으로 활동했다.

그런데 그가 신으로부터 받은 부름이 이런 종교적인 쓰임에만 응답이 되었던 것은 아니었던 모양이다. 그는 포르투갈과 일본 간의 무역에도 깊이 개입했고, 일본 정계에도 영향력을 행사했다. 결국 각종 추문에 휘말리게 되었고, 마침내 33년 동안이나 살았던 일본에서 추방되고 만다. 그 후 그는 마카오에 머물며 중국 선교를 모색했다. 그리고 바로 그때 명나라 황제의 파병 요청이 왔던 것이다. 숭정 3년의 일이었다.

숭정제는 명나라의 마지막 황제다. 나라가 망하자 그 역시 스스로 목숨을 끊었다. 그러나 즉위 3년 차인 이 황제는 아직 마지막을 모른다. 그에게는 아직 왕조를 구하려는 의욕과 투지와 순정이 있었다. 청군의 침입을 막아내기 위해 무슨 일이든 하려고 했고, 그중의 하나가 마카오에 군사와 무기 지원을 요청하는 것이었다. 마카오의 포르투갈 주둔군은 황제의 요청에 응답했다. 황제가 기대했던 만큼의 군사도, 화력도 없었지만, 그래도 캐넌포와 모슬총으로 무장한 소수의 포병대가 바다를 건너 대륙으로 상륙했다.

로드리게스는 남쪽에서 북쪽으로, 정두원은 동쪽에 서쪽으로, 바다를 건너고 국경을 넘고 관문을 지나, 둘은 등주에 이르렀다. 그리고 역사 속의 만남이 이루어진다.

> 조선의 왕은 성서를 받게 되어 아주 기쁘다는 답신을 보내왔다. 무엇보다도 지금까지 몰랐던 세계에 대해 알게 되어 몹시 기쁘다고 했다. 그 답신과 함께 매우 훌륭한 선물들도 보내왔다. 나 역시 그에게 보낼 답례품과 책 들을 이미 준비하고 있었다. 이와 같은 선물의 교류가 그들과 우리 사이의 만남을 고무하고, 그들이 우리를 수용할 수 있게끔 하는 데 도움이 될 것이라고 믿는다. 이 나라는 매우 오래되었고 중국식 생활방식을 가지고 있는 개화된 나라이며 여덟 개의 거대한 지방으로 구성된 위대한 왕국이다.

로드리게스가 정두원과의 만남에 대해 남긴 기록이다. 둥주에서의 만남이 이루어지고 2년 후 로마로 보낸 서찰에 쓰인 내용이다. 이에 의하면 그때까지 그들은 어떤 방식으로든 연락을 지속하고 있었던 것으로 보인다.

그러나 로드리게스의 편지에는 과장이 좀 있는 듯하다. 왕이 답신을 써서 보냈다는 부분은 특히 그렇다. 우리나라 쪽 사료에서는 전혀 그와 같은 기록이 보이지 않는다. 이치상으로 생각해도 왕이 답신 같은 걸 썼을 만한 상황은 아니다.

혹시 '임금이 당신이 보낸 선물을 보고 몹시 기뻐하셨다'라는 정두원의 편지를 받았거나, 그와 비슷한 전언을 들었을지는 모르겠다. 정두원은 조선으로 귀국할 때, 소현세자가 내관 하나를 아담 샬에게 맡기고 갔던 것처럼 내관 하나를 둥주에 남겨두고 갔다. 소현세자와 같은 뜻이었다. 저 서양 사람에게서 배울 수 있는 건 뭐든지 다 배워오라는. 알아낼 수 있는 것도 다 알아내서 오라는.

이영후라는 그 내관은 로드리게스와 정두원 사이, 로드리게스와 조선 사이의 다리 역할을 했다. 불행히도 로드리게스가 그 후 그리 오래 살지 못한 채 생을 다했다. 조선과 서구의 만남은 다시 두절되었다.

그렇더라도 이 '도를 터득한 듯한 신부, 육약한'이 보내온 물건들로 말미암아 조선의 지식사회가 흔들렸다. 이익은 《성호사설》에서 그에 대해 언급했다.

> 임진년 난리 뒤에 정두원이 연경에 갔을 때 만났던 서양 사람 육약한은 나이가 97세인데도 정신이 뛰어나고 맑아 신선 같았다고 한

다. … 그는 또 정두원에게 화포를 주어 우리나라 국왕에게 알리게 하고《치력연기治曆緣起》,《천문략天問略》,《원경설遠鏡說》,《직방외기職方外紀》,《서양공헌신위대경소西洋貢獻神威大鏡疏》의 서적 각 한 권과 천리경, 자명종, 조총, 약통 등의 물건을 주었다. … 육약한은 이마두(마테오 리치)와 함께 왔던 자인데 그가 우리에게 준 물건은 모두 없앨 수 없는 것들이다.

《직방외기》를 살펴보니 "대서양은 매우 넓어 끝이 없다. 그래서 서양에서도 역시 바다 밖에 땅이 있는지 알지 못하다가 100여 년 전에 각룡(컬럼버스)이 동양 땅에 이르렀다. 또 묵와란(마젤란)이 동쪽 바다를 따라 중국에 이르니 그제야 지구를 한 바퀴 돌게 된 것이다"라고 하였다.[56]

《직방외기》는 중국에서 선교활동을 하던 신부 알레니가 중국어로 저술한 여섯 권짜리 책으로 세계 5대 주요 각국의 지리와 풍토, 기후, 명승지, 민생 등을 다루고 있다. 이 책으로 인하여 조선 지식인들의 세상이 넓어졌다. 각룡도 알고, 묵와란도 알게 된 것이다.

그런가 하면《인조실록》11년에는 이런 기록도 있다.

경상 병사 박상이 치계[57]하기를,

"새로 나온 염초 굽는 방법을 일일이 전수하여 익히게 하고자 본영本營에다 국局을 설치하였습니다. 도내 여섯 고을도 염초를 굽게 하면 7월 이후에는 구워낸 수량이 무려 1,000여 근에 이를 것이니, 지금부터 여러 곳에서 구워낸다면 앞으로 화약 걱정은 하지 않아도 될 것입니다. 그리고 구운 염초는 그 수량을 회록會錄하게 하소서."

하니, 상이 따랐다.

우리나라에는 처음에 염초가 없었으므로 중국에서 사다가 썼는데, 정두원이 베이징에 사신으로 갔다가 염초 굽는 법을 배워왔다. 이에 그 법을 전수하여 익히게 하여 그 용도를 넓혔다.

로드리게스는 《일본교회사》라는 책을 썼다. 제목은 《일본교회사》이지만 일본과 중국에서 활동했던 경험을 바탕으로 하여 그 두 나라의 문화와 역사를 같이 다룬 것이 주 내용이다. 그 두 나라와 조선과의 관계도 다루었다. 유럽인들에게 극동을 소개한 17세기의 많은 책들이 대부분 정치적·사회적 현상을 다루는 것에 국한되었던 반면 로드리게스의 이 책은 거의 유일하다시피 동양 3국의 문화적 전통을 언급했다. 그러나 빛을 보지는 못했다. 그의 필사본은 20세기 중엽까지 사장되어 있다가 1932년에야 발굴되었다. 그나마 전본이 아니었다. 1967년에 이르러서야 이 책의 부분 번역이 스페인어로 출판되었는데, 그 제목은 뜻밖에도 《일본의 차에 관하여Arte del Cha》였다. 전체가 영역된 것은 1972년이다.

그런데 이 책에 대해서는 반드시 짚고 넘어가야 할 부분이 있다. 이 책이 임나일본부설을 최초로 소개한 서구 서적이라는 점이다. 일본이 백제와 신라, 가야 지방을 지배했다고 주장하는 이 설은 이후 일본의 조선 침공을 정당화하는 이론이 된다. 로드리게스가 아무리 오래 극동 지방의 선교를 했고, 또 역사를 공부했다고는 해도, 결국 한계는 있었다. 그가 참고했던 자료들은 일본에서 얻은 것들이었다. 그가 조선을 제대로 알려면 조선과 직접 접촉하는 수밖에는 없었을 것이다. 안타깝게도 정두원과의 짧은 접촉 이후 더는 그런 일이 일어나지 않았다.

이양선을 타고 온 탐사자들

브로튼의 《북태평양 발견 항해기》

Robert Broughton, 《Broughton's Voyage of Discovery to the North Pacific Ocean》(1804, 영어)

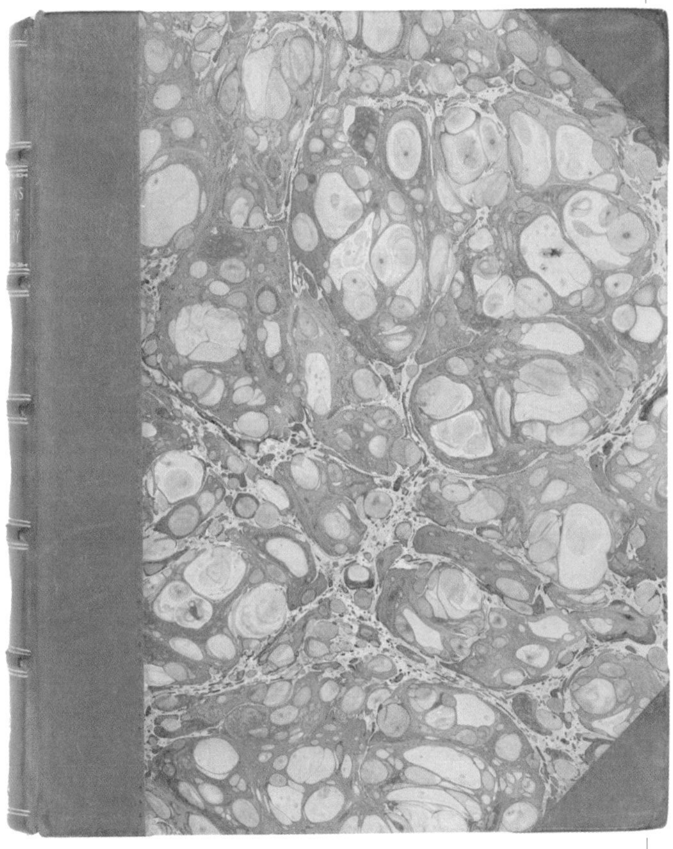

영국의 해군 장교였던 윌리엄 브로튼은
이양선 헨리호를 타고 조선에 왔고
그 과정을 기록으로 남겼다.

브로튼의 《북태평양 발견 항해기》의 속표지

A

VOYAGE OF DISCOVERY

TO THE

NORTH PACIFIC OCEAN:

IN WHICH
THE COAST OF ASIA, FROM THE LAT. OF 35° NORTH
TO THE LAT. OF 52° NORTH,
THE ISLAND OF INSU,
(*COMMONLY KNOWN UNDER THE NAME OF THE LAND OF JESSO,*)
THE NORTH, SOUTH, AND EAST COASTS OF JAPAN,
THE LIEUCHIEUX AND THE ADJACENT ISLES,
AS WELL AS THE COAST OF COREA,
HAVE BEEN EXAMINED AND SURVEYED.

PERFORMED
IN HIS MAJESTY's SLOOP PROVIDENCE,
AND HER TENDER,

IN THE YEARS 1795, 1796, 1797, 1798.

BY WILLIAM ROBERT BROUGHTON.

LONDON:

PRINTED FOR T. CADELL AND W. DAVIES IN THE STRAND.

1804.

프랑스가 강화를 침공하여 병인양요를 일으킨 때로부터 5년 후, 이번에는 미국이 강화를 침공한다. 신미양요. 양놈들의 침공. 그리고 그로부터 4년 뒤에는 운양호 사건이 일어난다. 왜놈들의 침공. 이 사건으로 말미암아 마침내 조선의 문이 '강제로' 열린다.

침공의 역사 전에는 탐사의 역사가 있다. 이 나라는 어떤 나라일까, 거의 아무것도 모르던 때. 조심스러운 탐색과 설렘과 호기심과 혹은 어느 정도의 낭만과 정다움도 있던 때의 역사.

우리나라 해역을 처음으로 탐사하고 그걸 기록으로 남긴 항해기는 앞서도 말했던 것처럼 라페루즈의 《항해기》이다. 그러나 라페루즈는 상륙을 시도하지 않았다. 주민들과의 접촉이 없었기 때문에 당연히 기록도 제한적일 수밖에 없었다.

그러나 시작이 있으면 그다음이 있는 법. 라페루즈를 시작으로 조선 탐사가 본격적으로 이루어진다. 조선인들과의 접촉도 생기고, 점점 더 과감해지기까지 한다. 흥미로운 것은 이때의 만남이 서양인들에게만 최초인 것이 아니라 조선인들에게도 최초라는 사실. 탐사와 탐색은 서구인들에게만 중요했던 것이 아니라 조선인들에게도 마찬가지였다는 뜻이다. 《조선왕조실록》 정조 21년 10월의 기록에 이런 내용이 보인다.

> "전에 동래에 표류해온 배에 대해 어떤 사람은 이르기를 아마도 아란타 사람인 듯하다 하였는데, 아란타는 어느 지방 오랑캐 이름인가?"
>
> 하니 비변사備邊司[58] 당상 이서구가 아뢰기를,
>
> "효종조에도 일찍이 아란타의 배가 와서 정박한 일이 있었는데, 신이 일찍이 동평위의 《문견록》에서 어렴풋이 본 기억이 납니다. 아란타는 곧 서남 지방 번이의 무리로 중국의 판도에 소속된 지가 또한 얼마 되지 않습니다. 명나라에서는 하란이라고 하였는데 요즘 이른바 대만이 바로 그곳입니다."
>
> 라고 말하자 우의정 이병모가 아뢰기를
>
> "말씀드리는 바가 두루 흡족하니 참으로 재상은 책을 많이 읽은 사람을 써야 합니다."
>
> 라고 맞장구를 쳤다.

여기서 말하는 배가 바로 바로 윌리엄 브로튼이 타고 온 프린스 윌리엄 헨리호이다. 이 배는 1797년(정조 21년) 용당포에 도착하여 9일간 조선 해역에 체류했다. 조선 사람들을 만났고, 조선 사람들에게서 물과 나무와 음식을 제공받았고, 조선의 해역을 탐사하고 지도로 남겼다. 그 항해기도 남겼다. 조선 사람들에게서는 전혀 적의가 느껴지지 않았지만 외부 세계의 사람들과 교류할 마음 또한 전혀 없어 보였다고 항해기에 기록을 남겼다. 그런데 이 시기의 항해기를 글자 그대로, 기록으로만 읽어서는 곤란하다. 그 내부로 들어가면 몇 겹의 이야기가 존재하기 때문이다. 바로 위의 《조선왕조실록》에서 거론된 대만의 사정을 보면 그 이야기가 선명해진다.

'아란타'라고 불리고 '하란'이라고도 불린 네덜란드는 1624년에 대만을 점령했다. 섬의 이름도 '포르모사Formosa'라는 이름으로 불렸다. 아름답다는 뜻을 가진 이 섬 포르모사에서 원주민들은 가혹한 착취를 당했고, 그에 저항하던 원주민 8,000여 명이 피살되기도 했다. 스스로 문을 열거나, 열리거나, 열 수밖에 없거나, 그로부터 이어지는 일들은 결코 낭만적인 것들이 아니다. 시작은 탐험기이지만 결론은 점령기가 된다. 대항해시대의 역사 자체가 전쟁과 점령의 역사다. 먼저 문을 열었거나 꼭꼭 닫고 있었거나 어떻든 홀로 비켜 갈 수 있는 역사가 아니었다.

영국의 함선 프린스 윌리엄 헨리호가 조선 해역에 나타난 것도 단순히 세계의 지평을 넓히려는 순수한 목적의 탐사였던 것만은 아니다. 제임스 쿡이 태평양의 대부분 지역을 탐사하고, 그 결과 오스트레일리아 대륙을 성공적으로 식민지화한 이래로 더 많은 곳, 더 구석구석까지의 탐사가 필요해졌다. 그 탐사의 최종적인 목적이 침략과 침탈이라는 것은 물론이다. 윌리엄 브로튼이 프로비던스호를 타고 태평양 탐사를 나선 것도 그 일환이다. 도중에 프로비던스호가 좌초된 후, 윌리엄 브로튼은 프린스 윌리엄 헨리호로 갈아타고 나머지 항해를 계속했다. 그리고 조선에까지 이르렀다. 그의 항해기에 기록된 10월 12일의 기록을 보자.

북위 47도에서 85도 사이의 동쪽으로 8~10리그[59]쯤 거리에 조선의 해안이 나타났다. 부드러운 산들바람이 부는 맑은 날씨. 풍향은 북서쪽이다.

200여 년 전, 조선의 가을은 얼마나 맑고 아름다웠을까. 그러나 항해기의 목적은 아름다움을 전하는 데 있는 것이 아니다. 항해기는 이렇게 이어진다.

10월 13일. 해안에 위험을 피할 항구가 있는 것 같았다. 어선 한 척이 우리에게 가까이 오라고 신호를 했다. 우리는 그 배를 따라가 해 질 무렵 모래 만에 정박했다.

10월 14일. 이른 아침에 우리를 찾아온 사람들은 대개 평민들이었는데 그날 오후에는 지위가 높은 사람들이 우리 배를 찾아왔다. 우리가 온 목적을 탐문하려는 듯했으나 의사소통이 되지 않았다.

윌리엄 브로튼과 선원들은 두 종류의 조선 사람들을 만난다. '평민들' 그리고 '지위가 높은 사람들'. 의사소통이 되지 않아 그들로서는 누군지 알 수 없던 이 관리들은 경상 좌수영 부산 첨사[60] 박종화, 그리고 동래 부사 정상우 등이다. 관리들이 이 배를 찾아온 이유는 자명하다. 이양선의 동태를 살피고, 그들의 목적을 탐문하는 것이다. 정부에서 하달된 프로토콜도 있었다. '선체를 그림으로 그리고, 공문으로 확인하고, 물종은 점검해서 일일이 기록한 다음 자세히 갖추어 급히 장계할 것.' 문제는 의사소통이 되지 않는다는 것이다. 급히 통역이 소환되고, 그 통역보다 더 유능한 통역이 수소문되어 불려

오고, 다시 또 다른 통역이 불려 와도 의사소통은 요원한 일이다.

"이국선이 어디서 왔는지도 모르고 말도 통하지 않아 조사를 자세히 해야겠기에 역관을 많이 불러들여 여러 가지 방법으로 문정問情[61]하라고 지시"하였으나, 그 역시 소용이 없었다.

"역학을 시켜 그 국호 및 표류해오게 된 연유를 물었더니, 한어, 만주어, 왜어, 몽고어를 모두 알지 못하였습니다. 붓을 주어 쓰게 하였더니 모양새가 구름과 산과 같은 그림을 그려 알 수 없었습니다."

문을 열려는 자의 언어와 그 문을 기어코 지키려는 자의 언어는 닿지 않는다. 구름과 산과 하늘처럼 서로 떠도는 언어들이다. 경계와 의심이 전제된 언어의 소통은 더욱 난망하다. 그러나 때로는 인간적인 풍경이 연출되기도 한다. 1816년 9월 서해안에 상륙해 조선 사람들을 만났던 알세스트호의 항해기에는 이런 기록이 남아 있다.

맥스웰 함장은 닥치는 대로 모든 몸짓을 사용해보았으나 그 어떤 몸짓도 통하지 않았다. 결국 지쳐버린 함장은 제일 나이가 많아 보이는 사내의 손을 잡고는 팔짱을 끼고 함께 걸어가기 시작했다. 나도 함장을 좇아 다른 사내의 팔짱을 끼고 걸어갔다. 우리의 허물없는 태도에 마을 사람들은 매우 기뻐하는 것 같았다. 마을 사람들과 우리는 그렇게 함께 기분 좋게 걸었다. 편안하고 느긋하게 그들과 팔짱을 끼고 걷는 것은 흥미로운 일이었다.[62]

이토록 평화롭고 다정한 풍경이라니. 200년도 더 전의 풍경이다.

이때 이 서구인들은 평화로운 산보에 빠져 잠깐이나마 탐사의 목적을 잊었을까. 난생처음 서구인들을 만난 조선인들은 이때 이 서구인들의 선의를 믿었을까.

윌리엄 브로튼도 맥스웰도 항해기를 남겼다. 브로튼의 항해기 제목은《북태평양 발견 항해기》. 조선에 관한 기록은 이 책의 2권에 나온다. 1804년에 런던에서 출간되었다.

배가 처음으로 정박한 용당포의 신선대에는 기념비가 세워졌다. '1797년 10월 윌리엄 브로튼 함장과 승무원들은 영국 해군 소속 프로비던스호의 부속선을 타고 이곳 용당포에 상륙하여 주민들과 접촉을 가졌던 최초의 영국인들이었다'고 비문을 새겨 넣었다. 이 기념비의 제막식에는 영국의 앤드루 왕자도 참석했다. 그리고 영국 대사관에는 윌리엄 브로튼의 이름을 딴 펍도 생겼다. 누군가는 그곳에서 윌리엄 브로튼을 떠올리며 영국 에일 맥주를 마실 것인데, 술의 향과 함께 항해와 낭만만 떠올릴 것이 아니라 진실로 기억해야 할 것은 무엇인가를 생각해봐야 할지도 모를 일이다.

윌리엄 브로튼은 1797년 10월 12일에 용당포에 도착해 9일간 체류한 후 떠났다. 그 사이에 몇 차례 상륙해 물을 길고, 해안을 탐사하고 지도를 그렸다. 마을 사람들과 간단한 접촉도 있었지만, 조선 사람들의 삶을 내부적으로 구경할 기회를 얻지는 못했다. 대부분의 접촉은 선상에서 이루어졌고, 조선 관리들의 탐문이 그 주를 이뤘다. 조선 관리들은 예규에 따라 이 배를 표류하는 선박으로 취급했고, 그에 따라 조치를 취했다. 땔 것과 마실 것, 먹을 것을 제공하고, 탐문하고, 그러고 나서는 속히 떠날 것을 종용했다. 충분히 탐문하지 않은 채 떠나보내기에만 바빴던 담당 관리에 대한 문책을 청하는 상소가 뒤늦게 올라오기도 했지만, 한시라도 빨리 '보내버리는 것'이야말로 조정의 정책이었다.

윌리엄 브로튼은 항해 일기를 항해기로 썼을 뿐만 아니라, 조선 해역에서 머물던 9일 동안 채집한 조선 식물들의 이름도 그 항해기에 같이 남겼다. 그는 무엇보다도 조선의 말을 채집했다. 숫자와 신체 부위에 관한 우리말 어휘 38종을 그의 항해기 부록에 실었다.

200년 전의 윌리엄 브로튼을 좇아 하나, 둘, 셋 가만히 세어보기 바란다. 어떤 숫자의 발음들은 놀랄 정도로 정확하게 표기되어 있다. 하나, 둘, 셋 가만히 다가오는 서구의 배들. 서구의 세력들. 하나, 둘, 셋 가만히 무너지는 조선의 땅, 조선의 사람들….

✣ ✣ ✣

서구의 배들, 소위 말하는 '이양선'의 역사를 잠깐만 살펴보고 마무리를 짓자. 프로비던스호를 타고 왔다고 알려졌지만 실은 헨리호를 타고 왔었던 브로튼 전에는 라페루즈의 함단과 콜넷의 모피 무역선이 있었다. 그리고 브로튼이 왔고, 그 후 20년 뒤에 바실 홀과 머레이 맥스웰의 알세스트호가 왔다.

바실 홀의 《조선의 서해안과 대류큐섬 발견 항해기Account of a Voyage of Discovery to the West Coast of Corea and the Great Loo-Choo Island》라는 이 책에는 조선 사람을 그린 삽화가 등장한다. 그전까지 서구서적에 나왔던 모든 조선 그림들은 다 상상에 의거한 것이었다. 직접 보고 온 사람에게 들었든, 그 사람에게서 들은 사람에게 들었든, 다 듣고 그린 그림이었다. 그러나 바실 홀에 이르러 드디어 직접

홀의 《조선의 서해안과 대류큐섬 발견 항해기》(1818, 영어)
바실 홀에 이르러 드디어 직접 보고 그린 그림이 등장하게 된다.
하지만 이 책의 속표지에 실린 〈유황섬Sulphur Island〉은
실제의 유황섬 모습과 많은 차이가 있다.

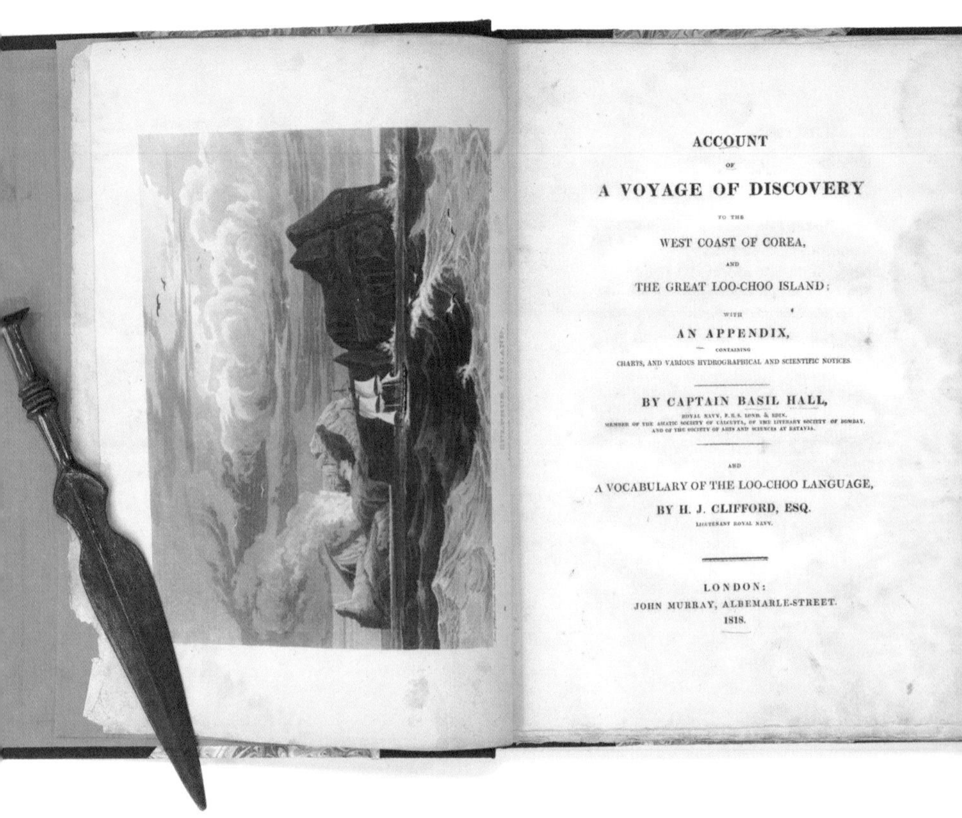

ACCOUNT

OF

A VOYAGE OF DISCOVERY

TO THE

WEST COAST OF COREA,

AND

THE GREAT LOO-CHOO ISLAND;

WITH

AN APPENDIX,

CONTAINING

CHARTS, AND VARIOUS HYDROGRAPHICAL AND SCIENTIFIC NOTICES.

BY CAPTAIN BASIL HALL,

ROYAL NAVY, F.R.S. LOND. & EDIN.

MEMBER OF THE ASIATIC SOCIETY OF CALCUTTA, OF THE LITERARY SOCIETY OF BOMBAY,

AND OF THE SOCIETY OF ARTS AND SCIENCES AT BATAVIA.

AND

A VOCABULARY OF THE LOO-CHOO LANGUAGE,

BY H. J. CLIFFORD, ESQ.

LIEUTENANT ROYAL NAVY.

LONDON:

JOHN MURRAY, ALBEMARLE-STREET.

1818.

《조선의 서해안과 대류큐섬 발견 항해기》의
다양한 판본들

동일한 책이지만 다양한 색과 판형, 디자인을 가진
판본들이 존재한다.

보고 그린 그림이 등장하게 된다.

다시 그로부터 15년쯤이 흐른 1831년에는 로드 애머스트호가 서해안에 접근한다. 이 배에는 루터교 목사인 카를 귀츨라프가 타고 있었다. 이로써 그는 우리나라를 찾은 최초의 개신교 선교사라는 기록을 갖게 된다. 당시 조선의 국왕에게 한문으로 번역된 성경을 전달하려고 했고, 주기도문의 한글 번역을 시도하기도 했다. 그가 한 여러 가지 일 중에 역사상 길이 남을 일은 또 있다. 바로 감자를 이 땅에 전파한 것이다.

> 저녁 식사 후 우리는 감자를 심기 위해 상륙했다. 귀츨라프가 명료하게 써놓은 감자 재배법도 함께 가지고 갔다. 감자가 자라기에 가장 적합해 보이는 땅을 찾아 싹을 100여 개 정도 심고, 그런 후 재배법을 적은 종이를 밭주인에게 주었다. 주인은 감자를 잘 키우겠다고 약속했는데, 이튿날 가보니 과연 밭에 울타리를 쳐둔 것이 보였다.

이 땅에 감자의 역사가 시작되는 순간이다.

목사인 카를 귀츨라프의 목적은 전도였다. 그는 국왕뿐만 아니라 관리들 그리고 주민들에게도 성경을 전파하려고 노력했는데, 조선 사람들은 한사코 받지 않았다. 그래서 주려는 사람은 던지고 받지 않으려는 사람은 팽개치고 하는 장면이 연출되기도 했다. 말씀은 순식간에 전파되지 못하였으나 감자는 순식간에 뿌리를 내렸다. 서양인이 전해주었으나 우리 감자가 되었다.

미지의 땅, 세계의 끝과 시작

볼테르의 《중국 고아》

M. de Voltaire, 《L'Orphelin de la Chine》(1755, 프랑스어)

엄청난 인기를 누린 오페라, 볼테르의 〈중국 고아〉에는 '코레'가 등장한다. 하지만 여전히 미지의 이미지로만 소비될 뿐이었다.

고려Corée로 가자, 그 바닷가로 가자
이 슬픈 세계를 둘러싼 바닷가가 있는 그곳,
그곳에는 인적 없는 황무지와 아무도 모르는 동굴이 있을 테니
폭군의 시야 밖에 있는
그 은둔처로 가자
…
아, 천자의 아들에게 숨을 곳조차 없다니
고려인들Coréens이 구하러 올 것이다
다만 너무 늦을 것이다[63]

계몽주의 철학자이며 《캉디드》의 저자인 볼테르는 극작가로도 유명하다. 24세의 나이에 〈오이디푸스〉를 공연하여 성공한 후 평생 52편의 극작품을 남겼는데 그중 많은 작품이 호평을 얻고 대중적으로 성공을 거두었다. 위의 시는 그의 오페라 〈중국 고아〉에 삽입된 것이다. 1755년 8월 파리 코메디 프랑세즈 극장에서 초연되었을 때

부터 엄청난 인기를 누린 이 작품은 그 후 미국, 이탈리아, 러시아 등으로 뻗어 나갔다.

볼테르는 우리에게 관용주의로 익숙한 철학자이지만, 그의 문학적 성취도 간과할 수 없다. 앙드레 지드는 세계문학의 최고 걸작으로 성서와 셰익스피어 그리고 도스토옙스키의 작품을 꼽은 다음 볼테르의《캉디드》를 꼽았다고 한다. 신랄한 풍자와 해학으로 넘치는 소설《캉디드》는 문학이면서 철학책이면서, 사상서이다. 사실 이렇게 말하는 것이 어불성설이기는 하다. 문학이 철학이고 철학이 사상이니까. 다시 말하면 좋은 작품은 그 모든 것이니까. 그리고 나쁜 작품은 그 무엇도 아닌 거니까.

그리고 좋은 작품은 후대의 작품에 영향을 미친다.《장미의 이름》에 주인공 윌리엄이 수도원에서 도망친 말을 정확히 추리하여 찾아내는 장면이 나오는데, 이는 볼테르의 또 다른 철학 소설《자디그》에서 가져온 것이다. 볼테르는 이 이야기를 페르시아의 민담에서 차용했는데, 에코가 이를 또다시 차용했다. 철학자이자 미학자, 기호학자였던 에코가 볼테르를 인용하여 풍자적이고 해학적인 에피소드로 발전시킨 것은 놀랍지 않은 일이다.

볼테르의 〈중국 고아〉는 원나라 시대의 중국 전통연극을 원전으로 한다. 춘추전국시대 진나라의 대신이었던 조씨 일가에 관한 이야기로, 가문의 복수가 주내용이다. 기군상이 원작자인데, 원작의 제목은《조씨 고아》이다. 그런데 이 작품은 어떻게 해서 볼테르에게까지 오게 되었을까.

이 작품은 중국에서 선교활동을 한 예수회 선교사 프레마레에 의해 동명의 제목으로 편역되어 유럽에 최초로 소개되었다. 편역이라고 말하는 것은 원전에 포함되어 있는 시가를 프레마레가 번역 과정에서 모두 빼버렸기 때문이다. 유럽 독자들이 이해하지 못할 것이라 생각했거나, 프레마레 본인부터도 이해하지 못해서였을 것이다.

프레마레의 편역본《조씨 고아》는 뒤알드의《중국지》에 소개되었다. 원제가《중국과 중국령 타타르의 지리, 역사, 편년, 정치, 자연에 대한 기술, 일반 지도들과 티베트, 한국의 지도가 포함되고, 동판으로 인쇄된 많은 인물과 삽화로 장식됨》인, 그러나 간단히 불러서《중국지》인 이 책은 당대에 있어서는 가장 중요한, 그리고 유명한 중국 관련 서적이었다. 이 책《중국지》의 유명세 덕분으로《조씨 고아》역시 유럽 곳곳으로 퍼져나가게 된다. 그리고 이 편역본을 저본으로 하여 새롭게 개작된 희곡과 오페라 등이 등장한다.《조씨 고아》,《중국 영웅》그리고《중국 고아》등 다양한 제목으로 변주되면서 제목만큼이나 내용 역시 대폭적인 변화를 거친다. 볼테르의〈중국 고아〉가 그중에서도 획기적인 개작을 했는데, 춘추전국시대였던 원전의 무대가 칭기즈 칸 시대로 바뀌었고, 당연히 원작에는 나오지도 않던 칭기즈 칸이 등장하며, 20년에 걸쳐 진행되었던 복수극의 흐름이 24시간 이내에 벌어지는 사건으로 바뀌었다.

무엇보다도 우리에게 흥미로운 것은 볼테르의《중국 고아》에 우리나라가 등장한다는 점이다. 그 이전까지 각색되었던 다른《중국 고아》들에서는 물론이거니와 원전인 기군상의《조씨 고아》에도 우리나라는 등장하지 않았다. 그런데 볼테르가《조씨 고아》를 광범위하게 각색하면서 우리나라를 등장시킨 것이다. 그냥 등장시킨 게 아니라 '구원자의 나라'로 등장시켰다. 내용은 이렇다. 칭기즈 칸이 베이징을 침공했을 때, 유일하게 생존한 어린 황손을 보호해야 했던 신하가 그의 친구에게 황손을 고려로 피신시켜 보호해달라고 부탁하는 것이다.

이 소중한 아이를 잠시 숨기세
우리 조상들이 지은 무덤 깊은 곳에
잠시 후에 고려군의 대장에게 아이를 건네주세
숭배받던 황실의 가여운 후손을
고려의 장군은 이 불행한 아이를
난폭한 정복자들의 손에서 지킬 수 있네
그들이 두려워하는 이 불행한 아이
고려의 장군이 우리의 황자를 구하리
나머지는 모두 내가 맡으리

슬프게도 이들은 탈출에 실패한다. 그리하여 우리나라도 이 오페라에서 더 등장할 기회가 사라진다.

볼테르는《중국 고아》이외에도《풍속론》,《러시아 제국사》,《백과전서에 대한 질문》등에서 우리나라를 소개했다. 대개 짧은 소개인데, 우리나라가 중국의 속국이라는 것, 조공관계에 있다는 것 등이 주 내용이다. 특이하게도 '조선인들은 지옥 혹은 지하세계에 대한 관념이 없다'라고 소개하는 부분도 보인다. 그 외에는 우리나라에 대한 언급을 최대한 자제하는 바, 조선에 대한 지식이 너무 부족하다고 스스로 인정했기 때문이다.

홍종우는《춘향전》을 번역하면서 그 서문에 볼테르를 언급하기도 했다. "볼테르에게 조선은 미지의 나라에 불과하지만"이라고 말하며 이제는 조선이 더 많이 알려져야 한다고 주장했다. 홍종우가 그 글을 쓴 때는 볼테르의 〈중국 고아〉가 상연된 때로부터 100년, 150년이 더 지나 있었다. 그러나 여전히 조선은 알려지지 않은 나라였고, '미지'의 이미지로만 소비되었다.

✣ ✣ ✣

"그런데 왜 이 (중국) 여자들은 바지를 입는 거야? 시간이 지나면 익숙해지겠지만 일단은 몸이 달아오르질 않아. 그래서 조선 여자들을 찾는 거야. 더 인간적이고, 치마도 입었고, 값도 싸고, 교양도 있거든!"

"촌티도 덜 나고 말야!"

툴롱 출신 병사가 말했다.

"조선 여자는 머리카락에 기름기가 없어서 맘에 들어."

"그런데 조선이 어디야? 우리가 그곳에 가보았던가?"

프레데릭 불레스텍스가 소개한, 시인이며 언론인이었던 알베르 롱드르의 《광란의 중국La Chine en Folie》이라는 작품의 한 부분이다. 이 시에서 우리나라가 등장하는 방식이 흥미롭다. 여기에서 우리나라가 중요한 것은 '치마를 입는 여자'들이 있기 때문이 아니라 그들이 여전히 '코레Corée'가 어딘지도 모른다는 사실이다. '미지의 나라'는 아직도 신비하고, 흥미롭다. 그들에게는 그렇다.

심지어 이 미지의 나라는 세계의 끝과 시작이라는 이미지로 표현되기도 한다. 〈미라보 다리〉라는 시로 유명한 기욤 아폴리네르는 그의 초현실적인 시 〈달의 왕〉의 시작과 끝을 우리나라로 잡았다. 시간과 소리를 여행하는 전위적인 시인데, 지구 한 바퀴를 도는 여행을 조선에서 시작하여 조선에서 끝맺는다.

> 은둔의 왕국! 오, 조용한 아침의 나라여! 새벽이 이제 막 동틀 참인데, 사찰에서는 벌써 기도 소리가 들리는구나. 이 기계가 그 나지막한 소리를 내게 전해주는구나. 기름종이로 만든 서민들의 겉옷이 사각거리는 소리, 가난한 사람들의 동냥 바구니에 적선이 쏟아지는 소리, 서울의 청동 종소리도 들린다. 종소리에 섞여 어린아이의 울음소리도 들린다. 안장에 앉은 멋진 양반 나리의 행차 소리, 그들을 쫓아가는 행렬의 소리. 언젠가 달의 왕에게 걸맞은 왕좌에 다시 오르게 되면 내 너를 보러 가리라. 그토록 달콤하다고 하는 너의 기후를 맘껏 즐기러 가리라.

문학작품은 아니지만, 오페라 〈마농 레스코〉의 작가인 아베 프레보, 카미유 클로델의 동생이며 시인인 폴 클로델 등이 우리나라를 언급하거나 글의 소재로 삼았다. 그 외에도 조선을 언급한 유명 저자들이 많지만, 중요한 것은 그들이 조선을 완전히 이해하지 못한 것은 고사하고, 거의 이해하지 못한 상태에서 글을 썼다는 것이다. 20세기에 접어들 때까지도 그들이 조선에 대해서 알고 있던 것은 '그들이 조선을 모른다는 사실'뿐이었다. 미지여서 흥미로운 나라. 다시 말하면 '미지'인 것 빼고는 별로 흥미로울 게 없는 나라.

그런데 그 미지의 나라가 그때 피를 흘리고 있었다는 사실을, 이들은 알았을까. 알았어도 관심이 없었을까.

섬세하지만 겁 많고 유약한 조선인

런던의《신이 웃을 때》

Jack London,《When God Laughs》(1911, 영어)

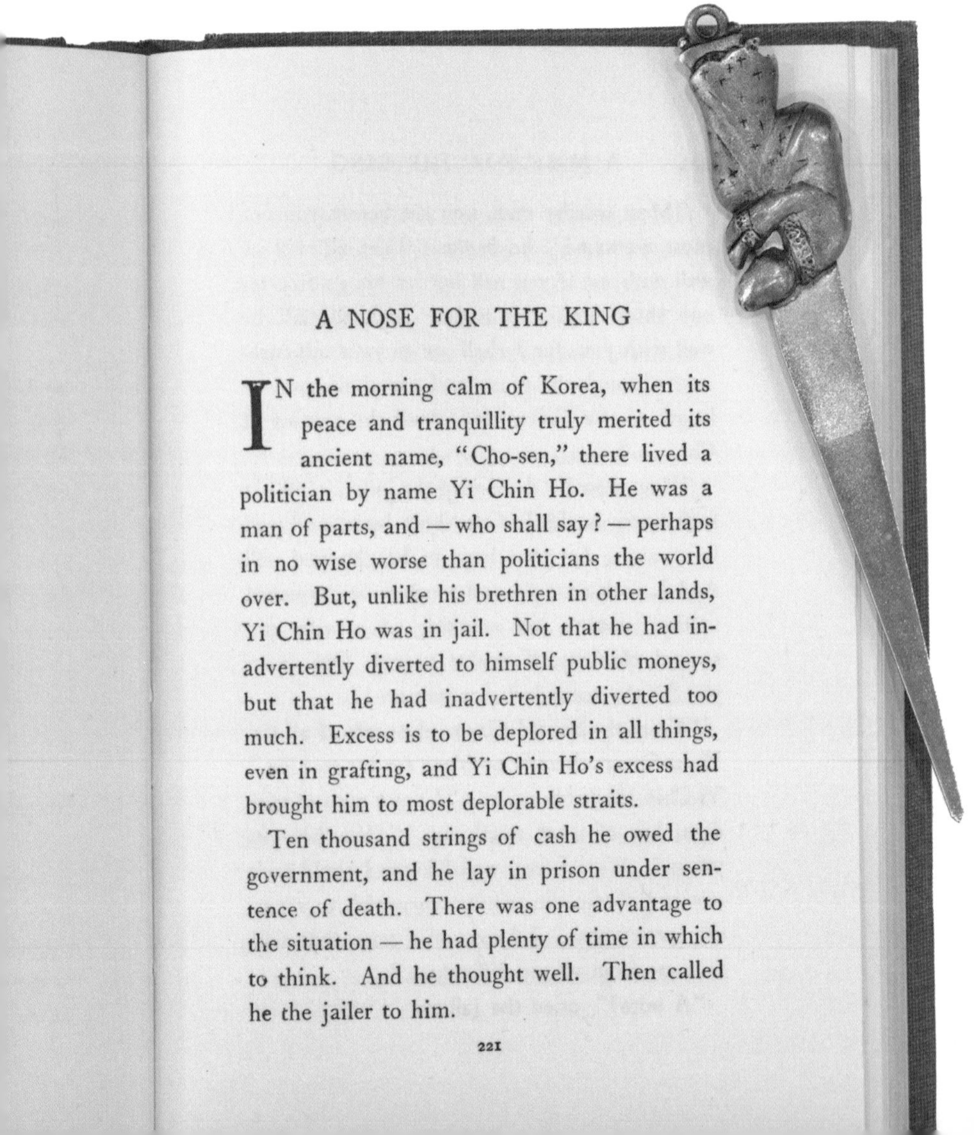

A NOSE FOR THE KING

IN the morning calm of Korea, when its peace and tranquillity truly merited its ancient name, "Cho-sen," there lived a politician by name Yi Chin Ho. He was a man of parts, and — who shall say? — perhaps in no wise worse than politicians the world over. But, unlike his brethren in other lands, Yi Chin Ho was in jail. Not that he had inadvertently diverted to himself public moneys, but that he had inadvertently diverted too much. Excess is to be deplored in all things, even in grafting, and Yi Chin Ho's excess had brought him to most deplorable straits.

Ten thousand strings of cash he owed the government, and he lay in prison under sentence of death. There was one advantage to the situation — he had plenty of time in which to think. And he thought well. Then called he the jailer to him.

221

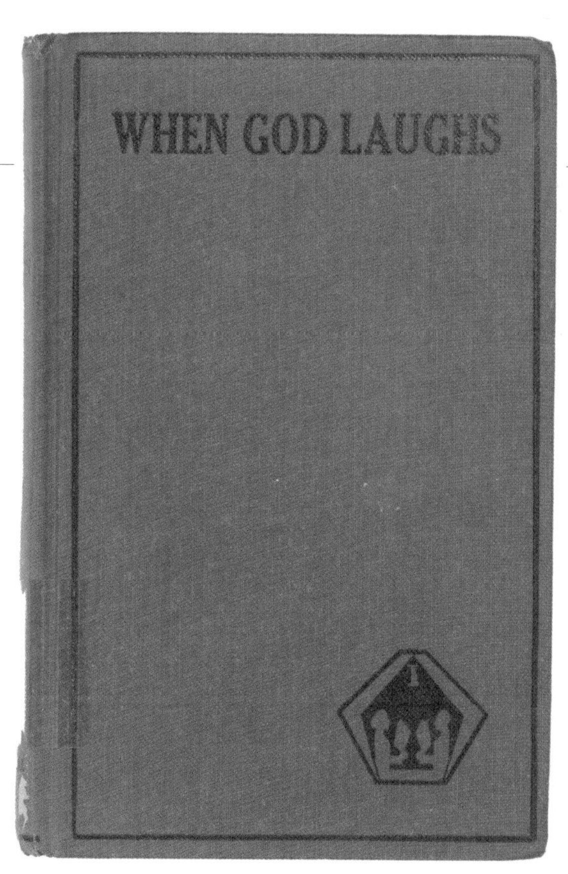

이진호라는 부패한 양반이 옥에 갇혀
다시 또 다른 부패한 양반을 속여먹는다는 이야기.
이 소설은 탐학한 관리에 대한 이야기로
자본과 권력에 대한 반감이 그대로 드러난다.

《강철군화》로 유명한 작가 잭 런던이 우리나라를 방문했던 건 잘 알려진 사실이다. 샌프란시스코에서 발행되는 신문 〈샌프란시스코 이그재미너〉의 특파원 신분으로 러일전쟁을 취재하기 위해서였다. 1904년 2월에 제물포로 들어와 일본군대를 쫓아 압록강에까지 이르렀는데, 그때 쓴 취재기가 훗날 책으로 엮였다. 《잭 런던의 조선 사람 엿보기》라는 제목으로 번역되어 우리나라 독자들에게도 소개되었다. 무슨 까닭인지 이 책은 영어로는 출간되지 않고 프랑스에서만 《화염에 휩싸인 조선La Corée en Feu》이라는 제목으로 출판되었다. 그것도 거의 한 세기쯤이 지난 1982년에.

이 책에 대해 말하기 전에 그의 대표작인 《강철군화》를 먼저 이야기하지 않을 수 없다. 자본의 권력화를 강하게 비판한 디스토피아 소설 《강철군화》는 1908년 초판이 출판된 이후 엄청난 반향을 일으켰다. '글을 읽을 줄 아는 노동자치고 이 소설을 읽지 않은 사람이 없다'고 일컬어질 정도로 특히 노동자 계급의 지지를 받았는데, 이 소설이 당시 미국의 노동 현실을 그야말로 날것으로, 생생하게 묘사하고 있기 때문이다.

샌프란시스코의 가난한 가정에서 태어난 잭 런던은 10대 초반에 이미 집안을 책임지는 가장이었다. 그리고 열네 살에 이미 통조림 공장의 노동자였다. 즉, 그 자신이 온몸으로 가혹한 노동과 착취를 겪은 사람이라는 뜻이다. 그의 대표적 자전소설인 《배교자The Apostate》에 등장하는 주인공 조니는 놀랍지만, 일곱 살 때부터 공장에서 일을 시작했다.

> 조니는 여섯 살 때부터 윌과 어린 동생들의 부모 노릇을 조금씩 해야 했다. 일곱 살에는 공장에 나가 실패 감는 일을 시작했다. 여덟 살 때는 다른 공장으로 옮겼다…. 하지만 조니는 늘 한자리에만 앉아 있었다. 그는 자연광이 닿지 않고 가스등 불꽃만 너울거리는 곳에서 기계의 일부가 되어야 했다.
>
> 하지만 조니의 내면 깊은 곳에는 지하 안치소가 있었다. 그곳에서는 조니가 한 모든 노역, 손동작, 경련이 일일이 저울질되고 있었으며, 조니 자신과 조니 주변의 작은 세계를 깜짝 놀라게 만들 행동을 준비하고 있었다.[64]

이 소설의 시작이 매우 의미심장하다. "이제 일어나 일터로 가려 하오니 / 주님, 제가 일을 게을리하지 않게 해주소서 / 밤이 되기 전에 죽게 된다면 / 주님, 제가 한 일이 잘되어 있게 해주소서." 순진무구한 기도로 시작되는 이 소설의 끝이 파국으로 치달을 것이라는 짐작은 어렵지 않다. 그러나 그 파국이 어떤 내용을 담고 있을지는 모를 일이다.

소설에서의 파국은 조니가 집을 떠나는 것으로 끝을 맺는다. 단순히 가출, 혹은 출가를 의미하는 것이 아니다. 그를 노동에 속박했던 가족으로부터, 의무로부터, 구속으로부터, 모든 것으로부터 떠나는 조니. 마침내는 자신으로부터도. 그러므로 파국.

이제 다시는 그렇게 안 할 거야. 그냥 가만히 있으면서 쉬고, 또 쉬고, 그리고 더 쉴 거야.

집을 떠나면서 조니가 어머니에게 남기는 마지막 말이다. 아무것도 하지 않겠다는 것. 이건 노동에서의 해방이 아니다. 착취로부터의 해방도 아니다. 이것은 그냥 세상으로부터의 탈출, 말하자면 인간으로서의 포기 선언에 가깝다. 그래서 슬프다. 마지막으로 매달려볼 헛된 희망조차 없어서. 유일하게 바랄 수 있는 일이 아무것도 안 하는 것뿐이어서, 참담하게 슬프다.

19세기 말과 20세기 초 미국 아동 노동자들의 기록사진을 찾아보는 것은 어려운 일이 아니다. 아이들은 성장하기도 전에 공장이나 탄광 등에서 착취부터 당했다. 노동법도 없었고, 노동시간의 준수도 없었고, 어리다는 이유로 임금까지 형편없었다. 그런 세상에서 잭 런던도 성장했다. 통조림 공장을 다녔고, 그러다가 부랑아가 되었고, 도둑질도 했다. 바닥의 삶을 살았고, 그런 인생의 부당함을 알았다.

그런데 어쩌자고 침탈당하는 민족에 대한 시선은 그렇게 편협했을까. 《화염에 휩싸인 조선》에서 잭 런던의 객관성이나 냉철함은 찾아볼 수 없다. 기자로서도 작가로서도 그렇다. 일본군대를 쫓아다니며 종군은 했으나, 전선을 가까이에서 목격하지는 못했다. 그래서 그의 책은 러일전쟁 종군기라기보다 유람기처럼 읽힌다. 이 책의 한국어 번역본의 제목이 《잭 런던의 조선 사람 엿보기》로 정해진 것은 아마도 그 때문일 것이다. 잭 런던은 그 후 그가 얻게 될 작가적 명성에 부끄러울 정도로 조선 사람을 그야말로 엿보기만 하고 이 책을 썼다. 전쟁의 원인을 찾아보려는 노력도 안 했고, 일본의 야욕을 꿰뚫어 보려는 시도도 거의 하지 않았다. 오히려 일본군대에 대해서는 상당한 호감을 표하기까지 했다.

민간인들 중에 그 어느 누구도 일본군대를 무서워하는 것 같지 않았다. 여자들을 건드리지 않았고 돈도 빼앗지 않았으며 물건들도 약탈하는 법이 없었다. 일본은 1894년에 얻은 명성, 즉 그들이 가져가는 모든 것을 돈으로 보상해준다는 법칙을 지금도 증명해 보이고 있는 중이었다. … 나는 술 취한 일본 병사를 단 한 명도 본 적이 없었다. 단 한 명의 병사도 무례하거나 소란스럽지 않았고 단지 그들은 병사, 그 자체일 뿐이었다."[65]

청일전쟁과 러일전쟁 당시 조선을 방문했던 서구인 중 많은 사람이 이처럼 일본군에 대해 호의적인 표현을 남겼다. 군율이 잡혀 있다, 기계 같다, 한치의 흠도 없다, 등등. 어째서 그랬을까. 바로 이 시기에 평양에서 선교활동을 하던 노블 부인이 일기에 남긴 기록이 있다. 일본군의 이중성에 대해서이다.

북쪽에 와 있는 일본 군인들은 기강이 제대로 잡혀 있지 않고 무례하기 짝이 없다. 그들은 먹고 싶은 음식이 있으면 가차 없이 빼앗고 그에 대한 대가도 치르지 않는다. 강 건너편 마을의 어느 가장은 부인과 딸을 지키려다 일본 군인의 칼에 베이기도 했다.

조선인에게는 이렇게 잔혹한 일본군은 서구 사람에게는 이런 태도를 보였다.

일본인 관리들은 미국인들이 자신들의 일과 관련한 이야기를 하러 오면 무척 예의 바르게 대한다. 그들은 미국인을 존중한다

서구인에게 예의 바르게 대하는 태도는 일본이 국제사회로부터 지지를 얻어내기 위한 전술이었다. 그런데 잭 런던은 그걸 파악하지 못했고, 그러려는 시도조차 않았고, 오히려 강화했다. 마치 일본의 침략을 정당화하기라도 하듯, 조선 사람을 가차 없이 폄하했다.

조선 사람은 섬세한 용모를 갖고 있다. 그러나 중요한 것이 빠져 있는데 그것은 힘이다. … 예전에는 용맹을 떨쳤지만 수 세기에 걸친 집권층의 부패로 인하여 점차 용맹성을 잃어버리게 된 것이다. 정말로 조선 사람은 지구상의 그 어떤 민족 중에서도 의지와 진취성이 절대적으로 부족한 가장 비능률적인 민족이다. 그중에서도 딱 한 가지 뛰어난 점이 있다면 그것은 짐을 지는 것이다. 짐 끄는 동물처럼 완벽하게 일을 해낸다.

조선 사람은 무척이나 겁이 많다. 행동에 대한 두려움이 게으른 취미를 낳았다고 볼 수가 있다. 한 언어에서 어떤 단어의 존재는 그 단어에 대한 필요와 상응하는 법이다. 속도를 내야 한다는 필요성

으로 인해 조선어에는 적어도 스무 개의 단어가 만들어졌는데, 그것들 중 몇 개를 인용한다면 '바삐', '얼른', '속히', '얼핏', '급히', 냉큼', '빨리', '잠깐' 등이다.

이 책에는 잭 런던이 조선인의 부탁을 받아 지방 군수를 혼내주는 일화가 나온다. 그런데 이 경험이 잭 런던에게 매우 인상적으로 남은 모양이다.

그는 나중에 이 에피소드를 근거로 하여 짧은 소설을 한 편 쓴다. 〈왕을 위한 코A Nose for the King〉라는 제목의 소설인데, 일종의 우화다. 배경은 조선이고 등장인물 역시 모두 조선인들이다. 이진호라는 부패한 양반이 있다. 이 양반의 부패가 지나쳐 옥에 갇히게 되었는데, 그걸 면하기 위해서는 그동안 착복한 돈을 토해내야 했다. 그래서 또 다른 부패한 양반을 속여먹는다는 내용의 소설이다. 이진호가 이 양반에게 돈을 내놓든지 당신 아버지의 코를 내놓든지 하라고 협박하는 탓에 제목이 이렇게 붙었다. 어째서 코인지는 모르겠다. 혹시 코에 관한 속담이나 우화 같은 것을 들었으려나? '눈 뜨고 코 베어 간다'는 속담을 이상한 방식으로 해석했나?

어떻든 이 소설은 탐학한 관리에 대한 이야기로 자본과 권력에 대한 그의 반감을 느끼게 한다. 이 소설은 국내에 번역되지 않고 《신이 웃을 때》라는 소설집에 실렸는데, 《배교자》가 실린 바로 그 소설집이다.

✣ ✣ ✣

잭 런던이 조선을 방문했던 러일전쟁 즈음이면, 조선은 미지의 나라이기는커녕 까발려질 대로 까발려지고, 속속들이 파헤쳐진 나라였다. 서구인들의 조선 방문기는 시기에 따라 그 성격이 달라졌다. 이 시기에 이르면 더는 신기함과 낯섦으로 독자들의 관심을 유도할 수 없었다.

그래서 이 시기가 되면 조선을 배경으로 하는 문학 작품들이 등장하게 된다. 그러나 여기에서 중요한 것은 문학이 아니라 조선이다. 문학은 조선을 잘 알리려는 방편으로 선택되었을 뿐이다. 주로 선교사들이 그렇게 했다. 조선의 민담과 우화를 차용하기도 하고, 완전히 가상의 스토리를 내세워 '하느님의 길'로 들어서는 조선인들의 모습을 보여주기도 했다.

매우 문학적인 작품들도 없지 않았다. 성과는 어떠하든 간에 어떻든 문학적이고자 했던 책들. 《대한제국주의 멸망사The Passing of Korea》를 쓴 헐버트의 동생인 아서 헐버트는 《켈파르트의 여왕The Queen of Quelpart》이라는 장편소설을 썼다. 이 책은 추리소설인데, 명성황후 시해 사건을 다루었다.

미국인 목사 아서 노블의 《이화Ewa》도 눈여겨볼 만하다. 양반과 몸종의 사랑 이야기가 조선의 역사적 배경하에 펼쳐진다. 감리교 선교사였던 노블은 문학적으로도 소양이 상당해서 배재학당에서 소설작법을 가르치기도 했다. 특기할 만한 것은 그가 이 소설을 쓴 이유를 조선의 민족적 자긍심을 높이기 위해서라고 밝힌 점이다. 그는 조선을 사랑한 목사였다. 그의 사랑에 화답하기 위해 고종은 그에게 태극기 한 점을 선사했는데, 이것이 우리나라에서 가장 오래된 태극기 중의 하나로 알려진 '노블 태극기'이다.

아서 헐버트의
《켈파르트의 여왕》
(1902, 영어)

폴란드 사람인 바츠와프 시에로솁스키의 《기생 월선이Ol-Soni Kisan》는 기생과 양반 사이의 신분을 뛰어넘는 사랑 이야기다. 역사에 치중한 소설이 아니다 보니 김옥균을 보수파의 영수로 그리는 등 희한한 왜곡도 서슴지 않았다. 더 흥미로운 소설도 있다. 미국 작가 로버트 웰스 리치는 〈대한매일신보〉를 창간한 베델을 주인공으로 삼아 고종의 망명 시도 내용을 담은 소설을 썼다. 〈서울신문〉에서 연재할 당시의 한국어 제목은 '황제 납치 프로젝트'. 원제는 '고양이와 왕The Cat and the King'이다.

이 책들은 대개 번역본들이 있다. 다만 이 소설들이 우리나라 독자들에게도 재미있을지는 의문이다. 그런 까닭일까. 대개는 절판되어 구해보기 힘들다. 잭 런던의 〈왕을 위한 코〉 또한 앞서 번역본이 없다고 말한 바 있다. 그 첫 문장을 소개한다. 소설은 이렇게 시작된다.

> 고요한 아침, 그 평화와 고요함으로 인해 이 나라가 조선이라고 불렸던 그때, 이진호라는 양반이 살았다.

/ 5장 /

기록하는 책,

기록하는 사람

쓰지 않은 책의 저자가 되어버린 저자

트리고·리치의 《중국 선교사》

Nicolas Trigault·Matteo Ricci, 《Regni Chinensis Descriptio》(1639, 라틴어)

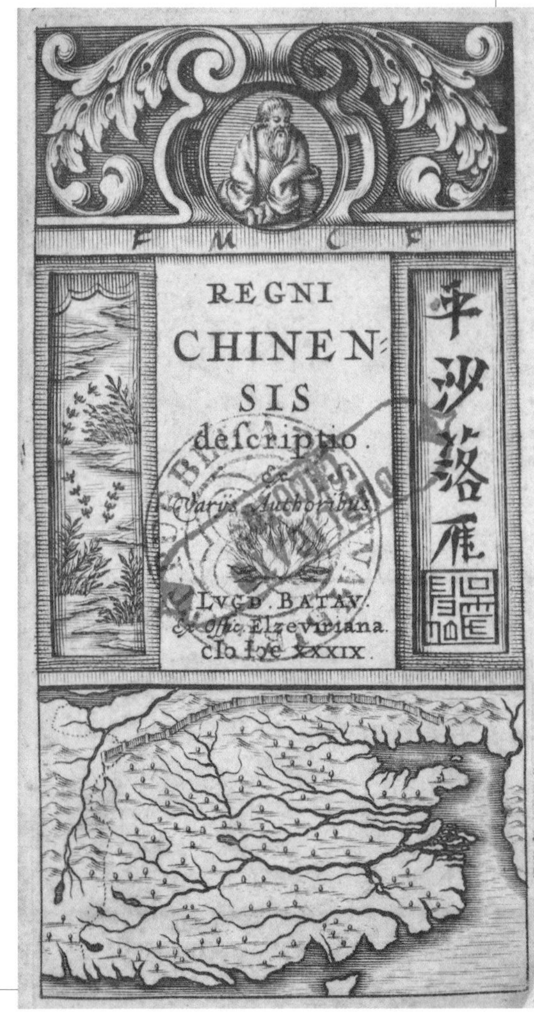

《중국 선교사》는 마테오 리치 사후 1639년에 출판되었다. 그런데 마테오 리치의 《중국 선교사》의 저자가 사실은 마테오 리치가 아니라는 것을 아는 사람은 많지 않다.

좀 더 세월을 거슬러 올라가보자.

유럽의 동아시아 진출을 이야기할 때 가장 먼저 거론되는 것이 대항해시대의 항로 개척이다. 그리고 그 정보와 기록을 광범위하게 공유할 수 있게 만들어준 인쇄술의 발전을 또 말한다. 그러나 예수회의 선교사들이 없었다면, 그들의 끝없는 헌신이 없었다면, '진출'은 훨씬 뒤늦은 일이 되었을 것이다. 예수회는 동방의 나라들에 하느님의 말씀을 전하고, 유럽에는 동방의 사정을 전했다.

16세기 중반에 창립된 예수회는 가톨릭 내부의 반성과 혁신을 서원으로 삼았다. 동시에 이교도들의 교화에 전적인 헌신을 맹세했다. 하비에르 신부는 로욜라 신부와 함께 이 예수회를 창립했다. 예수회가 교황청의 인가를 받은 후 로욜라는 총장이 되었고, 하비에르는 사명대로 이교도의 땅을 향해 떠났다. 인도의 고아에서 선교를 시작한 것이 1542년, 일본에 들어간 것이 1549년, 중국으로 향한 것이 1551년이었다. 중국에는 들어가지 못했다. 대륙으로 들어가기 위해 준비를 하던 중 광둥의 앞바다 섬 상추안섬(상천도)에서 열병으로 사망했기 때문이다.

하비에르가 이루지 못한 꿈을 대신한 사람이 바로 마테오 리치다. 마테오 리치는 하비에르가 사망한 지 30년이 되는 해인 1582년에 마카오에 도착한다. 그곳에서 중국어 학습 등 선교 준비를 1년 동안 하고, 마침내 1583년에 중국 내지로 들어간다. 중국 가톨릭 선교 역사에 이정표가 세워지는 순간이다. 1580년대 중반 20여 명 정도였던 중국의 가톨릭 신자는 1605년경 1,000여 명에 이르고, 리치 사후인 1636년경에는 4만 명, 1644년에는 15만 명에 가까워진다. 그 모든 걸 다 리치의 공으로 돌릴 수는 없겠으나 그의 영향력이 지대했다.

이 책《중국 선교사》는 그가 중국 선교를 시작한 이래로 사망할 때까지 약 30년 동안의 선교 역사를 기록한 책이다. 그는 서문에서 이 책을 집필하게 되는 이유를 이렇게 밝혔다.

> 처음 중국에 들어온 신부들 모두가 세상을 뜨고 이제 남은 사람은 나뿐이라 중국 선교 초기의 일에 대해 나 말고는 아는 사람이 없게 되었다. 그래서 그동안의 일을 순서대로 써두어야겠다는 생각이 들었다. 내가 초기에 겪었던 일들을 다른 사람이 쓴 것을 본 적이 있는데, 사실과는 상당한 차이가 있었다.[66]

16세기에 중국은 유럽에 이미 잘 알려진 나라였다. 그러나 확실히 알려져 있지는 않았다. 중국이라는 나라가 서구에 정확히 알려지기 위해서는 마테오 리치의 시대까지 기다려야만 했다.

리치가 머물렀던 세월의 길이 때문이 아니었다. 시간으로만 따지자면 마르코 폴로 역시 그에 비등하게 오래 머물렀다. 그러나 정확한 정보란 세월이 흐른다고 저절로 알려지는 것이 아니다. 보고 들었다고 해서 알게 되는 것도 아니다. 역사와 문화와 언어를 배워야 했다. 그래야 모든 것을 알게 되고 이해하게 되는 것이다. 그리고 마테오 리치는 그렇게 했다. 다시 그의 책 한 부분을 인용하자. 마테오 리치가 책 속에 밝힌 중국에서의 그들의 모습은 이러했다.

> 중국 사람들에게 의심을 사지 않도록 우리는 공개적인 자리에서는 우리의 종교를 언급하지 않았다. 손님을 맞이할 때를 제외하고는 대부분의 시간 동안 중국의 어문과 작품 그리고 풍속을 연구하는 데만 전념했다. 다만 타의 모범이 되는 동시에 덕이 넘치는 생활을 함으로써 근방의 비 교도들을 가르치고 이끌 뿐이었다. 우리는 이렇게 천천히 중국 사람들의 마음을 얻기로 했다.

중국명 이마두利瑪竇. 거의 중국인으로 살았던 이 사람. 당시의 그 누구보다도 중국을 속속들이 알았던 사람이다. 1583년에 광둥으로 들어간 후, 쑤저우와 난징 등을 거쳐 베이징에까지 이르렀고, 황제의 마음을 샀다. 성당을 지었고, 교리를 전파했고, 서구의 과학지식과 신기계들을 전파했다. 〈곤여만국전도〉라는 세계지도를 그려 중국인들을 놀라게도 했다.

마테오 리치가 중국에서 중국 사람처럼 살아가던 시기, 조선은 전쟁 중이었다. 그리고 명나라에 지원 요청을 했다. 리치의 《중국 선교사》에 나오는 임진왜란 관련 부분이다.

바로 이때 일본이 군대를 일으켜 조선을 공격했는데, 조선은 중국의 속국으로 매년 공물을 바치므로, 조정에서는 정예 병사 8만을 파병해 침략당한 조선을 돕기로 결정했다.

그 후 국고 지출이 엄청났고, 일본의 공세를 막아내리라는 희망은 점차 줄어들었다. 그때 일본이 만약 중국 본토를 공격했다면 중국은 조선에서 군대를 철수시킬 수밖에 없었을 것이고, 본토를 방어하기에도 힘겨웠을 것이다.

이 전쟁에서 중국은 황금 700여 만 냥을 썼다. 전쟁이 끝난 뒤 국고는 텅 비었고, 황제는 국고를 채울 방법을 찾기 시작했다.

리치의 책에서 임진왜란은 조선과 일본의 전쟁이 아니라 중국과 일본의 전쟁이다. 그리고 조선은 중국의 속국으로 표현된다. 리치는 중국 선교 역사의 기원을 이룬 인물이고, 후의 모든 선교사들은 리치의 뜻과 생각을 이어받았다. 조선에 대한 정보도 마찬가지였다. 마르티노 마르티니를 기억할 것이다. 그 역시 리치가 조선에 대해 남긴 정보를 이어받았고, 키르허는 마르티니의 정보를 이어받았다.

✣ ✣ ✣

이 책 《중국 선교사》는 마테오 리치 사후 1639년에 출판되었다. 그런데 마테오 리치의 《중국 선교사》 저자가 사실은 마테오 리치가 아니라는 것을 아는 사람은 많지 않다.

모순이 가득해 보이는 이 말은 말장난이 아니다. 1639년에 출판된 《중국 선교사》는 마테오 리치의 필사 원고를 바탕으로 한 편역본이다. 마테오 리치가 이탈리아어로 써놓은 것을 니콜라스 트리고가 라틴어로 바꾸고, 교정하고, 교열하고, 무엇보다도 대폭 편집하여 출간했다. 그러므로 이 책은 그냥 '마테오 리치의 《중국 선교사》'가 아니라 '니콜라스 트리고의 마테오 리치의 《중국 선교사》'이다. 복잡하지만 반드시 이렇게 불러야 하는 이유가 있다.

트리고가 편역한 이 책에 대해 훗날 내려지는 평가들 때문이다. 트리고가 책의 편집과 보충에 지나치게 개입하면서 '교묘하게 리치의 흔적을 없애고 그의 영예를 가로챘다'는 비난부터 '리치의 스타일보다 다소 화려하고 과장된 경향을 보인다'는 비판까지, 리치의 원본과 트리고의 편역본을 차별화하는 평가들이 많다.

그러거나 말거나, 그것은 훗날의 평가일 뿐, '트리고의 마테오 리치의 《중국 선교사》'는 출판 당시 대중 사이에서 어마어마한 반향을 불러일으켰다. 그 후 다른 언어들로 번역된 《중국 선교사》 역시 모두 이 트리고의 편역본을 저본으로 한다. 트리고의 것이 아닌 마테오 리치의 《중국 선교사》가 발간되기까지는 약 400년이 더 걸렸다. 리치의 친필 원고는 1910년에 이르러서야 로마 예수회 도서관에서 발견된다.

트리고는 마테오 리치가 예수회 선교사로 중국에 도착하던 해인 1577년에 스페인 네덜란드령인 플란더스에서 태어났다. 스무 살이 되기 전에 리치처럼 예수회 선교사가 되었고 리치가 베이징에서 죽던 1610년에 중국을 향해 유럽을 떠났다. 그들은 한 번도 만나지 못했지만, 말하자면 삶과 죽음의 순간이 정확하게 엇갈려 있었지만, 운명적으로는 엮여 있던 것처럼 보인다. 신과 복음과 사명으로. 그리고 무엇보다도 책으로.

트리고는 베이징에 이르자마자 임무를 부여받는데, 바로 리치의 원고를 정리하는 것이었다. 리치의 자필 원고는 그의 사후 책상 위에서 발견되었지만 정리하고 윤문하고 보충하는 작업 없이는 출판이 불가능한 상태였다. 무엇보다도 리치가 이탈리아어로 거칠게 쓴 원고를 라틴어로 옮기는 작업이 필요했는데, 트리고는 세련된 라틴어를 구사하는 걸로 명망이 높았다. 트리고가 선택된 특별한 이유는 또 있었다. 트리고는 재기가 넘칠 뿐만 아니라 뚝심이 있는 것으로도 유명했다. 한번 시작한 일을 도중에 멈추는 법이 없었다.

트리고가 리치의 원고를 번역하기 시작하는 것은 1612년 마카오에서 로마로 향하던 배 안에서였다. 그는 그때 중국지부의 독립, 재정적 지원, 선교 인원의 보충 등을 요청하기 위해 로마로 향하는 중이었다. 이 로마 방문은 나중에 엄청난 논란을 불러일으키게 되는데, 트리고가 앞서 말한 것 이외에도 중국인의 사제 서품과 중국어 미사 집전 등의 허용을 요청했기 때문이다.

일견 사소해 보일 수도 있지만 사실 이 요청은 보다 근본적이고 권력적인 문제와 연관되어 있었다. 앞서 마르티노 마르티니의 이야기를 할 때 '중국의례논쟁'에 대해 말했다. 사실 이 논쟁의 시작은 마테오 리치로부터였다. 중국의 문화를 포용하여 천주교를 전파하려는 마테오 리치의 선교방식은 한편으로는 이중화중以中化中, 즉 중국을 빌려 중국을 변화시킨다는 유연한 입장으로 해석되었지만, 반대편으로부터는 이단이라는 공격을 받았다. '상제上帝'라는 신에 대한 호칭 문제부터 제사나 참배 등의 조상 숭배 문제까지 교황청의 의심을 불러일으키는 것들이 하나둘이 아니었다. 그 모든 것을 둘러싼 불화와 알력이 훗날 중국의례논쟁으로 발전하게 되는 것이다. 그런데 이런 와중에 트리고가 중국인의 사제서품과 중국어 미사 집전 등의 요구를 하고 나섰던 것이다.

그 와중에 그는 유럽 각지를 돌며 자금을 모았고, 중국 선교를 소망하는 예수회 회원을 모집했다. 또 그 와중에 쉬지 않고 리치의 원고를 번역하고, 고치고, 보충하고, 주석을 달았다. 이 엄청난 작업을

리치의 《중국 선교사》
《중국 선교사》는 그가 중국 선교를 시작한 이래로 사망할 때까지 약 30년 동안의 선교생활을 기록한 책이다. 정확한 정보란 세월이 흐른다고 저절로 알려지는 것이 아니다. 역사와 문화와 언어를 배워야 했다. 마테오 리치는 그렇게 했다.

하느라 트리고는 하루에 3시간 이상 자지 못했고, 이 정신적 긴장이 훗날에 벌어질 불행한 사태의 한 원인이 되었다는 말도 있다.

1628년, 51세의 신부 트리고는 목을 매달아 자살로 생을 마감한다. 항저우에서였다. 사제의 자살은 또다시 논쟁거리가 되지 않을 수 없었다. 교단에서는 그의 죽음을 감추기에 급급했던 모양이다. 그러

나 어떤 방식으로든 소문은 번져 나오기 마련이다. 말년의 트리고는 정신적으로 좀 불안정했던 모양인데, 그 이유가 앞서 이야기했던, 그의 중국 선교 방식에 대해 받은 공격, 그리고 그로 인한 정신적 긴장 때문이라는 해석이 있다.

그랬을까. 정말, 그래서 스스로 목숨을 끊게까지 되었을까? 판단은 생각하는 사람들의 몫이다. 그러나 그의 로마행이 얼마나 비극적인 반전을 맞았는지를 살펴보면, 그의 불행한 죽음을 조금쯤은 이해할 수 있을지도 모른다. 엄청난 논쟁을 일으키고 세간의 주목을 받았던 이 여행에서 트리고는 대성공을 거두는 것과 동시에 완벽히 실패했다.

트리고는 당시 스페인 군주였던 펠리페 3세로부터 예수회 건물 15채는 족히 지을 만한 자금 지원을 약속받았다. 그러나 이는 포르투갈과의 분쟁으로 이어졌다. 중국으로 돌아가기 위해 포르투갈의 항해 승인을 받아야 했던 트리고는 펠리페 3세의 후원을 포기해야만 했다. 불행은 또 있었다. 중국에 가지고 갈 선물을 실은 배가 네덜란드 해적에게 몽땅 털렸다. 쉰 명이나 모았던 선교 인원 중에 배를 탈 수 있는 인원이 제한되어서 스물두 명을 제외한 나머지는 그대로 항구에 남아야 했다. 승선한 수도사들의 결말도 불행했다. 항해 도중 배에 번진 전염병으로 다섯 명이 죽었고, 나머지는 병이 들었다. 마침내 그와 함께 마카오에 도착한 사람은 아담 샬을 포함한 네 명에 불과했다. 게다가 그때 중국에서는 가톨릭 박해가 한창이었다. 이 모든 것이 그가 하룻밤에 세 시간도 제대로 자지 못하며 이루어낸 노력과 승리의 결과물이었던 것이다. 게다가 그렇게 돌아온 중국에서는 박해가 한창이었다.

✣✣✣

그 역시 자신의 저작물들을 남겼다. 《서유이목자Xiru Ermu Zi: Aid to the Eyes and Ears of Western Literati》. 서양 고전을 소개한 중국어 책이다. 중국어 제목은 《西儒耳目資》. 그는 중국어로 《이솝우화》를 펴내기도 했다. 저자의 이름은 김니각金尼閣. 김 씨 성에 이름은 니각. 마테오 리치가 이마두였던 것처럼, 그는 김니각이었다.

마테오 리치가 《중국 선교사》만 쓴 것은 아니다. 중국어에 능통했던 그는 한자로 쓴 저작물들을 많이 남겼고, 그 덕분에 우리나라에도 신속하게 소개되었다. 그중에는 교리문답서인 《천주실의天主實義》도 있다. 이수광은 《지봉유설芝峯類說》에 《천주실의》를 소개하며 이렇게 썼다.

> 구라파국은 일명 대서국이라고도 한다. 이마두란 사람이 바람과 파도를 헤치고 바닷길 8만 리를 8년 동안 항해한 끝에 동월(중국의 광동 지역)에 도착해 거기서 10여 년을 살았다.[67]

이익은 《천주실의발天主實義跋》에 대한 발문을 쓰기도 했다. 아래와 같다.

> 《천주실의》는 이마두가 지은 책이다. 그는 구라파 사람인데 그곳은 중국과는 8만여 리나 떨어진 거리에 있다. 개벽 이래 서로 통한 바가 없는데 명나라 만력 연간에 예수회 동료인 양마낙陽瑪諾(임마누엘), 애유약艾儒略(알레니), 필방제畢方濟(프란체스코), 웅삼발熊三拔(우라이스), 방적아龐迪我(판도자) 등과 함께 항해에 나서서 3년 만

에 도착하였다.

그 학문은 오로지 천주를 숭상하는데 천주란 유교에서 말하는 상제이다. 그러나 공경하며 섬기고 두려워하며 믿는 것이 불교의 석가와 같다. 천당, 지옥으로써 악을 징계하고 선을 권장하며 두루 인도하여 교화하는 것이 야소(예수)이다. 야소란 서쪽 나라 구세주의 칭호이다.

포르투갈 선교사의 기록으로 남은 임진왜란

프로이스의 《일본사》

Luís Fróis, 《Historia de Japam》(1580~1590년대 집필, 1976~1984년 출간, 포르투갈어)

《관백 도노의 죽음》

Luís Fróis, 《Ragguaglio della Morte di Quabacondono》(1598, 이탈리아어)

프로이스의 《일본사》

《일본사》 제 70장. 프로이스는 여기서부터 임진왜란에 관한 모든 것을 전한다. 타자의 시선으로 본 전쟁의 기록은 또 다른 시각을 제공한다는 의미에서 매우 중요하다.

프로이스의 《관백 도노의 죽음》

손바닥만 하고 60여 페이지에 지나지 않는 작은 책이다. 《일본사》가 완본으로 출판되기까지 자그마치 400여 년의 시간이 걸렸으므로, 조선과 임진왜란이 유럽에 이 책을 통해 알려졌다.

RAGGVAGLIO
DELLA MORTE
DI QVABACONDONO,
SCRITTA DAL P. LVIGI FROIS
della Compagnia di Giesù,
DAL GIAPPONE NEL MESE d'Ottobre del 1595.
Et dalla Portoghesa nella lingua Italiana tradotta dal P. Gasparo Spitilli di Campli, della Compagnia medesima.

IN ROMA, Appresso Luigi Zannetti, 1598.
CON LICENZA DE' SVPERIORI.

일본이 개항한 것은 1853년이다. 미국에 의한 강제 개항이었고, 그 경험을 고스란히 좇아 우리나라의 문을 강제로 열게 하는 것이 그로부터 23년 뒤의 일이다.

일본과 서구의 만남은 우리나라보다 역사가 길다. 16세기 중반부터 포르투갈, 스페인 등과 무역이 있었고, 1634년에는 데지마 상관이 조성되기에 이른다. 그보다 더 앞서서 일본에 천주교를 전하려던 사람들이 있었다. 앞에서도 언급했지만 1549년, 예수회 창립자인 하비에르 신부가 1년여에 걸쳐 일본 내륙에서 선교를 시도했다. 하비에르는 그 후 중국 선교를 위해 일본을 떠나지만, 다른 선교사들이 속속 그의 뒤를 이었다. 프로이스가 그중 한 사람이다. 1563년부터 1597년 사망할 때까지 대부분의 시간을 일본 나가사키 등지에서 머물렀는데, 말년의 몇 년 동안이 바로 임진왜란 시기였다. 임진왜란이 발발하고 또 정유재란이 일어나던 바로 그때, 프로이스는《일본사》를 집필하는 중이었다.

그리고 그 책에는 당연히 우리나라에 관한 이야기가 들어간다.

전쟁 당사국이었으니까. 그것도 보통의 전쟁이 아니라 그야말로 어마어마한 전쟁이었으니까. 전쟁은 한 나라를 속속들이 파괴하는 것이고, 침략당한 나라의 정보는 낱낱이 바닥을 긁으며 온다. 전쟁의 기록 역시 숱한 오류를 포함하지만 풍문과는 다르다. 더는 떠도는 이야기가 아니다. 이것은 이제부터 역사가 된다.

> 일본 영주들이 토로하는 중국 정복 계획에 대한 어려움과 관백關白[68]이 더 효과적인 정복을 위해 중국에 인접한 조선을 먼저 무력으로 정복하기로 결정한 일에 대해.

프로이스의 《일본사》 제70장의 제목이다. 여기서부터 시작하여 임진왜란에 관한 모든 것이 기록된다. 일본 내의 상황뿐만 아니라 조선에서의 전투 상황까지 낱낱이 전한다. 임진왜란에 관해서는 우리에게도 많은 기록이 있지만, 타자의 시선으로 본 전쟁의 기록은 또 다른 시각을 제공한다는 의미에서 프로이스의 이 책은 매우 중요하다.

> 중국을 정복하겠다는 이 이야기가 극도의 놀라움과 두려움으로 일본 전체를 뒤덮었다…. 사람들의 판단은 저마다 다 달라서 어지럽기 그지없었다. 심지어는 이해조차 할 수 없다는 말까지 나왔다. 이 전쟁에 동참하지 않겠다는 의견은 확실했다. 일본 전역에 걸쳐서 반역의 움직임이 도사렸다. 사태는 절박하게 돌아가고 있었다.[69]

그러나 일본 내의 이러한 사정에도 불구하고, 전쟁은 시작되었다.

일본군이 조선에 도착해 처음으로 공격한 성은 부산포라 불리는 곳이었다. 주변 마을에서 소집한 평민들을 제외하고는 겨우 600명의 전투 병력이 그곳을 지키고 있었다. 진로에는 마름쇠[70]를 잔뜩 설치해놓았고 성안에는 1,000개 이상의 사석포가 있었다. 사석포는 동으로 만든 무기인데, 무쇠 탄환이나 길이가 두 뼘 반 정도인 활을 넣어 발사하는 것으로 소총과 같은 소리를 냈다. 조선 병사들은 튼튼한 가죽 갑옷을 착용했고 철모를 쓰고 있었다. 철모는 강철 또는 무쇠로 만든 것이었다. 또한 개머리판 없는 소총과 화살 그리고 터키식 활을 사용했다.

그해 음력 4월 12일 아고스티뉴는 곧바로 성 주변에 있는 모든 것을 불태우라고 명령했으며 성안에 있는 장수에게 목숨은 살려줄 테니 항복하라는 전갈을 보냈다.

우리도 잘 알고 있다시피 임진왜란 초기 일본군은 파죽지세로 북진을 했다. 위에서 '아고스티뉴'라고 지칭되는 사람은 고니시 유키나가이다. 그가 독실한 가톨릭 신자였으므로 프로이스는 그의 이름을 세례명으로 부르고 있다.

이 독실한 가톨릭 신자는 조선의 땅을 피로 물들였다. 무수히 많은 승전을 거둔 끝에, 그러나, 치명적인 패배에 이른다. 바로 이순신 장군과의 해전에서다. 프로이스는 이 기록 역시 남겨두었는데, 우리에게는 소중한 기록이 아닐 수 없다.

절망적인 상태에 있던 조선 병사들이 서로 단결하고 연합해 우수한 선박을 수없이 많이 동원했다. 배들은 견고하고 장대했으며 그

안에는 화약과 탄약, 군수품이 대단히 잘 갖춰져 있었다…. 그들의 배는 일본 배를 장악하며 우위를 차지했다…. 결국 일본 병사들은 목숨을 구하기 위해 앞뒤 생각도 하지 않고 바다로 몸을 던져 조선군의 공격으로부터 벗어나야만 했다. 조선군은 일본군이 노를 저어 도망가지 못하도록 갈고리가 달린 쇠사슬을 위에서 떨어뜨리면서 포위했다. 해전이 몇 시간 동안 계속되면서 일본군의 기력은 이미 많이 약해졌고 전황은 점점 일본군에게 불리해졌다. 일본군은 해전에 대한 지식이 거의 없었으며 화기 역시 부족했다, 이때부터 모든 해전에서 일본은 항상 최악의 상태에 놓였다.

거북선에 대한 기록도 보인다.

그들의 선박은 크고 견고하며 상단이 덮여 있다. 화약통과 화기를 사용하고 쇠로 된 사석포와 비슷한 것이 있는데 탄환을 사용하지 않고 대신 사람 넓적다리 굵기의 나무 화살에 물고기 꼬리처럼 갈라진 쇳조각을 붙여 사용한다. 이것은 부딪치는 것이라면 모두 절단하기 때문에 아주 위력적인 무기다.

프로이스는 타고난 문장가였다. 해외선교사들은 그들의 활동을 보고하는 서간문을 매년 예수회 본부로 보내야 했는데, 이걸 '연례서간문'이라고 부른다. 프로이스는 일본의 연례서간문을 작성하는 담당자였고, 다른 어떤 지역의 어떤 신부들보다도 훌륭한 문장을 구사했다. 그가 예수회 총장으로부터 지시를 받아 《일본사》를 집필하게 되는 이유 중의 하나이다. 그러나 문장만으로 역사서를 집필할 수 있는 것은 아니다. 문장이 기술만으로 아름다워지는 것도 아니다. 훌륭한 문장과 좋은 역사서를 관통하는 것은 바로 통찰이다. 프로이스는 바로 그것을 가진 사람이었다.

해외의 각 선교지에서 작성되어 로마로 배달되어 오는 연례서간문들은 속속 필사되고 인쇄되었다. 프로이스의 연례서간문들도 마찬가지였다. 그중에 《관백 도노의 죽음》이 있다. 정확한 제목은 《1595년 10월 일본의 관백 도노의 사망에 관한 보고》이다. 이 책은 도요토미 히데요시가 관백의 지위를 넘겨주었던 히데츠구의 죽음을 다룬 것이다. 도요토미 히데요시의 양자가 되어 관백의 지위에까지 올랐으나, 훗날 숙청을 당하고 할복을 명받아 죽는 히데츠구의 일생은 당시 일본의 복잡한 정치 상황을 단적으로 보여주는 것이기도 하다. 그의 죽음은 전쟁 상황과도 무관할 수 없었다. 그래서 이 책에는 당연히 임진왜란에 관한 기술이 있고, 조선에 대한 이야기가 있다.

책 자체는 아주 아담하다. 손바닥만 한 크기의 책이고, 길이도 60여 페이지에 지나지 않는다. '일본의 상황이 엄중하고, 히데츠구의 죽음이 동쪽 끝 세계의 변화에 시사하는 바가 커서 그에 대해 상세히 알린다'고 서문에서 말하고 있지만 책 자체로는 소품이다. 1598년에 로마에서 초판이 간행되었는데, 그 시기에 아시아에서 유럽까지 서찰이 배달되는 데만 1년여가 걸렸다는 걸 고려해보면 상당히 신속한 출판이었다는 걸 알 수 있다.

이 책과 비교해볼 때 가히 역작이라 할 만한 《일본사》는 완본으로 출판되기까지 자그마치 400여 년의 시간이 걸렸다. 그래서 조선과 임진왜란은 400년 동안 《일본사》가 아니라 이 책 《관백 도노의 죽음》으로 유럽에 알려졌다. 이 손바닥만 한 책이 총 12권짜리 《일본사》보다 우리에게는 더 의미가 있는 이유이다.

그런데 《일본사》는 어쩌다가 출판되기까지 400년이나 걸렸을까. 책을 쓰는 것만도 각고의 노력이 필요한 일이겠으나 그렇게 쓴 책이 독자의 손에 닿기 위해서는 또다시 지난한 과정이 필요했다. 인쇄와 출판을 이야기하는 것이 아니다. 그렇게 되기 전에 먼저 '발견'이라는 과정을 거쳐야만 했다. 그것이 고서의 운명이었다. 수많은 원본들이 복잡하기 짝이 없는, 우연과 운명이 뒤섞인 일들로 인해, 그중 어떤 원본은 사라지고 그중 어떤 원본은 발견되었다. 프로이스의 《일본사》가 그러했다.

프로이스의 《일본사》가 출판되지 못한 채 잊히게 된 데에는 일본 관구의 감독관이던 발리냐노의 탓이 컸다. 그는 프로이스의 서술이 지나치게 장황하고 사견이 많다고 탐탁지 않아 했고, 그런 의견을 적은 편지를 본부에 보냈다. 발리냐노가 그런 편지를 쓰고 있을 때, 프로이스는 사정도 알지 못한 채 여전히 《일본사》의 끝부분을 집필하고 있었다. 그리고 1594년에 마침내 마무리를 지었다. 온몸이 쇠약해질 정도로 전력을 다했던 집필 작업이었으나, 이 원고는 '발리냐노가 탐탁지 않아 한' 탓으로 끝내 로마로 보내지지 않았다.

프로이스의 친필 원고가 발견되는 것은 200년 뒤인 1742년, 포르투갈 왕실 역사학회의 고문서 발굴 작업단에 의해서였다. 그 작업을 책임졌던 몬타냐 신부가 프로이스의 원본을 필사해 리스본으로 보냈다.

그러면 이제 이 책이 세상의 빛을 볼 수 있게 된 걸까. 그렇지가 못했다. 이 시기에 예수회에 대한 탄압이 시작되었고, 또 하필이면 이때 리스본의 왕실역사학회는 폐쇄되었다. 전쟁도 있었다. 몬타냐의 필사본은 출판될 기회도 얻지 못한 채 이리저리로 흩어졌다. 설상가상, 마카오에 보관돼 있던 원본은 1835년에 발생한 화재로 인해 완전히 다 타버렸다.

그러면 이제, 이 책은 사라져버린 걸까.

또 그렇지가 않았다. 20세기 초반에 이르러 부분 부분 흩어져 있던 몬타냐의 필사본이 포르투갈과 프랑스의 도서관에서 발견되기 시작했다. 마침내 이 책이 우리에게 올 수 있게 된 것일까. 그렇지 못했으리라는 걸 이제 짐작할 것이다. 그랬다면 이렇게 장황하게 그 과정을 쓰고 있지도 않을 테니.

많은 고서들이 잊혔다가 발견된다. 그리고 그 과정들은 제가끔 고유하고 극적이다. 프로이스의 《일본사》의 경우는 좀 더 다사다난했다고 해두자. 이 책이 우리에게 오게 되기까지는 아직도 우연한 기회와 운명적인 사건이 더 필요했다.

프로이스의 친필 원고를 필사한 필사본이 전부 발견된 것은 1931년이다. 그때까지는 찾지 못했던 1583년부터 1587년까지의 역사 부분을 역사학자인 실링이 발견했고, 소장자의 이름을 따라서 '사르다Sarda A'본이라고 명명했다. 그러나 여기에서 또 우연한 불행이 발생한다. 발견자인 실링과 소장자인 사르다가 각각 세상을 뜨면서 원고의 소재가 또 불분명해졌다. 말하자면 다시 사라진 것이다.

그리고 또 세월이 흐른다. 운명적인 사건이 발생하기까지 세월은 또 몇십 년이 흐른다. 《일본사》를 일본어로 완역한 가와사키 모모타가 사르다 A를 리스본의 아주다 박물관에서 그야말로 우연히, 자기 눈을 의심해가면서 발견하기까지는. 1973년의 일이었다. 프로이스가 《일본사》를 끝낸 1594년으로부터 정확히 379년 만이었다.

✣ ✣ ✣

우리나라 관련 서양 고서 전문 도서관인 명지-LG한국학자료관에는 프로이스의 책이 여러 권 소장되어 있다. 앞에서 소개한《관백도노의 죽음》은 로마 자네티에서 출판되었다. 희귀고서 판매 서점인 런던 맥스 브로스에서 구입했다고 되어 있는데, 이 고서점은 1853년에 창립된 서점 자체도, 고서만큼이나 오래된 곳이다. 이 책의 구입에 관해 1995년에 〈조선일보〉에 소개되었던 내용이 흥미롭다.

> 첨단 과학의 결과인 인터넷을 통해 영국의 유명한 고서점(맥스 브로스)에서 우연히 발견하게 된 이 책은 고가로 인해 운영위원들이 심사숙고하여 구매를 결정한 책이다.

흥미롭다고 말하기는 했지만 살짝 우습기도 하다. 위의 글이 1995년에 쓰인 글이라는 것을 감안하고 읽어주기 바란다. 인터넷을 첨단과학이라고 하는 것이야 차치하고라도 대체 그 가격이 얼마였기에 심사숙고까지 하였을까.

일단 현재 시점에서는 고서점 맥스 브로스에 이 책이 올라와 있지 않다. '첨단과학'인 인터넷의 힘을 빌려 여기저기 다른 고서점 사이트를 뒤져봐도 보이지 않는다. 그렇다면, 쉽게 짐작해보건대, 이 책은 샀을 때의 '고가'보다 더 고가가 됐을 가능성이 있다. 재미 삼아 해보는 생각이다. 고서 도서관에 있다 보면, 나도 모르는 사이에, 하루에 몇 번씩 하게 되는 생각이다. 이건 값이 얼마나 하려나…. 귀한 책을 발견하면 가슴이 뛰어야 하는데 값을 따지게 된다. 내 책도 아니면서. 귀한 것을 판단하는 것이 책의 값이 아니라는 걸 알지만 값으로 환산하는 것이 쉬워서 그렇다.

이 귀한 책은 귀중본 서가도 아니라 유리 전시함에 전시되어 있다. 그런데 비싸서가 아니다. 이 책은 명지-LG한국학자료관(당시 명지대-LG연암문고)의 고서 찾기 위원들에 의해 '우연히' 발견되기 전까지 학계에서도 그 존재를 몰랐다. 자료는 원석이다. 학자들은 자료를 파고 또 판다. 최초의 것이 발견되면 그보다 더 먼저인 것을 발견하기 위해 또 판다. 발견을 위해서가 아니라 집적을 위해서이고 또 분석과 전망을 위해서이다. 도서관은 집적의 장소다. 더 중요하고 더 오래된 것만을 집적하는 것이 아니라 더 많은 것, 더 더 많은 것을 집적하는 곳이기도 하다.

앞서 프로이스가 연례서간문 작성자라고 소개한 바 있는데 명지-LG한국학자료관에는 그의 1591년과 1595년의 서간문집이 있다. 각각의 제목은 《1591년 일본의 조약Trattato D'alcvni Prodigii Occorsi l'anno 1591 Nel Giappone》과 《일본에서 쓴 연례서간문Copia D'una Lettera Annua Scritta Dal Giappone nel M.D. XCV. Al R. P. Claudio Acquaviva Generale Della Compagnia Di Giesu》이다.

시대를 앞서간 책,
말모이의 시대를 연 학자

언더우드의 《한영자전》

Horace Grant Underwood, 《A Concise Dictionary of the Korean Language 1890, A Korean-English Dictionary》(1890, 한국어-영어)

韓英字典
한영ᄌᆞ뎐
A
CONCISE DICTIONARY
OF THE
KOREAN LANGUAGE
(POCKET EDITION IN TWO VOLUMES.)
VOLUME I.
KOREAN-ENGLISH
BY
HORACE GRANT UNDERWOOD, A.M.
ASSISTED BY
JAMES S. GALE, A.B.
KELLY & WALSH, L'D.,
Yokohama, Shanghai, Hongkong, Singapore.
TRÜBNER & Co.,
57 & 59, Ludgate Hill,
London.
A. D. F. RANDOLPH & Co.,
38, West Twenty-third Street,
New York.
1890.
(COPY-RIGHTED).

유긔, 鍮器, Brass-ware, vessels in brass.
유고ᄒᆞ오, 有故, To have a reason, motive
육간, 肉間, A butchery, a slaughter-house.
육직이, 肉直, A meat seller, a butcher.
육찬, 肉饌, A side dish of meat.
육쵸, 肉燭, Tallow candle.
유명ᄒᆞ오, 有名, To be renowned, celebr
known.
유모, 乳母, A wet-nurse, a foster-mother.
윤월, } 閏月, The intercalary month.
윤ᄃᆞᆯ, }
유복ᄒᆞ오, 有福, To be lucky, happy, fort
유복ᄌᆞ, 遺腹子, A posthumous child (w
to father.)
유부녀, 有夫女, A married woman.
유력ᄒᆞ오, 有力, To be strong, powerful.
유삼, 油衫, A water-proof coat.
세ᄒᆞ오, 有勢, To have authority, powe
ᄒᆞ오, To be affable, condescending.
ᄒᆞ오, 有識, To be learned, erudite.
單, Oiled paper.
道, Religion of Confucious. ‖ 乳道,

유독 , Only, alone.
유통, 乳 he udder.
유ᄌᆞ, 柚子, wild orange.
유정ᄒᆞ오, 有情, To have affection, to lov
ther.
유지, 油紙, Oiled paper.
유조ᄒᆞ오, 有助, To be advantageous,
useful.
유족ᄒᆞ오, 有足, To be sufficient, to suffic

ᄒ

cording to the Foreign arrangement the twelfth, according to the native, the twenty-fifth letter of Korean alphabet, a consonant corresponding to English *h*.

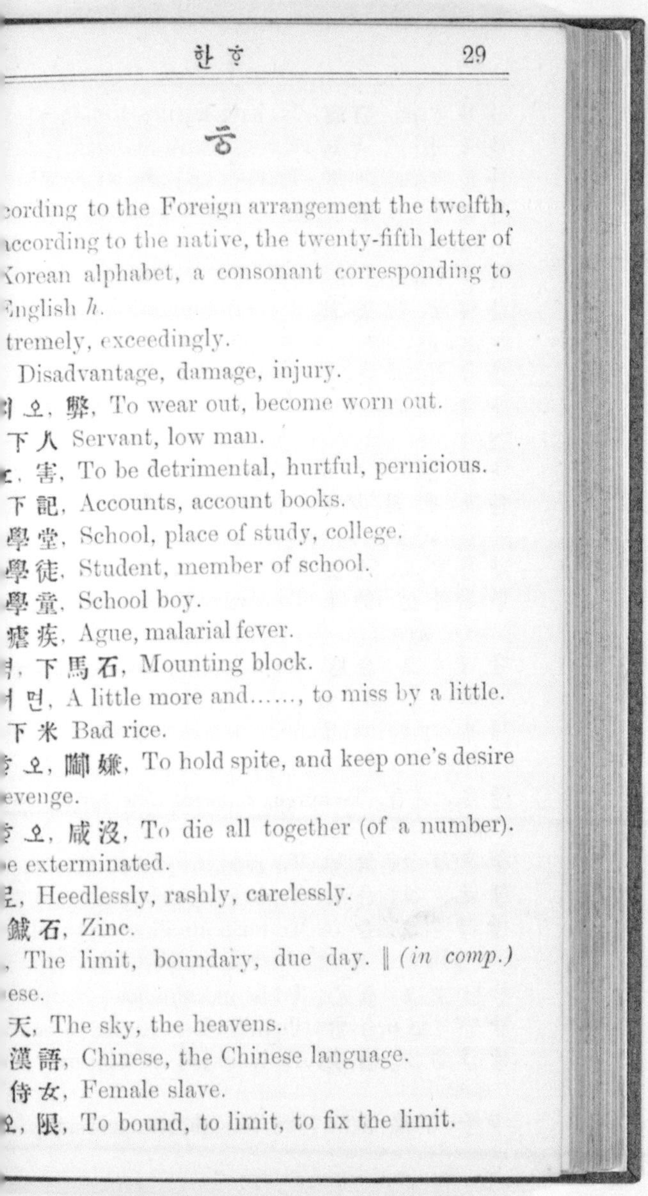

tremely, exceedingly.

Disadvantage, damage, injury.

ㅣ오, 弊, To wear out, become worn out.

下人 Servant, low man.

ㄷ, 害, To be detrimental, hurtful, pernicious.

下記, Accounts, account books.

學堂, School, place of study, college.

學徒, Student, member of school.

學童, School boy.

瘧疾, Ague, malarial fever.

ㅣ, 下馬石, Mounting block.

ㅣ면, A little more and……, to miss by a little.

下米 Bad rice.

ᄒᆞ오, 啣嫌, To hold spite, and keep one's desire evenge.

ᄒᆞ오, 咸沒, To die all together (of a number). e exterminated.

ㅣ, Heedlessly, rashly, carelessly.

鹹石, Zinc.

, The limit, boundary, due day. ‖ *(in comp.)* ese.

天, The sky, the heavens.

漢語, Chinese, the Chinese language.

侍女, Female slave.

ㅗ, 限, To bound, to limit, to fix the limit.

일제 강점기 시기, 탄압에 맞서가며 우리말 사전을 편찬했던 사람들의 사연을 담은 영화 〈말모이〉는 실화를 바탕으로 했다고 한다. 등장인물은 허구지만 그들이 담고 있는 이야기는 실화를 근거로 한 것이다. 영화에서 일제의 탄압을 받는 와중에 분실했던 말모이 원고가 해방 직후 기적적으로 서울역 창고에서 발견되는 장면이 나오는데, 이 역시 실화를 바탕으로 했다고 한다. 다만 그 원고가 서울역 창고에 보관되어 있던 이유는 다소 달랐던 모양이다. 까짓 '다소'쯤이야. 어쨌든, 사전은 남았다. 영화 속에서든, 영화 밖에서든.

비슷한 일화를 가진 또 하나의 사건이 있다. 말모이 그리고 사전과 관계된. 다만 그 주인공이 다르다. 이 이야기의 주인공은 미국인 선교사 호러스 호튼 언더우드. 우리에게는 '원한경元漢慶'으로 더 많이 알려진 사람이다. 장로교 선교사였고, 연희전문학교 교사였던 그는 한국어 사전 편찬을 자신의 사명으로 삼았다. 이유가 있다. 그의 아버지 호러스 그랜트 언더우드가 우리말 한영사전을 최초로 편찬한 사람이기 때문이다. 그는 아버지의 뜻을 이어받을 뿐만 아니라 사전의 뜻 또한 이어받아야 했다. 아버지의 뜻이란 그렇다 치고 사전의 뜻이란 뭔가. 증보되는 것. 사전은 계속하여 증보되고 또 증보되지 않으면 수명을 다해버리는 책이다. 말하자면 죽어버리는 책. 그래서 사전을 '가장 위대한 표절책'이라고도 한다.

그는 아버지 언더우드가 30년도 더 전에 펴냈던 책을 증보하는 작업에 착수했다. 그런데 이 작업의 마무리를 일본에서 하고 있던 1923년 관동대지진이 일어난다. 그의 작업도 지진에 묻혀버렸다. 짐작하겠지만 사전 작업이란 게 1년, 2년으로 끝나는 일이 아니다. 그러니까 10년, 20년의 작업이 지진과 함께, 그 후 억울하게 희생된 재일 조선인들과 같이, 완전히 사라져버린 것이다.

그 후 그의 말모이는 어떻게 되었을까. 그에 대해 얘기하기 전에 먼저 아버지 언더우드가 최초의 사전을 펴냈던 때인 1890년으로 돌아가보자.

> 한국어는 흉내 내는 단어가 많기로 유명하다. 그들의 그림이 자연을 사실 그대로 묘사하는 것과 마찬가지로 그들의 말 또한 대개가 음성을 소리 나는 대로 표기한다…. 발음 편의화라는 문제에서는 한국인보다 더 자연의 법칙을 잘 추종한 민족은 없다.

헐버트의 책 《대한제국멸망사》에서 인용한 부분이다. 헐버트는 1886년에 육영공원의 영어교사로 채용되어 조선에 첫발을 디딘 후, 1907년 조선을 완전히 떠날 때까지 변함없이 조선을 사랑한 사람으로 유명하다. 조선에 대한 거의 모든 것에 애정이 있었지만, 그중에서도 한글에 대한 관심은 각별했다.

게일의 《한영자전》

민족을 이해하기 위해서는 언어를 이해해야 한다. 지지하기 위해서든 침략하기 위해서든, 언어는 그 핵심에 있다. 선교에 있어서라면 더 말할 것도 없겠다. 선교라는 것은 결국 말씀을 전하는 일인데, 그 말씀을 무슨 수로 전할 것인가. 조선어 사전 편찬이 선교사들 사이에서 가장 먼저, 그리고 가장 진지하게 이루어졌다는 건 놀랄 만한 일도 아니다. 아버지 호러스 그랜트 언더우드는 장로교 선교사로 1885년에 조선에 들어왔다. 헐버트는 아버지 언더우드의 사전 편찬을 도왔다.

앞에서도 말한 것처럼, 사전은 어느 날 갑자기, 창의적으로 툭 튀어나올 수 있는 것이 아니다. 최초의, 최초의 것에 대해서라면 그렇게 말해야 하겠으나, 세상의 탄생이 그런 것처럼, 실은 모든 탄생이 그런 것처럼 최초의, 최초의 것에는 또 그 앞에 존재하는 것이 있다는 아이러니에서 벗어날 수는 없다. 그러므로 우리는 최초의 영어-한국어 이중어 사전인 아버지 언더우드의《한영자전》앞에 존재하는 또 다른 최초의 사전들을 먼저 이야기하지 않을 수 없다.

페롱 신부의《불한사전》은 가장 오래된 필사본 사전으로 알려져 있다. 1869년에 간행되었다. 선교사들을 위해 집필된 이 필사본 사전은 그 후에 출판되는 모든 사전들의 모태가 된다. 1880년에 리델이 펴낸《한불자전》은 페롱의 연구에 힘입었고, 1890년에 편찬된 언더우드의《한영사전》은 리델에게 힘입었다.

타민족의 언어를 익히는 것은 그 민족을 지지하기 위해서든, 남김없이 침탈하기 위해서든, 가장 기본적인 것이고 필수적인 것이라고 앞에서 말한 바 있다. 페롱은 오페르트와 함께 남연군 묘의 도굴 시도를 했던 바로 그 신부이고, 리델은 병인양요의 단초를 제공한 신부다. 물론, 이렇게 단 한마디의 말로 그 신부들의 일생과 업적을 정리하는 것은 결코 옳지 않다. 다만 여기에서는 언어의 이중적인 측면을 말하고 싶을 뿐이다.

사전이 편찬되기 위해서는 선행하는 사전뿐만 아니라 또 반드시 필요한 것이 있다. 그 언어의 목소리다. 그러니까 지금까지 내가 말한 서양 사람들은 어떻게 조선어 사전 편찬을 할 수 있었나 하는 것에 관한 문제. 당연히 조선인들의 조력 없이는 가능한 일이 아니었다. 우리나라 한글을 최초로 유럽에 알린 사람 중의 하나인 지볼트는 데지마 상관에서 1828년에 조선인들을 만나 한글을 채록했다. 그들은 전라도 강진 앞바다에서 표류해온 선비와 상인인 허사첨, 김치윤 등이었다. 혹시 벌써 짐작했는지? 그래서 지볼트가 채록한 한글은 전라도 말. 페롱이 《한불자전》을 만들 때, 그는 만주에 있었다. 그 직후인 1877년에 한국어 입문을 펴내고, 최초로 한국어 번역본인 성경을 펴내는 존 로스 역시 마찬가지였다. 그래서 만주에서 인삼 장수 서상륜과 의주 출신 행상 이응찬의 도움을 받아 그 일을 해내야 했다. 이번에는 금방 짐작했을 것이다. 페롱도 그랬고, 로스의 조선어 입문과 성경 역시 평안도와 함경도 사투리다.

문: 하느님이 뉘뇨.
답: 녕하고 어률 업서 보디 못하니 처음과 마즈막 업고 능티 아느미 업스니 하느님의 총명은 측냥 업서 아디 못하리라.

아바니아 아바니 일음으로 셩을 삼게 ᄒᆞ시며 나라이 님ᄒᆞ소셔. 쓰넌비 냥식을 날마당 주시고 우리 죄를 샤ᄒᆞ여 주시문 우리 쏘한 우

리게 진쟈를 샤ᄒᆞ여 주미니이다. 우리를 미혹에 인도티 말으소셔 (1882년).[71]

위의 인용은 각각 로스의《예수성교문답》과 '주기도문'의 일부다. 이에 대해 아버지 언더우드는 말했다.

로스 씨는 신약전서 한글 번역을 마쳤으나, 저는 그것이 서울에서는 쓸모없고 북쪽 지역과 만주 한인촌에서만 유용하리라고 생각합니다.[72]

그래서 언더우드는 서울에서 쓸 수 있는 사전을 만들어야 했던 것이다.

19세기 말과 21세기 초의 서울말은 어떻게 다를까. 우리는 언더우드의 이 사전을 통해 궁금증을 다소나마 해소할 수 있다. 언더우드의 사전이 입말을 중심으로 하고 있기 때문에 더욱 그러하다. 'ㅎ'의 항목 한 장을 보자.

'휘휘하오'라는 단어가 눈에 띈다. 그에 대한 영어 해석은 'to be frightened', 'timid' 그리고 'alarmed'라고 나와 있다. 이 단어는 현대 국어사전에도 나와 있다. '무서운 느낌이 들 정도로 고요하고 쓸쓸하다'라는 말이다. 이렇게 쓰면 될 듯하다. '사방이 휘휘하오.' 사라진 말은 아니지만 고전극에나 나올 법한 말이다. 문어체로는 여전히 쓰일 듯하다.

'호리'라는 단어도 보인다. 영어 해석은 'a very little, a jot, a tittle.' 이 단어 역시 현대 사전에서 찾아볼 수 있다. 매우 적은 분량을 비유적으로 이르는 말이란다. 마른 사람의 체형을 일컬을 때 '호리호리하다'고 하는 바로 그 말이겠다 싶다.

사전은 자모 순이 아니라 모음과 자음 순서로 되어 있다. 그러니까 ㅏ, ㅑ, ㆍ(아래아), ㅓ, ㅕ 먼저. 그러고 나서 ㅎ, ㄱ, ㅋ, ㅁ, ㄴ 순서로 이어진다. 부록으로 수사와 양사 등이 소개되어 있다. 요일을 소개하는 부분이 재미있다. 월요일은 '예배1', 화요일은 '예배2', 수요일은 '예배3' …. 그럼 일요일은 뭘까? '예배7'? '예배0'? 아니다. 일요일은 그냥 '예배날'이다.

언더우드의 이《영한사전》이전에도 다른 언어의 이중어 사전들이 있었다. 리델 전에 페롱이 있었다. 리델과 페롱 사이에는 푸칠로가 편찬한《러시아-조선어 사전》이 있고 존 로스의 북쪽 사투리 회화책도 있었다. 사전은 아니지만 조선어를 소개하고, 그 특징을 기술한 책들도 있었다.

1866년에 로즈니는 최초로 한국어 문법을 소개하는 논고를 발표했다. 로드 애머스트호를 타고 강경에 하선했던 귀츨라프는 당시 만났던 조선인들로부터 조선어를 채록했고, 그걸 기록으로 남겼다. 1832년에는 〈차이니스 리포지터리〉에 「조선어론」이라는 글도 기고했다. 그보다 더 앞서서는 지볼트가 있다.

언더우드 뒤로 가면 다블뤼 신부가 생전에 편찬했던《나선소사전羅鮮小辭典》이 있다. 이 사전은 다블뤼 사후에 출판되었는데, 라틴어-조선어 사전이다. 캐나다 선교사 게일의 유명한《사과지남辭課指南》은 한국어 문법서이다.

✣ ✣ ✣

자, 이제 우리는 다시 아들 언더우드로 돌아가보자. 조선에서 태어난 언더우드, 아버지의 뜻을 물려받은 언더우드가 관동대지진 때 잃어버린 조선어 말모이.

영화처럼 그는 기적적으로 그 초고 사본을 조선에서 찾아낸다. 절망감을 이겨가며 온갖 고초 끝에 복사본 원고를 찾아내기는 했지만, 이걸 다시 정리하는 데 또 엄청난 시간이 걸렸다. 마침내 1925년, 아들 언더우드의 《영한자전》이 출간된다. 해피엔딩이다. 그러나 과연 그렇기만 할까?

이렇게 천신만고 끝에 출간한 아들 언더우드의 사전은 거의 아무런 반향도 얻지 못했다. 아버지 언더우드를 쫓아가기는커녕, 비교도 되지 못했다. 1925년의 조선인들은 그 사전에 대해 감동하기는커녕, 고마워하기는커녕, 쓸 만하다는 반응조차도 보이지 않았다. 시대가 변한 것이다. 1920년대 중반에 이르면 더는 서양인들이 펴낸 조선어 사전 같은 건 필요하지 않게 되었던 것이다. 스스로 우리에게 필요한 사전을 편찬하는 시대, 영화 〈말모이〉의 시대가 이미 열려 있었던 것이다.

아들 언더우드의 영한자전은 그의 다른 저술을 모두 포함하더라도 고작 4,000부도 발행하지 못했다고 전해진다. 10여 년이 넘는 노력을 퍼붓고, 지진을 겪고, 잃어버린 원고를 찾아 헤매 다니고, 다시 수년 여에 걸쳐 그걸 복구한 그 모든 세월의 결과값은 이렇게 초라했지만, 그것이 책이 역사를 만났을 때의 운명이기도 하다. 시대를 앞선 책과 시대의 뒤를 쫓아온 책의 운명 말이다.

황실을 지킨 서양인들

크뢰벨의《나는 어떻게 조선 황실에 오게 되었나》

Emma Kröbel,《Wie Ich An Den Koreanischen Kaiserhof Kam》

(1909, 독일어)

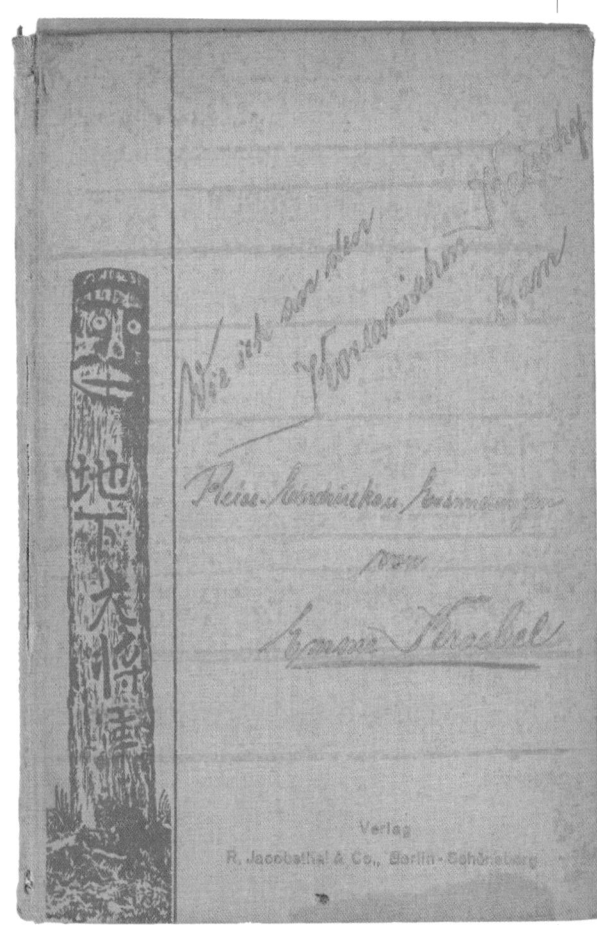

엠마 크뢰벨은 정치도 몰랐고
조선도 몰랐다. 설렘, 호기심, 낭만
그리고 꽤 만족스러운 보수.
크뢰벨은 젊은 여자였다.
그녀는 젊은 사람답게, 건강하게,
맡은 바 일을 해낸다.

황실의 사람들이 있다. 내관부터 상궁 아전 궁녀까지, 황제와 황실을 위해 일하는 사람들. 대한제국 시절, 황실에서 일했던 수많은 사람 중에는 서양인들도 있었다. 대한제국이 되기 전부터 그랬다. 그리고 그중에는 고위 관직에까지 올랐던 사람도 있었다.

1882년부터 1885년까지 조선의 외교와 세관에서 막강한 권력을 행사했던 독일인 파울 게오르크 폰 묄렌도르프는 참의, 협판 직까지 올랐다. 그의 한국식 이름이 목인덕穆麟德. 그래서 그를 부르던 이름은 '목 참판'이었다. 갑신정변의 밤에 민영익의 목숨을 구한 알렌은 정이품의 벼슬을 받았다. 영국인 브라운은 조선의 관문에서 세관을 책임졌고, 데니, 샌즈 등 이루 다 열거할 수 없을 정도로 많은 서양인들이 재정·군사·외교 등에서 고문이라는 직책으로 조선의 국가 운영에 관여했다. 조선 말기 황현이 기술한《매천야록梅泉野錄》에서 갑자년(1864년)에서 정해년(1887년) 사이의 정황을 살펴볼 수 있다.

이때를 전후하여 외국인으로 우리나라에 와서 벼슬한 자들이 있었다. … 미국인 안련安連(H. N. Allen)과 혜론惠論(J. W. Heron)은 모두 이품직을 받았고, 구례具禮(C. R. Greathouse)와 이선득李善得(C. W. Legendre) 및 덕니德尼(O. N. Denny) 등은 내무협판, 미국인 묵현리墨賢理(H. F. Merrill)와 영국인 하문덕何文德(J. H. Hunt)은 병조참판, 독일인 사납기史納機(J. F. Schönicke), 프랑스인 백리帛梨(T. Piry), 영국인 격류格類(E. F. Creagh), 해래백사奚來百士(T. E. Hallifax)는 모두 통정대부通政大夫[73]가 되었지만 그중 목 참판이 가장 저명하였다.

국사책을 펼쳐보면 더욱 구체적으로 당시의 정황을 알 수 있겠으나, 슬프게도 국사책에서 조선 말기의 동정을 살펴보는 것은 썩 즐거운 일이 못 된다. 참담하게 망해가는 나라가 거기에 있는데, 그게 내 나라이기 때문이다.

그러나 여기에서는 그런 기분은 잠시 접어두고, 그냥, 황실을 위해 일했던 보통의 사람들을 보기로 하자. 정치와는 상관없고, 국제적인 이권과도 상관없이, 그냥 개인적으로 일했던 사람들. 먹고살기 위해 일하고, 적성을 살려 일하고, 개인적인 포부를 위해 일했던 사람들. 그러니까 직장을 구했던 사람들. 그런데 그 직장이 조선의 황실이었던 사람들.

역시 무수히 많은 사람이 있다. 황실의 요리사, 황제와 황후의 주치의, 황실의 악대장, 황태자의 가정교사…. 물론 이들 중에 어떤 사람은 일정한 방식으로 정치와 외교에 관여하기도 했다. 자신도 모르는 사이에 조선 역사에 중요한 인물이 되어버리기도 했다. 알렌의 경우가 대표적이다. 그는 정치적인 목적으로 조선에 들어온 것이 아니었으나, 기묘한 인연들을 거쳐 가장 정치적인 인물이 되었다.

손탁, 앙투아네트 손탁도 그렇다. '무관의 황후'라는 별명으로 불렸던 이 여인은 조선의 황실과 관계된 서양인들 사이에서는 거의 무소불위의 권력을 행사했다. 그녀의 공식 직함은 황실의 서양식 전례 담당관. 서양식 연회와 음식, 예법 등을 담당하는 직책이었는데, 그 일을 수행하는 동안 파티만 책임진 게 아니라 그 파티에서 오고갔던 정치와 외교에까지 관여했다. 황후가 시해된 나라에서 손탁은 거의 황후처럼 보였다.

손탁과 똑같은 자리에 있었으나 손탁과는 전혀 달랐던 사람이 있다. 엠마 크뢰벨. 1905년, 유럽으로 휴가를 떠나는 손탁을 대신해 손탁이 했던 일을 한 사람이다. 손탁이 했던 일을 했으나 정치 외교는 빼고 황실의 의전 담당만 했다. 엠마 크뢰벨을 자신의 후임으로 뽑은 사람이 바로 손탁인데, 아마도 그녀는 엠마 크뢰벨이 '딱 할 일만 할' 사람이라는 것을 알지 않았을까 싶다. 딱 할 일만 하고 결코 그녀의 자리까지는 넘보지 않을 사람이라는 것을 말이다.

손탁이 이미 50대 중반이었고 조선 정계의 큰손이었던 것과는 달리 엠마 크뢰벨은 갓 결혼하고 꿈같은 신혼여행을 마친 후 남편의 사업지인 청도에 정착한, 30대 초반의 젊은 여인이었다. 정치도 몰랐고, 조선도 몰랐다. 손탁에게서 조선 황실의 일자리 제안을 받았을 때, 엠마 크뢰벨의 심정은 이러했다.

> 과연 내가 이 막중한 일을 책임질 수 있는 적격자일지 나는 오래 고민했다. 그러나 한편으로는 이 중요하고도 힘든 임무에 도전해보고 싶다는 충동이 일었고, 또 다른 한편으로는 서양인들의 호기심을

불러일으키는 이 미지의 나라 조선을 직접 체험해보고 싶은 욕망도 있었다. … 세계에서 가장 안 알려진 나라, 지구상에서 가장 비밀스러운 나라, 조선에 대한 호기심이 마침내 두려움을 압도했다.

그리고 크뢰벨은 이에 이어 한 문장을 더 덧붙였다.

보수에 관한 것도 만족스럽게 풀렸다.

모든 것이 만족스러웠다는 뜻이다. 설렘, 호기심, 낭만 그리고 꽤 만족스러운 보수. 크뢰벨은 젊은 여자였다. 젊다는 건 많은 경우 약점이 아니라 강점이다. 크뢰벨은 젊은 사람답게, 건강하게, 맡은 바 일을 해낸다. 치우치지 않고 휩쓸리지도 않는다. 적어도 그녀가 쓴 책《나는 어떻게 조선 황실에 오게 되었나》에서 보이는 그녀의 모습은 그러하다.

책의 몇 구절을 인용하려고 한다. 무엇을 알고 싶은가? 크뢰벨의 일생? 조선에서의 생활? 아니리라고 믿는다. 전례담당관이라고 썼으나 황실의 서양식 셰프였던 크뢰벨이 쓴 이 책에서 가장 궁금한 것이 있다면, 장담컨대, 그건 아마도 식탁일 것이다. 100년 전 황실의 상에 차려진 셰프의 메뉴가 보고 싶을 것이다. 그 맛까지 전할 수는 없으나, 그 부분에 관한 인용은 내가 대신할 수 있겠다.

궁중에서 차려지는 음식문화를 살펴보면, 온통 서양식, 특히 프랑스식 요리가 연회식탁을 차지하고 있다. 궁중의 공식 연회에는 프랑스식으로 꾸민 테이블 장식은 물론 입맛을 돋우는 각종 요리 역시 특별히 선정한 최상급 프랑스식 요리들이 점령하고 있다.

트러플 파스타에, 생굴이며, 캐비어가 일상적인 음식으로 식탁에 빠지지 않았고, 프랑스산의 풍미 있는 샴페인은 그 원산지의 어느 연회에서보다 훨씬 더 풍성했다. 조선 황실의 연회에 참석하면 마치 서양의 어느 제후가 베푸는 연회에 와 있는 것 같은 기분이 들기도 했다.

식탁에 나오는 음식들은 모두 서양식 요리들이며 그 요리들은 서양식 요리법을 전문적으로 배운 한국인 요리사이거나 중국인 요리사들에 의해 만들어진다. 요리 재료들은 서양의 연회석상에 흔히 등장하는 최상의 맛있는 재료들 즉 새우, 캐비어, 연어 등등이 수없이 많다. 뿐만 아니라 동양의 바다에서만 나오는 특별한 대하 요리도 상에 올려졌다. 자, 이제 진짜 메뉴를 보도록 하자. 1905년 9월 19일의 만찬 메뉴이다.

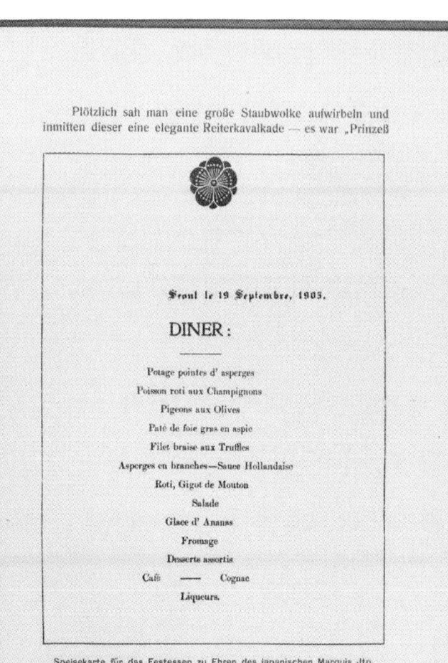

Plötzlich sah man eine große Staubwolke aufwirbeln und inmitten dieser eine elegante Reiterkavalkade — es war „Prinzeß

Seoul le 19 Septembre, 1903.

DINER :

Potage pointes d' asperges
Poisson roti aux Champignons
Pigeons aux Olives
Paté de foie gras en aspic
Filet braise aux Truffles
Asperges en branches—Sauce Hollandaise
Roti, Gigot de Mouton
Salade
Glace d' Ananas
Fromage
Desserts assortis
Café —— Cognac
Liqueurs.

Speisekarte für das Festessen zu Ehren des japanischen Marquis Jto. Gegeben vom Kaiser von Korea.

Alice*, die Tochter des Präsidenten der Vereinigten Staaten von Amerika mit ihrem Gefolge. Ihr zur Seite Mr. Longworth, ihr Verlobter. Ein Moment neugierigen Staunens und seltsamer

165

앨리스 루스벨트 일행을 위한 서양식 연회 메뉴

1903년 9월 19일 저녁 만찬의 메뉴는 다음과 같다. 아스파라거스 머리 부분을 이용한 수프, 버섯을 곁들인 생선구이, 올리브를 곁들인 비둘기 요리, 젤리로 굳힌 푸아그라 파테, 트러플(송로버섯)을 곁들인 홀란데이즈소스, 양 넓적다리 구이, 샐러드, 파인애플 아이스크림, 치즈, 디저트 모듬, 커피-코냑, 주류.

아스파라거스의 머리 부분을 이용한 수프, 버섯을 곁들인 생선 구이, 올리브를 곁들인 비둘기 요리, 젤리로 굳힌 푸아그라 파테, 트러플을 곁들인 안심 숯불구이, 아스파라거스 줄기와 홀란데이즈 소스, 양 넓적다리 구이, 샐러드, 파인애플 아이스크림, 치즈, 디저트 모둠, 커피와 코냑, 주류….

입이 벌어질 정도의 상차림이 아닐 수 없다. 누군가는 '뭐, 이 정도 가지고'할 수도 있겠다. '외빈을 맞는 황실의 상차림이 이 정도는 되어야 하지 않겠나?'라고. 그러나 실은 딱히 그런 것만은 아니다. 이 메뉴로 상이 차려진 연회는 그 어떤 때보다도 특별한 것이었다.

1905년 9월 미국 대통령 루스벨트의 딸이 대한제국을 방문했다. 앨리스 루스벨트는 그때 약혼자 롱워스와 세계여행 중이었는데, 일본에 체류하는 동안 대한제국 황실의 초대를 받았다. 앨리스 루스벨트로서는 거절할 이유가 없었다. 조선은 일본 바로 옆에 있는 나라였고, 그들은 어차피 세계일주 여행 중이었기 때문이다.

그러나 그들을 초대한 조선의 속내는 달랐다. 바로 그 직전에 미국 포츠머스에서 러시아와 일본 간의 조약이 체결되었는데, 러일전쟁의 승전국인 일본이 조선에서의 우월권을 갖는다는 내용이었다. 고종은 다급했고, 미국에 도움을 요청하고 싶었다. 그때 미국 대통령의 딸이, 말하자면 공주님이, 옆 나라 일본에 와 있다는 소식을 들은 것이다. 고종은 그녀를 통해 외교적 모색을 하고 싶었다. 단순한 초대가 아니었다는 뜻이다.

그래서 이 접대는 상상할 수 없을 정도로 극진하게 치러진다. 황실 전용 열차가 제공되는 것 정도는 기본, 명성황후의 능을 방문하는 일정까지 잡았다. 외빈에게 능을 공개하고 그곳에서 참배 예식까지 치르는 것은 지극히 이례적인 일인 바, 아마도 명성황후의 죽음을 통해 야만적인 일본의 실체를 알리고 싶었던 것일 터이다.

그러나, 앨리스라는 이분, 아무 생각도 없으셨다. '앨리스 공주님'은 명성황후의 능에 승마복 차림으로 말을 타고 나타나 말채찍을 든 채로 시가를 피워 물었다. 조정 관료들이 환영인사를 하는 동안에도 그녀의 관심은 황후의 묘역에 있는 석상들에만 있었다. 마침내 누가 말릴 사이도 없이 그녀는 석상 위에 올라탔고, 약혼자를 불러 그 사진을 찍게 했다.

> 황실 가족의 묘소에서 보여준 그녀의 행동에 우리 모두 경악했다.

앨리스 루스벨트의 이 무례한 행동이 세계에 알려지게 되는 것이 바로 이 책, 《나는 어떻게 조선 황실에 오게 되었나》로 인해서이다. 이 책이 출판된 후 앨리스 루스벨트 쪽에서는 그런 일은 결코 없었다고 부인했다. 엠마 크뢰벨을 거짓말쟁이라고도 매도했다. 나중에 석상 위에 올라탄 앨리스의 사진이 발견되면서 거짓말쟁이는 앨리스 루스벨트였다는 것이 밝혀졌다.

어쨌거나. 우리는 지금 '요리' 얘기를 하고 있는 중이다. 위에서 이야기한, 저 화려한 오찬 메뉴는, 바로 그분, 이 정신 나가신 앨리스 루스벨트를 환영하는 메뉴였던 것이다.

이 연회상이 더 특별하기는 했겠으나, 다른 연회라고 해도 크게 다르지는 않았던 모양이다. 조선의 상차림을, 그것도 특히 서양식 상차림을 거론한 사람들이 많다.

노란색 비단이 드리워진 수수한 방으로 안내되어 우리는 곧 커피와 케이크를 정중하게 대접받았다. 그 후 저녁 식사 때는 상궁이 궁중 역관의 도움을 받아 아주 아름답게 꾸며진 식탁을 앞장서서 주도해 나갔다. 저녁 식사는 놀랍게도 서양식으로 차려졌다. 수프를 포함해서 생선, 퀘일(메추라기), 들오리 요리와 꿩 요리, 속을 채워 만든 쇠고기 요리, 채소, 크림, 설탕에 버무린 호두, 과일, 적포도주와 커피 등등이었다. 궁중 시인侍人들과 그 밖의 몇 사람이 우리와 함께 식사했다.

—이사벨라 비숍, 《한국과 그 이웃 나라들》

그런가 하면, 일반 관료의 집에서도 서양식 요리를 대접했다.

외무독판[74]은 모든 외교관들이 도착하자 여덟 명의 무희들을 들게 했다. 식탁에 놓인 그릇 및 테이블보 등은 유럽식이었다. 메뉴는 서양식이었다. 사냥에서 잡은 고기 요리였으나 술에 너무 많이 절여 맛이 좋지는 않았다. 왕과 양반들이 매일 식탁에서 먹는 국민 요리인 개고기 스프la soupe an chien도 나왔다.

—샤를 바라, 샤이에 롱, 《조선기행》

여기에서 잠깐 조선의 식탁을 처음 접하는 서양인들과 마찬가지로 서양 식탁을 처음으로 접하는 조선인들의 기록을 살펴보는 것도 흥미롭겠다. 《서례수지西禮須知》라는 책이 있다. 영국인 존 프라이어가 영국인의 풍속을 간략하게 정리한 책이다. 이 책이 1896년에 조선으로 들어왔고, 1902년에는 한글로 번역되었다. 한글본의 제목

표기는《서례슈지》. 이 책에는 '친구 사귀는 법', '손님을 청하여 잔치하는 법', '친구와 수작하는 법' 등이 실려 있다. 그중에 서양 음식을 먹는 법에 대하여 설명해놓은 부분의 국역본을 보자.

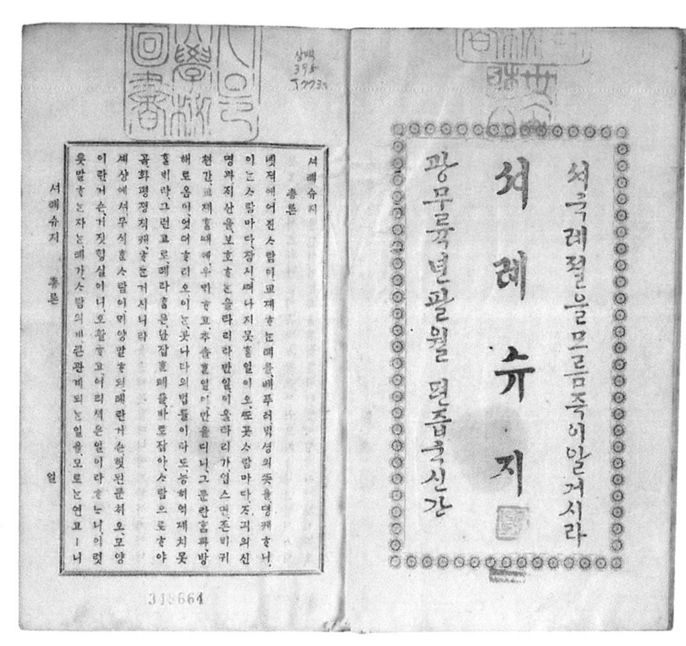

셔례슈지

총론

녯적에어진ᄉᆞ람이교졔ᄒᆞᄂᆞᆫ례를베푸러ᄇᆡᆨ셩의ᄯᅳᆺ을뎡케ᄒᆞ니 이ᄂᆞᆫᄉᆞ람마다잠시ᄯᅥ나지못ᄒᆞᆯ일이오ᄯᅩ곳ᄉᆞ람마다ᄌᆞ긔외신명과지산을보호ᄒᆞᄂᆞᆫ울타리라만일이울타리가업스면존비귀쳔간교졔ᄒᆞᆯᄯᅢ에우미ᄒᆞ고추솔ᄒᆞᆫ일이만을디니그문란ᄒᆞᆷ파방해로옴이엇더ᄒᆞ리오이ᄂᆞᆫ곳나라의법들이라도능히억제치못ᄒᆞᆯ비라그런고로례라ᄒᆞᆷ은남잡ᄒᆞᆫ폐를바로잡아ᄉᆞ람으로ᄒᆞ야곰화평졍직ᄒᆞ게ᄒᆞᄂᆞᆫ거시니라

셰상에셔무식ᄒᆞᆫᄉᆞ람이미양말ᄒᆞ되례란거ᄉᆞᆫ헛된문쉬오모양이란거ᄉᆞᆫ거짓힝실이니오활ᄒᆞ고어리셕은일이라ᄒᆞᄂᆞ니이럿틋말ᄒᆞᄂᆞᆫ자ᄂᆞᆫ례가ᄉᆞ람의ᄭᅦ큰관계되ᄂᆞᆫ일을모로ᄂᆞᆫ연고ㅣ니

셔례슈지 총론 일

셔국례졀을므롬즉이알거시라

셔례슈지

광무륙년팔월 면즙국신간

《서례수지》의 일부분

영국인 존 프라이어가 영국인의 풍속을 간략하게 정리하여 1902년 한글로 번역한 것으로, 서양 식탁을 처음으로 접하는 조선인들에 대한 기록을 살펴보는 것이 흥미롭다.

무슨 음식이든지 칼로 찍어 먹지 말고, 삼지창 같이 만든 양저(포크)와 또 양시(스푼)을 쓸지니 대저 칼이란 것은 음식을 벨 뿐이니라. 밥 먹을 때에 손님이 탕을 청하거든 그 탕을 그릇 가운데 있는 음식 위에 쏟지 말고 반드시 그 그릇 가장자리인 곳에 부을 것이오. 또 고기 나누기를 청하거든 한 조각씩 놓을지라. 만일 과하게 놓으면 속되다 한다니라.

…

과실을 먹을 때에 손 씻을 유리완(잔)을 드리거든 그 물을 찍어 입술을 닦고 수건으로 손을 씻을지라. 만일 그 물로써 양치하면 크게 추하니라.

조선 사람 중 가장 먼저 서양 정찬을 맛본 사람은 1876년 강화도 조약 후 일본을 방문했던 수신사 일행이었다. 그중 김기수는 그 견문기를 《일동기유日東記游》라는 책으로 남겨놓았는데, 그중에 도쿄의 한 료칸에서 서양 정찬을 대접받는 장면이 흥미롭다.

식탁에는 여러 가지 모양의 생화 꺾꽂이 두 병과 조화 두 대臺를 서로 엇갈려 놓았고, 여러 가지 모양의 과자와 떡이 섞여 있었다. 사람들의 앞에는 각각 자기瓷器 접시 두 개를 놓았는데 접시 한 개에는 백포白布와 떡을 담았으니 백포는 음식을 먹을 적에 음식물이 떨어지는 것을 받치는 것이고, 떡은 음식을 먹는 데 돕는 것이다. 접시 한 개는 비어 있고 아무것도 없었다. 빈 접시의 왼편에는 대·중·소의 숟가락 세 개가 있는데, 이빨이 있어 음식을 젓가락질할 수도 있으며 찍어 먹을 수도 있다.

이빨 달린 숟갈…. 난생처음 서양 음식을 접하고 포크라는 것을 본 한국 양반의 묘사가 기발하다. 조심하시라. 잘못 먹다가는 그 이빨에 물릴 수도 있으니. 마치, 조선의 운명처럼, 말이다.

✣ ✣ ✣

엠마 크뢰벨은 1905년부터 1906년까지 1년여의 기간 동안 황실에서 일했다. 이 책은 1909년 베를린에서 출판되었다. 엠마 크뢰벨처럼 조선황실에서 일했던 사람들로는 황실 시의라는 직책을 갖고 있던 고종의 주치의 리하르트 분쉬가 있다. 그의 편지들이 훗날 자손들에 의해 《동아시아의 의사》라는 제목의 책으로 엮여 출판되었다는 걸 앞서 잠깐 소개한 바 있다. 황실 악대장으로 근무한 사람도 있다. 역시 독일인인 프란츠 폰 에케르트는 대한제국 시절의 애국가를 작곡했다. '상제는 우리 황제를 도우소서…'라는 가사로 시작되는 애국가. 그는 또 황실음악대를 조직했고, 경성양악대라는 민간 교향악단도 만들었다. 이 교향악단은 탑골공원에서 매주 1회 공연을 하기도 했다. 명성황후의 주치의로 활동했던 애니 엘러스 벙커도 있다. 애니 엘러스는 앞서 소개한 잡지 〈코리언 리포지터리〉에 명성황후에 관한 회고담을 싣기도 했다.

모든 것이 반대인 나라를 사랑했던 선교사

홀의 《닥터 홀의 조선 회상》

Sherwood Hall, 《With Stethoscope in Asia: Korea》(1978, 영어)

노블의 《노블 일지》

Mattie Wilcox Noble, 《The Journals of Mattie Wilcox Noble》(1993, 영어)

홀의 《닥터 홀의 조선 회상》
조선을 위해 너무 많은 일을 하느라 로제타 홀에게 책을 쓸 여력까지는 없었던 것 같다. 대신 일기와 편지글들을 많이 남겼다. 이것을 아들인 셔우드가 모아 책으로 엮었다.

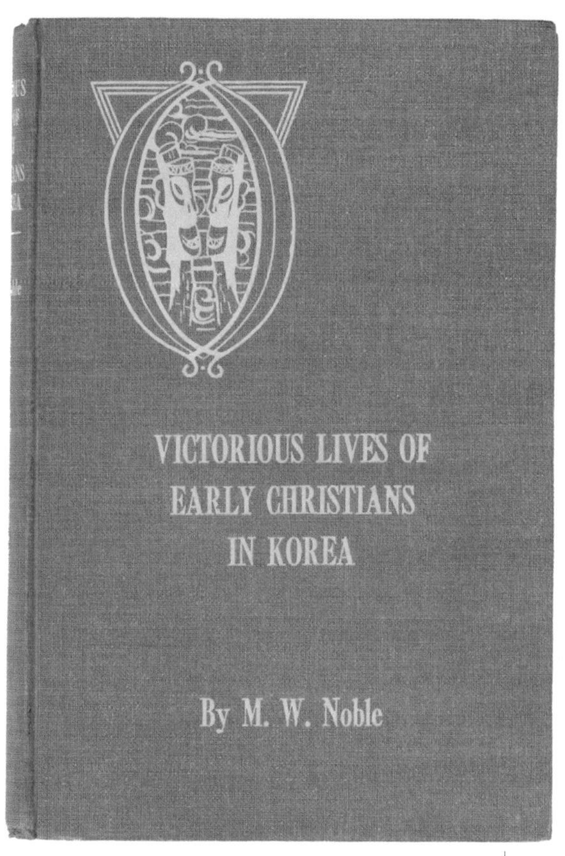

노블의 《한국 초기 기독교인들의 승리의 삶
Victorious Lives of Early Christians in Korea》(1933, 영어)

이 나라는 모든 것이 서양과 반대인 것 같아요. 길에서 사람과 마주치면 우리는 오른편으로 비켜서지만, 이 나라 사람들은 왼편으로 비켜서요. 우리는 상대방 사람의 손을 잡고 악수하지만, 이 나라에서는 자기 손을 맞잡고 인사한답니다. 우리는 장례식 때 검은색 모자를 쓰지만, 이들은 흰 모자를 쓰고요. 우리는 상대방에게 존경을 표시할 때 모자를 벗는데 여기에서는 그대로 쓰고 있어요. 서양 집은 대체로 문을 밀거나 당겨서 여닫고 창문은 옆을 밀어 여닫잖아요. 그런데 여기에서는 그 반대예요. 글을 읽거나 쓸 때도 우리는 왼편에서, 이 사람들은 오른쪽에서 써나가요. 책에 주해를 달 때 우리는 페이지의 아래에 쓰지만 이들은 맨 위쪽에 쓰고요. 방향을 이야기할 때도 우리는 북동남서의 순으로, 이들은 동서남북의 순으로 말합니다. 그리고 상대방에게 나이가 들어 보인다고 이야기하는 것을 이들은 대단한 칭찬으로 여긴답니다![75]

1890년 여성 의료 선교를 위해 조선에 온 로제타 홀이 그해 미국의 가족들에게 보낸 편지글 중 일부다. 모든 것이 다 반대인 나라 조선. 그녀는 그런 나라 조선에서 아들을 낳았고, 남편을 잃었고, 자신의 목숨이 다하는 날까지 살았다. 죽어서도 이 땅에 묻혔다. 오래 전에 사망한 남편 제임스 홀이 먼저 묻혀 있던 양화진 외국인 묘지에.

1893년 조선에서 태어난 아들 셔우드 홀 역시 부모의 뜻을 이어받아 평생 조선을 위해 헌신했다. 조선의 결핵 환자를 돕기 위해 크리스마스실을 발행한 사람이 바로 아들 셔우드 홀이다. 엄마 로제타 홀은 조선 최초의 여성 병원인 보구여관을 설립했고 조선의 맹인들을 위한 점자 교재를 만들었다. 아들 셔우드 홀도 이 땅에서 생을 다했다. 양화진의 묘지에는 아버지 제임스 홀, 엄마 로제타 홀, 아들 셔우드 홀, 며느리 매리언 홀 그리고 셔우드의 동생 에디스와 아들 프랭크가 묻혔다.

조선을 위해 모든 것을 바친 사람들, 자신의 일생뿐만 아니라 가족의 일생 전체를, 이대 삼대에 걸쳐서 바친 사람들을 찾는 것은 뜻밖에도 그리 어려운 일이 아니다. 열거할 수 없을 정도로 많은 선교사들이 그러했다. 그들의 이름을 일일이 불러 존경과 애정을 바쳐야 하겠으나, 여기서는 가장 초기의 선교사들 몇 분, 그중에서도 일기와 편지를 남긴 분들을 소개한다.

여성 의료 선교사로 조선에 온 로제타 홀은 그녀보다 몇 년 앞서서 조선에 와있던 대大 스크랜턴 여사와 함께 한국 최초의 여성 전문 병원 보구여관을 설립했다. 스크랜턴은 아들 며느리와 함께 일가 전체가 선교를 위해 조선에 왔다. 그래서 엄마 스크랜턴과 며느리 스크랜턴을 구분하느라 엄마 스크랜턴을 대 스크랜턴이라 부른다.

로제타 홀은 대 스크랜턴과 함께 일하던 보구여관에서 에스더 박을 만나고, 그녀를 조선 최초의 여의사로 양성한다. 총명한 조선 소녀였던 에스더 박에게 의학의 세계를 보여주고, 결혼을 주선하고, 미국 유학을 전적으로 도왔다. 에스더 박이라는 한 여자의 인생을 열어주었을 뿐만 아니라 조선 여성의 세계를 열어준 것이기도 하다. 최초의 문이 열리면 그다음 문이 나타나는 법. 조선 여인들은 곧 스스로 문을 여는 법을 알게 될 것이다.

조선을 위해 너무 많은 일을 하느라 로제타 홀에게 책을 쓸 여력까지는 없었던 것 같다. 대신 일기와 편지글들을 많이 남겼다. 이것을 아들인 셔우드가 모아 책으로 엮었고, 그 책이 번역되어 우리에게 소개되었다. 엄마 로제타 홀이 조선에 첫발을 디딘 후 근 100년이 지난 1984년이 되어서야 이루어진 일이다.

이처럼 아주 오랜 시간이 흘러서야 우리에게 오는 책들이 있다. 처음

Drs. Sherwood and Marian Hall

Preface

The pioneer service of my physician parents in Korea, my birth and boyhood there, and later, the sixteen years that my doctor-wife and I spent assigned as medical missionaries to that country provided me with subject matter for many stories.

Often I had occasion to speak of the trials, sorrows, inspiration, and fulfillment that composed this unique background. My audiences were always rewardingly attentive and full of eager questions. Many generously declared that these experiences contained "a message for young and old alike," a message that "uplifted the spirit and rekindled faith in the goodness and nobility of man." They urged me to write a book so that my recollections could be shared with a larger circle of friends.

But consideration of writing that story had to wait until my wife and I set aside stethoscopes for more leisurely pursuits. The time eventually came with our retirement from thirty-nine years of medical missionary service in Asia. On my seventy-third birthday, I accepted the challenge.

Sherwood Hall, M.D.

Richmond, British Columbia
Canada

ix

《닥터 홀의 조선 회상》 서문의 셔우드 홀과 매리언 홀 부부

아주 오랜 시간이 흘러서야 우리에게 오는 책들이 있다. 이야기가 스스로 늙어가고 낡아가며 책으로 나오기도 전에 역사가 되는 것들.

부터 책으로 쓰인 것이 아니어서 당시에 출간되는 일은 없었으나 훗날 그 자손들에 의해 엮인 책들. 이야기가 스스로 늙어가고 낡아가며 책으로 나오기도 전에 역사가 되는 것들.

매티 노블의 일기도 마찬가지다. 감리교 선교사로 1892년에 조선에 와 은퇴를 하는 1934년까지 42년 동안 이 땅에서 살았던 노블은 그 시기 전체의 일기를 남겼는데, 그것이 책으로 묶이기 위해서는 100년 이상을 기다려야 했다.

✣ ✣ ✣

초기 선교사들의 일기와 편지글은 이루 말할 수 없이 귀한 기록들인데, 개항 초기의 생생한 증언을 접할 수 있어서일 뿐만 아니라 일기와 편지에서 발견할 수 있는 특유의 솔직함과 소박함을 만날 수 있어서이기도 하다.

우리나라 근대사에 있어 중요한 정치적 순간들을 꼬박꼬박 일기에 기록했던 알렌은 사건의 경과만 기록한 게 아니라 개인적인 분노와 혐오도 고스란히 남겼다.

> 이 기회를 이용해 그들에게 말했다. 언더우드는 위선자요 수다쟁이이며, 헤론은 잘 토라지는 샘쟁이라고 말이다. 그들은 나의 정확한 인물평에 의표가 찔린 듯 당황했고, 반박도 하지 못했다. 우리는 회의를 적당히 하고 끝냈다. 아주 유쾌했다.
>
> 저녁 식사를 하면서 나는 헵번 부인의 냉대 이유를 알게 되었다. 조선에서의 내 평판이 좋지 못하다는 것인데, 이는 야비한 거짓말

이었다. 나는 그녀가 이곳에서 보통 남을 중상모략하는 험담꾼으로 인정되고 있다는 사실을 알게 되었다…. 그녀의 딸도 자기 어머니는 거짓말을 밥 먹듯 한다고 말할 정도였다.[76]

고종의 주치의였던 리하르트 분쉬 역시 마찬가지다. 선교사가 아니라 단지 의사로서 일자리를 찾아 조선의 황실에까지 이르렀던 분쉬의 기록은 어떤 면에서는 고귀한 마음으로 가득 찬 선교사들의 일기나 편지글보다 훨씬 더 인간적이다.

가끔 매우 외롭다는 느낌도 듭니다. 유럽 사람을 전혀 못 보는 날도 더러 있으니까요. 저녁에는 하인들도 돌아가버리기 때문에 주위에는 사람이라고는 단 한 명도 없습니다. 그래서 강아지나 한 마리 키울까 합니다.
참, 마침 떠올랐는데, 당신은 중매를 잘하시죠? 저에게 집안일을 돌볼 상냥한 여인 한 명만 소개해주시겠습니까? 저에게 시집오는 여인은 아주 행복할 것이며 사교계에서도 한몫할 수 있을 겁니다. 할 일이 별로 없으니 매일 말을 타고 산책이나 하면 될 테고, 여기에 와 있는 뭇 신사들의 찬탄도 한몸에 받을 것입니다. 이곳 기후는 훌륭하여 건강에 아주 좋습니다. 연극이나 무도회만이 생활의 전부가 아닌 사람에게는 여기에서 체류하는 것도 견딜 만합니다. 제 제안이 솔깃하지 않습니까? 이곳으로 오는 여비는 제가 부담하겠습니다. 어떻게 생각하십니까?[77]

분쉬는 황제의 주치의로서 보내는 시간도 기록했다.

궁중에서 제가 하는 의료 활동은 내세울 만한 것이 못 됩니다만 거기에 만족하고 있습니다. 조그마한 치료라도 궁중에서는 시간이 이루 말할 수 없이 오래 걸립니다. 저는 매일 늦은 오후에 한 시간씩 의전실儀典室 내에 있는 사무실에 앉아 있습니다. 거기서 괴테의 작품을 읽거나 몇몇 조신朝臣들과 대화를 나누는데, 대부분 의학에 관한 문제를 떠나 에피소드를 늘어놓거나 유럽 대도시에서 일어난 기적에 관해 얘기합니다. 얘기하는 동안 따뜻한 온돌방에 느긋하게 앉아 터키인들처럼 긴 담뱃대로 담배를 피우기 때문에 다리가 저려옵니다.[78]

분쉬의 편지글은 딸이 책으로 엮었다. 알렌의 기록은 뉴욕공립도서관에 날것으로 소장되어 있던 것을 단국대 김원모 교수가 발굴하여 완역했다.

알렌이 주로 정치적인 사건들, 그에 따른 개인의 분노와 혐오에 대해 일기를 썼고, 분쉬가 조선에서의 외로움에 대해 끝없이 하소연을 했다면, 선교사로 온 매티 노블은 시종일관 자신들의 소명에 대한 감동과 일상적인 행복을 일기로 남겼다. 그러나 개중에는 이런 내용도 있다.

최근 아서는 지방을 여행하다가 한 기독교 남성을 만났는데, 그는 자기 부인을 어떻게 믿음의 길로 들어서게 했는지 말해주었다고 한다. 그 남자의 부인은 무릎을 꿇고 기도하려 하지 않았고 그가 성경을 읽는 것도 존중하지 않았다. 그래서 그는 부인을 때렸고 그러면서 잘 엎드리라고 했지만 그녀는 여전히 따르려 하지 않았다는 것이다. 그래서 더 때렸더니 결국 매우 온순해져서 이후로는 기도시간에 귀를 기울이고 존경을 표한다는 것이다.[79]

맙소사…. 그에 이어지는 일기는 더 '맙소사'이다. 또 다른 한 조선인 신자는 가족들이 교회에 가지 않겠다고 버틸 때마다 바늘로 찌르고 그래도 안 가겠다고 하면 더 아프게 찔러 마침내 모두가 교회에 다니게 되었다고 자랑하더라는. 그 이야기를 남편으로부터 전해 들었을 때, 아내 노블의 심정이 어떠했을까. 일기에는 나오지 않는다. 짐작건대 하도 기가 막혀서였을 것이다. 때리지 말라고, 바늘로 찌르지도 말라고 말리는 노블의 모습을 상상해본다.

✣ ✣ ✣

노블과 홀 둘 다 조선에서 출산한 어린 아기들을 조선에서 잃었다. 갓난아이인 채로 땅에 묻었다. 앞서 말한 것처럼 로제타 홀은 젊은 나이에 남편도 먼저 저 세상으로 보냈다. 남편 제임스 홀은 평양과 서울을 오가는 고된 선교 과정 중에 발진 티푸스에 감염되었다. 그 외에도 잦은 병에 걸렸다. 몸이 허약해서가 아니라 너무 고되게 일을 해서였다.

이 시기의 여성 선교사들은 흔히 누군가의 부인으로 불린다. 그러나 알고 보면 그렇지 않다. 로제타 홀은 남편인 제임스 홀보다 먼저 조선에 왔고, 제임스 홀은 아내를 좇아서 조선 선교를 신청했다. 앞서 조선어 말모이 일화에서 소개했던 언더우드 집안의 경우, 부인 릴리어스와 남편 호러스는 조선에서 만나 결혼에까지 이르렀다. 또한 이화학당을 세운 윌리엄 스크랜턴의 경우 어머니 메리 스크랜턴 대부인이 먼저 조선 선교사로 임명받은 후 아들을 조선으로 인도했다.

침략의 기록, 문제적 인물

쥐베르의 《조선 원정기》

Jean Henri Zuber, 《Une Expédition en Corée》(1866, 프랑스어)

오페르트의 《금단의 나라 조선 탐험기》

Ernst J. Oppert, 《A Forbidden Land》(1880, 영어)

404 LE TOUR DU MONDE.

côte du royaume de Sin-ra, battit les troupes chargées de l'arrêter et imposa un tribut. En 246, les Chinois, à leur tour, sont vainqueurs des Coréens, qui font leur soumission; presque en même temps, les Japonais s'emparent de toute la partie méridionale de la presqu'île. Au siècle suivant, un homme appelé Kao, originaire du pays de Fou-yu, situé au nord-ouest de la péninsule, usurpe le pouvoir et fonde probablement l'unité du royaume de Tcho-sèn (Extrême Orient), qui prend alors le nom de Kao-li[1]. La possession du trône est disputée aux descendants de Kao, mais son petit-fils reste définitivement le maître. Le cinquième siècle n'est marqué par aucun événement d'une importance capitale. Pendant toute sa durée, les Coréens et les Japonais sont en relations tantôt amicales, tantôt hostiles; ils échangent fréquemment des ambassades. En 552, le bouddhisme est importé au Japon. Dix ans plus tard, les guerres recommencent et continuent pendant longtemps du côté de la Chine et du côté du Japon, avec des alternatives de succès et de revers. En 663, la Corée se débarrasse définitivement des Japonais, et depuis lors les relations entre les deux pays perdent considérablement de leur importance politique. Enfin en 637 la Corée est de nouveau envahie et soumise par les Chinois : depuis cette époque, ce pays s'est presque complètement isolé de ses voisins et n'entretient avec eux que les relations très-restreintes dont il a été parlé plus haut[2].

La Corée n'est encore connue des Européens que par les livres chinois, la relation d'un naufragé hollandais qui subit une année de captivité dans la capitale, et quelques courts récits de missionnaires et de navigateurs. C'est assez dire que ce pays, quand il sera accessible aux puissances maritimes de l'Occident, offrira un vaste champ aux investigations des savants et aux explorations des voyageurs. Malgré sa situation favorable au point de vue stratégique, malgré son climat salubre, la Corée est restée à l'abri des convoitises européennes et en dehors des combinaisons politiques. Au moment où une partie de l'Europe avait les yeux fixés sur la Chine et le Japon, qui venaient de s'ouvrir au commerce extérieur, le nom même de la péninsule n'était pas prononcé. Personne, sauf peut-être les Russes, ne songeait à s'introduire dans cette contrée mystérieuse, vierge du contact des barbares. Mais si la diplomatie n'avait pas voulu s'en occuper, il n'en était pas de même de l'apostolat catholique, toujours à la recherche de pays nouveaux où il puisse répandre sa foi.

Un mandarin. — Dessin de M. Zuber.

Les premiers missionnaires entrèrent en Corée vers l'an 1820, et y vécurent paisiblement jusqu'en 1839.

Cette dernière année fut dure, et pour le pays affligé d'une famine, et pour la mission, dont trois membres furent mis à mort. L'œuvre de propagande n'en continua pas moins avec assez de succès pour que, pendant les années suivantes, de nouvelles persécutions fussent ordonnées contre elle. En 1847, le gouvernement français résolut d'intervenir et envoya à cet effet en Corée la frégate *la Gloire* et la corvette *la Victorieuse*. Malheureusement, ces deux bâtiments, munis de renseignements insuffisants, firent naufrage. Les équipages, pourvus d'armes et de provisions, purent se réfugier sur un îlot de l'archipel Ko-Koun. Ils attendirent là les secours que deux courageux officiers étaient allés chercher à Shang-haï et furent bientôt recueillis par les navires de la station anglaise.

En 1856, l'amiral Guérin, commandant *la Virginie*, fut plus heureux : il découvrit le golfe du Prince Jérôme et l'archipel du Prince Impérial; mais ses

1. D'où sans doute vient le nom de Corée adopté en Europe.
2. Nous devons cet aperçu historique aux très-obligeantes communications de notre savant orientaliste M. Léon de Rosny.

UNE EXPEDITION EN

recherches pour trouver un chemin conduisant à la capitale coréenne restèrent sans résultat, et il dut quitter les côtes de la péninsule sans avoir rien obtenu des indigènes. J'ai pu constater moi-même combien il a fallu à l'amiral Guérin d'énergie et d'habileté pour faire cette expédition avec un bâtiment à voiles. Tout était rentré dans le calme et personne ne songeait plus à la Corée, quand, au mois de mars 1866, on apprit en Chine que, dans l'espace d'un mois, neuf missionnaires avaient été mis à mort. Cet événement succédait à une tentative des Russes pour fonder un établissement sur la côte orientale. Au dire des missionnaires survivants, le prince régent, qui est le père du jeune roi, fils adoptif de la reine Tso, avait, au moment de la venue des Russes, fait mander Mgr Berneux. Il voulait le consulter sur les mesures à prendre pour éloigner les barbares sans provoquer une guerre. Là-dessus, les Russes s'étaient spontanément retirés et le régent, complétement rassuré de ce côté et n'ayant plus besoin des conseils des missionnaires, avait aussi résolu de se débarrasser d'eux.

Le 8 mars, MM. Berneux, de Bretennières, Dorie et Beaulieu eurent la tête tranchée; le 11, ce fut le tour de MM. Petit-Nicolas et Bourthie; enfin le 30, MM. Daveluy, Huin et Aumaître augmentèrent la liste des victimes européennes de cette persécution, qui s'exerça aussi, mais avec moins de rigueur, sur les indigènes convertis. Trois missionnaires, MM. Féron, Calais et Ridel, échappèrent à toutes les poursuites.

M. Ridel, qui parvint à gagner la côte de Chine à l'aide d'une frêle embarcation montée par onze néophytes, fit connaître les tristes nouvelles qu'on vient de lire. Dès que le commandant de la division navale des mers de Chine fut informé de ces faits, il résolut une expédition militaire. Mais une révolte en Cochinchine,

Un archer. — Dessin de M.

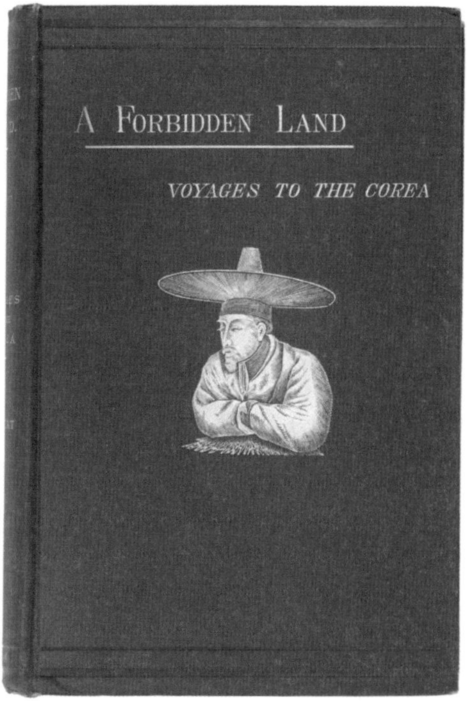

오페르트의《금단의 나라 조선 탐험기》

오페르트는 보물을 무덤에서 파낸 후
그 반환을 조건으로 개항을 촉구하려했다고
주장했다. 그러자니 조선의 역사도, 문화도
아는 척해야 했을 것이다. 그래 봤자다.
그는 도굴꾼이다.

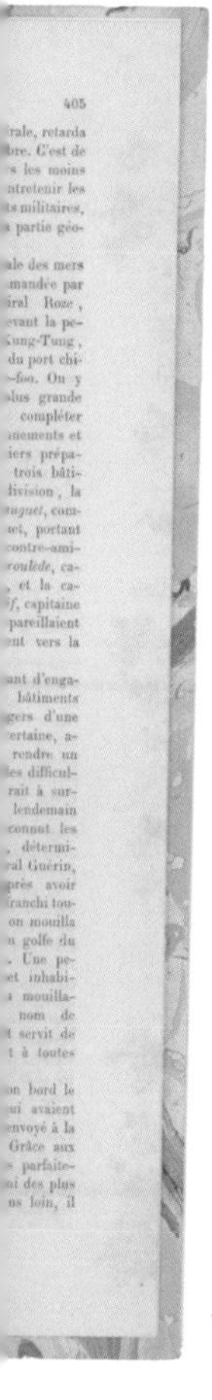

405

rale, retarda
bre. C'est de
s les moins
ntretenir les
s militaires,
partie géo-

ale des mers
mandée par
iral Roze,
vant la pe-
Kung-Tung,
du port chi-
-foo. On y
plus grande
compléter
nements et
iers prépa-
trois bâti-
livision, la
uguet, com-
et, portant
contre-ami-
roulède, ca-
, et la ca-
f, capitaine
pareillaient
ent vers la

ant d'enga-
bâtiments
gers d'une
ertaine, a-
rendre un
les difficul-
rait à sur-
lendemain
connut les
, détermi-
ral Guérin,
près avoir
franchi tou-
on mouilla
n golfe du
. Une pe-
et inhabi-
mouilla-
nom de
t servit de
t à toutes

on bord le
ui avaient
envoyé à la
Grâce aux
s parfaite-
ai des plus
ns loin, il

쥐베르의《조선 원정기》속 조선의 모습

프랑스 군인이자 훗날 화가로도 성공한 쥐베르는
조선 사람들과 이들의 생활상을 그림으로 남겼다.

조선 시대 말엽, 외국인들의 조선 방문기를 읽다 보면 편견과 혐오 표현으로 인해 기분이 불편해질 수도 있다. 불편함 김에 아예 작정하고 침략의 기록들을 살펴보는 건 어떨까. 그런데, 놀라겠지만, 오히려 덜 불편할 것이다. 방문기라고 포장하여 자신의 오해를 의기양양 뽐내는 글보다는 작정하고 침략한 후 그걸 기록으로 남긴 책들이 오히려 낫다. 그러려고 왔으니 그런 글을 남긴 것이다.

개항기 전의 기록으로 눈에 띄는 책이 있다. 프랑스 군인인 앙리 쥐베르가 남긴 병인양요에 관한 기록이다. 1866년 병인년, 천주교 박해에 대한 항의와 프랑스 신부들 구출을 명목으로 로즈 제독이 이끄는 프랑스 함대가 강화도를 침략했다. 쥐베르는 바로 이 함대에 소속되어 있던 사관이었다. 훗날, 화가로 크게 성공을 하게 될, 그러나 당시로서는 젊은 사관에 불과했던 쥐베르의 해군 내 직책은 제도사였다.'기술적인 도면 및 제도를 제작'하고 '차트와 작업도'를 작성하는 사람. 그의 임무 중에는 전장의 상황을 그림으로 남기는 것도 있었다. 그래서 그는 전투 상황을 그리고, 그 전투가 벌어진 곳의 군사적 요충지를 그렸다. 군인이기 전에 이미 화가의 피가 흐르고 있던 이 사람은 그에 그치지 않고, 전장의 풍경을 그리고, 사람들을 그렸다. 그것도 화가의 눈으로 그렸다. 그리고 그림 같은 글도 남겼다.

강화의 첫인상에 나는 깜짝 놀라고 말았다. 그 마을의 독특한 정취가 나를 매혹했던 것이다. 비에 씻긴 뒤 햇살을 받아 은빛으로 반짝이는 초가지붕들은 동헌의 붉은색 그리고 논과 숲의 초록색과 강렬하게 색의 대비를 이루었다. 부드러운 산등성이를 가진 산들은 쪽빛 하늘을 뒤로 한 채 따듯하고 맑은 색조로 수려한 산세를 그려내고, 바다에는 짙은 수평선이 그려져 있었다.[80]

쥐베르의 책에 나오는 강화 침공 순간에 대한 기록이다. 앞뒤 다 떼어놓고 이 부분만 보면 막 여행지에 도착한 사람의 설렘처럼 읽힐 지경이다. 물론 침략기가 이렇게 끝날 리는 없다.

10월 16일, 우리는 강화부성을 점령했다. 조선 군대가 우리에게 겁을 주려고 성벽에 울긋불긋한 깃발을 수없이 많이 꽂아놓았음에도 불구하고 마침내 우리는 강화성을 점령했다. 병사 몇 명이 현장에서 사망했다. 주민들 대부분은 도망갔고 마을에는 단 한 명의 여자도 남아 있지 않았다. 오직 노인들만이 자신들의 하얀 백발의 위력을 믿고 있는 것처럼, 아니면 단순히 도망갈 힘이 없었던 탓인지, 서양 오랑캐의 침입으로 인해 공포에 빠진 마을에 여전히 남아 있었다.

동헌 밑에 몇 개의 건물이 길게 늘어서 있었다. 그중 몇 채는 석조 건물이었고 또 몇 채는 나무로 지었는데, 그 모두가 정부의 창고로 쓰이는 건물이었다. 우리가 그곳을 점령했을 당시 그곳에는 이루 헤아릴 수 없을 정도로 많은 물품들이 보관되어 있었다. 포신砲身 뒤 끝에 화약을 넣어 발포하는 대포, 화승총, 창, 도끼, 활, 갑옷 따위의 엄청난 양의 무기들과 화약들, 정부의 전매 물품으로 보이는 초들 그리고 인두들…. 이외에도 수많은 책들과 어마어마한 양의 종이를 발견했다. 주목할 만한 그림들로 장식되어 있는 몇 권의 장서들을 포함하여 그곳에 있던 대부분의 책들은 현재 파리의 국립도서관에서 볼 수 있다.

침공과 약탈의 순간이다. 쥐베르가 이 기록을 〈르 투르뒤몽〉에 발표한 것이 침공 후 약 6년이 지난 1873년이다. 그들이 약탈해간 우

Yamoun du gouverneur, à Kang-hoa. — Dessin de E. Thérond, d'après M. Zuber.

쥐베르의 《조선 원정기》 속 강화유수부 동헌

리의 귀중한 물품들이 그때 이미 파리 국립도서관에 진열되어 있었다는 뜻이다.

화가든 시인이든, 침략하는 순간에는 침략자일 뿐이다. 아름다운 강화의 풍경에 매료되는 것도 잠시, 그들은 대포를 쏘고, 불을 지르고, 약탈했다. 이때 그들이 훔쳐간 것들이 많았다. 위에 인용된 내용 중 '울긋불긋한 깃발들' 역시 약탈되었다. 쥐베르가 정부의 창고로 쓰이는 건물이라고 말하는 것 중에는 외규장각도 있었다. 그들은 외규장각에 소장되어 있던 책들도 깡그리 가져갔다. 너무 많아 가져가지 못한 것은 외규장각과 함께 불태워버렸다.

왕실 주요행사 장면을 그림과 함께 기록한, 우리가 '외규장각 의궤'라고 부르는 그 소중한 문서도 그때 그들이 훔쳐갔다. 의궤는 그때 이후 100년이 넘게 프랑스에 있었다. 쥐베르가 '현재 파리의 국립도서관에서 볼 수 있다'고 했으나 100년이 지난 후 의궤는 파리 국립 도서관의 폐지 창고에 중국 관련 문서로 분류된 채 버려져 있었다. 반환은 쉽사리 이루어지지 않았다. 우리가 우리 것을 완전히 되찾기까지 걸린 세월이 정확히 145년. 2011년에 이르러서야 완전한 반환이 이루어졌다.

우리나라에서 벌어진 최초의 양요였던 이 침공이 발발하기까지 결정적인 역할을 한 두 신부가 있다. 리델과 페롱 신부가 그들이다. 리델 신부는 1861년부터 조선에서 선교활동을 시작했고, 페롱 신부는 그보다 앞선 1857년에 조선에 입국했다. 병인년에 천주교 박해가 일어나고 베르뇌와 다블뤼 등 프랑스인 신부들이 순교하자 이 두 신부는 중국으로 탈출했다. 먼저 탈출에 성공한 리델 신부는 로즈 제독에게 조선에 함대를 파견할 것을 요청했고, 리델에 이어 조선에서 탈출한 페롱 신부는 훗날 오페르트와 함께 남연군묘 도굴사건의 주인공이 된다.

리델을 먼저 보자.

> 무척이나 창대한 결과를 약속했던 이번 원정은 선교뿐 아니라 동양에서의 프랑스의 명예와 특권이라는 면에서 볼 때에도 몹시 불행한 결과를 낳았다. 코르벳함 르 프리모게호, 통신함 르 데룰레드호를 포함, 르 타르디프호가 조선 연안에 제1차 정찰을 하러 가기로 결정되었다. 제독은 나를 통역으로, 조선인 세 명을 항해사로 데리고 갔다. 연안의 구석구석을 다 알고 있는 이 세 선원의 인도 아래 9월 21일 원정이 시작되었다.

리델 신부의 서한문들을 모아 평전으로 엮은《리델 주교》의 한 부분이다. 강화 침공의 기록이 생생하다.

> 하루는 교우들이 황급히 찾아와, 매우 활 솜씨가 좋은 300명의 호랑이 사냥꾼이 강화도 성채 탑에 잠복하고 있으며 다음 날에는 500명이 더 합류할 것이라는 사실을 알렸다. 서둘러 이 사실을 제독에게 알렸다. 즉시 화약고를 폭파시켰고 중요한 무기고들을 파괴했다. 강화도를 육지로부터 갈라놓는 강물의 양편에 있는 모든 조각배를 불태우기도 했다. 그날 하루 160명이 이 공격에 참가했다.

원래는 작은 포들을 가져가기로 결정하였으나 놀랍게도 출발 순간에 제독은 마음을 바꾸었다. 문제의 그 탑은 가파르고 100~300미터 높이의 여러 산으로 둘러싸인 계곡 한가운데 위치하고 있었다…. 병사들이 몇 발자국 앞으로 다가왔을 바로 그때 조선인들이 전면적으로 공격을 감행했으므로 서른세 명의 부상자를 냈다. 리델 신부는 다음과 같이 말했다.

"총탄이 사방에서 날아와 발밑으로, 머리 위로 휘파람 소리를 내며 날아다녔다. 몸을 돌려보았더니 거의 모든 사람들이 엎드려 있었다. 저마다 몸을 숨기기 위해 안간힘을 다하며 총격이 끝나기를 기다렸는데, 나 역시 마찬가지였다."[81]

리델 신부는 우리 근대사에 있어 참으로 문제적인 인물이다. 프랑스 파리 외방전교회 소속, 제6대 조선교구장으로 1861년 조선에 들어온 이래로 헌신적으로 선교에 임했다. 최초의 한불 문법서인 《한불자전》 등을 펴내기도 했다. 그의 한불자전이 그 후 서양인들이 집필하는 모든 이중어 사전의 저본이 되었다는 말은 앞에서 한 바 있다. 그가 이 작업을 하게 되는 것이 바로 이 병인양요, 강화침공에 실패한 후 다시 중국으로 돌아가서의 일이었다. 어쨌거나 그가 우리 역사에 끼친 영향이 적지 않다.

그러나 병인양요에 이르면 그는 침략자일 뿐이다. 그의 의도가 어떠한 것이었든 간에, 침략은 침략일 뿐이다. 페롱 신부 역시 마찬가지다. 아니, 훨씬 더 심하다.

리델과 마찬가지로 병인박해의 생존 신부인 페롱은 그 후 2년 뒤인 1868년에는 오페르트의 남연군묘 도굴사건의 주인공이 된다. 오

쥐베르의 《조선 원정기》 속
조선 무사의 모습

왼쪽은 조선의 궁수,
오른쪽은 무관의 모습을 그렸다.

dire que ce pays, quand il
ices maritimes de l'Occident,
ux investigations des savants
yageurs. Malgré sa situation
stratégique, malgré son cli-
restée à l'abri des convoiti-
iors des combinaisons politi-
partie de l'Europe avait les
t le Japon, qui venaient de
s'ouvrir au commerce ex-
térieur, le nom même de
la péninsule n'était pas
prononcé. Personne, sauf
peut-être les Russes, ne
songeait à s'introduire
dans cette contrée mysté-
rieuse, vierge du contact
des barbares. Mais si
la diplomatie n'avait pas
voulu s'en occuper, il n'en
était pas de même de l'a-
postolat catholique, tou-
jours à la recherche de
pays nouveaux où il puis-
se répandre sa foi.
Les premiers mission-
naires entrèrent en Corée
vers l'an 1820, et y vé-
curent paisiblement jus-
qu'en 1839.
Cette dernière année fut
dure, et pour le pays affli-
gé d'une famine, et pour la
mission, dont trois mem-
bres furent mis à mort.
L'œuvre de propagande
n'en continua pas moins
avec assez de succès pour
que, pendant les années
suivantes, de nouvelles
persécutions fussent or-
données contre elle. En
1847, le gouvernement
français résolut d'interve-
nir et envoya à cet effet
en Corée la frégate *la
Gloire* et la corvette *la
Victorieuse*. Malheureuse-
ment, ces deux bâtiments,
insuffisants, firent naufrage.
'armes et de provisions, pu-
ilot de l'archipel Ko-Koun.
ours que deux courageux of-
er à Shang-haï et furent bien-
es de la station anglaise.
érin, commandant *la Virgi-*
découvrit le golfe du Prince
Prince Impérial; mais ses

UNE EXPÉDITION EN CORÉE. 405

recherches pour trouver un chemin conduisant à la capitale coréenne restèrent sans résultat, et il dut quitter les côtes de la péninsule sans avoir rien obtenu des indigènes. J'ai pu constater moi-même combien il a fallu à l'amiral Guérin d'énergie et d'habileté pour faire cette expédition avec un bâtiment à voiles. Tout était rentré dans le calme et personne ne songeait plus à la Corée, quand, au mois de mars 1866, on apprit en Chine que, dans l'espace d'un mois, neuf missionnaires avaient été mis à mort. Cet événement succédait à une tentative des Russes pour fonder un établissement sur la côte orientale. Au dire des missionnaires survivants, le prince régent, qui est le père du jeune roi, fils adoptif de la reine Tso, avait, au moment de la venue des Russes, fait mander Mgr Berneux. Il voulait le consulter sur les mesures à prendre pour éloigner les barbares sans provoquer une guerre. Là-dessus, les Russes s'étaient spontanément retirés et le régent, complétement rassuré de ce côté et n'ayant plus besoin des conseils des missionnaires, avait aussi résolu de se débarrasser d'eux.

Le 8 mars, MM. Berneux, de Bretennières, Dorie et Beaulieu eurent la tête tranchée; le 11, ce fut le tour de MM. Petit-Nicolas et Bourthié; enfin le 30, MM. Daveluy, Huin et Aumaître augmentèrent la liste des victimes européennes de cette persécution, qui s'exerça aussi, mais avec moins de rigueur, sur les indigènes convertis. Trois missionnaires, MM. Féron, Calais et Ridel, échappèrent à toutes les poursuites.

M. Ridel, qui parvint à gagner la côte de Chine à l'aide d'une frêle embarcation montée par onze néophytes, fit connaître les tristes nouvelles qu'on vient de lire. Dès que le commandant de la division navale des mers de Chine fut informé de ces faits, il résolut une expédition militaire. Mais une révolte en Cochinchine, qui nécessita le secours de la frégate amirale, retarda cette expédition jusqu'au mois de septembre. C'est de cette petite campagne dans l'un des pays les moins connus de l'Orient que je me propose d'entretenir les lecteurs. Je passerai légèrement sur les faits militaires, pour m'attacher plus particulièrement à la partie géographique et pittoresque.

Le 12 septembre 1866, la division navale des mers de Chine, commandée par le contre-amiral Roze, était réunie devant la petite île de Kung-Tung, située en face du port chinois de Tche-foo. On y déployait la plus grande activité pour compléter les approvisionnements et faire les derniers préparatifs. Le 18, trois bâtiments de la division, la corvette *Primauguet*, commandant Bochet, portant pavillon de contre-amiral, l'aviso *Déroulède*, capitaine Richy, et la canonnière *Tardif*, capitaine Chanoine, appareillaient et se dirigeaient vers la côte de Corée.

L'amiral, avant d'engager tous ses bâtiments dans les dangers d'une navigation incertaine, avait voulu se rendre un compte exact des difficultés qu'il y aurait à surmonter. Dès le lendemain à midi, on reconnut les îles Ferrières, déterminées par l'amiral Guérin, et le soir, après avoir heureusement franchi toutes les passes, on mouilla dans le fond du golfe du Prince Jérôme. Une petite, île aride et inhabitée, voisine du mouillage, reçut le nom de l'Impératrice et servit de point de départ à toutes les opérations maritimes postérieures.

Un archer. — Dessin de M. Zuber.

Le jour suivant, *le Deroulède*, ayant à son bord le P. Ridel et quelques-uns des Coréens qui avaient accompagné le missionnaire en Chine, fut envoyé à la recherche de l'embouchure du Han-kang. Grâce aux indigènes, sa mission fut en peu d'heures parfaitement remplie. Il revint le 21 au soir, muni des plus précieux renseignements. Avant d'aller plus loin, il côte du royaume de Sin-ra, battit les troupes chargées de l'arrêter et imposa un tribut. En 246, les Chinois, à leur tour, sont vainqueurs des Coréens, qui font leur soumission; presque en même temps, les Japonais s'emparent de toute la partie méridionale de la presqu'île. Au siècle suivant, un homme appelé Kao, originaire du pays de Fou-yu, situé au nord-ouest de la péninsule, usurpe le pouvoir et fonde probablement l'unité du royaume de Tcho-sèn (Extrême Orient), qui prend alors le nom de Kao-li[1]. La possession du trône est disputée aux descendants de Kao, mais son petit-fils reste définitivement le maître. Le cinquième siècle n'est marqué par aucun événement d'une importance capitale. Pendant toute sa durée, les Coréens et les Japonais sont en relations tantôt amicales, tantôt hostiles; ils échangent fréquemment des ambassades. En 552, le bouddhisme est importé au Japon. Dix ans plus tard, les guerres recommencent et continuent pendant longtemps du côté de la Chine et du côté du Japon, avec des alternatives de succès et de revers. En 663, la Corée se débarrasse définitivement des Japonais, et depuis lors les relations entre les deux pays perdent considérablement de leur importance politique. Enfin en 637 la Corée est de nouveau envahie et soumise par les Chinois : depuis cette époque, ce pays s'est presque complètement isolé de ses voisins et n'entretient avec eux que les relations très-restreintes dont il a été parlé plus haut[2].

La Corée n'est encore connue des Européens que par les livres chinois, la relation d'un naufragé hollandais qui subit une année de captivité dans la capitale, et quelques courts récits de missionnaires et de navigateurs. C'est assez dire que ce pays, quand il sera accessible aux puissances maritimes de l'Occident, offrira un vaste champ aux investigations des savants et aux explorations des voyageurs. Malgré sa situation favorable au point de vue stratégique, malgré son climat salubre, la Corée est restée à l'abri des convoitises européennes et en dehors des combinaisons politiques. Au moment où une partie de l'Europe avait les yeux fixés sur la Chine et le Japon, qui venaient de s'ouvrir au commerce extérieur, le nom même de la péninsule n'était pas prononcé. Personne, sauf peut-être les Russes, ne songeait à s'introduire dans cette contrée mystérieuse, vierge du contact des barbares. Mais si la diplomatie n'avait pas voulu s'en occuper, il n'en était pas de même de l'apostolat catholique, toujours à la recherche de pays nouveaux où il puisse répandre sa foi.

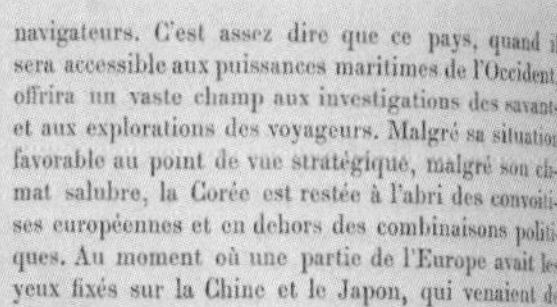

Un mandarin. — Dessin de M. Zuber.

Les premiers missionnaires entrèrent en Corée vers l'an 1820, et y vécurent paisiblement jusqu'en 1839.

Cette dernière année fut dure, et pour le pays affligé d'une famine, et pour la mission, dont trois membres furent mis à mort. L'œuvre de propagande n'en continua pas moins avec assez de succès pour que, pendant les années suivantes, de nouvelles persécutions fussent ordonnées contre elle. En 1847, le gouvernement français résolut d'intervenir et envoya à cet effet en Corée la frégate *la Gloire* et la corvette *la Victorieuse*. Malheureusement, ces deux bâtiments, munis de renseignements insuffisants, firent naufrage. Les équipages, pourvus d'armes et de provisions, purent se réfugier sur un îlot de l'archipel Ko-Koun. Ils attendirent là les secours que deux courageux officiers étaient allés chercher à Shang-haï et furent bientôt recueillis par les navires de la station anglaise.

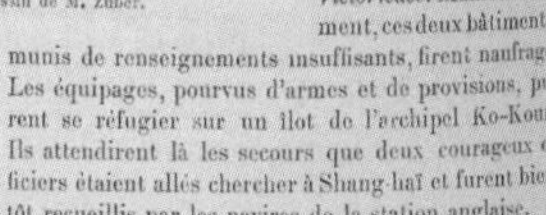

En 1856, l'amiral Guérin, commandant *la Virginie*, fut plus heureux : il découvrit le golfe du Prince Jérôme et l'archipel du Prince Impérial; mais ses

1. D'où sans doute vient le nom de Corée adopté en Europe.
2. Nous devons cet aperçu historique aux très-obligeantes communications de notre savant orientaliste M. Léon de Rosny.

페르트에게 도굴을 먼저 제안한 사람이 페롱 신부라고도 한다. 대원군의 부친인 남연군의 묘에서 도굴한 물품을 반환하는 조건으로 포교의 자유를 얻으려는 목적이었다는데, 본의가 어떤 것이든, 병인양요의 리델처럼, 그는 침략자일 뿐이다. 아니, 도굴꾼일 뿐이다.

남연군묘 도굴사건의 주범인 오페르트 역시 자신의 기록을 책으로 남겼다. 원제는 《금단의 나라 조선 탐험기》인데, 부제가 길게 붙었다. '지리, 역사, 농산물 그리고 상업 능력에 관해With an Account of Its Geography, History, Productions, and Commercial Capabilities.' 17세기 책도 아니고 부제를 왜 이렇게 길게 붙였을까. 책은 그 부제에 걸맞게 탐구와 조사와 연구 자료들로 풍성하다. 그 시기의 어떤 책들보다도 탐구적이다.

그래서 도굴 행위에도 불구하고 그의 이 책은 사료로서 가치가 있을까? 없지는 않다. 없지는 않으나, 그래 봤자, 도굴꾼의 책이다. 게다가 내게는 이 사람이 왜 이런 책을 썼는지가 눈에 보이는 것 같다. 왜 썼는지가 아니라 왜 써야 했는지. 그는 도굴범이라는 오명을 벗고 싶었던 것 같다. 그가 주장했던 것처럼 '도굴은 보물을 무덤에서 파낸 후, 그 반환을 조건으로 개항을 촉구하려는 목적이었을 뿐'이라는 걸 웅변하고 싶었던 것인데, 그러자니 조선의 역사도 아는 척해야 하고, 문화도 아는 척해야 했을 것이다. 남들보다 더 많이 아는 척해야 했을 것이다. 그래 봤자다. 그는 도굴꾼이다.

> 5시 정각에 이르러 드디어 조선인 안내자들이 양쪽 편으로 깊은 골짜기를 거느리고 있는 가파른 언덕의 정상을 가리켰다. … 우리 일행은 곧 벽을 허물기 시작했다. 그러나 이곳에 도착한 후 전혀 시간

을 낭비하지 않았음에도 불구하고 뜻하지 않게 이 작업을 끝내기까지 거의 다섯 시간이나 허비했다. 작업은 페롱 신부와 그의 조선인 친구들이 생각했던 것보다 훨씬 더 힘들었다. … 마침내 벽이 거의 허물어졌다. 그러나 보다 험난한 난관이 새롭게 나타났는데, 기대하고 있던 문 대신에 거대한 돌덩이가 버티고 있었던 것이다.[82]

오페르트는 조선인들에게는 물론이고 서구 사람들에게조차도 거센 비난의 대상이 되었다. 어떤 주장을 해도 소용없었다. 이 사건 얼마 후에 조선을 방문한 영국의 화가이자 고종의 그림을 최초로 그린 새비지 랜더가 이에 대해 남겨놓은 흥미로운 기록이 있다.

그가 탄 배가 부산에 입항했을 때, 한 유럽인이 별로 볼일도 없이 배에 올라 얼쩡대더라는 것, 그런데 나중에 알고 보니 그자가 오페르트의 도굴에 가담했던 자라는 것, 그런 까닭으로 모든 유럽 사람들로부터 경멸을 받는다는 것, 아무도 말조차 섞으려고 하지 않아 자기를 몰라보는 사람이랑 한마디라도 해보려고 배에 오르는 게 유일한 낙이 되었다는 것…. 새비지 랜더에 의하면 그 유럽인은 고작 가담자였을 뿐이다. 그러니 주모자였던 오페르트에게 쏟아진 경멸과 비난은 어느 정도였겠는지.

페롱 신부에 대해서도 마찬가지였다. 페롱 신부는 이 일로 인하여 파리 외방전교회 본부로 소환된다. 1857년 서른 살의 나이로 조선에 들어와 병인년까지 10년 세월의 헌신이 한순간의 도굴로 허사가 되어버렸다. '아아, 내가 이들을 얼마나 사랑하는지.' 리델 신부가 훗날 조선으로 돌아가기 위해 애쓰며 남기는 한탄과 고백의 기록인 바, 아마 페롱도 다르지 않았을 것이다. 페롱 신부가 남긴 《불한자전》은 필사본이기는 하지만 우리나라에서 가장 오래된 이중어 사전으로 기록되어 있다. 육필로 꾹꾹 눌러쓴 조선말에 배었을 그의 진심까지 무시할 수는 없다.

그들이 마음을 다 바쳐 사랑했던 조선의 교우들, 그들에게 조선의 풍습과 말과 글을 가르쳤던 조선의 신자들은 그들 그리고 그들의 신과 한마디라도 더 잘 소통하기 위해 라틴어를 배우기도 했다. 그들은 오페르트가 온다는 소식을 듣고 조선의 해안에서 그를 기다렸다. 그리고 오페르트에게 박해를 피해 숨어 있는 신부의 구출을 라틴어로 호소했다.

> "나는 빌립보라는 조선 사람 천주교인입니다. 어제 자정이 되기 전에 다른 두 사람과 여기에 도착해서 밤새도록 기다렸습니다."
> 가엾고 초라해 보이는 조선 사람이 쪼그리고 앉아서 마치 평생을 라틴어만 쓴 것처럼 글을 쓰는 광경은 참으로 놀랄 만한 일이었다.

이때 오페르트가 이해하지 못한 것이 있었다. 조선의 신자들이 신부들을 구해달라고 요청한 것은 사실일 것이다. 그러나 그들이 요청한 것 중에 침략은 없었다. 더군다나, 도굴은 없었다.

이 사건으로 인하여 조선은 더욱더 문을 굳게 닫았고, 천주교는 더욱더 심하게 박해를 받았다. 병인박해는 1886년부터 시작되어 6년이나 이어졌는데, 이때 사망한 천주교 신자가 8,000여 명에 이르렀다.

조선의 책, 책 속의 조선을 발견한 남자

쿠랑의 《한국서지》

Maurice Courant, 《Biblographie Coréenee》(1894, 프랑스어)

조선에 관한 수많은 서적들 중, 시작은
쿠랑이다. 이 책은 책에 관한 이야기고,
책의 역사고, 책의 언어고, 책의 숨결이다.
말하자면, 책과 조선이다.

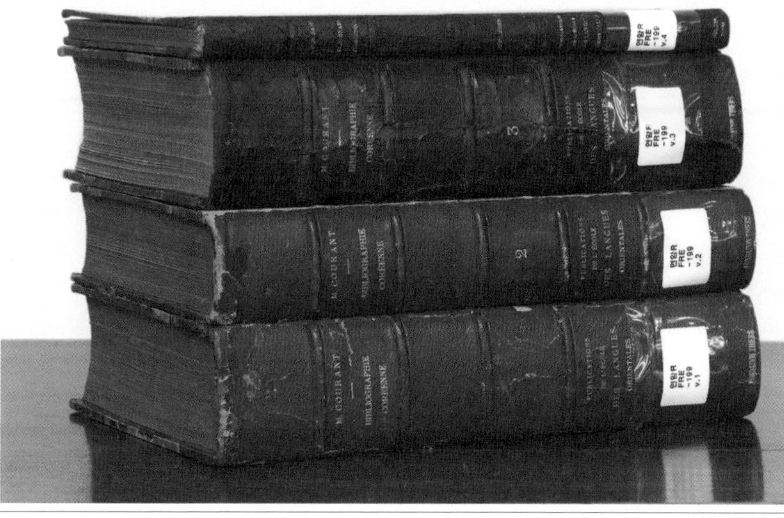

《한국서지》의 속표지

그가 서지로 작성한 조선 책이 3,821종에 이르니 엄청난 작업이었다. 서책에 관한 그의 관심은 곧 조선의 역사와 문화, 경제로까지 확장된다.

BIBLIOGRAPHIE CORÉENNE

TABLEAU LITTÉRAIRE DE LA COREE

contenant la nomenclature des ouvrages publiés dans ce pays jusqu'en 1890
ainsi que la description et l'analyse détaillées
des principaux d'entre ces ouvrages

PAR

MAURICE COURANT

INTERPRÈTE DE LA LÉGATION DE FRANCE À TÔKYÔ

TOME PREMIER

PARIS

ERNEST LEROUX, ÉDITEUR

LIBRAIRE DE LA SOCIÉTÉ ASIATIQUE
DE L'ÉCOLE DES LANGUES ORIENTALES VIVANTES, ETC.

28, RUE BONAPARTE, 28

1894.

이제 우리는 모리스 쿠랑을 이야기해야 한다. 우리나라를 소개한 서양 외서를 이야기할 때, 그 시작은 쿠랑이다.

그가 조선을 최초로 찾은 서양인 중의 하나라던가, 그의 서적이 가장 오래된 서양 외서 중의 하나여서가 아니다. 쿠랑 이전에도 이후에도 수많은 서양인들이 조선을 다녀갔고, 수많은 서양인들이 글로 조선을 알렸다. 사진으로 찍었고, 그림으로 그렸고, 기사로도 썼다. 방문기는 쏟아졌고, 입과 입으로 전해지는 말은 그보다 더 많았고, 편견과 오해는 또 그보다 더 많았다. 대개는 무지에서부터 온 오해, 정확히 알지 못해서 생긴 편견이었지만, 간혹 악의에 찬 왜곡도 있었다.

모리스 쿠랑이 조선에 온 것은 개항 초기 1890년이었다. 일본과 강화도조약이 맺어진 때로부터는 14년 만이었고 프랑스와 조선이 수호통상조약을 맺은 때로부터는 4년 만이었다. 그 10여 년 사이, 조선의 문은 완전히 열리다 못해 거의 뜯겨나갈 지경이었다. 미국과 영국, 독일, 이탈리아, 거의 모든 나라들이 밀어닥치듯 들어왔다. 그러는 동안 조선에 관한 수많은 서적들이 출판되었다는 것은 굳이 또 말할 필요도 없는 사실이다.

그럼에도 불구하고, 시작은 쿠랑이다. 적어도 책에 관해서라면 그렇다. '적어도'라고 말을 하였으나, 실은 모든 부분에서 그렇다. 그의 책 《한국서지》는 조선을 여행한 방문기가 아니다. 조선의 정치와 역사를 분석한 연구서도 아니다. 보고서도 아니다. 이 책은, 그야말로 책에 관한 책이다. 책에 관한 이야기고, 책의 역사고, 책의 언어고, 책의 숨결이다. 간단히 얘기해 서지학책이라고 하자. 책을 기록하고 책을 해석하고 책의 이야기를 담은 책. 쿠랑은 그 책들의 이야기에 조선을 담았다. 말하자면, 책과 조선이다.

여기서 잠깐, 서지학이라는 것에 대해 이해할 필요가 있겠다. 어려울 것 없다. 당신이 괜찮은 책을 한 권 만나게 되었는데 그 책을 누군가에게 어떻게 소개하겠는지? 그 누군가가 책을 좋아하는 사람이기를 바란다. 이야기만 좋아하는 게 아니라 책도 좋아하는 사람이기를. 그러니까 당신은 책의 내용만 소개하는 게 아니라 그 내용을 담고 있는 몸에 대해서까지 얘기해야 한다는 것이다. 책의 판형, 종이의 재질, 책의 판본, 글자의 형태, 심지어는 책값까지. 그러니까 이야기를 담고 있는 그릇, 혹은 몸의 모든 것. 그게 바로 서지학이다.

당연히, 서지학은 소설처럼 재미있는 책이 아니다. 그것은 튼튼한 육체와 같은 책이다. 몸은 재미있지는 않지만, 그러나 아름답다. 쿠랑의 《한국서지》가 그렇다. 투박하기 짝이 없게, 혹은 지루하기 짝이 없게 책에 대한 기록으로만 가득 차 있으나 그것은 마치 넉넉한 곳간 같다. 역사가 가득 찬 곳간이다. 이 곳간을 채우기 위해 쿠랑이 걸어간 행적은 이렇게 묘사가 된다.

책방들은 도심에 모두 모여 종각에서 남대문까지 곡선으로 이어지는 큰 거리에 위치하고 있는데… 책방 주인은 그의 가게 깊숙이 웅크리고 자리 잡고 앉았다. … 그가 진열하는 것은 한문으로 된 책들, 새로 나온 경서들, 다양한 주제, 여러 다른 연대의 인쇄본이나 필사본의 오랜 책들이다…. 나는 서울의 책방은 거의 다 뒤지고 서점의 책은 다 훑어보았으며, 점차 가장 흥미 있어 보이는 것은 사고, 그밖의 것에 관하여는 간명하게 적어두었다.[83]

그가 서지로 작성한 조선 책이 자그마치 3,821종에 이른다. 종각에서 남대문까지 이르는 거리의 책방들에서 '살 수 있는 것은 사고' 그럴 수 없는 것은 '그 중요 내용을 기록했다'고 말한 그 책들 중에는 《대동운부군옥大東韻府群玉》, 《규합총서閨閤叢書》, 《통문관지通文館志》 같은, 우리도 잘 모르는, 그러나 귀하기 짝이 없는 책들이 가득했다. 구하지 못한 것들은 모조리 빌렸고, 도서관이든 왕실 서고든, 닥치는 대로 뒤져서 구했다.

놀라운 것은 쿠랑이 조선어라고는 한마디도 못 하는 사람이었다는 사실이다. 물론 한자를 읽기는 했다. 그렇더라도 중국어와 독법이 다른 조선 책들을 읽고, 분석하고, 해제를 다는 일은 결코 쉬운 일이 아니었을 것인데, 그는 그 모든 일을 해냈다. 이 《한국서지》의 서지학적인 해제는 아래와 같다. 해제 전문가가 작성해놓은 것을 고스란히 옮긴다.

모리스 쿠랑의 《한국서지》는 서양의 한국학 발전에 일대 분수령을 이루는 대작이다. 쿠랑은 1890년 5월부터 1892년 3월까지 약

22개월이라는 짧은 기간 동안 한국에 체류했지만, 규장각 등 정부의 중요 문서고에 소장된 고서는 물론 시중에 나도는 한서들도 세밀하게 조사했다. 그는 프랑스로 귀국한 이후에도 영국, 러시아 등지에서 한국 관련 서지를 조사해 편찬 작업을 계속했다. 그 결실이 바로《한국서지》이다. 전체가 4권으로 구성된 이 책의 초판본은 1894년부터 6년까지 프랑스 파리 어네스트 룰루 회사에서 처음 3권이 출판되었고, 제4권은 1901년에 출판되었다.《한국서지》는 한국의 제반 문화를 소개한 단행본 분량의 서론과 교강부敎講部(교육), 언어부言語部, 유교부儒敎部, 문묵부文墨部(문학), 의범부儀範部(정치·제도), 사서부史書部, 기예부技藝部(천문·산법·의서·병서·농서·예술), 교문부敎門部(종교), 교통부交通部(외교) 등 9부로 분류된 3,821종의 도서를 소개하고 있다.

—명지대-LG한국학자료관 해제

쿠랑이 처음부터《한국서지》집필에 애정을 가졌던 것은 아니다. 심지어 그는 조선을 좋아하지도 않았다. 파리에서 동양학을 전공한 후 베이징에서 통역관으로 활동하다가 조선 공사관으로 발령이 났는데, 그때 쿠랑은 이 발령을 좌천쯤으로 여겼다. 조선 주재 프랑스 공사관의 서기관이라는 직책이 있기는 했으나 그 공사관에서 일하는 사람이라고는 공사와 그뿐이었다. 단 두 사람이 일하는 공사관. 단 두 사람의 프랑스인이 있는 조선. 그는 우울했고, 심란했다. 그런 그를 보다 못해 그보다 열두 살 많았던 공사가 그를 바쁘게 만들기로 작정한다.

그 공사가 바로 우리에게 여러 방면으로 유명한 콜랭 드 플랑시이다. 프랑스 초대 공사였고, 조선의 예술품에 관한 한 독보적인 수집가였던 플랑시. 그가 수집한 조선의 예술품들은 훗날 프랑스로 건너가 국립박물관과 기메 박물관의 소장품이 된다. 그중 하나가 현존하는 세계 최초의 금속활자본《직지》다. 플랑시는 또 '사랑꾼'으로도 유명하다. 프랑스 공사로 서울에 주재하던 당시 궁중 무용수와 사랑에 빠져 이 여인을 프랑스로 데려가 결혼에까지 이르렀다고 한다. 자, 여기서 또 익숙한 말 한마디. 믿거나 말거나.

근거가 아주 없는 얘기는 아니다. 2대 주한 프랑스 공사였던 이폴리트 프랑뎅이《조선에서En Corée》라는 책에서 이렇게 말한 바 있다. 초대 주한 프랑스 공사인 플랑시가 '리진'이라는 이름의 궁중 무희를 사랑해 그를 데리고 파리로 갔다가 다시 한국으로 돌아왔으나 리진은 자살했다고. 슬픈 얘기다. 아름답다가 슬퍼지는 얘기. 그래서 소설로도 쓰였다. 소설로 만들어지면서 유명세를 타다가, 유명세를 타면서 진위 논란이 일었다. 프랑뎅이 떠도는 소문을 진위 확인 없이 과장했다고도 하고, 그렇지 않다고도 한다.

그런데 플랑시는 그런 러브스토리로 먼저 기억될 사람이 아니다. 무엇보다도 쿠랑과의 관계에 있어서 그렇다. 플랑시가《한국서지》 작업을 제안했을 때, 쿠랑은 썩 내켜하지 않았던 것 같다. 공사의 제안이니 어쩔 수 없이 착수했을 뿐이었던 듯하다. 그러다가 빠져들었다. 미친 듯이. 이 서지 작업이 끝났을 때 쿠랑은 그 공의 많은 부분을 플랑시에게 넘긴다. 공저자로 그의 이름을 올려야 한다고 강하게 주장하는데, 겸양과 감사의 표현만은 아니다. 플랑시의 역할이 그 정도로 컸다. 그러나 무엇보다도 컸던 플랑시의 역할은 쿠랑의 재능과 열정을 알아봤다는 사실일 것이다.

쿠랑이 우리나라에 체류한 것은 고작 22개월간이었다. 그 짧은 시간 동안 믿을 수 없을 정도로 방대한 작업을 해냈다. 조선을 떠나서도 그 일이 이어졌다. 프랑스에 돌아간 후에도 그는《한국서지》작업을 이어가는 것과 동시에 조선의 관직 명칭, 금석문, 고구려 연구에 이르기까지 관심의 영역을 넓혀 다양한 논문들을 발표했다. 파리 만국박람회가 열렸을 때 조선관에 관한 인사글을 쓴 것도 그였다.

쿠랑의 인생은 마냥 평탄치만은 못했다. 통역관으로서의 활동을 그만둔 후에는 학자로서의 삶에 매진했으나, 그리 성공적이지 못했다. 그의 주전공이 한국학이었기 때문이다. 한국학 학자로서는 독보적이었지만, 한국학은 주목받는 분야가 아니었다. 그래서 그가 이룬 모든 독보적인 한국학 성과도 그의 생전에는 주목받지 못했다. 아이러니한 일이 아닐 수 없다. 그의 쓸쓸한 학문은, 그랬음에도 고집스럽게 매진했던 그 학문은, 이제 한국 사람들에게 존경의 대상이 되었다. 그의 무덤에 꽃을 바치는 사람들은, 바쳐야 할 사람들은, 오늘날의 한국 사람들이다.

우리나라를 소개한 서양 외서를 이야기할 때, 그 시작은 쿠랑이라고 말했다. 그런데 이 책에서는 마지막에 소개했다. 아직도 소개하지 못한 책들이 너무 많다는 걸 말하기 위해서였다. 다시 시작되어야 할 이야기들이라는 뜻이기도 하다.

〈함녕전 시첩〉 속 동감지의

〈함녕전 시첩〉이라는 것이 있다. 고종이 베푼 연회에서 이완용과 이토 히로부미 등이 각기 한 절구씩 시를 읊어 한 편의 시를 완성한 후, 그걸 시첩으로 만든 것. 그 연회가 덕수궁 함녕전에서 열렸다고 해서 '함녕전 시첩'이라는 이름이 붙었다. 1909년의 일이다.

지금까지는 서구인들이 우리나라에 대해서 쓴 책들을 소개했다. 그러나 이제는 이 〈함녕전 시첩〉을 소개하려고 한다. 서구인들하고는 아무 상관도 없는데, 왜? 그것도 이완용과 이토 히로부미가 쓴 시를?

18세기와 19세기, 서구인들이 우리나라에 대해 남긴 기록들은 그 관점이 어떠하든 간에 결국은 망해가는 한 나라에 대한 기록이다. 그러므로 그 기록의 끝에 이르러, '우리는 우리 눈으로 우리를' 한 번은 들여다봐야 한다. 그 슬픔과 통한이 어디에 이르렀는지는 빼앗긴 자만이 안다. 이방인들이 아무리 사랑하는 마음으로 조선을 보더라도, 그 마음이 아무리 극진하더라도, 그들은 다 보지 못한다.

그러니 이 책의 맺음말을 〈함녕전 시첩〉으로 하자. 실은 그것이 내 이야기의 또 다른 시작이기도 하다.

함녕전은 조선의 마지막 왕, 혹은 마지막 황제 고종의 침전이었다. 아관파천 후 머물렀고, 그곳에서 퇴위를 당했으며, 죽음을 맞이했다. 무엇보다도 그곳에서 나라를 빼앗겼다.

함녕전이 있는 덕수궁은 원래는 '경운궁'이라는 이름으로 불렸다. 성종의 형인 월산대군의 집이었고, 임진왜란이 끝난 후 한성으로 돌아온 선조가 거처했던 곳이기도 하다. 그래서 광해도 이곳에서 즉위식을 올렸다. 그때까지는 행궁으로 불렸던 이곳에 비로소 궁호가 내려져 경운궁이라 불리기 시작했다. 이 경운궁에서 인목대비가 유폐되기도 했다.

경운궁이 다시 역사 속으로 등장하는 것은 아관파천 후 고종이 거처를 이곳으로 옮기면서였다. 명성황후 시해 뒤의 일이었다. 고종은 경복궁에서 탈출하여 아관, 즉 러시아 대사관에서 1년여 동안 머물렀고, 그 후 경운궁으로 옮겨왔다. 그때 임금의 만수무강을 빈다는 의미에서 덕수궁으로 그 궁호를 바꾸었다. 임금의 침전인 함녕전이 지어진 것도 그때였다.

함녕전은 건축된 지 7년 만인 1904년에 화재로 전소되는 운명을 맞는다. 이 불은 경운궁 대화재로 불린다. 함녕전의 온돌을 수리하면서 시험 삼아 붙였던 불이 전각으로 옮겨 붙어 경운궁 전체로 번졌다는 것인데, 실은 고종을 살해하려는, 그게 아니더라도 최소한 고종을 위협하려는 목적으로 일본 측에서 저지른 방화라는 의혹이 있다.

이처럼 고종의 영욕을 안은 함녕전이 다시 유명해지는 것은 1935년 그 후원에 세워진 시비로 인해서이다. 위에서 말했던 〈함녕전 시첩〉의 시를 비로 만들어 세웠던 것이다. 얼마나 대단한 시이기에?

이토 히로부미, 모리 오오라이 궁내대신, 소네 아라스케 부통감 그리고 이완용이 합작해서 지은 칠언절구의 시의 내용은 아래와 같다.

甘雨初來霑萬人 博文

(마침내 단비 내려 뭇사람을 적시니 / 이토 히로부미)

咸寧殿上露華新 大來

(함녕전 이슬 머금은 꽃이 새롭네 / 모리 오오라이)

扶桑槿域何論態 荒助

(일본과 조선이 무엇이 다르겠는가 / 소네 아라스케)

兩地一家天下春 完用

(두 땅이 한 집을 이루어 천하에 봄이 왔네 / 이완용)

참담한 시다. 이토록 참담한 시가 시비로까지 만들어져 궁의 침전 후원에 세워졌다.

시비가 세워진 것은 1935년이지만, 시가 작성된 것은 1909년이다. 합방되기 바로 1년 전. 그해에 이토 히로부미는 통감 자리를 내놓고 일본으로 돌아갔다가 업무 인수인계를 위해 다시 조선을 방문했다. 그때 이미 태상왕이었던 고종이 이토 히로부미를 송별하는 연회를 함녕전에서 열었다. 마침 비가 내리기 시작했다. 오래 가문 중이어서 매우 단비였던 터라 고종이 시회를 열자 하였고, 운을 '인人', '신新', '춘春'으로 띄웠다. 위의 시를 보면 이토 히로부미가 사람 인 자를 받아 시를 지었고, 모리 오오라이가 새 신 자를, 그리고 이완용이

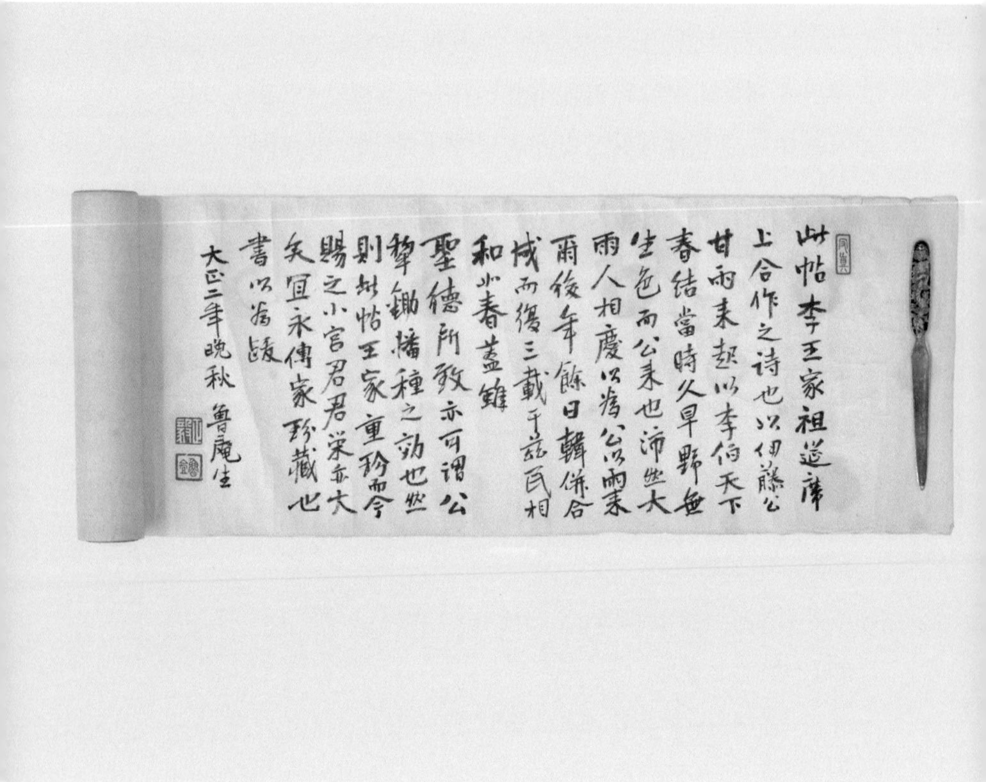

〈함녕전 시첩〉 중 데라우치 마사타케의 발문과 이토 히로부미의 시구

〈함녕전 시첩〉을 시작하는 글로 조선 1대 총독 데라우치 마사타케가 적었다. 내용은 다음과 같다. "이 시첩은 조선 왕조(고종)가 베푼 연회에서 함께 지은 시를 묶은 것이다. 이토 히로부미가 (송별연에 참석하기 위해 일본에서) 왔을 때 (마침) 단비가 내렸고, 이완용을 등용하니 천하에 봄기운이 가득하였다. 당시 가뭄이 오래 계속되어 들에 생기가 없었는데 이토 히로부미가 왔을 때 시원하게 큰비가 내린 것이다. 사람들이 서로 기뻐하며 이토 히로부미가 비를 가져왔다고 생각하였다. 이후 1년여가 흘러 일본과 한국이 합병되었고, 다시 3년이 지나매 이제 백성들이 서로 화합하는 것이 봄날과 같다. 이는 임금의 덕이라 하겠으나, 또한 이토 히로부미가 밭 갈고 씨 뿌린 효력이라 하겠다. 그러므로 이 시첩은 왕가의 보물이며 이제 이를 코미야小宮(일본인 관리)에게 내린다 하니 군의 영광이 크며 소중한 가보로 전함이 마땅하다. 이에 글을 써서 발문으로 삼는다. 1913년 노암생魯庵生."

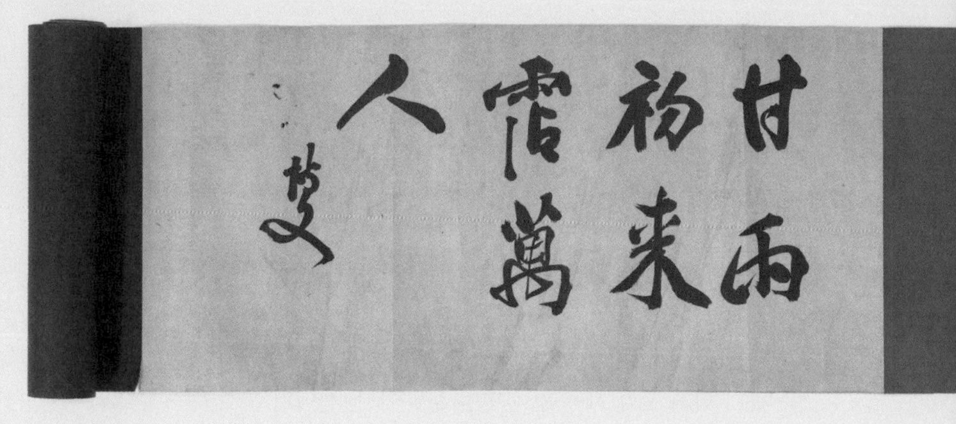

봄 춘 자를 이어 시를 마무리한 것을 알 수 있다.

속 이야기가 없었다면, 이 시는 그저 아름다운 시회의 한 장면이거나, 혹은 망측한 매국의 한 장면이거나 했을 것이다. 그러나 내부가 없는 시가 어디 있겠나. 그러면 그걸 시라고 할 수 있겠나.

당나라의 위대한 시인 두목이 있다. 그의 시 중 '제도화부인묘題桃花夫人廟'라는 것이 있는데, 춘추전국 시절, 식나라의 왕비였으나 정복자인 초나라의 문왕에게 끌려가 애첩이 된 도화부인을 기린 시이다.

아니다. 기렸다기보다는 안타까워했다 해두자. 아니면 쓸쓸해했다 하자. 빰이 복사꽃처럼 붉어 도화부인으로 불렸던 이 여인은 정복자의 여자가 된 후에 그의 아이를 셋이나 낳았는데, 그러는 동안 도무지 입을 열지 않았다. 단 한마디도 하지 않았다. 기다리고 기다리다 지친 왕이 그 이유를 안타까이 묻자 단 한마디를 했을 뿐이다.

나라도 빼앗기고, 남편도 빼앗겼는데 입을 열어 무슨 말을 하겠습니까.

할 말 없다 하지 않고 또박또박 할 말 다 한 것을 보면 오직 이 말을 하기 위해 오랜 세월을 견뎠던 모양이다. 견디기는 견뎠는데, 그러는 동안 아들을 셋이나 낳았으니 기막힌가, 우스운가, 딱한가, 아니면 쓸쓸한가.

두목은 쓸쓸해했다. 그래서 도화부인의 사당 앞에 이르자 이런 시를 읊지 않을 수 없었다.

细腰宫里露妆新 (구중궁궐 아름다운 도화부인)
脉脉无言度几春 (가슴 저려 입 다물고 보낸 봄이 몇 번이던가)
竟致息亡缘底事 (필경 식나라 망한 사연 마음속에 간직했음이니)
可怜金谷坠楼人 (가련하구나, 금곡원 누각에서 자살한 녹주여)

'녹주'는 정복자에게 몸을 빼앗길 처지에 이르자 누각에서 몸을 던져 스스로 목숨을 끊은, 역시 춘추전국시대의 여인이다. 두목은 난데없이 왜 녹주를 떠올렸을까. 누구는 나라를 지키고 정절을 지키기 위해, 무엇보다도 자신의 존엄을 위해 목숨도 버렸는데, 도화부인이 지킨 것은 고작 침묵뿐이었다고 한탄하고 싶었던가. 그러니 가련한 것은 녹주인가, 아니면 도화부인인가.

시의 문장은 읽는 이의 몫이다. 나는 '가련하다'는 이 단어를 '쓸쓸하다'로 읽는다.

쓸쓸하구나, 뺨이 붉은 여인

고종은 어땠을까. 눈치 밝은 이라면 이미 읽었을 터. 고종이 내린 '인', '신', '춘'이라는 운은 두목의 시에서 차운한 것이 분명해 보인다. 두목은 두보, 이백, 백거이 등과 함께 당시唐詩의 거성이다. 그의 시를 차운次韻하여 연암 박지원도 시를 지은 적이 있다. 차운이란 다른 이의 시운을 빌려 시를 짓는 것을 말한다. 조선의 선비들이 시를 외우는 것은 기본인 일이었고, 그 시를 기려 자신의 시를 짓는 것 또한 일상이었다. 임금 역시 그러했다.

그러니 우리는 이 시를 다시 한번 읽어야 한다. 그러고 나서 함녕전 시비의 시를 또 다시 읽어야 한다. 이토 히로부미의 첫 절구와 이완용의 마지막 절구를 읽는 게 아니라, 그 사이사이, 쓰디쓰게 번져 있는 고종의 시, 침묵의 시를 읽어야 한다.

고종이 왜 그런 운을 띄웠는지. 그것도 이토 히로부미 앞에서. 침묵을 강요당한 고종은, 말할 수 없는 입밖에는 가지지 못한 고종은, 말해서는 안 되는 입을 다물고 있을 수밖에 없는 고종은… 이 침략자들과 매국노 앞에서 도화부인을 떠올릴 수밖에 없었던 것이다. 그러니 우리는 이 시를 읽으며 한번쯤 중얼거려도 좋다.

시비가 세워진 것은 당시 시회에서 남겨진 시첩이 존재했기 때문이다. 시회란 것이 입으로 읊고 끝나는 게 아니라 글로 남겨지기도 하기 때문이다. 〈함녕전 시첩〉 역시 쓸쓸함을 담았거나 참담함을 담았거나 치욕을 담았거나, 어떻든 소중하게 남았다. 시회가 열린 후 몇 해가 흘러 이 시첩은 당시 궁내부 차관이었던 코미야 미호마츠에게 하사된다. 코미야 미호마츠는 일제 강점기 동안 조선의 예술품을 닥치는 대로 수집한 개인 수집가들 중 몇 손가락 안에 꼽히는 사람이다. 그래서 이 시첩을 갖게 되었는지, 아니면 이 시첩 때문에 그 후 그렇게 되었는지는 알 수 없는 일이지만, 이 시첩의 서문 격인 첫 장에는 코미야의 감개무량함이 고스란히 기록되어 있다. 이 왕가의 이 소중한 보물이 이제 자신에게로 와서 가문의 가보가 되었다는 감상인데, 이 시첩은 세월이 흘러 흘러 반세기가 훨씬 넘도록 꽁꽁 숨어 있다가 1998년에 이르러서야 세상에 모습을 드러냈다.

만남은 운명이다. 이 시첩과 세상의 만남 또한 그러하다. 1998년 봄, 일본의 고서적 에이전트로부터 명지-LG한국학자료관(당시 명지대-LG연암문고)에 한 통의 전화가 걸려왔다. 이완용의 글씨가 곧 경매에 나올 것 같은데 구입하겠냐는 문의였다.

연암문고는 우리나라 관련 서양 고서를 전문적으로 소장하기 위해 1996년에 설립된 서양 고서 전문도서관이다. '조선' 혹은 'corea', 혹은 'Korea', 그게 무엇이든 우리나라와 관련된 한 글자만 있어도 일단 구입했고, 분류했고, 소장했다. 서양 고서에 관해서 그러했다.

이완용의 글씨는 도서관의 취지와는 맞지 않았다. 별로 관심이

가는 물건도 아니었다. 그러나 아무도 응찰을 하는 사람이 없어서 결국 이 물건은 연암문고로 오게 되었다. 그것이 〈함녕전 시첩〉인지도 모르는 채로. 그것에 이완용의 글씨만 있는 게 아니라 고종의 글씨도 있다는 것 역시 밝혀지지 않은 채로.

작은 오동나무 상자에서 나온 7미터가 넘는 시첩을 펼치자 금빛 찬란한 종이 위에 반듯반듯하게 쓰인 글씨가 나타났다. 임금이 이름은 쓰지 않고 인장만 찍어놓아 아무도 그것이 임금의 것인 줄 몰랐던 글씨. 아는 사람만 알아볼 수 있던 글씨와 인장. 그 글씨는 쓸쓸하게도 이렇게 말하고 있었다.

동감지의同感之意

무엇을 동감한다는 건가. 그 시첩의 내용에 동감한다는 뜻인가. 그러니 이 가치를 매길 수 없는 시첩은 망국의 수치를 기리는 것인가. 그럴 리가 없다. 고종이 동감한 것은 '인', '신', '춘' 도화부인의 마음이었을 터. 입이 있어도 말하지 못하는, 입을 잃어버린 자의 마음 말이다.

그나저나 이완용은 이 시가 얼마나 자랑스러웠던지 다른 사람이 짓고 쓴 부분까지 다시 자기 글씨로 다 옮겨 써서 남기기까지 했다. 그것은 '이완용 서 행서 칠절'이라는 제목으로 서울 역사박물관에 소장되어 있다. 그 시 보고 눈을 씻고 싶은 분, 덕수궁 함녕전을 향해 고개를 돌리기 바란다. 그 시를 새겨 만들었던 시비는 해방 후에 철거되었다. 유홍준 교수에 의하면 덕수궁 어딘가에 묻혀 있을 것으로 추정된다고 한다. 눈을 버렸는데 그 시가 묻힌 덕수궁 보며 그 눈

〈함녕전 시첩〉 중 고종의 글

"춘무공작春畝公爵(이토 히로부미, 춘무는 이토 히로부미의 호)의 유묵을 이제 소궁차관(소궁군, 즉 코미야 미호마츠의 직책이 당시 차관이었다)에게 내리어 동감의 뜻을 표한다. 계축맹하(1913년 4월)" 이 글귀는 고종의 이름이 적혀 있지 않아 오랫동안 고종의 친필인지 알려져 있지 않았지만 '주연珠淵'이라는 고종의 호로 된 낙관이 찍혀 있어 그 출처가 밝혀졌다.

春畝公爵遺

墨茲贈

小宮次官[illegible]

을 씻을 수 있겠나. 그럴 리가 없다. 그러니, 덕수궁 함녕전에 어느 여름날 내리던 비를 그려보기 바란다. "인, 신, 춘" 하고 중얼거리고, "쓸쓸하구나, 쓸쓸하시구나" 해보기 바란다.

❖ ❖ ❖

이제 내 이야기를 잠시 하자. 〈함녕전 시첩〉을 처음 보던 날의 이야기다. 몇 년 전 지인들 사이의 작은 모임이 있었다. 그 모임의 시작을 연암문고라는 곳에서 한다고 했는데, 나는 그곳이 뭐하는 곳인지 몰랐고, 그곳이 초대를 받아야만 출입이 허용되는 곳인 줄도 몰랐고, 내가 그런 곳에 귀하게 초대를 받은 사람인 줄도 몰랐다.

도서관의 문을 열자, 밖으로 난 창이 거의 없는 서가가 어둑했다. 그림자가 가득 찬 곳 같았다. 잠시 후에야 그 서가를 가득 채운 책들이 외서들이라는 걸 알았고, 고서들이라는 걸 또 알게 되었다. 어리둥절하지 않을 수 없었다. 도서관의 어둑한 그림자만큼이나 어둑한 책들이 얼떨떨해하고 있는 나를 내려다보는 듯했다. 그 잠깐 사이 또 한 명의 숭배자가 나타났다는 걸 책들이 먼저 알아챘을 것이다. 나 역시 그걸 알아차리기까지가 순식간이었다.

나는 도서관 애호가라 툭하면 아무 도서관에나 홀딱 반하곤 하지만, 그곳은 아무 도서관이 아니라 아주 특별한 도서관이었다. 어찌 반하지 않을 수 있겠는가.

연암문고는 현재 명지-LG한국학자료관으로 이름을 바꾸었다. 약 1만 1,000권에 이르는 서양 고서들이 소장되어 있고, 그 외에도 수백 종의 고지도와 마이크로필름 등이 소장되어 있다. 그중에는 동아시아의 선교 역사를 개척한 하비에르 신부의 서적, 자포니즘처럼 중국풍을 유럽에 선도해 '시누아즈리Chinoiserie'라는 말을 만들어낸 요한 니위호프의 서적 등이 있고, 개항기의 책 중에는 조선에서 감옥생활을 한 리델 신부의 수형기, 베를린 올림픽 사진첩 등 이루 다 말할 수 없이 많은 책이 있다.

그리고 또 그 이외의 것들이 있다. 서양 고서와는 상관이 없는데, 지나칠 수 없는 것, 물끄러미 들여다보고 있지 않으면 안 되는 것들. 그중 하나는 〈심양관도〉로 알려진, 소현세자가 심양에서 볼모 생활을 하던 당시의 거처인 심양관을 그린 도첩이다. 소현세자가 사망하고도 100년 이상이 흘러 영조가 화공들을 보내 그 그림을 그려오게 했다. 소현세자 이야기는 앞의 아담 샬 편에서 잠깐 했다. 심양관을 그릴 당시 건물은 이미 다 사라져 있었다. 그래서 조선의 화공들은 그 근방의 주요 건물들을 기초로 하여 당시의 심양관을 복원해 그렸다. 현재 이 〈심양관도〉가 들어 있는 경진년 〈연행도첩〉은 보물 제 2084호로 지정되어있다.

그리고 또 하나 연암문고에서 소장하고 있는 쓸쓸한 기록, 물끄러미 들여다보고 있지 않을 수 없는, 쓸쓸하고도 귀한 서적이 바로 위에서 소개한 〈함녕전 시첩〉이다. 시첩은 쓸쓸한 것 중에서도 더 쓸쓸하고, 귀한 것 중에서도 더 귀해 감히 만지지도 못하고 그냥 들여다보기만 했다. 서구 사람들이 본 조선에 관한 이야기가 마치 종착점에 모이듯 그 시첩으로 모두 모여드는 것 같았다.

그 이야기에 내 이야기를 한마디라도 보태고 싶어서 이 책을 시작한 건 아니다. 나는 다만 그 시첩을, 그리고 그 시첩을 둘러싸고 있는 모든 책을 보여주고 싶었다. 그 특별하고 아름다운 도서관이 누구나

들어갈 수 없는 도서관이라는 것이 안타까웠다. 안타깝다 못해 속상했다. 그래서 이 책의 제목을 '만 권의 책'이라고 붙이고 싶기도 했다. 연암문고에서 소장하고 있는 1만 1,000권의 책을 다 보여드리고 싶었기 때문이다. 그러지 못해 겨우겨우 일부만 추렸다.

욕심만 갖고 시작한 일이라 힘에 부치지 않는 일이 없었는데, 그중에서도 가장 어려웠던 것이 이 책에 소개할 목록을 추려내는 일이었다는 것을 고백하지 않을 수 없다. 어느 책 하나 사연 없는 책이 없고 귀하지 않은 것이 없었기 때문이다. 이 책에서 소개된 책들이 다른 책들에 비해 가장 먼저 소개되어야 하는 책들은 아니다. 서가를 거닐다가 손 닿는 대로 꺼내본 책들이라고 해두자. 그런데도 이렇게 귀했다고 해두자. 아쉬우나마, 마지막으로, 온라인으로 고서들을 볼 수 있는 사이트를 소개한다.

gutenberg. org
archive.org
e-coreana.or.kr
books.google.com

다시 부연할 필요도 없는 말이지만, 이 책에 소개하는 모든 도서들은 명지-LG한국학자료관에서 소장하고 있는 것들이다. 도판 또한 이곳의 허가와 도움을 받아 촬영하였다. 이 모든 자료들을 접할 수 있게 긴 시간 지원을 아끼지 않은 명지대 측에 특별한 감사를 표한다.

참고문헌

다음은 본 책을 집필하면서 참고한 도서와 논문입니다. 본 책에서 소개한 인용문의 경우 아래 참고문헌의 본문을 인용하거나 크게 참고하였습니다.

단행본

그렙스트, 아손.《스웨덴 기자 아손, 100년 전 한국을 걷다》, 김상열 옮김, 책과함께, 2005.

김혜경.《예수회의 적응주의 선교》, 서강대학교 출판부, 2012.

노블, 매티 윌콕스.《노블일지 1892-1934》, 이양준 옮김, 이마고, 2010.

_____.《매티 노블의 조선회상》, 손현선 옮김, 좋은씨앗, 2010.

뒤크로, 조르주.《가련하고 정다운 나라, 조선》, 최미경 옮김, 눈빛, 2006.

듄, 조지.《거인의 시대》, 문성자·이기면 옮김, 지식을만드는지식, 2016.

라페루즈, 장-프랑수아 드 갈로.《라페루즈의 세계 일주 항해기》, 이화여대 통번역연구소 옮김, 김성준 감수, 국립해양박물관, 2016.

런던, 잭.《불을 지피다》, 이한중 옮김, 한겨레출판사, 2012.

_____.《잭 런던의 조선사람 엿보기》, 윤미기 옮김, 한울, 2011.

레지, 장-밥티스트.《18세기 프랑스 지식인이 본 조선왕조》, Ashley Kim 옮김, 아이네아스, 2016.

로렌스, 메리 V. 팅글리 · 앨런, 제임스.《미 외교관 부인이 만난 명성황후·영국 선원 앨런의 청일전쟁 비망록》, 손나경·김대륜 옮김, 살림출판사, 2011.

로웰, 퍼시벌.《내 기억 속의 조선, 조선 사람들》, 조경철 옮김, 예담, 2001.

리치, 마테오.《마테오 리치 중국 선교사》, 신진호, 전미경 옮김, 지식을만드는지식, 2013.

마뉴, 알레산드로 마르초.《책공장 베네치아》, 김정하 옮김, 책세상, 2015.

먼젤로, 데이비드.《진기한 나라, 중국》, 이향민·장동진·정인재 옮김, 나남, 2009.

무쓰, 무네미쓰.《건건록》, 김승일 옮김, 종합출판범우, 2020.

박천홍,《악령이 출몰하던 조선의 바다》, 현실문화, 2008.

백성현·이한우,《파란 눈에 비친 하얀 조선》, 새날, 1999.

분쉬, 리파르트.《대한 제국을 사랑한 독일인 의사 분쉬》, 김종대 옮김, 학고재, 2014.

블레스텍스, 프레데릭.《착한 미개인 동양의 현자》, 이향 · 김정연 옮김, 청년사, 2001.

블레이즈, 윌리엄.《책의 적》, 이종훈 옮김, 서해문집, 2005.

비숍, 이사벨라.《조선과 그 이웃 나라들》, 신복룡 옮김, 집문당, 2013.

사이드, 에드워드.《오리엔탈리즘》, 박홍규 옮김, 교보문고, 1993.

새비지-랜도어, 아놀드 새비지.《고요한 아침의 나라 조선》, 신복룡 · 장우영 옮김, 집문당, 2010.

소현세자 시강원.《심양장계》, 정하영 옮김, 이강로 감수, 창비, 2008.

쇼트, 존 레니.《지도 밖으로 꺼낸 한국사》, 김영진 옮김, 서해문집, 2015.

앨런, 제임스.《영국 선원 앨런의 청일전쟁 비망록》, 김대륜 옮김, 살림출판사, 2011.
알렌, 호러스 뉴턴.《알렌의 일기》, 김원모 옮김, 단국대학교 출판부, 2004.
_____.《조선견문기(朝鮮見聞記)》, 신복룡 옮김, 평민사, 1986.
야코비-미르발트, 크리스티네.《중세의 책: 기능과 장식》, 최경은 옮김, 한국문화사, 2017.
에코, 움베르트.《장미의 이름》, 이윤기 옮김, 열린책들, 2006.
영, 조지 프레데릭.《메디치 가문 이야기》, 이길상 옮김, 현대지성, 2017.
오페르트, 에른스트.《금단의 나라 조선》, 신복룡 외 옮김, 집문당, 2000.
유홍준.《나의 문화유산 답사기 10》, 창비, 1994.
이순우.《손탁 호텔》, 하늘재, 2012.
이철.《조선의 백과사전을 읽는다》, 알마, 2011.
자입트, 페르디난트.《중세, 천년의 빛과 그림자》, 차용구 옮김, 현실문화연구(현문서가), 2013.
정성화.《서양의 한국》, 명지대학교 출판부, 2005.
정수일.《실크로드 사전》, 창비, 2013.
조재곤.《그래서 나는 김옥균을 쏘았다》, 푸른역사, 2005.
쥐베르, 앙리.《프랑스 군인 쥐베르가 기록한 병인양요》, 유소연 옮김, 살림출판사, 2010.
지볼트, 필립 프란츠 폰.《조선견문기(朝鮮見聞記)》, 류상희 옮김, 박영사, 1987.
차벨, 루돌프.《독일인 부부의 한국 신혼여행 1904》, 이상희 옮김, 살림출판사, 2009.
카르피니, 플라노 드·루브룩, 윌리엄.《몽골 제국 기행》, 김호동 옮김, 까치글방, 2015.
쿠랑, 모리스.《한국서지(韓國書誌)》, 이희재 옮김, 일조각, 1994.
크나이더, 한스 알렉산더.《독일인의 발자취를 따라》, 최경인 옮김, 일조각, 2013.
크랜, 플로렌스.《한국의 야생화 이야기》, 윤수현 옮김, 민속원, 2003.
크뢰벨, 엠마.《나는 어떻게 조선 황실에 오게 되었나》, 김영자 옮김, 민속원, 2015.
키스, 엘리자베스.《키스 동양의 창을 열다》, 송영달 옮김, 책과함께, 2012.
파보르드, 애너.《2천 년 식물 탐구의 역사》, 구계원 옮김, 글항아리, 2011.
폴로, 마르코.《마르코 폴로의 동방견문록》, 김호동 옮김, 사계절, 2000.
프로이스, 루이스.《임진난의 기록》, 정성화·양윤선 옮김, 2008.
피아센티니, 아르튀르.《리델 주교》, 강옥경 옮김, 살림출판사, 2018.
핀투, 페르낭 멘데스.《핀투여행기 상, 하》, 이명·김미정·정윤희 옮김, 노마드북스, 2005.
하네다 마사시.《동인도회사와 아시아의 바다》, 이수열·구지영 옮김, 선인, 2012.
하멜, 헨드릭.《하멜 보고서》, 유동익 옮김, 중앙M&B, 2003.
_____.《하멜 표류기》, 김태진 옮김, 서해문집, 2018.
_____·뒤 알드, 장 밥티스트·홀, 바실.《하멜 표류기·조선전·조선 금단의 나라 조선》, 신복룡·정성자 옮김, 집문당, 2019.
헤세-바르텍, 에른스트 폰.《조선, 1894년 여름》, 정현규 옮김, 책과함께, 2012.
홀, 셔우드.《닥터 홀의 조선회상》, 김동열 옮김, 좋은씨앗, 2009.
홈스, 버튼.《전차표 사셨어요?》, 전종숙 옮김, 미완, 1987.

_____, 《1901년 서울을 걷다》, 이진석 옮김, 푸른길, 2012.
황현. 《매천야록》, 조준호 옮김, 지식을만드는지식, 2008.
Findlen, Paula. 《Athanasius Kircher : the Last Man Who Knew Everything》, Routledge, 2003.
Mungello, David Emil. 《The Forgotten Christians of Hangzhou》, The University of Hawaii Press, 1994.
Lach, Donald Frederick · Kley, Edwin J. Van. 《Asia in the Making of Europe Vol.3 : A Century of Discovery》, The University of Chicago Press, 1970.
Brown, Kendall. 《Between Two Worlds》, The University of Washington Press, 2000.

논문

강수환. 「세 외국인 여행자의 '눈'과 보편에의 탐색 잭 런던, 조르주 뒤크로, 이사벨라 버드 비숍의 방문기를 중심으로」, 비교한국학 Vol.24(2016), 국제비교한국학회.
김인택 외. 「《콜랭 드 플랑시 문서철》에 새겨진 젊은 한국학자의 영혼 - 모리스 쿠랑 평전과 서한자료집」, 한국연구재단(NRF), 2017.
김중현. 「20세기 초 프랑스 작가들과 한국」, 프랑스학연구 Vol.63(2013), 프랑스학회.
_____. 「아폴리네르 〈달의 왕〉 속의 한국」 세계문학비교연구 Vol.70(2020), 세계문학비교학회(구 한국세계문학비교학회).
김효영. 「릴리안 메이 밀러의 생애와 작품 연구: 한국 소재 작품을 중심으로」, 학위논문(석사), 이화여자대학교 대학원 미술사학과, 2018.
안재원. 「아담 샬, 순치제, 소현세자: 아담을 바라보는 두 시선 사이에 있는 차이에 대해서」, 인간·환경·미래 Vol.8(2012), 인제대학교 인간환경미래연구원.
우미성. 「19세기 말 서구사회에 재현된 아시아 여성과 세기말적 이국정서: 피에르 로티의 《국화부인》」, 비교문학 No.63(2014), 한국비교문학회.
이숙. 「[초기 선교사의 한국어 교사 03] 언더우드를 가르치고 국문연구소 위원으로 활동한 송순용」, 기독교 사상, Vol.722(2019), 대한기독교서회.
임영길. 「옥호(玉壺) 이조원(李肇源)의 《연계풍연(燕薊風煙)》과 한중 문인 교유」, 한문학논집 Vo.54(2019), 근역한문학회.
장정아. 「'민족지'로서의 고소설 번역본과 시선의 문제 - 홍종우의 불역본 《심청전Le Bois sec refleuri》을 중심으로」, 불어불문학연구 No.109(2017), 한국불어불문학회.
전종호. 「볼테르의 한국관계 자료에 대하여」, 프랑스사연구 No.38(2018), 한국프랑스사학회.
정성화. 「《조씨 고아》의 유럽적 변형을 통해 본 18세기 유럽인들의 중국인식 고찰」, 세계 역사와 문화 연구 Vol.27(2012), 한국세계문화사학회.
_____ · 이기한. 「Accounts on Korea by Jesuit Missionaries in China during the First Half of the 17th Century」, 인문과학연구논총 Vol.34(2013), 명지대학교 인문과학연구소.

정수일.「중세 아랍인들의 신라 지리관」, 신라문화제학술발표논문집 15집, 동국대학교 신라문화연구소.

최성일.「《로스역》 신약 성서의 특징과 저본에 관한 소고: 누가복음의 주기도문을 중심으로」, Canon & Culture Vol.4(2010), 한국신학정보연구원.

하우봉.「19세기 초 조선과 유럽의 만남 - 지볼트와 조선표류민의 교류를 중심으로」, 사학연구 No.90(2008), 한국사학회.

Boudewijn Walraven.「특집: 여행기에 나타난 한국: 내키지 않은 여행자들 - 핸드릭 하멜과 그의 동료들의 관찰에 대한 해석의 변화」, 대동문화연구 제56집(2006), 성균관대학교 대동문화연구원.

기타

기사「한국 관계 고서 찾기 희귀본 소개 34《셀커크의 기이한 모험담》, 알렉산더 간제」- 조선일보 1997년 1월 24일 게재.

도록〈대한제국 황제의 식탁 - 2019 석조전 대한제국역사관 특별전〉, 문화재청 궁능유적본부 덕수궁관리소, 2019.

도록〈조선을 사랑한 서양의 여성들: 송영달 개인문고 설치 기념 특별전〉, 국립중앙도서관, 2016.

도록〈코레아 견문록: 명지대-LG 연암문고 10주년 기념 특별전 도록〉, 한국관계고서찾기운동본부, 2006.

해제집〈서양인이 쓴 민속문헌 해제〉, 국립문화재연구소, 2007.

미주

1 Morsel, F. H., 「Events Leading to the Emeute of 1884」, 〈The Korean Repository〉(1897). 「갑신정변 화상기」, 〈역사연구〉 제9호, pp.3~6. 문장 일부 수정.

2 우리나라 관련 서양 고서 전문도서관인 명지-LG한국학자료관에는 1950년 한국전쟁 전까지의 서구권 언어 단행본 약 1만 1,000종가량이 소장되어 있다. 영어, 라틴어, 이탈리아어, 프랑스어, 독일어, 덴마크어, 스웨덴어 등등의 서적들이다.

3 에코, 움베르트.《장미의 이름》, 이윤기 옮김, 열린책들, 2006.

4 기독교의 한 분파로 로마제국에서 이단으로 규정되어 498년 독립한 후 동방 기독교의 중심이 되었다.

5 Boudewijn Walraven, 〈내키지 않은 여행자들-핸드릭 하멜과 그의 동료들의 관찰에 대한 해석의 변화〉, 대동문화연구 제56집

6 한국의 지식인들이 주축이 되어 한국의 역사·언어·문학 및 주변국의 문화를 연구하기 위해 1934년 조직한 진단학회에서 발간한 학술잡지.

7 페르낭 멘데스 핀투,《핀투 여행기》, 이명 옮김, 노마드북스.

8 앞의 책과 동일.

9 유럽 중세의 전설로, 사제왕 요한이 아시아, 아프리카 등 동방에 세운 그리스도교 왕국을 말한다.

10 개항 이후 일본에 파견한 외교사절.

11 차벨, 루돌프.《독일인 부부의 한국 신혼여행 1904》, 이상희 옮김, 살림출판사, 2009.

12 그렙스트, 아손.《스웨덴 기자 아손, 100년 전 한국을 걷다》, 김상열 옮김, 책과함께, 2005.

13 대한제국 말에 일본의 한국 병탄정책에 적극 호응하여 그 실현에 앞장선 친일단체.

14 이사벨라 비숍,《조선과 그 이웃나라들》, 신복룡 옮김, 집문당, 문장 일부 수정.

15 호러스 그랜트 언더우드. 미국의 선교사로 의료 선교사인 알렌을 도와 광혜원에서 물리와 화학을 가르쳤다. 이후 연희전문학교 초대 교장을 지냈다.

16 윌리엄 스크랜턴. 미국의 의료 선교사로 이화학당을 세운 메리 스크랜턴의 아들이다.

17 존 헤론. 장로교 선교사이자 의사로 1885년 조선으로 파견된 최초의 선교사다.

18 국왕에게 경서 강론 및 경연에 참여하였던 정삼품의 관직.

19 알렌, 호러스 뉴턴.《알렌의 일기》, 김원모 옮김, 단국대학교 출판부, 2004, 문장 일부 수정.

20 키스, 엘리자베스.《키스 동양의 창을 열다》, 송영달 옮김, 책과함께, 2012, 이후 인용 모두 같은 책.

21 〈조선을 사랑한 서양의 여인들〉, 국립중앙도서관, 문장 일부 수정.

22 홋카이도 지역을 말한다.

23 하우봉, 「19세기 초 조선과 유럽의 만남 - 지볼트와 조선 표류민의 교류를 중심으로」, 〈사학연구〉, 2008-06 참조, 문장 일부 수정.

24 1투아즈는 약 2미터이다.

25 배 뒷전에 자그맣게 나와 있는 나무못. 노의 허리에 있는 구멍에 이것을 끼우고 노질을 한다.

26 라페루즈, 장-프랑수아 드 갈로. 《라페루즈의 세계 일주 항해기》, 이화여대 통번역연구소 옮김, 김성준 감수, 국립해양박물관, 2016.

27 약 96킬로미터.

28 17세기 청나라를 세운 만주족을 말한다.

29 안재원, 「아담 샬, 순치제, 소현세자: 아담을 바라보는 두 시선 사이에 있는 차이에 대해서」, 〈인간·환경·미래〉 Vol. No.8(2012), 일부 문장 수정.

30 유목민인 타타르인들은 잔인하고 폭력적인 것으로 악명 높았고 유럽인들은 '타타르'를 '타르타르'라는 명칭으로 바꾸어 이들을 '타르타루스(타르타로스)' 즉 지옥에서 온 악마라는 의미로 불렀다.

31 신하가 임금에게 올리는 큰절. 한 번 절을 할 때 이마로 바닥을 세번 두드린다.

32 즉, 유교와 화합하고, 보완하고, 초월한다는 천주교의 선교원칙에 대한 반발.

33 앨런, 제임스. 《영국 선원 앨런의 청일전쟁 비망록》, 김대륜 옮김, 살림출판사, 2011.

34 무쓰, 무네미쓰. 《건건록》, 김승일 옮김, 종합출판범우, 2020.

35 모든 인용은 살림출판사의 《영국 선원 앨런의 청일전쟁 비망록》에서 가져왔다.

36 노블, 매티 윌콕스. 《노블일지 1892-1934》, 이양준 옮김, 이마고, 2010.

37 항구 안에서 사람이나 짐을 실어 나르는 중국식 작은 돛단배.

38 같은 책.

39 같은 책.

40 홀, 셔우드. 《닥터 홀의 조선회상》, 김동열 옮김, 좋은씨앗, 2009.

41 조선 시대, 청나라 연경에 왕래한 조선의 사절 또는 그 사신.

42 임영길, 「옥호(玉壺) 이조원(李肇源)의 〈연계풍연(燕薊風煙)〉과 한중 문인 교유」, 한문학논집 Vol.54, 근역한문학회.

43 조재곤, 《그래서 나는 김옥균을 쏘았다》, 푸른역사, p.73

44 당시 유행했던 만화의 캐릭터로 작은 모자를 썼다.

45 킵차크한국의 제1대 군주이자 칭기즈 칸의 손자.

46 카르피니, 플라노 드·루브룩, 윌리엄. 《몽골 제국 기행》, 김호동 옮김, 까치글방, 2015.

47 홈스, 버튼. 《1901년 서울을 걷다》, 이진석 옮김, 푸른길, 2012, 문장 일부 수정.

48 미국 애리조나 주에 위치.

49 조선 시대, 중추부에 속한 정이품 무관 벼슬.

50 정성화, 「17세기 예수회 역사가 로드리게스와 『일본교회사』에 나타난 한국 인식」, 인문과학연구논총 Vol.19, 명지대학교출판부 인문과학연구소.

51 연기를 내뿜는 화약.

52 벼슬 등급.

53 조선 시대 중국으로 파견되던 비정규 사절 또는 그 사신.

54 조선 시대 중국에 보내던 사신 중 하나로 대개 동지 절기를 전후하여 파견하여 붙은 명칭.

55 조선 시대 중국에 보내던 사행(使行) 중 기록관

56 이철,《조선의 백과사전을 읽는다》, 알마.

57 장면별로 이야기하다.

58 조선 시대 문무대신이 모여 특히 군사와 관련해 중요한 의사 결정을 하던 기구.

59 약 38~48킬로미터

60 조선 후기 부산 지역의 경상 좌도 수군절도사영 아래 삼품의 무관.

61 외국의 배가 처음 항구에 들어왔을 때 관리를 보내어 그 사정을 알아보는 것.

62 하멜, 헨드릭·뒤 알드, 장 밥티스트·홀, 바실.《하멜 표류기·조선전·조선 금단의 나라 조선》, 신복룡·정성자 옮김, 집문당, 2019.

63 프레데릭 불레스텍스,《착한 미개인 동양의 현자》, 이향·김정연 옮김, 청년사.
전종호,「볼테르의 한국관계 자료에 대하여」, 프랑스사연구 No.38, 한국프랑스사학회.

64 런던, 잭.《불을 지피다》, 이한중 옮김, 한겨레출판사, 2012.

65 _____.《잭 런던의 조선사람 엿보기》, 윤미기 옮김, 한울, 2011.

66 마테오 리치,《마테오 리치 중국 선교사》, 신진호, 전미경 옮김, 지식을만드는지식.

67 이철,《조선의 백과사전을 읽는다》, 알마.

68 일본의 천황을 대신하여 정무를 수행하는 직책을 말하며, 여기서는 도요토미 히데요시를 가리킨다.

69 프로이스, 루이스.《임진난의 기록》, 정성화·양윤선 옮김, 2008.

70 끝이 송곳처럼 뾰족한 네 발을 가진 쇠못으로 도둑이나 적을 막기 위해 흩어 두었다.

71 최성일,「로스역 신약 성서의 특징과 저본에 관한 소고」,〈Canon & Culture〉Vol.4 No.2(2010).

72 이숙,「[초기 선교사의 한국어 교사 03] 언더우드를 가르치고 국문연구소 위원으로 활동한 송순용」,〈기독교 사상〉Vol.722(2019).

73 조선 시대 문신 정삼품 상계의 품계명.

74 조선 시대 말엽, 통리교섭통상사무아문의 으뜸 벼슬. 고종 19년(1882)에 설치하였다.

75 홀, 셔우드.《닥터 홀의 조선회상》, 김동열 옮김, 좋은씨앗, 2009.

76 알렌, 호러스 뉴턴.《알렌의 일기》, 김원모 옮김, 단국대학교 출판부, 2004.

77 분쉬, 리파르트.《대한 제국을 사랑한 독일인 의사 분쉬》, 김종대 옮김, 학고재, 2014.

78 같은 책.

79 노블, 매티 윌콕스.《매티 노블의 조선회상》, 손현선 옮김, 좋은씨앗, 2010.

80 쥐베르, 앙리.《프랑스 군인 쥐베르가 기록한 병인양요》, 유소연 옮김, 살림출판사, 2010.

81 피아센티니, 아르튀르.《리델 주교》, 강옥경 옮김, 살림출판사, 2018.

82 하멜, 헨드릭·뒤 알드, 장 밥티스트·홀, 바실.《하멜 표류기·조선전·조선 금단의 나라 조선》, 신복룡·정성자 옮김, 집문당, 2019.

83 쿠랑, 모리스.《한국서지(韓國書誌)》, 이희재 옮김, 일조각, 1994.

김인숙

소설가.

서울에서 태어나 연세대 신문방송학과를 졸업했다.

1983년 조선일보 신춘문예에 단편소설

〈상실의 계절〉이 당선되어 작품활동을 시작했다.

단편소설 〈개교기념일〉로 현대문학상을,

단편소설 〈바다와 나비〉로 이상문학상을,

단편소설 〈감옥의 뜰〉로 이수문학상을,

소설집 《그 여자의 자서전》으로 대산문학상을,

소설집 《안녕, 엘레나》로 동인문학상을,

단편소설 〈빈집〉으로 황순원문학상을 수상했다.

1만 1천 권의 조선

1판 1쇄 발행 2022년 6월 24일
1판 2쇄 발행 2022년 7월 18일

지은이 · 김인숙
펴낸이 · 주연선
사진 · 이지양

(주)은행나무
04035 서울특별시 마포구 양화로11길 54
전화 · 02)3143-0651~3 | 팩스 · 02)3143-0654
신고번호 · 제 1997—000168호(1997. 12. 12)
www.ehbook.co.kr
ehbook@ehbook.co.kr

ISBN 979-11-6737-166-9 (03910)